DICTIONNAIRE

CRITIQUE

DES RELIQUES ET DES IMAGES

MIRACULEUSES;

Précédé d'un Essai historique sur le Culte des images et des reliques, sur les troubles élevés par les Iconoclastes, etc.

Par J.-A.-S. COLLIN DE PLANCY.

« Et je vis (dans les enfers) entre les mains des démons un saint évêque dont les reliques avaient fait des miracles. »
Denys le Chartreux, *de Quat. Nov. art.* 47.

« Vous commandez à un ouvrier de vous faire des dieux, vous les achetez à prix d'or, et vous les adorez. »
Isaïe, *cap.* 46.

TOME PREMIER.

PARIS,

GUIEN ET COMPAGNIE, LIBRAIRES,

BOULEVART MONTMARTRE, N°. 23.

1821.

AVERTISSEMENT

Je ne présume pas que cet ouvrage puisse déplaire, aux véritables chrétiens. Je n'attaque ici ni les dogmes de l'évangile ni la vie sainte de Jésus ni les pères de l'église, ni aucun des objets qui ont mérité la vénération des hommes sages. Je ne cherche à combattre que le culte ridicule des objets extérieurs et en voyant que ces reliques qui ont reçu des honneurs absurdes ne sont pas même authentiques on jugera mes intentions.

Si quelques personnes s'offensent de la hardiesse de ce livre, l'on est prié de considérer que ce n'est point une déclamation mais trié d'une série de faits qu'on présente. Ce n'est pas à moi qu'il faut s'en prendre si saint André eut dix-sept bras, si saint Guignolé reçut un culte abominable et si l'on adora des reliques dont l'idée seule est révoltante.

Les choses qui pourront choquer le plus ne tombent pas non plus sur moi, puisqu'elles sont tirées des légendaires et des écrivains religieux.

Quant à ceux qui veulent rétablir en France les reliques et les images malgré les lumières et la raison, je n'ai rien à dire. Ils ont leurs intérêts et leurs motifs qu'ils me permettront de ne pas approuver. J'ai pensé que, sous un gouvernement qui nous a donné une liberté sage on pouvait dire son opinion sur des choses religieuses il est vrai, mais qui ne tiennent pas au fond de la religion de l'État, je veux dire l'Évangile.

J'ai pensé aussi que les chrétiens pieux ne pourraient se fâcher contre un livre qui n'est fait que pour les éclairer, qui n'insulte à aucun dogme, et qui prouve, sans employer les détours d'une logique forcée. D'ailleurs les sources ou j'ai puisé sont toutes familières aux dévots. Ils peuvent examiner mon ouvrage, et sont libres de le réfuter.

La matière que je traite est si abondante que pour ne pas fatiguer le lecteur j'ai dû ne m'attacher qu'aux saints dont les reliques et les images offraient quelque chose de remarquable. Il serait impossible de rassembler indistinctement toutes les reliques. Cet ouvrage a nécessité des recherches immenses. Mais on n'a cité que pour les choses indispensables. Autrement, il y aurait eu deux fois plus de citations que de texte.

INTRODUCTION

CHAPITRE PREMIER.

Du culte des objets extérieurs

L'homme, dans l'état de nature, dut avoir des sensations bornées aux simples besoins; les périls et les travaux de la vie sauvage ne lui laissaient pas le temps de développer assez, sa raison, pour prendre une idée un peu, noble de l'Etre Suprême. Cependant il y a dans le cœur humain un sentiment inné qui nous crie que le monde ne peut s'être fait tout seul; et les premiers hommes adorèrent sans doute un Dieu sans le connaître.

Le soleil attira bientôt l'attention du sauvage; il prit l'astre qui anime tout pour le père de la nature et le culte des astres fut le premier culte.

Les hommes habiles, qui firent quelque bien à leurs semblables, furent révérés; on garda leur souvenir, on respecta, leur mémoire et comme les objets merveilleux se grandissent encore à mesure qu'ils s'éloignent, les récits de leur histoire furent entourés de prodiges on en fit des dieux et on les invoqua.

On remarqua aussi que cette vie est semée de peines. On redouta le dieu du mal et on lui rendit un culte de crainte. Des charlatans se formèrent; ils se dirent les ministres des dieux, et furent plus heureux et plus riches, dans une indolence vénérable que les malheureux pour qui ils faisaient des prières.

On institua d'abord des sacrifices au démon du mal qu'il fallait apaiser. Les dieux bienfaisants reçurent moins d'honneurs car l'homme redoute les maux et cherche à les écarter avant de souhaiter les biens. Il n'est pas besoin de dire qu'on adora des bêtes horribles, les monstres imaginaires. On en fit de hideuses images parce qu'il fallait aux esprits grossiers des dieux visibles. Mais les hommes du moins eurent l'instinct de comprendre que les dieux méchants devaient être laids.

Les Mexicains répandaient des flots de sang humain sur les autels du dieu du mal. Les Asiatiques avaient l'abominable Moloch; l'Égypte adorait le crocodile et partout les anciens dieux bienfaisants furent des hommes divinisés.

Ces religions furent enfantées par la peur, la reconnaissance et l'intérêt. On fit beaucoup pour apaiser les dieux méchants; on adora d'un culte un peu négligé les dieux et les saints qui avaient été bons mais qui avaient peu de puissance on soigna davantage les autels fameux où l'on espérait trouver la fortune ou la santé.

Bacchus fut fêté parce que (comme saint Vincent chez nous) il donnait d'abondantes vendanges. Neptune et saint Nicolas préservèrent des tempêtes. Minerve et sainte Catherine accordèrent les lumières de l'esprit. Esculape et saint Cosme présidèrent à la médecine. Priape et saint Fiacre gardèrent les jardins. Junon et Notre-Dame-de-Liesse rendirent mère. Lucine et sainte Marguerite eurent le domaine des accouchements. Saint Gengoul fut comme Cérès chargé des moissons. Mercure et saint Antoine de Padoue firent retrouver les objets volés. Diane et saint Hubert présidèrent à la chasse. Tous les autres dieux, tous les autres saints eurent divers patronages; ils guérirent tous quelque maladie; ils eurent tous quelque grâce à donner et l'on voit que les dévots n'adorèrent jamais d'un culte assidu que les saints et les dieux qu'ils voyaient bons à quelque chose. Les images et les reliques qui faisaient peu de miracles attiraient peu de pèlerins, tandis qu'on en compta quelquefois deux cent mille à Notre-Dame de Lorette.

Les païens avaient toutefois beaucoup moins de temples que nous n'avons d'églises.

Il y a dans les pays chrétiens plus de cinq cent mille autels ornés de reliques et d'images, qui pour la plupart ont fait des miracles et qui n'en font plus. Ce qui doit paraître surprenant, c'est que ce culte des objets extérieurs tolérable chez des peuples ignorants et barbares, ne tomba point devant les lumières de la raison et ce fut encore l'intérêt qui le soutint. Les prêtres des dieux, des saints et des images, ne vivaient que du culte qu'on rendait à leurs idoles; ils fascinèrent les esprits et les yeux par des prodiges; ils forgèrent des histoires miraculeuses. Au lieu d'employer leurs connaissances à combattre la superstition, les savants ne firent usage de toutes les ressources de la science et de l'imagination que pour appuyer l'erreur. Combien a-t-on fait de livres jusqu'à présent pour démontrer des choses si évidemment fausses qu'elles s'écroulent dans le mépris et dans le ridicule aussitôt que les théologiens cessent de les soutenir!

Les reliques surtout et les images ont eu besoin de tout le charlatanisme des miracles et d'une logique captieuse, pour subsister si longtemps.

Ce serait sans doute un travail digne d'une plume habile, que de tracer l'histoire philosophique des reliques et des images. En voyant la stupide démence des adorateurs d'une masse de pierre ou d'un amas d'ossements, les honneurs insensés que l'on rendit à des linges et à des clous, le culte de saint Guignolé, les miracles ridicules, les pèlerinages dégoûtants et les supercheries des guérisons et des prodiges, on rougirait des tristes faiblesses de l'esprit humain et l'on conviendrait que les catholiques ne sont pas chrétiens.

Nous essaierons de parcourir rapidement la progression du culte des reliques. Nous traiterons ensuite chacun des principaux articles en particulier parce qu'il serait trop fatiguant de les discuter avec méthode.

CHAPITRE II

Du culte des reliques et des images chez les Peuples anciens.

Les dieux secondaires des païens étaient, comme les saints des catholiques, des hommes que l'on avait canonisés après leur mort, pour leurs vertus ou pour leurs belles actions. Les Athéniens conservaient avec soin les os de Thésée, les Romains vénéraient les reliques de Numa et tous les peuples païens avaient des ossements et des tombeaux de saints qu'ils honoraient d'un culte. On montrait à Lacédémone les deux œufs de Léda pendus à la voûte d'un temple. Le bâton augural de Romulus faisait des miracles à Rome et l'on disait qu'il s'était conservé entier dans les flammes, lorsque les Gaulois brûlèrent la ville[1].

Les païens avaient comme nous, sous des autels, les restes de leurs dieux mais ils avaient moins de dieux que nous n'avons de saints car nous en comptons plus de cent mille.

Le culte des images ne vint qu'après les reliques on eut des restes de morts avant d'avoir des artistes. Le peuple se montra si dévot aux dieux qu'on lui fit voir, que les prêtres se hâtèrent d'avoir partout des images, dès qu'ils le purent. Ce sont ces images que les premiers chrétiens appelaient les idoles, et qu'on pourrait aisément comparer aux Notre-Dames des catholiques.

La fameuse statue de la Diane Taurique avait une origine aussi merveilleuse que Notre-Dame-des-Guides elle n'avait point été faite de main d'homme et plusieurs villes se vantaient de la posséder comme nous avons vu, dix-neuf églises se disputer la mâchoire de saint Jean-Baptiste. La véritable image de cette Diane était en Lydie, à Gomana dans le Pont, à Comana dans la Cappadoce; les Lacédémoniens la montraient chez eux et les Athéniens soutenaient qu'Iphigénie la leur avait laissée; cette statue était partout accompagnée du couteau d'Iphigénie et de quelques autres raretés. Les prêtres prouvaient partout

---

1- La vestale Claudia, qui fut béatifiée par les Romains, avait sa statue dans le temple de Vesta. Cette image, qui était de bois, échappa fraîche et complète à deux ou trois incendies.

aussi, qu'ils avaient la vraie Diane de Tauride, en marchant sur la braise ardente, et en subissant d'autres épreuves[2].

La statue de Pallas, que les Grecs appelaient le Palladium, était tombée du ciel comme Notre-Dame-de-Liesse et quelques autres de nos images de la Vierge. Les anciens avaient plusieurs statues de cette sorte vénérables par leurs miracles et leur origine mystérieuse. L'Apollon de Delphes rendit quelquefois des oracles étonnants et la Notre-Dame-du-Chêne n'est pas encore si célèbre que le Jupiter de Dodone.

Les femmes chez les anciens portaient en procession les statues de leurs dieux, dans les temps de sécheresse elles marchaient pieds nus, les cheveux épars, et aussitôt il pleuvait à seaux, comme dit Pétrone. La châsse de sainte Geneviève à Paris donnait aussi la pluie et le beau temps « *et dans combien de villes ne porte-t-on pas nu-pieds des statues de saints, pour obtenir les bénédictions du ciel par leur intercession*[3] »

Si nos saints ont châtié ceux qui manquèrent de respect à leurs images (excepté cependant les iconoclastes de 1793 qui étaient trop nombreux) les dieux des païens n'ont pas été moins sensibles. Lorsque le temple de Cérès eut été profané par le meurtre de l'un des Gracques, il fallut apaiser par de longues cérémonies son image irritée. On disait aussi que dans le sac de Carthage un impie ayant osé dépouiller la statue d'Apollon de ses vêtements d'or; le dieu se vengea si sévèrement que les mains du sacrilège tombèrent en pièces.

Brennus se tua de sa main positivement parce qu'il avait pillé le temple de Delphes; et l'on dira peut-être un jour que Napoléon n'est mort dans l'exil, que parce qu'il a enrichi ses soldats des dépouilles de Notre-Dame-de-Lorette.

Le censeur Quintus Fulvius fut possédé du diable pour avoir emporté de Locres quelques pierres du temple de Junon comme cet évêque qui eut la fièvre jusqu'à ce qu'il eût, rendu une brique qu'il avait prise à la Santa-Casa.

Il est bien malheureux que les sacrilèges de Denis-le-Tyran n'aient pas été punis car il pilla le temple de Proserpine à Locres; il enleva la pesante robe d'or du Jupiter Olympien sous prétexte qu'elle était trop lourde en été et trop froide en hiver; il dépouilla plusieurs autres images

---

2 - Bayle, après Pausanias, Dion Strabon, etc., au mot *Comana*.
3 - Voltaire, *Dictionnaire philosophique*, au mot *Idole*.

et n'en reçut aucun châtiment, du moins pendant sa vie : ce qui est, de l'avis des théologiens, un dangereux exemple.

À la prise de Milet, les soldats d'Alexandre entrèrent insolemment dans le temple de Cérès pour le piller; la déesse irritée les aveugla aussitôt. Plusieurs de nos saints ont ainsi privé de la vue les sacrilèges qui venaient les insulter ou voler leur garde-robe.

Il y eut aussi des images des faux dieux qui parlaient, comme ont fait nos crucifix. Lorsqu'on emporta de Veïes la statue de Junon, un soldat lui demanda si elle voulait venir à Rome, et l'image répondit qu'elle le voulait bien.

On rappelait à Rome, le jour de la fête de Cybèle, ces paroles que la statue avaient dites, lorsqu'on la transporta de Bergame : « *Je suis bien aise qu'on m'enlève d'ici; emportez-moi promptement, car Rome est un lieu digne du séjour de tous les dieux.* »

La statue de la Fortune des femmes félicita à haute voix les dames romaines, lorsqu'elles eurent fléchi la colère de Coriolan.

On contait alors encore que les dieux qu'Énée avaient apportés à Lavinium, ayant été transportés dans la ville d'Albe, retournèrent d'eux-mêmes à leur premier séjour où ils se plaisaient mieux. Ils firent deux fois le même miracle4 et Notre-Dame-de-Vassivière s'est signalée par un prodige absolument semblable. Une statue de Jupiter s'amusait à se promener par les airs, pendant qu'on la portait en procession.

Ces images étaient invoquées comme nous invoquons nos saints. Plutarque rapporte dans la vie de César, que Cassius avant de tuer le tyran, fit sa prière devant l'image de Pompée. Ravaillac invoquait aussi des Notre-Dames. Il serait facile de prouver que le culte des saints est tout copié sur le culte des faux dieux. Arnobe se moque de l'équipage que les païens donnaient à leurs idoles Jupiter Ammon avaient des cornes, Saturne une faux, Neptune la fourche à trois dents, etc. Nous donnons des cornes à Moïse nous représentons saint Jacques avec un bourdon, saint Genest avec un violon, saint Antoine avec un pourceau, sainte Geneviève avec une chandelle et un diable à ses pieds, sainte Gertrude avec des rats, etc. et si les païens ont fait des peintures lascives de leurs Priapes, nous avons saint Guignolé qui n'était pas représenté d'une manière plus modeste. Ambroise Catherin, qui brilla au concile de

---

4 - Valère Maxime, liv. Ier.

Trente, dit qu'au seizième siècle on trouvait dans les églises des images où l'on voyait à découvert les parties naturelles.

Enfin les païens baisaient comme nous les images; ils leur offraient des cierges et des *ex-voto*, lorsqu'ils en avaient reçu quelques faveurs et leurs idoles saignèrent comme nos crucifix; on sait même qu'Erysichton ayant mis la cognée à un arbre consacré à Cérès; cet arbre versa du sang le sacrilège fut châtié par une faim insatiable. On verra plusieurs arbres consacrés aux saints catholiques faire des miracles aussi surprenants.

CHAPITRE III.

Des reliques et des images, chez les Juifs et chez les premiers chrétiens.

Au lieu de chercher les dieux et les saints dans leur doctrine et dans leurs exemples le peuple ne les voit que dans leurs ossements et dans leurs images, comme si la pierre et les os pourris avaient la puissance suprême, « *comme si la vertu de Dieu y était enclose[5].* »

On citera vainement les paroles de saint Grégoire qui dit que les images sont utiles parce qu'elles frappent l'esprit du peuple. C'est par-là, au contraire, qu'elles sont dangereuses. Le peuple adore les saints qu'il voit, et ne songe bientôt plus à Dieu qu'il ne voit pas.

D'ailleurs la loi divine est précise : *Tu ne feras point d'images pour les adorer ou pour les servir[6]*. Ce Dieu qui ne veut pas qu'un autre partage sa gloire[7] qui est jaloux de sa puissance[8], qui s'irrite de recevoir un culte dont il n'est pas le seul objet[9] ne cacha le corps de Moïse que de peur que le peuple d'Israël ne l'adorât après sa mort[10].

Ces choses sont précises pour des chrétiens et pour des Juifs; cependant les Juifs avaient déjà des reliques; ils honoraient les os de Joseph qui avait demandé qu'on emportât ses cendres dans la terre promise[11]. Plus tard ils allaient prier aux tombeaux de leurs patriarches.

Ils connaissaient depuis longtemps le culte des images et sans parler du veau d'or, des idoles de Laban, des petites statues de Moloch qu'ils portaient avec eux comme des divinités tutélaires et du serpent d'airain qu'ils adorèrent dans le désert, il est certain qu'ils se prosternaient devant les chérubins de l'arche, qu'ils honoraient des figures talismaniques et qu'ils eurent toujours un penchant déterminé pour l'idolâtrie.

---

5 - Calvin, *Traité des reliques*.
6 - *Exode*, ch.20
7 - Isaïe, ch. 46
8 - *Exode*, ch.34.
9 - *Deutéronome*, ch. 4
10 - *Deutéronome*, ch. 34.
11 - *Genèse*, ch. 50. Josué, ch. 14.

Les tombeaux de David et de Salomon étaient chez eux presque aussi vénérés que l'arche du Seigneur. Ils eurent plusieurs autres reliques.
Le manteau d'Elie, que, son disciple Élisée conservait avec révérence faisait des miracles sans nombre[12]. Il faut bien que les Juifs, aient honoré ce manteau, puisqu'il n'est pas encore perdu, et qu'on le montre dans un couvent de carmes allemands.
Le corps d'Élisée recevait le culte que nous rendons à nos saints canonisés. L'Écriture dit même que ce corps mort prophétisa[13], et que ses reliques firent de grandes merveilles. Un homme qu'on allait mettre en terre ressuscita, pour avoir touché les os d'Élisée[14]. Nos plus grands saints n'ont rien fait de mieux.
Les Juifs honoraient aussi quelques arbres sacrés comme le chêne sous lequel Abraham donna un festin aux trois anges. La terre que les prophètes avaient foulée était vénérée par les Juifs de même que la poussière des saints tombeaux est vénérée chez nous. Lorsque Naaman fut guéri de la lèpre par Élisée il lui demanda la permission d'emporter la charge de deux mulets de terre prise dans sa caverne[15]. Il ne croyait pas pouvoir employer de plus dignes matériaux à la construction d'un autel et c'est pour cela que Théodoret cité avec tant de plaisir par l'abbé de Cordemoy[16], appelle Naaman « *un homme admirable.* »
Il est bien évident que les Juifs honoraient assez généralement les reliques puisque Jésus-Christ leur fait ce reproche « *Malheur à vous, hypocrites, qui bâtissez dès tombeaux aux prophètes qui ornez les sépulcres des justes, et qui ressemblez à ceux qui les ont persécutés.[17]* »
Dans l'Évangile, l'hémorroïsse ne cherche à se guérir que par l'attouchement[18] de la robe de Jésus et quand les habitants de Génésareth envoyèrent leurs malades à Notre-Seigneur, ils ne le prièrent pas de les guérir, mais de permettre qu'ils touchassent le bord de sa robe[19], à

---

12 - *Rois*, Liv. IV, ch. 2.
13 - *Ecclésiastique*, ch. 48, V. 14 et 15.
14 - *Rois*, Liv. IV, ch. 21.
15 - *Rois*, Liv. IV, ch. 5.
16 - *Traité des saintes reliques*, Chap. 2.
17 - Mathieu, Chap. 23.
18 - Luc, Chap. 8.
19 - Marc, Chap. 6.

laquelle ils attribuaient la vertu des miracles. Croyaient-ils donc qu'ils ne seraient point secourus, par la simple parole de Jésus-Christ[20] ?

L'ombre de saint Pierre guérissait aussi les malades[21]; et saint Paul faisait si aisément des miracles que les tabliers et les mouchoirs qui avaient touché son corps rendaient la santé à tous ceux qui s'en frottaient avec foi[22]. Calvin observe que les souliers de saint François et le peigne de sainte Marguerite avaient la même vertu pour ceux qui les baisaient[23].

Après la mort des apôtres, le culte des reliques alla toujours croissant parce que leurs os firent des prodiges. Les martyrs fournirent un grand aliment à la dévotion des fidèles. On recueillit avec empressement leurs os, leurs habits, le sable imbibé de leur sang, les charbons même de leurs bûchers. Les plus pieux donnaient de grosses sommes pour avoir les restes d'un martyr; on s'exposait aux plus grands dangers pour les dérober aux gardiens. Les chrétiens rendaient tant d'honneurs aux reliques, qu'on les accusait généralement de les adorer.

Ils portaient sur eux de petits os de saints comme de précieuses amulettes; on jugeait heureux ceux qui avaient dans leur maison quelque objet qui eût appartenu à un saint; et dans les premiers siècles, on n'élevait d'églises que dans les lieux où l'on avait des corps de quelque chrétien que l'on croyait dans le ciel. Saint Ambroise refusa de consacrer une église où il n'y avait point de reliques et le concile tenu en 692, à Constantinople, ordonna d'abattre tous les autels sous lesquels on n'aurait pas quelques restes sacrés.

La découverte de la croix de Jésus-Christ par l'impératrice Hélène fit une grande sensation[24]. Saint Cyrille de Jérusalem, dit qu'en quelques années tout l'univers fut rempli de morceaux de cette croix; et, chose admirable elle est toujours demeurée entière.

On attribuait tant de vertus à cette relique, que Constantin en fit mettre une bûchette au pied de sa statue dans la principale place de

---

20 - Calvin, *Commentaires sur l'harmonie des évangélistes.*
21 - *Actes*, Chap. 5.
22 - *Actes*, Chap. 19.
23 - *Commentaires sur les actes des apôtres.*
24 - « *J'ai remarqué (sur un autel de l'église de Saint-Paul à Worms,) un tableau dans lequel la Vierge reçoit Jésus-Christ descendant de la croix. Plusieurs anges emportent au ciel les instruments de la crucifixion; mais le peintre n'y pensait pas sans doute ou bien il faut que les anges aient rapporté depuis toutes ces reliques.* » (Misson, *Voyage d'Allemagne*)

Constantinople, avec la persuasion que ce talisman rendrait la ville imprenable. C'est du moins ce que dit Sozomène[25].

Quoi qu'il en soit les morceaux de la croix et les autres instruments de la passion faisaient des choses merveilleuses. La terre du tombeau de Jésus-Christ chassait les démons[26].

L'huile des lampes qui brûlaient devant les corps des martyrs les fleurs qu'on jetait sur leurs châsses en un mot tous les objets sanctifiés pour avoir appartenu à un saint, ou seulement pour avoir approché ses os étaient autant de moyens de guérison qui ne laissaient de maladies qu'aux incrédules.

Les saintes images ne furent pas d'abord honorées publiquement. Comme les païens adoraient des idoles nos premiers prélats craignirent que s'ils laissaient honorer les images, on n'accusât la religion chrétienne de n'être qu'une idolâtrie, un peu différente du paganisme par le fond seulement. Il n'y eut donc guère d'images jusqu'à Constantin du moins dans les pays mêlés de chrétiens et de païens; car, si l'on en croit les légendaires, Notre-Dame d'Édesse, qui était un ouvrage de Dieu fut honorée dès le deuxième siècle; on révérait ailleurs diverses Notre-Dames peintes par saint Luc.

Mais lorsque Constantin se fut fait l'appui du christianisme, il fit d'abord adorer sa statue, selon l'ancien usage des empereurs, et il permit qu'on en adorât d'autres. Ainsi les images des chrétiens prirent insensiblement la place des images des faux dieux.

Ce ne fut pas toutefois d'un accord unanime. Les prélats éclairés ne se hâtèrent pas de permettre un culte qui leur semblait opposé à la simplicité de la religion. Serenus évêque de Marseille brisa les images de son église parce qu'il reconnut que son peuple les adorait exclusivement. En 393 saint Épiphane abattait les images en Syrie; plusieurs saints montrèrent le même zèle et l'on voit dans un vieux manuscrit, publié par Jean du Tillet[27] que Charlemagne avait formé le projet d'abolir dans ses états le culte des images.

Nous parlerons dans un instant des iconoclastes.

---

25 - Livre II

26 - Augustin, *De la Cité de Dieu*, Liv. 22, Chap. 8.

27 - *Opus illustrissimi Caroli magni*, etc. Paris, 1549, et Cologne, 1555. Voyez *Bayle*, à l'article *Jean du Tillet*.

Du moment où les prêtres tirèrent profit des reliques et des images, il y en eut de fausses. La sainte Vierge avait un corps à Éphèse et un autre corps à Jérusalem, dès le commencement du cinquième siècle. Les chrétiens s'emparèrent aussi des reliques des anciens saints juifs qui se trouvaient souvent doubles, triples ou quadruples, comme les restes de leurs nouveaux saints.

On vénérait encore comme saints des gens qui n'étaient pas dans le ciel. De vils ossements, que l'on disait sacrés étaient présentés à la vénération du peuple, qui donnait son argent pour avoir la grâce de baiser une carcasse et le concile d'Aix-la-Chapelle en 816, reproche aux évêques de faire des miracles pour avoir de l'argent.

Grégoire de Tours rapporte que Raguemodus, évêque de Paris, fit mettre en prison le moine Didier qui portait dans les villages et faisait baiser au peuple des dents de taupes; des os de souris, des griffes et de la graisse d'ours, qu'il faisait passer pour les reliques de saint Vincent et de saint Félix[28].

Saint Martin fit jeter à la voirie des reliques que son peuple adorait, et qui étaient les restes d'un infâme voleur. On en avait fait un saint martyr[29].

Du temps de Charles-le-Chauve des moines ambulants apportèrent de Rome à Dijon le corps d'un prétendu saint, qui faisait des miracles mais dont on ne savait pas le nom. Ces miracles étaient des convulsions comme celles du cimetière Saint-Médard. L'archevêque de Lyon ordonna qu'on enterrât dans un lieu secret ces reliques infernales[30].

Le vénérable Guibert fit supprimer aussi le culte d'un saint Piron, qui, s'étant enivré, tomba dans un puits et s'y noya. On L'invoquait comme un saint confesseur.

Beaucoup d'abus de cette sorte firent que quelquefois on soumit les reliques à des épreuves.

On sait que c'était la coutume de se purger de l'accusation d'un crime en subissant les épreuves de l'eau ou du feu. sainte Cunégonde porta une barre de fer ardent pour convaincre de calomnie ceux qui l'accusaient de fornication. On jugea qu'on pouvait connaître les bonnes reliques par de semblables moyens comme les prêtres anciens prouvaient, en sautant sur

28 - Histor. lib. 9, cap. 6.
29 - Sulpice Sévère, *Vie de saint Martin*, Chap. 8.
30 - *Epist. Amulon. ad Theobold. Ling.*

un brasier qu'ils avaient la véritable image miraculeuse de la Diane de Tauride.

Outre les reliques supposées, les ariens et les autres hérétiques faisaient honorer comme les orthodoxes, les reliques de leurs saints. Il était important de les distinguer, du moins dans les premiers siècles; car les prêtres furent dans la suite moins scrupuleux, et les reliques moins puissantes. La châsse de sainte Geneviève n'a pas soutenu l'épreuve du feu en 1793.

Le concile tenu à Saragosse en 592 ordonne pourtant que l'on n'honorera désormais que les reliques que le feu aura respectées et lorsqu'en 1098 on eut trouvé à Antioche la sainte lance de la Passion qui était déjà à Constantinople, un prêtre provençal, nommé Pierre Barthélemy lequel avait eu révélation du lieu où il fallait chercher cette relique offrit de passer par le feu pour prouver qu'elle était authentique. Il y passa en effet, nu en chemise, tenant la lance à la main mais il mourut douze jours après des suites de ses blessures.

Dans ces temps barbares on éprouvait tout par le feu ou par les combats singuliers. Alphonse VI, roi de Castille et de Léon, au siècle des premières croisades avait ordonné que le missel romain serait substitué dans ses états au missel gothique. On ne termina que par le jugement de Dieu les querelles que cette innovation excita. Un chevalier tint pour l'office romain, un autre pour l'office qu'on voulait réformer; le duel eut lieu devant une assemblée immense; le champion du missel romain fut vaincu; ce qui n'empêcha pas le roi de persister à supprimer le missel gothique.

Ces idées de duels et d'épreuves judiciaires étaient tellement dans toutes les têtes qu'un poète anglais du quatorzième siècle[31], chantant les aventures de la passion représenta Pilate défiant Jésus-Christ à un combat singulier.

Nous n'avons pas encore dit que les serments sur les reliques étaient plus terribles que ceux qu'on faisait devant Dieu. Mais nous parlerons auparavant des querelles qui s'élevèrent en Orient pour le culte des images.

---

31 - Cité par M. Ellis, dans la préface qu'il a mise aux *Fabliaux de Way*.

CHAPITRE IV.

Des Iconoclastes.

Nous avons déjà dit que les chrétiens qui avaient renversé les idoles païennes pour établir leur religion exclusive ne furent pas plus tôt les maîtres qu'ils remplacèrent les dieux du paganisme par les reliques et les représentations de leurs saints. Il sembla à quelques-uns que l'idolâtrie n'avait fait que changer de forme et beaucoup de fidèles refusèrent d'adorer les images.

Les empereurs d'Orient depuis Constantin, prirent part à toutes les querelles religieuses, et s'occupèrent souvent de théologie plus que de politique. La religion ne s'élevait qu'au milieu des persécutions et de troubles sanglants la secte la plus forte ne songeait qu'à renverser les autres sectes, et les empereurs prenaient toujours un parti. Ils avaient beaucoup de goût pour les affaires de la religion, parce que les prêtres qu'ils favorisaient les accablaient de bénédictions et d'éloges.

Lorsque le prince déplaisait, un pieux solitaire retiré dans une grotte déserte allait trouver quelque général disposé à la sédition; il lui annonçait de la part du ciel qu'il était appelé à l'empire; le rebelle tuait l'empereur, prenait sa place, et donnait au bon prophète la dignité de patriarche.

Ces menées, les assassinats sans nombre, les désordres de l'état, les règnes orageux, la lutte perpétuelle des principes les plus opposés et le pouvoir immense des prêtres et des moines, qui conduisaient tout, désolaient l'empire. L'histoire de l'Occident au huitième siècle ne présente qu'un tableau épouvantable d'horreurs, où la religion (disons plutôt la superstition) se trouve malheureusement toujours mêlée.

Un prince se croyait heureux lorsqu'il avait des hérétiques à combattre, ou un concile à tenir; et cet esprit de tracasseries théologiques se fit remarquer dans les empereurs de Constantinople jusqu'à la conquête de Mahomet II. Justinien s'occupa plus de faire condamner la doctrine d'Origène que de rendre ses sujets heureux. Philippicus laissait ravager l'empire par les Bulgares, pendant qu'il prenait la défense des monothélites[32].

Les empereurs se déclaraient pour ou contre les images selon les opinions du parti dominant. Mais ils n'avaient pas poursuivi très ardemment les iconolâtres jusqu'à Léon l'Isaurien. Ce prince qui n'était pas assez instruit pour comprendre les subtilités des théologiens laissa en paix les hérésies qui ne reposaient que sur des mots. Mais comme il fallait qu'il fît aussi quelque chose pour la religion, il voulut la rétablir dans son ancienne simplicité, et se fit l'ennemi des images. Il publia un édit par lequel il ordonnait de les abattre. Saint Germain, patriarche de Constantinople, se révolta contre l'édit et souleva le peuple; la sédition allait gagner toutes les provinces. L'empereur fit charger les rebelles par ses gardes; le peuple se dispersa, les images furent détruites, et le patriarche déposé[33].

Léon voulut aussi que son édit fût exécuté en Italie. Le pape lui répondit que le culte regardait les évêques et non les empereurs. L'Italie se révolta contre lui et refusa de payer les tributs; Léon envoya des troupes mais il mourut sans avoir pu supprimer chez les descendants des Romains le culte des images.

Constantin-Copronyme, son fils, poursuivit ses projets et pour leur donner plus d'importance, il assembla à Constantinople un concile de trois cents évêques qui déclarèrent que ceux qui adoraient les images et les reliques tombaient dans l'idolâtrie des païens. Le concile défendit en conséquence de rendre un culte aux images dans les églises et dans les maisons particulières sous peine d'excommunication. Les prêtres qui se montrèrent iconolâtres furent déposés.

Le pape condamna les décisions du concile, des iconoclastes[34]; mais l'empereur les fit exécuter dans tout l'Orient. Il fit abattre partout les images des saints; on jeta les reliques à la mer et les miracles qui se faisaient à la châsse de sainte Euphémie ne la sauvèrent pas de la proscription générale.

---

32 - Hérétiques, qui ne reconnaissaient qu'une volonté en Jésus-Christ.

33 - On fit alors des miracles pour prouver la puissance des images. On contait que Jean Damascène ayant eu la main coupée par ordre du calife de Damas qui le soupçonnait de trahison avait prié une image de la Vierge de lui rendre sa main, et que l'image la lui avait rendue ce qui avait presque converti le calife.

34 - Briseurs d'images.

Ce qu'il y a de déplorable, c'est qu'un grand nombre de chrétiens s'opposèrent follement aux ordres de l'empereur; il y eut des persécutions cruelles. On exila les fidèles obstinés on fit mourir ceux qui se révoltèrent avec éclat; et l'empire fut de nouveau livré aux troubles et au carnage.

L'empereur défendit encore à tous ses sujets d'embrasser la vie monastique, parce qu'il y avait parmi les moines un esprit d'intérêt qui les poussait à soutenir le culte des images; il obligea la plupart des moines à se marier, supprima les maisons religieuses, et prit toutes les mesures qui pouvaient servir ses résolutions.

Léon IV, qui lui succéda, montra pour les images une horreur outrée; il ne voulut plus voir l'impératrice Irène parce qu'il avait trouvé des images dans son oratoire et persécuta les iconolâtres avec acharnement.

Après sa mort, Constantin-Porphyrogenète étant trop jeune pour régner, l'impératrice Irène s'empara du trône, et gouverna d'abord comme mère de l'empereur. Elle fit bientôt assassiner son fils, commanda seule, se déclara pour les images, et assembla un concile qui en rétablit le culte. Les Grecs eurent l'ordre d'adorer les images; on les releva dans toutes les églises; l'empire se réconcilia avec Rome; et Nicéphore, qui profita de la haine que l'impératrice s'était attirée par ses forfaits pour la détrôner ne s'occupa point de ces querelles.

Mais Léon l'Arménien qui régna quelque temps après se montra grand iconoclaste fit abattre de nouveau les saintes images en proscrivit le culte et fut assassiné à la messe de Noël, pendant qu'il chantait une antienne.

Ses assassins qui croyaient servir la religion en tuant un hérétique mirent à sa place Michel le Bègue. C'était un officier que le sénat venait de condamner à mort. Il n'eut pas le temps de songer à la théologie, parce que son règne ne fut que troubles.

Son successeur, Théophile, persécuta plus que jamais les adorateurs des images; le sang ruissela de toutes parts; les moines se révoltèrent; le peuple ne savait plus quelle religion il suivait; le culte changeait presque toujours avec le prince. Theodora, veuve de Théophile, régna après lui; elle rétablit de nouveau le culte des images, exila les iconoclastes, chassa le patriarche Jean, et fit couler des flots de sang pour obliger tout l'empire à recevoir les décrets du concile, qui ordonnaient d'adorer les images.

Le parti des iconoclastes se dissipa entièrement sous cette princesse. Dès-lors les images et les reliques furent adorées dans tout l'Orient et dans l'Italie mais on ne les honorait pas généralement dans l'Occident. Les évêques des Gaules refusèrent de recevoir le concile de Nicée[35]. Ils ne pensaient pas qu'on dût adorer la matière; ils honoraient pourtant les reliques.

Un concile qui se tint à Francfort, condamna le concile des Grecs à cause de cette décision « *Quiconque ne voudra pas rendre aux images des saints, le service ou l'adoration comme à la divine Trinité, sera jugé anathème.* »

Peu à peu les prélats des Gaules se rapprochèrent des Grecs. Une assemblée d'évêques tenue à Paris en 824 décida qu'il ne fallait pas honorer les images, mais qu'on pouvait les permettre et vers le dixième siècle on leur rendit un culte en France comme ailleurs.

Ce culte prit beaucoup de force; il devint la religion même et plus tard on ne fit des guerres sanglantes aux Vaudois et aux huguenots que parce qu'ils étaient iconoclastes[36].

---

35 - On donne ce nom au concile d'Irène, parce qu'il se termina à Nicée.
36 - Pluquet, *Dictionnaire des Hérésies,* au mot *Iconoclastes,* etc. le P. Maimbourg *Histoire des Iconoclastes.* Voltaire, *Essai sur les mœurs,* etc. Chap. 39. - Racine, *Discours sur l'histoire ecclésiastique,* etc.

CHAPITRE V.

Des reliques et des images chez les Grecs, depuis l'extinction des iconoclastes. - Des infidèles.

Il est constant que les prêtres et les moines auront toujours un intérêt immense au maintien du culte des reliques et des images. C'est à des images fameuses ou des reliques vénérées que de riches dévots firent toutes ces grandes donations qui rendirent le clergé maître du tiers de nos biens. Une religion qui ne présenterait aux hommes que Dieu et l'évangile n'aurait pas de prêtres opulents mais ces prêtres seraient vertueux.

Les rois et les particuliers ne pouvaient faire un pèlerinage sans donner leur offrande au saint qu'ils venaient adorer. Les moines de Saint Jacques-de-Compostelle recevaient plus d'argent en un jour que les apôtres n'en ont eu dans toute leur vie. On peut donc présumer qu'autant qu'ils le pourront, les prêtres multiplieront les reliques et les images, dont les miracles ne sont que des moyens de fortune.

Aussitôt que les maîtres de l'empire redevinrent protecteurs des reliques et des images les prêtres et les moines les appuyèrent de tout leur pouvoir et l'on ne vit pas longtemps les traces de la destruction. Les images fameuses se retrouvèrent, les reliques célèbres reparurent. Les églises se remplirent de nouveaux objets de culte et les Grecs se réconcilièrent avec le pape.

Mais comme leur patriarche s'obstinait à prendre le titre de patriarche universel et que le pape excommuniait pour cela de temps en temps les empereurs et les sujets de l'empire, cette union devait bientôt se rompre.

Le savant Photius commença le grand schisme, qui fut consommé par Michel Cerularius.

Le fond de ce schisme est peu de chose au lieu de croire que le saint esprit procède, du père et du fils également, les Grecs prétendent qu'il procède du père par le fils; qu'il n'y a point de purgatoire; qu'il ne faut pas dire de messes pour les morts; que le divorce doit être permis lorsqu'il est nécessaire, qu'il ne faut pas manger de fromage, et qu'on doit faire quatre carêmes par an.

Mais avec ces différences les Grecs ne sont pas moins superstitieux que les catholiques; ils adorent comme nous les reliques et les images; ils leur rendent un culte outré et ne jurent que par les saints. Il n'y a pas de personnage un peu célèbre dans la légende, dont ils n'aient le corps, quoiqu'il soit ailleurs. Ils possèdent partout des images de la Vierge peintes par saint Lue et beaucoup de simulacres venus du ciel.

Ces reliques et ces images font des miracles étonnants; l'imagination orientale semble avoir présidé aux prodiges qu'on en raconte[37].

Ils ont le plus grand respect pour ces objets de culte et n'en montrent aucun pour les choses les plus saintes. Ils marchandent une absolution; ils paient comptant l'hostie qu'ils reçoivent du prêtre et que celui-ci vend le plus cher qu'il peut; ils donnent de l'argent à un saint homme pour faire maudire leur ennemi; et l'anathème n'est terrible qu'autant qu'il est bien payé.

Ces choses sont permises parce qu'elles plaisent aux moines et aux prêtres. Mais ils excommunièrent Constantin Paléologue, lorsqu'il prit un peu d'argent dans le trésor d'une église pour payer ses alliés et défendre sa ville contre Mahomet II.

Dans ce siège déplorable ou Constantin fut peut-être le seul homme qui montra une grande vertu, tous les malheurs des Grecs peuvent retomber sur la tête de leurs moines; ils refusèrent les secours des catholiques, parce qu'ils étaient catholiques; ils bouleversèrent, la tête du peuple qui allait dans les cabarets boire à la santé de la mère de Dieu, et priait ensuite les images de la Vierge d'empêcher au moins que Mahomet assiégeât la ville durant la semaine sainte[38]......

Depuis que les Grecs ont courbé la tête sous le joug des Turcs, ils n'ont rien perdu de leurs anciennes superstitions et malgré la pauvreté de leurs temples, les murs en sont tapissés d'images et de reliquaires, qu'ils adorent avec tous les signes du plus profond respect. Ils ont aussi des saints modernes, qui font des prodiges comme les anciens. Mais tous les peuples ont des objets de culte extérieur. Les Russes surtout, les Arméniens et les autres schismatiques ont également leurs saints leurs reliques et leurs pèlerinages.

---

37 - Voyez, dans ce Dictionnaire, *Lavrenthios, Notre-Dame de Damas*, etc.
38 - Voyez *Ducas* dans la bibliothèque Byzant. tome 8. - Cité dans la notice qui précède la nouvelle de Mahomet II, ou la prise de Constantinople. (2 vol. in-12).

Les infidèles ont imité ces superstitions, lorsqu'ils n'en ont pas donné l'exemple. Si les musulmans sont les implacables ennemis des images, ils révèrent des figures talismaniques ils ont des reliques et des lieux saints. Ils fêtent comme nous l'assomption d'une vierge mère; et le tombeau de Fatima est chez les Persans un pèlerinage aussi sacré, que la maison de la Vierge à Lorette l'est chez nous[39].

On sait combien les sectateurs de Mahomet vénèrent le tombeau de leur prophète. La tente noire qui couvre la mosquée de la Mecque est déchirée tous les ans et partagée entre les pèlerins, qui en font des reliques. Ils rendent des honneurs au chameau qui porte l'alcoran; ils révèrent les pigeons qu'ils croient pouvoir être les descendants de celui qui parlait à l'oreille du prophète, comme les chrétiens respectaient autrefois les poules de la lignée du coq de saint Pierre[40]. Ils n'ont point d'images; mais leurs églises sont pleines de reliques de saints et d'*ex-voto*[41].

---

39 - Fatima, fille de Mahomet, femme d'Ali, est honorée à Com d'un culte célèbre. Sa mosquée est magnifique, son tombeau entouré de riches présents. On y monte par quelques marches d'argent massif; la tombe est élevée de douze pieds et couverte d'un drap de velours blanc. Cette sainte Fatima est la Notre-Dame du pays. On l'appelle dans les prières, « *fille sans tache exempte de toute impureté* ». On déteste ses péchés devant elle et on lui dit : « *Daigne m'accorder ton intercession ô sainte Vierge au jour où les bons seront séparés d'avec les méchants.... Je te souhaite le salut éternel, ô vierge très-pure, très-juste et immaculée, glorieuse Fatima fille de Mahomet l'élu, femme d'Ali le bien-aimé, mire des douze vrais vicaires de Dieu d'illustre naissance.* » Le peuple croit que Dieu enleva Fatima au ciel que son tombeau ne renferme rien et n'est qu'une représentation. Ainsi, l'église romaine n'est pas la seule qui honore l'assomption d'une vierge, la conception immaculée et la virginité d'une mère. Au reste, les musulmans et surtout les Persans ont aussi beaucoup de respect pour la vierge mère de Jésus. (Voyez Bayle au mot *Fatima* après Chardin, etc.)

40 - Voyez aussi dans le dictionnaire, l'article *Mecque*.

41 - Un Génois eut une si grande curiosité de voir ce que faisaient les mahométans dans leurs mosquées, qu'il y entra, quoiqu'il sût fort bien qu'il s'exposait à mourir ou à être contraint d'abjurer le christianisme. Il se trouva bientôt tellement pressé par la foule, qu'il lui fut impossible de sortir pour satisfaire un besoin naturel qui le pressait beaucoup. Il n'en fut pas longtemps le maître, et se crut perdu; car la mauvaise odeur qui se répandait autour de lui fit connaître son aventure. Il s'avisa heureusement de dire tout haut qu'étant constipé depuis plusieurs semaines, il était venu se recommander à Mahomet et qu'aussitôt il avait été soulagé. Là-dessus on cria miracle! on prit ses chausses, on les pendit à la muraille de la mosquée; on en fit un bel ex-voto, etc. (Prognosticon Antichristi, etc. Cité dans Bayle à l'article *Mahomet*.)

Il n'est pas nécessaire de dire que les autres nations qui chargent le monde adorent les images. Les peuples généralement appelés idolâtres, sont encore les plus nombreux et tous ces peuples ont les reliques de leurs dieux et de leurs saints, leurs *ex-voto*, leurs pèlerinages et leurs amulettes.

Nous nous contenterons de rappeler au lecteur une relique des plus curieuses, que le pot-de-chambre du Grand-Lama multiplie tous les jours[42]. Ne nous étonnons pourtant pas trop de voir quatre mille moines vivre à leur aise de la vente des excréments séchés de leur Dieu, que les dévots portent à leur cou. Les peuples du Tibet ne sont pas les seuls qui aient vénéré de semblables reliques. L'hérétique Tanchelin, qui fut tué au XIIème siècle par un prêtre catholique, recevait un culte aussi singulier dans la Flandre et dans nos provinces du Nord; on lui amenait les plus belles femmes; on vendait ses excréments, que les pieux portaient comme de simples amulettes; et ses urines opéraient des guérisons miraculeuses.

L'évêque Aldebert qui séduisit par ces prodiges les français du XVIIIème siècle, qui possédait une lettre de Jésus-Christ apporté du ciel par l'archange Michel, distribuait au peuple les rognures de ses ongles et de ses cheveux, qu'on vénérait comme des choses sacrées. La superstition peut-elle avoir des limites?

---

42 - Le Grand-Lama a quelque ressemblance avec le pape que l'on adore après son élection sur le grand autel de Saint-Pierre, etc.

CHAPITRE VI.

Des reliques et des images dans les siècles qui précédèrent la réforme.

Les siècles des croisades furent aussi beaux pour les reliques et les saintes images que le siècle de Louis XIV pour les lettres et les arts. Saint Louis dépensa des millions, pour se procurer quelques reliques probablement fausses. Mais alors il fallait des instruments à miracles : le peuple ne fréquentait que les églises. où il pouvait adorer les restes ou l'image merveilleuse de quelque saint.

Les catholiques vulgaires ne songeaient pas à prier Dieu; ils s'adressaient à la châsse de sainte Geneviève, aux Notre-Dames, aux reliques de Jésus. Les prêtres et les moines s'étaient emparés de toutes les fontaines douées de quelque vertu salutaire; ils y avaient mis de petites images et ce n'était plus la qualité naturelle de l'eau qui faisait des guérisons, mais la bonté du saint. On voyait tous les jours des miracles, sans qu'il y eût plus de vraie piété qu'à présent; toute la France s'occupait du voyage d'un saint ou de la translation d'une châsse; avec l'intérêt que nous prenons aujourd'hui aux grandes fêtes triomphales et les routes n'offraient que de dévots pèlerins, dont les mœurs assurément, ne valaient pas les nôtres.

Philippe-le-Long fut guéri de la fièvre quarte, par l'attouchement du saint clou et du bras de saint Siméon qu'on vénérait à Saint-Denis. Le duc de Normandie, fils du roi Philippe de Valois dut la guérison d'une longue maladie à ces mêmes reliques; et bien que cette guérison eût traîné six semaines, il n'en alla pas moins faire à Saint-Denis ses actions de grâce. Les dévots disaient qu'on offensait les saints en recourant à la médecine, et que tous les maux étaient bien traités par les reliques et les images. La sainte Vierge s'était montrée à un bonhomme, qui venait de consulter un médecin, et lui avait dit qu'il serait malade toute sa vie, s'il ne se recommandait uniquement à quelque madone.

On jurait sur les saintes reliques, et quelquefois devant les images comme on jure encore devant le crucifix dans nos tribunaux. Louis XI ne voulait pas jurer sur la croix de Saint-Lô qui tuait les parjures dans l'année. Beaucoup de reliques avaient une réputation aussi terrible. C'est pour cela que plusieurs princes firent des serments sur des châsses dont ils avaient fait ôter les reliques sous prétexte que dès lors ils n'étaient plus obligés à tenir leur parole, comme si ces fourberies n'avaient pas eu Dieu pour témoin.

Le bon roi Robert, qui savait qu'on ne respecte pas toujours les serments qu'on a faits, avait une châsse vide, mais toute dorée, sur laquelle il recevait le serment de fidélité des nobles. Les roturiers juraient sur un reliquaire moins riche, dans lequel il avait mis un œuf d'autruche. Ces idées donnaient beaucoup d'importance aux reliques. Charles-le-Bel menait partout à sa suite celles de la Sainte-Chapelle. Louis XI crut se guérir, dans sa dernière maladie, en faisant apporter auprès de son lit la nappe sur laquelle saint Pierre avait dit la messe, la sainte-ampoule et plusieurs autres pièces curieuses. Il ne se passait pas de jour que l'on n'entendît parler de guérisons miraculeuses. Les pays catholiques ne s'occupaient que de pèlerinages. Le voyage de la Terre Sainte était la grande affaire des plus pieux. On trouvait partout des reliques et des objets de culte et le plus petit village, le plus modeste couvent avait toujours de quoi arrêter un dévot pèlerin.

Ce n'étaient pas les lieux les plus fournis qui jouissaient de la plus belle réputation. On avait, à Saint-Alexandre de Milan, des reliques de cent quarante-quatre mille martyrs, qui attiraient moins de fidèles que le saint clou et l'on vénérait dans diverses églises de Rome les restes de plusieurs milliers de saints qui faisaient en masse moins de profit que la tête de saint Paul.

On a calculé que toutes les reliques rassemblées auraient pu former cinq ou six cent mille corps saints.

Outre les trésors des églises, il y avait les porteurs de reliques, qui promenaient dans les villages des images et des ossements, auxquels les femmes venaient, pour leur argent faire toucher des linges et des chapelets; de même que nous voyons encore les marchands de clefs de Saint-Hubert bénir, par l'approche d'une image de cire, les anneaux de nos villageoises.

Les reliques étaient une si bonne marchandise, que certaines gens faisaient métier de les voler; et ces larcins demeuraient ordinairement impunis, parce que le larron était protégé par la ville où il se réfugiait avec son vol. Une foule de saintes pièces furent volées ainsi, du consentement du saint qui se laissait emporter[43]; car généralement les saints ne font de miracles qu'à l'ordre de leurs prêtres. Il y avait encore des voleurs privilégiés. Par exemple, on achetait communément les bénéfices; on payait un évêché cent mille sous ou davantage et pour l'ordinaire l'acquéreur en prenant possession de son évêché vendait les vases d'or, les croix, les châsses et les reliques pour payer sa dette.

Ces choses étaient sans inconvénients pour un prélat; mais comme on l'a déjà dit, si un prince eût enlevé quelque riche inutilité d'une église pour subvenir aux besoins de l'état, il eût été damné comme Charles-Martel.

Dans nos siècles barbares, le clergé était plus puissant que les rois. On dépouillait le peuple; on l'épouvantait par des miracles terribles; les reliques saignaient, les images annonçaient des fléaux si le malheureux ne donnait pas son argent aux moines. Les femmes et les filles ne passaient pas avec sûreté devant les monastères les moines enlevaient les pèlerines; et ils soutenaient l'assaut plutôt que de lâcher leur proie. S'ils étaient trop pressés par les parents ou l'époux de la femme, qu'ils avaient en leur pouvoir, ils apportaient sur la muraille les reliques de quelque saint. Alors il arrivait presque toujours que les assaillants, saisis de respect se retiraient sans oser poursuivre leur vengeance[44].

Les reliques présentaient tant de ressources, qu'on en faisait de tout ce qui se présentait. On trouva en 1756, au Pont-du-Château, en Auvergne, dans un petit cercueil un enfant embaumé à la manière orientale; il était si bien conservé qu'on cria miracle. C'était en 1756; le peuple allait l'adorer comme un saint, si un ordre du gouvernement n'eût fait transporter cette curiosité au cabinet d'histoire naturelle de Paris.

Les Italiens adoraient le corps de Tite-Live; le peuple de Rome adorait aussi le corps de la fille de Cicéron, lorsque le pape Paul III fit jeter ce corps dans le Tibre. Il aurait pu faire mieux.

---

43 - Cependant les saints ont quelquefois fait merveilles contre leurs voleurs. Grégoire de Tours raconte qu'un voleur ayant voulu piller les richesses qu'on avait enterrées avec saint Hélie, évêque de Lyon, sans avoir l'intention de voler le corps, le cadavre du saint se leva, se jeta sur le voleur et le tint embrassé jusqu'au lendemain. Lorsqu'on surprit le larron en flagrant délit, on le condamna à être pendu. Mais le saint ne le lâchait point : on comprit sa bonne intention et on donna grâce au voleur. Incontinent le mort le laissa libre, et il s'amenda. (*de Gloria conf.*, cap. 62.)

44 - Voilà l'origine des enchanteurs, de ces enchantements et de ces châteaux enchantés dont il est tant parlé dans les romans de chevalerie. (Sainte-Foix après Mézerai.) Voyez aussi le chap. IV des *Mémoires d'un Vilain du quatorzième siècle*.

Mais le vulgaire est toujours prêt à tomber à genoux et les prêtres qui devaient éclairer le peuple ne s'appliquèrent qu'à l'égarer. Le culte superstitieux des reliques et des images était universel; on brûlait ceux qui avaient manqué de respect à la statue d'un saint; on fouettait ceux qui ne vénéraient pas assez les reliques. Le christianisme n'était plus qu'un vain nom, quand les protestants parurent.

CHAPITRE VII.

Des protestants, etc. - Conclusion.

Les réformés ne ramenèrent pas le christianisme pur; ils gardèrent les miracles et bien d'autres abus mais ils firent beaucoup, pour le siècle où ils vécurent en combattant le culte des reliques et des images.

Il était réservé aux philosophes du dix-huitième siècle d'achever la réforme que Luther commença et peut-être pourra-t-on leur reprocher de s'être avancé trop loin puisque quelques-uns ont attaqué les dogmes les plus sacrés de la religion que Dieu a mise dans les cœurs; ils ont jeté des doutes sur l'immortalité de l'âme, et se sont quelquefois égarés sur Dieu même.

Les réformés furent persécutés comme ils devaient s'attendre à l'être; c'est peut-être à ces grandes persécutions dont ils furent l'objet, qu'ils doivent d'être devenus si forts et si nombreux; car au fond, avec quelques superstitions de moins ils ne sont pas plus tolérants que les catholiques.

Quoi qu'il en soit, on leur dut l'anéantissement d'une multitude de reliques et d'images. Ils écrivirent contre le culte idolâtre; Calvin fit le traité des reliques; d'Aubigné les attaqua dans la Confession catholique de Sancy; cette matière donna lieu à des diatribes, qui obligèrent la cour de Rome à mettre plus de circonspection dans les honneurs qu'elle rendait à ses saints. Ils éclairèrent aussi certaines classes du peuple en montrant que les ossements et les images qu'ils brûlaient n'avaient aucun pouvoir; et les prêtres ne s'acharnèrent si fort contre les protestants, que parce qu'ils leur étaient une source abondante de richesses.

Le petit livre de Calvin fit de l'effet; l'abbé de Cordemoi tenta vainement, longtemps après, de le réfuter; il annonça qu'il allait répondre enfin au livre du huguenot, que l'on n'avait pu combattre; il fit un traité des saintes reliques, où il prouva que Calvin avait raison puisqu'il ne montra nulle part qu'il eût tort. Le livre de Cordemoi n'est qu'une mauvaise déclamation en l'honneur des reliques, si singulièrement faite, qu'on a peine à s'apercevoir si elle à été écrite avant ou après la lecture du livre de Calvin.

Depuis la réforme on ne fit plus guère usage de ces grands miracles qui réjouissent tant dans les anciennes légendes. Les prêtres devinrent plus prudents. On les voit n'écrire qu'en tremblant les mensonges. Ils hésitent sur les miracles des saintes châsses; ils rougissent en contant des merveilles contestées. Le chanoine Villette s'embarrassait beaucoup au dernier siècle en commençant l'histoire de Notre-Dame-de-Liesse. Il avoue que cette histoire n'a rien de bien sûr. Mais enfin, ajoute-t-il, elle vaut bien Notre-Dame-de-Lorette, Notre-Dame-de-Montserrat, les Saints-Suaires, les Saintes-Faces, et toutes les reliques et images que les fidèles vénèrent ailleurs[45].....

Mais si les hommes éclairés du dernier siècle ne croyaient déjà plus aux reliques et aux images, le vulgaire restait encore fidèle aux décrets du concile de Trente, qui recommande expressément[46] l'article du concile de Nicée où il est ordonné d'adorer les images et les reliques. Dumarsais fut presque assommé à Paris, dans la rue aux Ours, parce qu'il disait aux bonnes femmes que les images de la Vierge n'ont pas plus de puissance que d'autres images, et que Notre-Dame n'est pas, comme Dieu, partout présente.

Les grandes dames et les bourgeoises faisaient encore des pèlerinages pour avoir des enfants; on descendait la châsse de sainte Geneviève; et si ces choses sont moins communes en France aujourd'hui rien n'est presque changé dans les pays voisins. On lit toujours dans les églises d'Espagne et d'Italie deux ou trois grandes listes des reliques qu'on peut y adorer. Celui qui parle mal de Saint-Martial à Limoges est toujours plus coupable que celui qui parle mal de Dieu. On est toujours sacrilège, en France même lorsqu'on touche les vases et les châsses sacrées sans être prêtre. On convertit encore des tableaux profanes en images saintes[47], que les pieux révèrent. On fait des miracles, on délivre des possédés, on ôte les maladies; et tous les journaux ont retenti des cures miraculeuses que M. de Hohenlohe vient d'opérer à Wurtzbourg. On a reconnu il est vrai, que M. de Hohenlohe n'a guéri personne; mais ses miracles sont

---

45 - Page 3 du *Discours préliminaire*, seconde édit. 1728.
46 - Deuxième décret. IXème session.
47 - En 1820, dans une petite ville du Calvados un dévot se fit donner pour son église un tableau qui représentait Psyché à genoux devant Cupidon. Il fit couvrir les nudités par un barbouilleur. Cupidon devint Gabriel, Psyché la Vierge Marie, et ce fut une Annonciation. (Cité dans quelques journaux et particulièrement, mais avec quelques erreurs de détails, dans le N°. 2 ou 3 de la *Marotte du Calvados*.)

écrits; les dévots éloignés les croient; et ils serviront un jour au procès verbal de sa canonisation.

On a quelquefois reproché aux protestants, à ces ennemis déclarés des reliques et des images, de vénérer eux-mêmes quelques restes de leurs saints. Ils gardent, par exemple, le banc sur lequel Luther était assis, lorsque le diable vint se battre avec lui. Il se peut que quelques sots luthériens fassent de ce ridicule objet une amulette; mais généralement les réformés ne vénèrent les reliques de leurs grands hommes que comme de simples souvenirs.

C'est ainsi qu'on a vendu fort cher la canne de J.-J. Rousseau et l'encrier de Voltaire. Assurément ceux qui possèdent ces restes curieux ne leur adressent point de prières. Ceux qui achetèrent à haut prix les débris de la triste garde-robe du grand Frédéric ne cherchaient là qu'à satisfaire une curiosité naturelle. Nous aimons à voir dans la maison de Jeanne-d'Arc, l'armoire qui fut dit-on à son usage.

Un pharmacien[48] possède le cerveau du grand Voltaire sans songer à invoquer saint Arouet[49] et sans doute les voyageurs qui déchiraient les registres de l'état civil de Châtillon-les-Lombes pour avoir un morceau de l'écriture de Vincent de Paule[50], ne croyaient pas porter des reliques.

Les Anglais, qui n'ont point de reliques, vénèrent tout ce qui leur rappelle le souvenir de leur Shakspeare; on les a vus payer au poids de l'or des morceaux d'un mûrier qu'il avait planté de ses poétiques mains; mais ils n'ont jamais cru que ces morceaux de mûrier puissent donner aux porteurs quelque dose du génie de Shakspeare. Celui qui se plait au souvenir des grands hommes, et qui admire les monuments, ne peut pas être confondu avec celui qui adore des ossements et de vaines figures de bois ou de pierre.

Nous aurions pu nous étendre bien davantage sur ces matières de culte mais nous n'avons dû traiter ici toutes ces choses que sous un point de vue général. La multitude des anecdotes se trouvera aux articles particuliers.

---

48 - M. Mitouard à Paris, rue du Buloy, n° 10. Il est fils du pharmacien de ce nom qui participa à l'embaumement de Voltaire.

49 - Voyez *Comme on connaît les saints on les honore* dans les *Proverbes dramatiques* de M. Gosse.

50 - *Voyages de M. Delaure aux environs de Paris*, tome Ier, page 93.

En voyant à quelles extravagances les hommes se sont abandonnés, on reconnaîtra que nous ne devons pas être fiers de cette raison, dont nous avons toujours fait un si pauvre usage.

On observera aussi que le culte des reliques et des images renaît de toutes parts et qu'il est peut-être temps de réclamer le retour aux simples règles de l'Évangile qui ramènerait la vertu dans le sein de l'Église.

Comme je crois que les hommes éclairés peuvent être bons et justes, je répète que je n'ai point entrepris cet ouvrage pour attaquer la religion mais pour la défendre contre le torrent de la superstition et du charlatanisme, qui aurait besoin d'être retenu dans de fortes digues.

DICTIONNAIRE

CRITIQUE

DES RELIQUES ET DES IMAGES.

A

AARON. - Frère de Moïse. Sa verge, sur laquelle poussa des feuilles et des fleurs à ce que dit la Bible, est la seule relique que nous ayons de lui. Elle était à la fois dans l'église de Saint-Jean-de-Latran; à Rome, dans la cathédrale de Florence, à la Sainte-Chapelle, à Paris; à Saint-Salvador, en Espagne; et dans la cathédrale de Bordeaux. On la montre encore à Rome, à Florence et à Saint-Salvador. C'est un vieux bâton de trois mille trois cents ans.

Cependant les plus graves théologiens prétendent que la verge d'Aaron est dans l'arche d'alliance, que Jérémie fit enterrer sous le mont Nebo, au delà du Jourdain.

ABDON ET SENNEN. - Saints martyrs du troisième siècle, dont on ne sait pas l'histoire. On ignore également le lieu de leur sépulture. Néanmoins leurs corps étaient en même temps à Rome, à Florence, à Saint-Médard de Soissons et dans une abbaye d'Arles en Roussillon.

TOMBEAU DES SAINTS ABDON ET SENNEN.

On voyait aussi, dans la même petite ville d'Arles en Roussillon, le miraculeux tombeaux des saints martyrs Abdon et Sennen. Ce tombeau était toujours plein d'une eau merveilleuse. Le 30 juillet surtout, jour de la fête des deux saints, on tirait de leur tombe de quoi désaltérer tout le pays[51]. Il est fâcheux, pour la réputation des patrons du lieu, qu'on ait découvert la source naturelle de cette eau qui a des propriétés très salutaires contre la dyssenterie.

On donnait à l'eau du tombeau une origine assez singulière. On contait que le voiturier qui apportait de Rome les deux corps saints, craignant d'être volé par les dévots avait mis ces corps dans une futaille pleine d'eau; et que depuis, les deux saints étaient devenus comme deux fontaines intarissables.

ABEL. - Saint Jérôme dit que Caïn tua son frère Abel à peu de distance du lieu où l'on a bâti depuis la ville de Damas. On montre à seize milles de cette ville deux colonnes et quelques ruines qui passent pour les débris de la sépulture d'Abel[52]. Son tombeau avait cinquante-cinq pieds[53] de long. Quelques Musulmans prétendent qu'Abel était haut de quarante-huit pieds; d'autres le grandissent bien davantage.

ABRAHAM. - Père des croyants. Je ne crois pas qu'aucune église se soit vantée de posséder son corps. Mais on montrait à Rome quelques- uns de ses os, à l'église de Sainte-Marie sur Minerve.

On voit encore dans l'église de Saint-Jacques *Scossa-Cavalli* une table de marbre que l'on présente comme l'autel où Abraham voulut sacrifier son fils Isaac. L'impératrice Hélène envoyait cette grosse relique pour l'église de Saint-Pierre; mais quand la charrette se trouva vis-à-vis Saint-Jacques, les chevaux refusèrent d'aller plus loin. D'abord cela ne parut pas raisonnable; mais bientôt on soupçonna du mystère; et d'ailleurs quand on aurait eu tous les bœufs de l'Italie, la sainte relique aurait reculé plutôt que de faire un pas en avant. Il fallut donc la mettre là. En mémoire de ce miracle on donna à Saint-Jacques le nom de *Scossa-Cavalli*[54].

FONTAINE D'ABRAHAM.

On montre, auprès d'Orfa en Asie, de vieilles colonnes sur lesquelles

51 - Piganiol, *Description de la France*, tome VI.
52 - *Voyage des pères Jacques Goujon, Nau, etc. en terre sainte.*
53 - 1 pied = 30,48 cm
54 - *Secoue chevaux.* Misson, *Voyage d'Italie.*

était posé dit-on, un des trônes de Nemrod. C'est là qu'il jugea Abraham, que l'on avait arrêté comme magicien, parce qu'il faisait des miracles. Il condamna le saint patriarche à être jeté dans une fournaise ardente qui était allumée tout près de là. Mais incontinent la fournaise se changea en fontaine, la flamme en eau limpide et Abraham ne prit qu'un bain. Un esclave voyant cela dit à Nemrod : Seigneur, cet homme là n'est pas un magicien, mais bien un prophète. Nemrod, fâché, fit jeter l'esclave dans une autre fournaise qui se changea pareillement en une source d'eau vive. Ce sont ces deux fontaines qui empêchent les habitants d'Orfa de mourir de soif[55]. Il n'est pas étonnant qu'ils en aient fait l'origine un peu merveilleuse.

ACHILLÉE et NÉRÉE. - Deux saints eunuques, qui prêchaient avec zèle la virginité et le célibat. Leur histoire rappelle un peu le renard à qui on avait coupé la queue. Ils ont laissé chacun cinq têtes sans compter le reste. Ces têtes étaient : 1° - à Rome, dans l'église de leur nom; 2° - à Garra, en Espagne; 3° - dans une église d'Osma; 4° - dans la petite ville d'Ariano au royaume de Naples; 5° dans un monastère d'Atino, à la terre de Labour. Rome et Garra possédaient leurs corps; Venise, Boulogne et Douai montraient d'eux quelques reliques. C'est bien des choses pour deux saints eunuques.

ACISCLE. - Martyr en Espagne. Il avait deux corps, l'un à Cordoue, l'autre à Toulouse; tous les deux faisaient des miracles.

ADALBERT. - Saint évêque du dixième siècle. Les Polonais se vantent de posséder son corps. Mais les Bohémiens prétendent qu'ils ont eu l'adresse de le voler, au commencement du onzième siècle, et qu'ils le conservent à Prague. C'est le sujet d'une contestation très importante, qui dure depuis huit cents ans.

ADAM. - Le premier homme selon les saintes écritures. Les Arabes montrent à une. lieue, de la Mecque, une petite colline sur le sommet de laquelle ils croient qu'Ève avait la tête appuyée la première fois qu'Adam la connut, car elle sortit vierge, du paradis terrestre. Ses deux genoux étaient bien loin sur deux petits tertres qu'on remarque aussi dans la

---

55 - Thevenot et autres voyageurs au Levant.

plaine. Ces Arabes donnent une taille monstrueuse à nos premiers parents, car Ève avait les genoux écartés, à plus de trois cents pas l'un de l'autre. Il y a des docteurs musulmans qui n'ont pas hésité à leur supposer six mille pieds de haut. Nous sommes bien dégénérés.

Quelques rabbins, et avec eux des pères de l'église, ont écrit que quand Noé s'enferma dans l'arche il prit avec lui les os d'Adam; qu'il les partagea à ses enfants après le déluge et que la tête échut à Sem. On ne sait pas ce que devint le reste. Mais Sem, à qui on avait recommandé d'enterrer la tête d'Adam au milieu du monde fut conduit par un ange dans une petite grotte sous le calvaire où il s'acquitta de sa commission. On montre en effet un trou carré au-dessous de l'endroit où le rocher se fendit à la passion; on dit que c'est par cette fente que le sang de Jésus-Christ coula jusque sur le crâne d'Adam pour le purifier; et l'on a bâti en cet endroit une petite chapelle en l'honneur de la tête du premier homme. Mais cette tête n'a pas encore osé se montrer[56].

Les habitants de l'île de Ceylan vont aussi en pèlerinage à une montagne très escarpée qu'ils nomment le Pic d'Adam. Ils ont beaucoup de vénération pour ce saint lieu y lavent leurs habits et s'y baignent dévotement ce qui efface tous leurs péchés. Ils honorent sur cette montagne une grande pierre sur laquelle on remarque l'empreinte très bien gravée d'un pied humain long de vingt-deux pouces. Ils disent que c'est le pied de notre premier père.

ADRIEN. - Saint martyr de Nicomédie. Son corps fût brûlé en place publique, sans qu'il n'y eût pour cela rien de perdu; et même ses reliques préservent de la peste[57]. Natalie, sa femme, sauva des flammes une de ses mains, l'enveloppa dans un linge et la garda toute sa vie sous son oreiller[58]. Mais plus tard on fut plus adroit : son corps tout entier avec ses deux mains est à Rome. Il était aussi en même temps avec ses deux mains dans une abbaye de bénédictins voisine de Gand[59]. De plus on montrait avant la révolution, dans la cathédrale de Marseille un bras de saint Adrien bien entier[60] ce qui fait six mains sans celles que nous ne savons pas.

56 - *Voyage de Chardin, de Monconis et du père Nau.*
57 - Durand, *Caractères des Saints.*
58 - Ribadéneira, *Fleurs des vies des Saints.*
59 - Baillet, *Vies des Saints,* 8 septembre.
60 - *Journal d'un voyage de France et d'Italie,* 1667

AFRE. - Courtisane d'Ausbourg qui se purifia par le martyre, au quatrième siècle. Son corps fut perdu deux cents ans après, retrouvé en 956, perdu de nouveau dans le siècle suivant, retrouvé encore en 1064, et depuis très fécond en miracles. Saint Anon, archevêque de Cologne fit cadeau à son église d'un pouce du pied de sainte Afre ce qui était alors un précieux trésor.

AGATHE. - Vierge et martyre de Catane, au troisième siècle. Les habitants de Catane conservent son voile et son corps qui les préservent, disent-ils des feux de l'Etna appelé aujourd'hui Mont-Gibel. Cependant, au douzième siècle, la montagne fit d'affreux ravages à Catane; l'église cathédrale fut renversée; plusieurs religieux y furent écrasés; et en 1693, dans un tremblement de terre excité par une éruption du volcan, onze mille personnes furent englouties sous les débris de la principale église tandis qu'on leur donnait la bénédiction.

Malgré cela, tous les ans, le 5 février, on fait à Catane une procession solennelle du corps de sainte Agathe qui est placé dans une châsse d'argent enrichie de pierreries.

Toutes les fois que le volcan lance ses feux, le clergé ne manque pas de sortir avec le voile de sainte Agathe on étend ce voile en l'air et on est persuadé qu'il détourne la flamme. Le père Ribadéneira dit que quand le feu aperçoit ce voile sacré, il s'éloigne avec tant de révérence qu'on jurerait qu'il a usage de raison.

On distribue aussi du coton que l'on fait toucher au corps de sainte Agathe et qui a la propriété de garantir du feu les maisons où l'on a la piété d'en conserver.

Le corps et le voile de sainte Agathe sont très célèbres; tous les chrétiens savent que ces reliques sont à Catane; et cependant on les trouve dispersées ailleurs. On montre un de ses bras à Palerme, un autre bras à Douai. On a à Rome dans l'église de Saint-Etienne le Rond, une partie du voile, et des mamelles de sainte Agathe[61]. Une mamelle entière était à Paris, dans l'église de Saint-Merry, quoiqu'on fasse voir les deux mamelles à Catane. Une quatrième mamelle était honorée à Rome dans l'église de Saint-Dominique, une cinquième à Siponto, une sixième à Capoue, etc. Quelques-unes sont perdues, espérons qu'on les retrouvera.

---

61 - *Merveilles et antiquités de Rome*, page 68.

AGNÈS. - Le corps de sainte Agnès est à Rome mais elle a un autre corps à Manresa en Catalogne, elle en avait un troisième à Utrecht, et une quatrième tête à Rouen, avec quelques ossements à Anvers, à Bruxelles, à Cologne et en plusieurs autres villes.

AGNÈS DE MONTE PULCIANO. - La bienheureuse Agnès de Monte-Pulciano étant morte, des personnes pieuses voulurent l'embaumer. Mais Dieu fit voir qu'elle n'en avait pas besoin. Car il permit que ses mains et tous les autres membres de son corps suassent un saint baume en si grande abondance que tous ses vêtements en furent mouillés. On en remplit dévotieusement une fiole de verre que l'on montre tous les ans à Gênes le premier jour de mai. On montre aussi une fiole pleine de manne blanche que Notre-Seigneur envoyait à sainte Agnès pour sa nourriture[62].

On honore à Gênes le corps de sainte Agnès de Monte-Pulciano. Entre tous les miracles que ce saint corps opéra nous citerons celui-ci : sainte Catherine de Sienne vint visiter notre sainte, qui venait de mourir, et s'inclina pour baiser les sacrés pieds de la défunte. Mais le saint corps éleva son pied jusqu'à la bouche de sainte Catherine, afin qu'elle pût le baiser sans s'incliner davantage. En mémoire de cette merveille, le pied qui a remué est demeuré plus court que l'autre[63].

ALBAN. - Premier martyr de la Grande-Bretagne. Son corps, qui fut visité mille ans après sa mort, fut trouvé aussi frais que s'il eut été vivant[64]; mais il se corrompit lorsqu'on l'eut logé dans sa châsse. Ce corps était à la fois dans le quatorzième siècle, en Angleterre, à Rome et à Cologne.

ALBERT. - Il y a plusieurs saints de ce nom. Saint Albert évêque de Prague a laissé deux corps, un en Pologne, un second à Rome. Ce saint alla prêcher la religion aux Polonais qui le chassèrent. Mais bientôt se rappelant combien on attachait de prix aux reliques des saints, ils se

---

62 - Ribadéneira, 30 avril.
63 - Ribadéneira après Surius.
64 - Ribadéneira, *Fleurs des vies des Saints*.

repentirent d'avoir laissé échapper saint Albert, coururent après lui, le tuèrent, et emportèrent sa tête qu'ils espéraient bien vendre.

Effectivement le duc Boleslas la leur acheta au poids de l'or. Les Polonais voyant son zèle lui vendirent au même prix les autres parties du corps saint, qui depuis fit une multitude de miracles.

IMAGE DE SAINT ALBERT DE LIÈGE.

Un joueur ayant perdu tout son argent à Trapano vit deux images, l'une de la vierge Marie, l'autre de saint Albert de Liége, à qui il avait, demandé inutilement un peu de bonheur au jeu. Il mit l'épée à la main en disant « *Je t'ai souvent réclamé saint sans complaisance et tu ne m'as point aidé : je ne t'aimerai jamais. Et toi, Marie, surnommée mère de grâces, tu m'as été sourde à ma prière: Eh bien vous ne ferez plus de dupes.* » Aussitôt il se mit à frapper ces images qui rendirent quantité de sang, le tonnerre tomba sur le joueur et le tua incontinent et depuis ces saintes images, aussi bien que les reliques de saint Albert de Liège opérèrent d'éclatants prodiges.

ALDEGONDE. - Sainte vierge de Hainaut, patronne de Maubeuge. On garde dans plusieurs églises le voile miraculeux que le Saint-Esprit lui mit sur la tête avec son bec le jour où elle fit vœu de virginité.

Les reliques de sainte Aldegonde ont fait beaucoup de miracles. Quelque temps après sa mort, un chevalier de Maubeuge se vanta d'avoir violé la sainte, et commit des impiétés dans son église. « Mais il fut à l'instant frappé aux parties secrètes d'une étrange et horrible maladie », dont il mourut, ayant néanmoins demandé pardon au tombeau de sainte Aldegonde[65], où il reconnut la vérité des miracles qu'elle opérait.

Comme on portait ses reliques en procession dans la ville de Mons un pont sur lequel on passait fondit tout à coup dans la rivière. Les dévots burent d'autant; mais personne ne se noya; ceux qui portaient la châsse furent soutenus en l'air par une force miraculeuse, et traversèrent ainsi le fleuve, comme s'ils avaient eu sous les pieds le pavé le plus doux[66].

---

65 - Les pères Triquet et Ribadéneira.
66 - M. Durand, *Caractères des Saints.*

ALEXIS. - Ce saint n'a jamais existé : on sait que c'est le même que saint Jean Calybite. On raconte que le jour de ses noces il abandonna sa femme et sa famille désespérée, qu'il changea d'habit avec un mendiant, qu'il mena quelque temps la vie de gueux, que lorsqu'il fut devenu méconnaissable, il vint demander l'hospitalité dans la maison paternelle, qu'on le logea sous un escalier où il vécut d'aumônes; que pendant dix-sept ans il entendit avec froideur les sanglots et les cris de sa femme, de sa mère, de son vieux père; et qu'on le reconnut à sa mort, en trouvant auprès de lui un livre de prières que sa mère lui avait donné. On a osé présenter cet horrible conte comme une histoire exemplaire.

On a bâti à Rome une église en l'honneur de saint Alexis sur le lieu où il a fait pénitence. On y montre le corps de ce prétendu saint. *« Cette église est très fréquentée, dit un voyageur pieux*[67] *à cause des reliques du grand saint Alexis. On voit encore, au bas de la nef de l'église, l'escalier sous lequel il a vécu dix-sept ans inconnu, et qui lui a facilité le chemin du ciel.* » Nous répétons que le prêtre Baillet lui-même[68] et tous les théologiens un peu sensés nient l'existence de ce saint, dont Rome expose les os à la vénération des fidèles.

ALPHONSE. - Évêque de Tolède. On voit, dans l'histoire de saint Alphonse, qu'un jour de l'Annonciation de la sainte Vierge, s'étant levé plus matin que de coutume, il entra dans sa cathédrale et trouva la vierge Marie assise dans son siège épiscopal. Il se jeta bien vite à genoux; car il avait pour elle une dévotion très-ardente. Alors la sainte Vierge qui l'aimait lui fit présent d'une chasuble miraculeuse, que l'on montre toujours à Oviedo dans les Asturies.

AMABLE. - DENT DE SAINT AMABLE[69].

« Heureux les habitants de Riom qui possèdent la dent de saint Amable, avec laquelle on guérit toutes les morsures de vipères! Le père Lebrun de l'Oratoire, qui rapporte ce miracle assure qu'on n'en saurait douter. La cérémonie se fait au son de la cloche, on assemble le peuple, on

---

67 - *Journal d'un voyage de France et d'Italie fait par un gentilhomme français*. 1667, page 365.
68 - *Vies des Saints*, 15 janvier.
69 - Saint Amable fut citoyen de Riom. Il est actuellement patron de cette ville.

récite des prières, et l'on apporte le malade. Un prêtre approche pose sur la plaie la dent de saint Amable et le malade est guéri aussitôt[70] ». Cependant on n'ose plus guère aujourd'hui employer ce merveilleux talisman. Il paraît au reste que saint Amable n'avait qu'une dent, et qu'il la gardait pour la ville de Riom,

AMANT. – Évêque de Rodez. Sa tête est à Saint-Pierre de Rome et sans doute encore dans sa ville épiscopale. Saint Quintien, son successeur sur le siège de Rodez, déterra le corps d'icelui et l'exposa à la vénération publique. Mais saint Amant apparut en colère à Quintien le reprit aigrement et lui dit : « *Vous faites tort au culte que l'on doit à Dieu. C'est une impiété d'adorer des os pourris. Faites-moi remettre en terre ou vous serez châtié*[71]. » Ou bien saint Amant n'avait qu'une fausse modestie, ou saint Quintien ne le craignait pas excessivement, car on continua d'honorer les reliques du défunt, et on les honore encore.

AMBROISE DE SIENNE. - Religieux du treizième siècle. La vie de ce saint, publiée en Italie lorsque Grégoire XV le béatifia, assure qu'il a fait cent quatre-vingts miracles tous authentiques, entre lesquels on trouve seize morts ressuscités....
Il mourut d'une perte de sang. Comme la ruelle de son lit était inondée d'un sang noir et abondant, le frère infirmier prit une pelle à feu, répandit des cendres, « *enleva l'ordure et la jeta dans les latrines de la maison. Cependant le bon saint trépasse. On s'aperçoit que les rideaux et les draps ensanglantés rendent une odeur très suave. On fait conscience de les laver et on appelle les religieux pour leur faire remarquer cette merveille. Le frère infirmier sentant alors son irrévérence, descend promptement aux fosses immondes, trouve le bienheureux sang entier, vermeil odorant...., le recueille avec respect, et le fait voir aux religieux et au peuple*[72] . »
Ce saint sang s'est conservé longtemps à Sienne où l'on assure qu'il est encore. Il guérit les hémorroïdes et autres maladies de même nature.

---

70 - M. Salgues, *Des Erreurs et des Préjugés*, tome I.
71- Grégoire de Tours, Pierre Natalis, etc.
72 - Voyez l'*Abrégé* de sa vie compilée par quatre théologiens, et le père Ribadéneira, au 20 mars.

AMPOULE. - SAINTE AMPOULE DE REIMS. −

Louis XII n'était pas persuadé que la Sainte-Ampoule donnât tous les caractères de la royauté car ayant été sacré à Reims le 27 mai 1498, il se fit encore couronner à Saint-Denis, le 1ᵉʳ juillet suivant, et ne fit son entrée à Paris qu'après cette dernière cérémonie.

Lorsque saint Remi eut converti Clovis il voulut que les cérémonies d'un baptême qui allait donner à la religion chrétienne un si puissant appui se fissent avec la plus grande pompe; les rues de la ville de Reims furent tendues magnifiquement; l'église ornée de tout ce qu'elle avait de plus riche, et le baptistère parfumé avec le meilleur goût.

Quand le roi Clovis et l'évêque Remi furent arrivés au baptistère, le clerc qui portait le saint-Chrême n'en put approcher; soit, comme dit Hincmar, à cause de la foule, ou plutôt, selon l'avis de Guillaume le Breton parce que le diable cassa méchamment la bouteille aux huiles saintes et empêcha le jeune clerc d'avancer, dans l'espoir de retarder le baptême, ou peut-être de damner le roi qui s'impatientait aisément.

Quoi qu'il en soit, le Chrême manqua et le saint évêque leva les yeux vers le ciel, priant et pleurant. Aussitôt parut une colombe, portant en son bec une ampoule ou fiole pleine d'une huile sainte et d'une odeur si suave que toute l'église en fut délicieusement embaumée. Aimoin prétend même que la Sainte-Ampoule fut apportée par le Saint-Esprit en propre personne; et un autre théologien[73] assure que le pigeon envoyé du ciel était chargé de deux bouteilles l'une pour le roi, l'autre pour la reine. Cette dernière est perdue il y a longtemps.

Or, l'évêque Remi prit la Sainte-Ampoule, et pendant qu'il en versait quelques gouttes dans l'eau baptismale, la colombe céleste disparut, sans qu'on pût savoir par où elle avait passé. Clovis, tout ému de ce prodige reçût le baptême avec humilité, aussi-bien que ses sœurs trois mille hommes de son armée et une grande multitude d'enfants et de femmes[74].

Depuis ce jour, l'huile de la Sainte-Ampoule a toujours servi au sacre de nos rois, sans que son parfum, après tant de siècles cessât d'être agréable, et la fiole d'être pleine quoiqu'on y puisât au besoin.

La Sainte-Ampoule était soigneusement gardée par des religieux bénédictins. On ne la tirait du trésor que pour le sacre des rois et encore

---

73 L'auteur de la *Vie de sainte Clotilde*.
74 Flodoard, *Histoire de l'église de Reims*.

exigeait-on préalablement quatre otages, choisis parmi les plus grands seigneurs de la cour.

La Sainte-Ampoule se perdit quelquefois mais elle reparut toujours, rapportée par un ange ou par un pigeon blanc. Dans les guerres du règne de Charles VII, le 3 avril 1429, les Anglais étant entrés à Reims, enlevèrent la Sainte-Ampoule. Ils se retiraient tout fiers de ce pieux larcin; mais les habitants du Chêne-Pouilleux, en Rethelois, leur arrachèrent ce précieux trésor, et le remirent à ses gardiens maladroits. En récompense de ce service, Charles VII accorda à ces bons villageois, le privilège d'assister au sacre des rois de France et y ajouta le don à perpétuité de la haquenée blanche qui porte le religieux chargé de la Sainte-Ampoule.

De vieilles chroniques disent aussi que la Sainte-Ampoule égarée se retrouva dans l'oreille d'un roussin pour le sacre de Charles VII. La Sainte-Ampoule a été brisée publiquement dans la révolution elle n'est pas encore revenue, selon son ancienne habitude; mais il ne faut pas désespérer[75].

On a tant écrit sur la Sainte-Ampoule qu'il est inutile de dire que cette fable a été inventée trois cent cinquante ans après Clovis, par Hincmar, archevêque de Reims qui y trouvait son intérêt que Grégoire de Tours et les autres écrivains du sixième siècle n'en disent rien; que Pépin fut le premier roi qui ait été sacré en France et que selon toutes les probabilités, aucun n'avait été sacré à Reims avant Philippe 1er.

La Sainte-Ampoule ne devait pas être déplacée. Elle le fut cependant pour notre bon Louis XI. Ce prince dans sa dernière maladie avait une si grande peur de la mort, qu'il se fit apporter à son château du Plessis, près de Tours les nombreuses reliques de la Sainte-Chapelle, qui arrivèrent escortées par plusieurs prélats. Le pape Sixte IV lui envoya la nappe de l'autel sur lequel monseigneur saint Pierre chantait la messe avec plusieurs autres saintes reliques. La Sainte-Ampoule fut placée sur son buffet, auprès de son lit, où elle était encore à l'heure de sa mort. Il avait envie de s'en faire oindre comme au jour de son sacre et on prétend même qu'il voulait qu'on lui en frottât tout le corps[76]. Mais tout cela ne l'empêcha pas de mourir.

---

75 On assure que les habitants de Reims ont retrouvé la Sainte-Ampoule, avec beaucoup d'autres objets. Ils disent qu'ils en ont laissé briser une fausse et qu'ils ont sauvé la vraie.
76 - *Mémoires de Commines*.

SAINTE-AMPOULE DE MARMOUTIER.

Lorsque Henri IV se fit sacrer; comme il n'était encore en possession ni de la ville de Reims, ni de la Sainte-Ampoule qu'elle possédait, il trouva le moyen de s'en passer. Il se fit sacrer le 27 février 1594 dans l'église de Notre-Dame de Chartres avec une huile sainte contenue en une Ampoule ou fiole, qu'un ange avait apportée à saint Martin pour lui remettre les membres qu'il avait froissés par une chute du haut en bas d'un escalier[77]. Les bénédictins de Marmoutier de Tours conservaient encore cette sainte-Ampoule en 1789[78].

SAINTE-AMPOULE D'ANGLETERRE.

Quelques légendaires racontent que, tandis que saint Thomas de Cantorbéry était réfugié en France, la sainte vierge Marie, mère de Dieu, lui apporta une Sainte-Ampoule ou fiole, pleine d'une huile aussi admirable que celle de Reims; on ne sait pas pour quel usage. Mais lorsque le duc de Lancastre eut fait enfermer le roi Richard dans la tour de Londres, et se fut emparé de la couronne il se fit sacrer avec l'huile de cette Sainte-Ampoule.

AMPOULE DE SAINT-MAXIMIN.

On montrait dans l'église de Saint-Maximin, en Provence, une Sainte-Ampoule ou fiole de cristal que l'on disait apportée dans le pays par la Madeleine ou par saint Maximin. On remarquait dans cette Ampoule huit ou dix petites pierres blanchâtres, sur lesquelles les moines faisaient voir quelques taches du sang de Jésus-Christ. La Madeleine, disait-on, avait ramassé ces petites pierres au pied de la croix. Le vendredi saint de chaque année entre midi et une heure le peuple était persuadé que ce sang se détachait des pierres, s'élevait et bouillonnait visiblement. La même chose arrivait, et n'arrive plus, le jour de la Sainte-Croix, si c'était un vendredi.

---

77 - Sulpice Sévère, *Vie de saint Martin.*
78 - Dusaulx, *Voyage à Barrège*, chap. Ier.

ANANIAS, MIZAEL, AZARIAS ou **SIDRACH, MISSACH ABDENAGO.** - Trois jeunes Hébreux que Nabuchodonosor fit jeter dans une fournaise ardente et qui en sortirent sains et frais. Les corps de ces trois jeunes saints étaient à Alexandrie en Égypte où une de leurs mains faisait beaucoup de miracles et chassait les démons sans difficulté. Ces mêmes corps étaient aussi et sont encore à Rome dans l'église de Saint-Adrien. En troisième lieu ces jeunes Hébreux reposaient à Langres dans un tombeau de bronze avec une inscription latine qui annonçait que le roi de Perse Zenon avait envoyé ces trois corps saints à Langres, pour mettre en fuite les démons qui désolaient cette ville[79].

Cependant, loin de savoir comment on a pu découvrir une seule relique de ces trois jeunes hébreux, on ignore même le temps, le lieu, et les circonstances de leur mort. On ne connaît d'eux que le miracle qui les préserva des flammes et si l'on en voulait croire le voyageur juif Benjamin de Tudèle, il faudrait chercher aux bords de l'Euphrate les corps et les tombeaux d'Ananias, de Mizaël et d'Azarias, qu'il dit avoir vu honorer au douzième siècle par les peuples de ces contrées. Mais tous ces contes ne méritent pas plus de foi que toutes ces reliques.

ANASTASE. - Martyr de Perse. « *Les bourreaux le noyèrent et après ils lui tranchèrent la tête. Les chiens gardèrent son corps sur lequel on voyait une étoile fort brillante. Dieu opéra plusieurs miracles avec l'habit de saint Anastase et avec son image miraculeuse. Sa tête fut portée à Rome, aussi-bien que cette image, qui chassait les diables et guérissait les malades. Tandis qu'on portait le corps du saint, une dame nommée Aréta refusa de faire la révérence aux reliques de saint Anastase. Le saint lui apparut avec son habit de religieux et lui dit : Tu es méchante. Elle répondit : Non je suis bonne. Et aussitôt elle fut saisie de douleurs poignantes et ne recouvra la santé qu'en se faisant porter dévotement auprès du corps de saint Anastase[80]* ».

Saint Anastase a laissé trois têtes, une à Constantinople, une à Rome, une à Aix-la-Chapelle. Son corps était aussi dans les deux premières de ces villes et il y a peu de pays qui ne se vantent d'avoir quelques-unes de ses reliques.

---

79 - Baugier, *Mémoires historiques de Champagne*, tome I.
80 - Ribadéneira, 22 janvier.

ANDRÉ. - L'un des douze apôtres. A cause de son éminente sainteté et de ses grands miracles, ses reliques furent très recherchées. Son corps était à Constantinople, à Amalfi dans le royaume de Naples, à Toulouse, en Russie et au couvent des apôtres en Arménie[81]; ce qui fait cinq corps bien entiers. Sa sixième tête était à Saint-Pierre de Rome où elle se voit encore. Un onzième bras était à Reims, un douzième à Avranches, un treizième à l'abbaye de la Chaise-Dieu en Auvergne, un quatorzième à Vergy en Bourgogne, un quinzième à Notre-Dame de Paris, un seizième à l'hôpital du Saint-Esprit de Rome, un dix- septième à l'église de Saint-Sébastien dans la même ville. Saint André avait encore des genoux des pieds, des épaules des côtes, des doigts, etc., à Aix-en-Provence, et dans une multitude d'autres villes. Son peigne à retaper était à Notre-Dame de l'Ile-sur-Lyon.

HUILE DE SAINT ANDRÉ.

Grégoire de Tours raconte que de son temps il coulait du tombeau de saint André le jour de sa fête (30 novembre) une huile très odoriférante. Lorsqu'elle sortait abondamment, c'était l'assuré présage d'une année fertile. Si le tombeau était avare de cette précieuse liqueur, on pouvait s'attendre à une grande stérilité. Les possesseurs des reliques de saint André n'ont pas tous laissé perdre ce miracle. A Amalfi on distribuait, il n'y a pas quarante ans, aux pèlerins qui payaient, de petites fioles d'huile qui découlait, disait-on des os du saint apôtre. Cette huile, que peut-être on pourrait encore se procurer, est un spécifique contre toutes les maladies.

ANIMAUX. - Toutes les religions ont eu des animaux sacrés; on a même mis beaucoup de bêtes en paradis. Les paysans récitent une prière qui prouverait qu'il y a dans le ciel un cerf qui jouit de quelque puissance[82]. On a donné aux plus fameux saints des bêtes pour compagnie : peut-être cette société-là en vaut-elle d'autres.

---

81 - Au pied du mont Ararat est un monastère nommé Arakil-Vauc, c'est-à-dire, monastère des apôtres. Les Arméniens disent que cette maison a été la première demeure de Noé. (Chardin, tome II.)
82 - C'est la fameuse *Oraison du Loup*, qui se trouve rapportée dans les *Anecdotes* du dix-neuvième siècle. Elle se termine par ces mots « *Au nom du père et du fils et du saint esprit, et du bienheureux saint Cerf.* »

Nous allons nous arrêter un moment avec les animaux sanctifiés; et nous verrons que quelques-uns ont laissé des reliques.

AGNEAUX DE SAINTE AGNÈS.

On représente sainte Agnès avec un agneau, à cause de l'analogie du nom; et tous les ans, à Rome, le 21 janvier, dans l'église de Sainte-Agnès, on bénit deux agneaux vivants dont la laine est employée à faire le pallium que le pape envoie aux archevêques[83]. Saint Jean-Baptiste a aussi un agneau, qui figure Jésus-Christ.

L'ÂNE DE VÉRONE, etc.

« *On raconte à Vérone, qu'après que Jésus-Christ eut fait son entrée à Jérusalem, il donna la clef des champs à l'âne qui lui avait servi de monture, voulant que cet animal passât le reste de ses jours en liberté. On ajoute que l'âne, ayant longtemps rôdé en Palestine, s'avisa de visiter les pays étrangers et d'entreprendre un voyage par mer. Il n'eut pas besoin de vaisseau; les vagues s'étant aplanies, le liquide élément s'endurcit comme du cristal. Il visita Chypre, Rhodes, Candie, Malte, la Sicile; il s'avança tout le long du golfe de Venise, et s'arrêta quelques jours dans le lieu où cette fameuse ville a depuis été bâtie. Mais l'air lui ayant paru malsain et le pâturage mauvais dans ces îles salées et marécageuses, il continua son voyage; et, remontant l'Adige à pied sec, il vint jusqu'à Vérone qu'il choisit pour son dernier séjour. Après y avoir vécu plusieurs années en âne de bien et d'honneur il alla enfin de vie à trépas. On lui fit de riches obsèques; les dévots de Vérone gardèrent soigneusement ses reliques, et les mirent dans le ventre d'un âne artificiel qui fut fait exprès. On les conserve encore aujourd'hui, à la grande édification des bonnes âmes. Cette sainte statue est gardée dans l'église de Notre-Dame des Orgues et quatre des plus gros moines du couvent, pontificalement habillés, la portent solennellement en procession deux fois dans l'année*[84]. »*

« *Ce qui donna lieu à cette fable, c'est que la plupart des ânes ont une espèce de croix noire sur le dos. Il y eut apparemment quelque vieil âne aux environs de Vérone chez qui la populace remarqua une plus belle*

---

83 - Baillet, *Vies des Saints*, 21 janvier.
84 - Misson, *Voyage d'Italie*, tome I.

croix qu'à ses confrères; une bonne femme ne manqua pas de dire que c'était celui qui avait servi de monture à l'entrée dans Jérusalem; on fit de magnifiques funérailles à l'âne. La fête de Vérone s'établit elle passa de Vérone dans les autres pays elle fut surtout célèbre en France; on chanta la prose de l'âne à la messe.... Le prêtre au lieu de dire Ite, missa est, *se mettait à braire trois fois de toute sa force et le peuple répondait en chœur*[85]. »

Au reste quoique les habitants de Vérone se vantent de posséder en entier les reliques de l'âne de Jésus-Christ, on montrait à Gènes, comme un très précieux joyau la queue de ce même âne[86]; et l'on voit dans plusieurs voyageurs que le trésor de Saint-Jean-de-Latran à Rome conserve avec beaucoup de soin la queue de l'âne de Balaam[87].

On a gardé aussi quelque chose de l'âne de saint Pierre le Célestin, lequel âne a guéri par l'attouchement un enfant perclus de tous ses membres[88].

DE LA CROIX QUE L'ÂNE PORTE SUR LE DOS.

On a dit que les ânes avaient une croix noire sur le dos, à cause de l'ânesse de Bethphagé qui porta Jésus-Christ à Jérusalem. Mais Pline qui a rassemblé avec soin tout ce qui concerne l'âne et qui était presque contemporain de la susdite ânesse, n'aurait pas négligé ce mémorable prodige. Cependant il ne parle d'aucune révolution survenue de son temps dans la distribution de la couleur et du poil de l'âne. Il en faut conclure avec le bon sens que les ânes sont aujourd'hui ce qu'ils étaient autrefois[89].

L'ARAIGNÉE DE SAINT CONRAD.

Un jour que saint Conrad, évêque de Constance en Allemagne, était à l'autel, après qu'il eut fait la consécration, une araignée tomba dans le calice. Il l'avala sans rien craindre mais bientôt elle sortit miraculeusement de la cuisse du saint[90], et se promena sur l'autel à la vue

---

85 - Voltaire, *Dictionnaire philosophique*, au mot *Ane*.
86 - Henri Etienne, *Apologie pour Hérodote*. Calvin, *Traité des Reliques*, etc.
87 - Misson, tome II.
88 - Ribadéneira, *Fleurs des vies des Saints*.
89 - M. Salgues, *Des Erreurs et des Préjugés*, tome 3.
90 - La même chose arriva à saint François d'Assise.

de tout le monde. On la garda dans un reliquaire parce qu'elle avait touché le précieux sang de Jésus-Christ.[91]

BALEINE DE SAINT MACLOU.

Saint Maclou le Breton étant en pleine mer, et voulant célébrer la messe le jour de Pâques, une grande baleine se présenta au bord du vaisseau. On lui dressa un autel sur le dos et le saint célébra paisiblement les divins mystères[92]. Mais il ne paraît pas qu'on ait rien conservé de cette sainte baleine.

LA BREBIS DE SAINT FRANÇOIS D'ASSISE, etc.

Saint François d'Assise étant à Rome avait recommandé à une brebis de vivre au couvent sans inquiéter les frères, et d'assister aux louanges divines ce qu'elle fit; car lorsque les frères allaient au chœur, elle s'agenouillait devant l'autel de Notre-Dame, bêlant pour la saluer. Quand on levait le très-saint Sacrement à la messe, elle s'agenouillait aussi en signe d'adoration.
Saint François eut encore un agneau à qui il donna les mêmes habitudes. Il le laissa à une dame que l'agneau réveillait le matin à force de bêler, lorsqu'elle oubliait d'aller à la messe. Il l'avertissait même par signes d'aller à l'église[93]. Quelques villes d'Italie ont conservé la laine de ces bonnes brebis.
On représente saint Antoine de Padoue avec une brebis à ses côtés. On en donne une aussi à saint Loup pour faire un contraste. On prétend même que saint Loup est le patron des brebis[94], quoique d'autres donnent cette charge à saint Vandelin.

CERF DE SAINT JULIEN L'HOSPITALIER.

On honorait dans quelques villes des reliques de cerf, mais sans doute sans savoir d'où elles venaient. Aussi nous ignorons ce que sont devenus les restes des saints cerfs dont nous allons parler.

---

91 - Molanus, Surius, Ribadéneira, 26 novembre.
92 - *Les trois animaux philosophes*, page 87, après le père Angelin de Gaza.
93 - Le père Ribadéneira, 4 octobre
94 - Henri Étienne, *Apologie pour Hérodote*, chap. 38.

Saint Julien l'hospitalier poursuivant un cerf, à la chasse, le cerf se retourna et lui dit : « *Cesse de me poursuivre; tu tueras ton père et ta mère.* » Il s'enfuit pour éviter la prophétie. Mais il fallait l'accomplir et il tua son père et sa mère sans les connaître[95].

CERFS DE SAINT RIEULE, PATRON DE SENLIS.

Les bêtes honorèrent la sépulture et les reliques de saint Rieule car tous les ans, le jour de sa fête, plusieurs cerfs, biches et chevreuils, sortaient de la forêt, et suivaient le peuple à l'église comme en procession. Ils se plaçaient ensuite sur le tombeau du saint, et y demeuraient tout le long de la messe après quoi ils s'en retournaient doucement dans les bois. Cette merveille dura plusieurs années mais un nommé Gaubert les ayant empêchés d'entrer dans l'église, ils prirent cet affront tant à cœur qu'ils ne revinrent plus. C'est en mémoire de ce miracle qu'on met un cerf et une biche à côté de saint Rieule[96].

CERF DE SAINT EUSTACHE.

Étant un jour à la chasse, éloigné de ses gens, un jour de vendredi saint, Eustache aperçut un grand cerf, qu'il poursuivit à toute bride. Mais le cerf s'étant arrêté, il vit entre ses cornes un crucifix très brillant et entendit une voix qui lui dit : « *Pourquoi me persécutes-tu ? Je suis Jésus-Christ, mort pour toi et je veux te sauver.* » Eustache fléchit le genou et se fit chrétien[97]. On le met au rang des martyrs. Il est fâcheux que ce saint n'ait jamais existé, comme tant d'autres, que dans les légendes.

CERF DE SAINT HUBERT.

Saint Hubert, évêque de Liège étant encore païen poursuivait un cerf à la chasse, lorsqu'il vit entre les cornes de l'animal, un crucifix qui l'engagea à se convertir, et l'envoya à saint Lambert, évêque de Maestricht. Hubert

---

95 - Voyez la *Légende dorée* et toutes les anciennes légendes.
96 - Ribadéneira, *Fleurs des vies des Saints,* 30 mars.
97 - Les divers martyrologes et Ribadéneira.

y alla, et reçut le baptême. On dit que ses chiens se mirent à genoux avec lui devant le cerf[98].

LE CERF DE SAINT TELO.

« *On montre encore à Landeleau le matelas de pierre où saint Telo se reposait, quand, monté sur un cerf il avait achevé de parcourir la paroisse qu'il protégeait*[99]. »

CHEVAUX DES SAINTS.

« *Quand un cheval bâille à Languengar on lui dit : Saint-Éloi vous assiste. C'était et c'est encore le patron des chevaux*[100]. »
On représente communément avec un cheval saint Martin, saint Georges, saint Victor, saint Maurice, et tous les saints, qui ont été soldats.

CHAT DE SAINT YVES DE BRETAGNE.

On représente saint Yves avec un chat, parce que saint Yves fut avocat, et que, selon Henri Etienne, le chat est le symbole des gens de justice[101].

LE SAINT CHIEN DE L'ABBAYE DE CORBIE.

En l'an 887, vivait dans l'abbaye de Corbie un vénérable chien, qui pouvait être proposé comme un modèle de dévotion. Il écoutait la messe avec modestie et recueillement. Il se levait, s'agenouillait, se prosternait toutes les fois qu'il était nécessaire. Il observait scrupuleusement les jours maigres et toutes les caresses imaginables ne l'auraient pas décidé à ronger le plus petit os en des temps d'abstinence. Si quelques chiens venaient pisser contre les murs de l'église, il les poursuivait en les mordant avec un saint zèle. S'ils troublaient les saints offices par leurs aboiements, il ne manquait pas non plus d'aller les mettre à la raison. Ce vertueux chien mourut dans les bras des moines ses confrères. On montrait encore au seizième siècle dans le monastère de la nouvelle

---

98 - *Vie du Grand saint Hubert.*
99 - *Voyage dans le Finistère ou état de ce département en 1794*, tome I.
100 - Même ouvrage, tome II.
101 - *Apologie pour Hérodote*, tome I.

Corbie en Westphalie la peau empaillée d'icelui chien. Son histoire tient place dans les chroniques de la maison qu'il édifia par ses exemples[102].

CHIEN DE SAINT ROCH.

Saint Roch n'était pas toujours bien portant. Ayant été attaqué d'une cruelle maladie au milieu d'un voyage, et se trouvant seul dans les bois, il se coucha sous un arbre, attendant les secours de la Providence. Dieu pour montrer qu'il n'abandonne jamais les siens, envoya le chien d'un gentilhomme du voisinage, lequel chien lui apportait régulièrement tous les jours du pain et des viandes de la table de son maître pour sa nourriture. C'est pour cette merveille qu'on représente saint Roch avec son chien[103]. Plusieurs autres saints ont été pareillement secourus pendant leur vie, ou gardés après leur mort par des chiens qui ont mérité de figurer dans les légendes.

LE CHIEN DES SEPT DORMANTS.

Sept jeunes gens, pour éviter les persécutions de Décius, se cachèrent dans une caverne près d'Éphèse, et y dormirent environ deux cents ans. Leur chien sommeilla comme eux et se réveilla le chien le plus instruit du monde. Il vécut encore autant qu'un chien peut vivre sans compter les deux cents ans qu'il avait dormi comme ses maîtres. C'était un animal dont les connaissances surpassaient celles des plus savants philosophes. Les chrétiens qui ont mis les sept dormants au rang des saints font grand cas de leur chien et Mahomet l'a placé dans le paradis, entre l'âne de Balaam et l'ânesse de Bethphagé. On se vante à Andrinople de posséder le bout de sa queue, et on montre auprès d'Éphèse la grotte des sept dormants et de leur chien.

On sait que saint Hubert est le patron des chiens comme saint Yves est le patron des chats.

LA CIGALE DE SAINT FRANÇOIS D'ASSISE.

---

102 - Cette histoire a été publiée dans les mélanges de l'académie des curieux de la nature. Voyez aussi la *Vie*, volume des *Nouvelles de la république des lettres*, et le tome II de l'ouvrage de M. Salgues sur les *Erreurs et les Préjugés*.
103 - Ribadéneira, 16 août.

Une cigale chantait sur un figuier auprès du couvent de Sainte-Marie-de-la-Portioncule. Saint François d'Assise l'appela et aussitôt la cigale vola sur sa main. François lui dit : « *Chante ma sœur la cigale loue ton créateur* ». La cigale chanta :

> *Mon Dieu que vous êtes grand*
> *Dans les plus petites choses !*
> *Mon Dieu, que vous êtes grand*

Quand elle eut bien réjoui le saint par ses chansons il donna congé à sa sœur la cigale[104]. Le même saint appelait un loup : *Mon frère le loup*. Lorsqu'il prêchait les hirondelles, il leur disait : *Mes sœurs les hirondelles*.

COCHON DE SAINT ANTOINE.

On représente saint Antoine avec un cochon parce qu'on croit qu'il vécut dans sa solitude avec un compagnon de cette singulière espèce. On sait qu'il protège les confrères de son cochon, et qu'il est leur patron titré. Autrefois les cochons de l'abbaye Saint-Antoine à Paris, avaient, exclusivement à tous autres, le privilège de courir librement dans la ville avec une sonnette au cou. On les respectait infiniment à cause de leur patron saint Antoine. On donne aussi un cochon à saint François Borgia, de la compagnie de Jésus.

POURCEAU DE NAPLES.

On raconte à Naples que le démon se montrait autrefois sous la figure d'un pourceau dans le lieu où l'église de Sainte-Marie-Majeure a depuis été bâtie ce qui épouvantait tellement les Napolitains, que l'on craignait de voir bientôt la ville déserte; mais la Vierge apparut à l'évêque et lui ordonna de lui bâtir une église à l'endroit où l'on voyait ordinairement le pourceau infernal. Aussitôt que l'église fut commencée, le diable ne se montra plus. En mémoire de cet événement, l'évêque Pomponius fit faire un pourceau de bronze qui est encore dans l'église[105].

COQ DE SAINT PIERRE, etc.

---

104 - *Vie de saint François*, chap. 8. - Ribadéneira, 4 octobre. Le père Angelin de Gaza, *Pia Hilaria*.
105 - Misson, *Voyage d'Italie*, tome II.

On gardait, dans quelques villes d'Espagne, les plumes du coq qui chanta quand saint Pierre renia son maître; on contait que saint Jacques avait apporté ce coq aux Espagnols et il n'y a pas deux cents ans que la plupart des pèlerins qui revenaient de la Terre-Sainte et de la Galice rapportaient de certaines poules qu'ils disaient de la race du saint coq de la passion.

On ne peut douter qu'il y ait, dans la religion chrétienne beaucoup de cérémonies tirées du paganisme. En voici une qui prouverait que saint Christophe est l'Esculape des chrétiens. Lorsque, les habitants de la Touraine avaient quelque mal au bout des doigts, comme un panaris, ils offraient un coq à saint Christophe. Mais il fallait bien observer que ce coq fût blanc autrement loin d'obtenir les bonnes grâces du saint par ce sacrifice, on était sûr d'allumer son courroux et de voir redoubler le mal[106].

CORBEAU DE SAINT VINCENT.

« On fit jeter à la voirie le corps du saint martyr Vincent. Mais il fut bien gardé. Sitôt que quelque oiseau de proie voulait s'approcher pour en faire curée, un grand corbeau descendait de la montagne et lui donnait la chasse. Un loup vint pour s'en gorger : le corbeau l'attaqua et lui donna tant de coups de bec dans les yeux qu'il le fit retourner à sa tanière plus vite que le pas. Enfin une bonne et dévote femme enterra le corps[107]. »

CORBEAU DE SAINT PAUL, ERMITE.

« Saint Antoine étant venu visiter saint Paul le premier ermite, un corbeau volant doucement apporta un pain devant eux. Dieu soit loué, dit saint Paul. Il y a soixante ans, mon frère Antoine, que ce corbeau m'apporte tous les jours un demi-pain. Maintenant que vous êtes ici il redouble la pitance[108]. » On sait que saint Jérôme le prophète Élie et quelques autres, furent pareillement nourris par des corbeaux.

DAUPHIN DE SAINT LUCIEN DE SYRIE.

---

106 - Henri Etienne, *Apologie pour Hérodote,* chap. 38.
107 - Ribadéneira, *Fleurs des vies des Saints*, 22 janvier.
108 - Même ouvrage, 10 janvier.

Le saint prêtre Lucien fut jeté à la mer par les persécuteurs et se noya. Mais un grand dauphin, portant le saint corps sur son dos comme sur un lit déposa ce précieux trésor sur le sable à la vue de plusieurs chrétiens et mourut lui-même à côté du martyr. On conserva longtemps la carcasse de ce dauphin à Nicomédie; et Métaphraste rapporte que, dans un hymne qu'on chantait de son temps à la louange de saint Lucien on faisait mention honorable de son poisson. Les reliques de ce dernier sont maintenant perdues[109].

On remarque dans la vie de saint Martinien, ermite, qu'il fit un voyage de mer à cheval sur deux dauphins. Nous ne voyons plus à présent ni dauphins ni dragons mais : il y en avait sans doute au temps des saints.

DRAGON DE SAINT GEORGES, etc.

On montre auprès de Béryte, en Phénicie, le lieu où saint Georges tua un monstrueux dragon, et délivra la fille du roi du pays, qui allait en être dévorée. On dit qu'il la rendit saine et vive à son père. On voit encore à peu de distance la caverne du dragon, et la vieille masure où l'on exposait les jeunes filles qui devaient être mangées. Il y avait sur ces lieux consacrés par le courage de saint Georges une église qui ne subsiste plus[110]. Ce n'est pas bien loin de ces contrées que Persée tua le dragon qui devait dévorer Andromède.

Un dragon long de trente pieds, ayant la tête faite comme celle d'un coq, et le corps tout couverts de rudes écailles, désolait les environs de Landernau. Saint Dérien, ayant fait le signe de la croix, s'approcha du dragon, lui mit son étole au cou, et le donna à conduire à un enfant qui traîna la bête jusqu'à un château où elle fut enfermée[111].

Saint-Méen, abbé de Saint-Florent, au bord de la Loire, avait noyé un autre dragon, pareillement avec son étole.

Saint Jouin, évêque de Léon, tua aussi, mais avec la seule arme du signe de la croix, un dragon qui ravageait son évêché.

Saint Julien du Mans, et saint Marcel de Paris, eurent à combattre des ennemis semblables et furent nécessairement victorieux.

Sainte Marguerite est représentée avec un dragon à ses pieds, parce qu'elle terrassa le diable qui avait pris cette figure.

---

109 - Surius, Métaphraste, Ribadéneira. *Voyage d'un anonyme au Levant,* 1691.
110 - *Voyages de Monconis,* de Thévenot et du P. Goujon.
111 - Le père Albert, *Vies des Saints de Bretagne.*

On conte à Tarascon que sainte Marthe délivra le pays d'un dragon monstrueux (la Tarasque) dont on promène encore tous les ans l'effigie en grande réjouissance.

On montrait, dans le trésor de l'abbaye du Mont Saint-Michel, une petite épée et un bouclier carré, trouvés, disait-on, en Irlande auprès du corps d'un dragon que l'archange Michel avait tué, avec ce bouclier et cette épée[112].

Saint Pol, évêque de Léon, avait tellement soumis un dragon long de soixante pieds, qu'il s'en faisait suivre comme si c'eût été un chien[113].

Saint Pavace délivra le Mans d'un dragon qui vomissait des flammes; et saint Samson évêque de Dole, en fit mourir deux par des signes de croix.

Sainte Vénérande, vierge et martyre, fut exposée à l'appétit d'un dragon par les persécuteurs qui avaient alors des dragons à leur disposition mais elle tua la bête par le signe susdit.

Saint Romain, évêque de Rouen, assisté de deux criminels, délivra également son diocèse d'un dragon monstrueux que les Normands nomment la *Gargouille*. En mémoire de ce miracle, on promenait tous les ans à Rouen, aux Rogations, une effigie de la bête; comme on traînait en procession, à Paris, il n'y a pas encore longtemps, le dragon de saint Marcel, auquel les passants, jetaient des gâteaux et des bonbons, que les bedeaux lui ôtaient de la gueule. De plus, l'archevêque de Rouen conservait, dans le dix-huitième siècle même, le droit de délivrer tous les ans un criminel, en mémoire de ceux qui accompagnaient saint Romain.

DRAGON DE SAINT SYLVESTRE.

On vint dire au saint pape Sylvestre que Rome était dévastée par un dragon qui mangeait trois cents hommes par jour. Attendez, dit Sylvestre, je vais le mettre à la raison. Il courut à la caverne du dragon et lui dit « *Au nom de notre Seigneur Jésus-Christ qui a été crucifié et qui viendra juger les vivants et les morts, je te défends de mordre dorénavant.* » En disant ces mots, Sylvestre lia la grande gueule du dragon avec un fil et le dragon creva. Le saint pape en reconnaissance de la protection du ciel, bâtit une église qu'on voit encore, à sainte Marie Libératrice. Elle est sur le lieu où le dragon se retirait. On garda

---

112 - Bruzen de la Martinière, le *Grand Dictionnaire Géographique*, article *Mont Saint-Michel*.
113 - *Vies des Saints de Bretagne*.

longtemps les écailles de ce monstre mais on ne voit plus que la pierre où il eut la gueule serrée par le signe de la croix, et où l'on a écrit cette belle histoire[114].

GRENOUILLES DE SAINTE ULPHE.

La jeune vierge Ulphe vivait solitaire dans une petite cabane, auprès d'Amiens. Un matin que saint Domice vint frapper à la porte de la bienheureuse Ulphe pour l'avertir d'aller à matines le croassement des grenouilles l'empêcha d'entendre la voix de Domice : elle continua de dormir, et n'alla point à matines. Mais à son réveil s'étant aperçue de sa faute, elle pria Notre-Seigneur de faire taire ces grenouilles; et Notre-Seigneur les fit taire, car depuis elles n'ont plus croassé. C'est comme un miracle perpétuel[115].

GRENOUILLES DE SAINT RIEULE.

Saint Rieule, évêque de Senlis, prêchant un soir au bord d'un marais, les grenouilles se mirent à faire tant de bruit, qu'on n'entendait plus ce que le saint disait. Rieule s'adressant à ces animaux leur commanda de se taire. Chose admirable, et qui confond les libertins ! Ces grenouilles gardèrent incontinent un profond silence et elles n'ont jamais crié depuis[116].
Saint Ouen fit taire aussi des grenouilles qui l'empêchaient de dire son bréviaire; et plusieurs saints opérèrent le même miracle. Faut-il donc que les bêtes soient le modèle des chrétiens[117] !

LIONS DE SAINT PAUL, ERMITE.

Saint Antoine, vieux, cassé, et sans autres instruments que. ses mains, ne pouvait enterrer saint Paul, ermite. Comme il était dans cet embarras, deux lions arrivèrent. Antoine ne fut pas plus ému que si c'eût été deux moutons. Les deux lions allèrent droit au corps de saint Paul, le caressèrent puis lui firent une fosse avec leurs ongles. Ensuite ils vinrent

---

114 - Jacobi de Voragine, Legenda 12. *Journal d'un voyage de France et d'Italie* en 1660. *Merveilles et Antiquités de Home.*
115 - Le Père Giry, *Vies des Saints*, 31 janvier.
116 - Ribadéneira, 30 mars.
117 - Cette réflexion appartient à l'auteur de la *Vie de saint Ouen.*

demander la bénédiction de saint Antoine. Le saint levant les mains et louant Notre-Seigneur dit : « *Seigneur, donnez à ces lions ce qui leur est convenable. Et les lions s'en allèrent* »[118].

LION DE SAINT GÉRASIME.

L'auteur du *Pré spirituel* raconte que saint Gérasime guérit un lion qui s'était enfoncé une épine dans la patte; et que depuis il fût servi jusqu'à sa mort par cet animal reconnaissant. Et après cinq ans passés ensemble, le fidèle lion voyant son maître mort, se refusa la nourriture et rendit l'âme sur le tombeau de Gérasime. On gardait en Palestine, avant les irruptions des infidèles, la patte que le saint avait guérie, et quelques autres reliques de ce lion qui est, comme on a dû le remarquer, une copie du lion d'Androclès.
On représentait souvent saint Jérôme avec un lion, parce qu'on le confondait avec saint Gérasime.

LION DE SAINT SABAS, etc.

Saint Sabas, abbé entra un jour dans une caverne où se retirait un grand lion. Après qu'il eut achevé sa prière, il s'y endormit. Vers minuit, le lion rentra dans sa tanière, et n'osant mal faire à Sabas, il le tirait doucement par sa robe, comme voulant le mettre hors de sa caverne. Le saint, loin de s'étonner, se mit à dire ses matines. Le lion sortit aussitôt, attendant qu'il les eut achevées. Mais fatigué d'attendre, il vint. l'avertir de nouveau à sa manière de sortir de sa maison. Le saint, sans s'émouvoir, lui dit : « *Regarde, nous demeurerons bien ici tous deux, car la tanière est assez grande. Sinon il est plus raisonnable que tu t'en ailles et me cèdes la place* ». Le lion entendit cela, sortit de sa tanière et la laissa au saint abbé[119].
Sans parler du lion de saint Marc, plusieurs de ces animaux ont place dans les légendes, pour avoir fait société à des saints, ou pour avoir gardé les corps des martyrs, ou pour avoir fait en faveur des ermites le métier de fossoyeurs.

---

118 - Ribadéneira, 10 janvier.
119 - Ribadéneira, 5 décembre.

Il est parlé aussi, dans les actes de sainte Thècle d'un lion que cette sainte baptisa. Mais c'est un sujet trop grave pour que nous puissions nous permettre de nous y arrêter imprudemment,

LOUP DE SAINT HERVÉ.

On raconte que ce saint, étant aveugle se faisait conduire par un loup, qu'il avait su rendre miraculeusement docile et pacifique; et l'on assure dans la Bretagne, que ceux qui donnent du beurre à saint Hervé ou aux prêtres de saint Hervé, peuvent être certains que leurs troupeaux seront respectés par les loups, dont saint Hervé est le patron. La légende du P. Albert dit que le loup de saint Hervé avait mangé un âne, et que le saint l'obligeait à remplacer aussi le défunt, en portant des fardeaux et traînant la charrue.

Saint Malo condamna un autre loup qui avait mangé son âne à faire le service de l'âne.

LOUP DE SAINT BLAISE.

Une pauvre veuve n'avait qu'un cochon pour toute compagnie; un loup prit le cochon et l'emporta. La veuve s'adressa à saint Blaise et le pria de lui faire rendre son cochon. Saint Blaise, souriant, dit : « *Soyez tranquille* ». En même temps, il appela le loup qui rapporta le cochon et le rendit sain et vivant à la veuve[120].

Semblablement saint Hervé fit restituer une poule qu'un renard venait de voler.

Saint Robert, abbé de Cîteaux, obligea un autre loup à rapporter un petit enfant qu'il venait d'enlever. Plusieurs autres loups, plus saints que ceux-là, gardèrent les corps des martyrs. La tête de saint Edmond, roi d'Angleterre, fut conservée par la protection d'un loup.

MULET DE SAINT THOMAS D'AQUIN.

En sortant du bois de Piperno, à quelques lieues de Fondi, dans le royaume de Naples, les pèlerins vont visiter l'abbaye de Fossa-Nova. Les moines de cette abbaye racontent que saint Thomas d'Aquin allant de Fondi au concile de Lyon et s'étant trouvé malade descendit de son

---

120 - Jacobi de Voragine, Legenda 38.

mulet, attacha sa bête et s'endormit dans un coin du bois près de l'église. Le mulet s'étant détaché entra sans respect dans l'église; il eut même l'insolence de mettre les pieds dans le chœur. Mais à l'instant ces pieds coupables s'enfoncèrent dans le pavé. L'animal épouvanté s'enfuit. Cependant, comme on cherchait le maître du mulet pour le punir, on trouva saint Thomas d'Aquin près de rendre l'âme. On l'emporta au couvent, où il expira quelques jours après. Au moment des funérailles le mulet vint pleurer sur le corps de son maître et y mourut de douleur, semblant demander à partager sa tombe, ce que sans doute on n'accorda pas. Mais on garda longtemps les fers du mulet, et on montrait encore il y a peu de temps les empreintes de ses pieds dans le pavé de l'église. On avait couvert cette relique d'une petite grille de fer pour la mettre à l'abri des insultes du temps et des impies[121].

MULET DE SAINT ANTOINE DE PADOUE.

Bovibile, hérétique très obstiné, niait la vérité du saint sacrement de l'autel Saint Antoine de Padoue, pour le convaincre, fit amener un mulet qui n'avait ni bu ni mangé depuis trois jours. Bovibile lui présenta de l'avoine, et le saint tenant en main une hostie consacrée dit au mulet « *Viens fais la révérence à ton créateur et confonds la malice des hérétiques.* » Aussitôt le mulet, sans faire attention à l'avoine, se prosterna devant le très-saint sacrement et l'adora. Ce miracle consola fort les catholiques. Les hérétiques en enragèrent, hors Bovibile qui se convertit[122].

BRIDE DU MULET DE SAINT THOMAS DE CANTORBÉRI.

Un chevalier très dévot à Saint-Thomas de Cantorbéri cherchait à acheter quelques-unes de ses reliques. Un prêtre rusé[123] lui vendit la bride du mulet de ce grand saint, en lui vantant ses grandes vertus. Le chevalier donna tout l'argent qu'on lui demanda et emporta sa bride. Or, c'était la bride de l'âne du prêtre. Jamais saint Thomas ne l'avait touchée. Cependant, la miséricorde de Dieu sur les saints est si grande, que le chevalier fit avec cette bride une multitude de miracles. Il finit par la

---

121 - Misson, *Voyage d'Italie,* T. II, Ribadéneira, 7 mars; etc.
122 - Ribadéneira, 13 juin.
123 - *Dolosus sacerdos* et plus bas *pessimus sacerdos.*

mettre dans une église où elle fut honorée comme une relique très importante[124].

OURS DE SAINT WAAST.

On voit dans la vie de saint Waast qu'il savait obliger les ours à lui obéir. Les églises qui l'ont pris pour patron n'ont pas négligé cette circonstance. Le pupitre de Saint-Waast d'Arras qui ne subsiste peut-être plus, était un arbre d'airain soutenu par deux ours de même métal. De petits ours grimpaient à l'arbre, avec différentes postures. On a voulu par-là rendre le saint plus accessible, en lui présentant ainsi des êtres dont il avait aimé la compagnie.

Saint Corbinian obligea un ours à lui servir de monture parce que cet ours avait mangé son âne. Saint Martin, abbé de Vertou, fit la même chose.

OURS DE SAINTE GUDULE, etc.

Un grand ours, poursuivi par l'empereur Charlemagne, se réfugia dans l'église de Sainte-Gudule, à Morzelle, en Brabant; et, miraculeusement adouci par la sainteté du lieu il se mit à lécher les pieds des religieuses, et ne voulut plus quitter ces sages vierges avec lesquelles il vécut comme un agneau. On montrait la peau de cet ours aux libertins et aux furieux[125]. Saint Colomban vit un ours qui mangeait un cerf. Considérant que la peau était propre à faire des souliers, il ordonna à l'ours de la ménager. L'ours obéit, et le saint fit emporter la peau du cerf par ses religieux. On conservait dans le monastère de Mereraw, en Allemagne, un soulier de saint Colomban fait de la peau de ce cerf[126].

PEAU D'OURS DE SAINT ANDRÉ.

Un chanoine de Cologne chargea, au douzième siècle deux jeunes marchands de lui acheter en Norvège une peau d'ours blanc, pour couvrir l'autel de saint André. Les deux marchands s'acquittèrent de leur commission; et il paraît que dès lors saint André prit de l'affection pour

---

124 - *Cæsarii miracula*, lib. 8, cap. 70.
125 - *Molanus*, Ribadéneira, etc. 8 janvier.
126 - *Gallia christiana*, tome V. Ribadéneira, 22 novembre.

la peau d'ours; car une horrible tempête s'étant élevée au milieu de la pleine mer comme on ne savait plus à quels moyens recourir. pour se garantir du naufrage, les deux jeunes gens se rappelèrent la peau de saint André : ils l'opposèrent comme une voile à l'ouragan, qui s'apaisa aussitôt; et le reste de la navigation fut heureux. A leur arrivée à Cologne, ils rendirent l'argent qu'on leur avait donné et firent présent à saint André de la miraculeuse peau d'ours, qui opéra depuis beaucoup de prodiges[127].

PIGEON DE RAVENNE.

« *On montre dans l'église des Théatins de. Ravenne, au-dessus du grand autel, une petite fenêtre au milieu de laquelle on a mis la figure d'un pigeon blanc. C'est en mémoire de ce qu'après la mort de saint Apollinaire, premier évêque de Ravenne, les prêtres étant assemblés pour lui choisir un successeur, le Saint-Esprit entra, dit-on par cette fenêtre en forme de colombe et se vint poser sur celui qui devait être élu. On ajoute que la même chose arriva encore onze fois dans la suite. Mais depuis ils ont fait leurs affaires sans le secours du Saint-Esprit*[128.] »
Un jour que saint Braule prêchait à Sarragosse, afin qu'on sût que c'était le Saint-Esprit qui lui inspirait ce qu'il disait, on vit sur son épaule un pigeon qui semblait lui souffler son discours[129]. On se rappelle que Mahomet avait pareillement un pigeon qui lui parlait à l'oreille.

POISSON DE JÉSUS-CHRIST.

Les dernières reliques qui appartiennent à Jésus-Christ sont celles qu'on a eues depuis sa résurrection et la plus curieuse sans doute est un morceau du poisson rôti que lui présenta saint Pierre, lorsque Jésus lui apparut. « *Il faut dire qu'il a été bien épicé ou qu'on lui a fait un merveilleux saupiquet, puisqu'il s'est pu garder si longtemps. Mais, sérieusement, est-il a présumer que les apôtres aient fait une relique du poisson qu'ils avaient apprêté pour leur dîner ?*[130] » Cependant ce morceau de poisson se montrait à Rome et à Saint-Salvador en Espagne.

---

127 - *Cæsarii miracula*, lib. 8, cap. 57; et divers mémoires sur Cologne..
128 - Misson, *Voyage d'Italie*, tome 1.
129 - Ribadéneira, *Vies des Saints*, 26 mars.
130 - Calvin, *Traité des Reliques*.

POISSON DE SAINT CORENTIN, etc.

On voit encore à Quimper la fontaine où vivait ce poisson merveilleux. Quoique saint Corentin en coupât chaque matin la moitié pour se nourrir, il était toujours vivant, et toujours entier[131]. Nous ne parlerons point du poisson de Jonas que les mahométans ont mis dans le ciel. Un jour que saint Antoine de Padoue prêchait devant des hérétiques qui ne l'écoutaient point, comme il était au bord d'une rivière, il appela les poissons et leur dit : « *Écoutez-moi vous autres, puisque les hérétiques refusent de m'entendre* ». Ce fut une chose merveilleuse de voir aussitôt une infinité de gros, de menus et de petits poissons, tous en ordre, sortant la tète de l'eau et l'écoutant attentivement. Le saint les appela frères et leur fit un sermon sur la manière dont ils devaient servir Dieu et lui rendre grâce. Lorsqu'il eut fini les poissons baissèrent la tête reçurent sa bénédiction et s'écoulèrent[132].

POULETS DE SAINTE GERTRUDE.

A Trefflès en Basse-Bretagne, on offre à sainte Gertrude des poulets, qu'elle préfère à tout autre présent. Elle guérit, dans ceux qui lui font ces offrandes, les rhumatismes et les maladies de langueur. Après les avoir bénis, les prêtres revendent les poulets, qui préservent dès lors les basses-cours de tout accident[133].

RATS DE POPPIEL ET D'HATTON.

Poppiel Ier, roi de Pologne, jurait souvent et disait : « *Que les rats me puissent manger* ». Il était impie et méchant. Or un jour, une armée de rats vint et mangea Poppiel II, fils du jureur.
Hatton archevêque de Mayence ayant mis le feu à une grange pleine de pauvres gens, une bande de gros rats se jeta sur lui et le dévora. On montre encore auprès de Mayence la grange aux rats.

SERPENTS, SAUTERELLES, etc.

---

131 - *Vies des Saints de Bretagne. Voyage dans le Finistère*, tome III.
132 - Ribadéneira, 13 juin.
133 - *Voyage dans le Finistère en 1794*, tome II.

Saint Jean de Réaume, saint Vigor, et plusieurs autres saints tuèrent avec leur étole et un signe de croix des serpents monstrueux qui ravageaient leur pays. Mais ces histoires ressemblent trop aux dragons dont nous avons déjà parlé.

Saint Théodose ordonna aux sauterelles de respecter les fruits de la terre et elles se contentèrent de ronger les chardons et les mauvaises graines. Saint Sylvestre luttant avec un magicien dit à un taureau : « *Zambri!* ». Aussitôt le taureau tomba mort. Saint Sylvestre pria et dit : « *Taureau lève-toi.* » Incontinent le taureau ressuscita et les assistants se firent chrétiens[134].

On parle aussi de la vache de saint Martin; c'est une vache qui était possédée du diable et que le saint déposséda[135].

LA SAINTE SOURIS.

A Paris dans l'église de Saint-Merry et à Lodève en Gascogne, des souris mangèrent quelques hosties consacrées. A Paris, on n'en fit pas grand bruit. Mais à Lodève on canonisa le petit animal, que l'on appela la *sainte souris*[136].

VEAU DE SAINT GERMAIN.

Saint Germain (dans sa légende) prêcha un jour en Bretagne. Le roi, qui ne fut pas content du sermon, ne voulut pas lui donner à dîner. Germain alla avec ses compagnons chez un bouvier, qui les reçut humainement et fit tuer un veau qu'il avait pour les régaler. Mais après le repas, saint Germain fit apporter les os et la peau de la bête; et ayant fait son oraison, le veau se leva aussitôt sur ses pieds vif et bien portant. Ce miracle fit beaucoup de bruit. Le lendemain Germain alla trouver le roi et lui dit : « *Pourquoi ne m'as-tu pas reçu hier ?* ». Le roi ne sut trop que répondre; saint Germain le chassa, et mit le bouvier pour régner à sa place. Le royaume passa paisiblement à la postérité dudit bouvier[137] dit toujours la légende.

---

134 - Jacobi de Voragine, *Legenda 12*.
135 - Voyez Sulpice Sévère.
136 - Henri Etienne, *Apologie pour Hérodote*, ch. 39.
137 - Henri Etienne, *Apologie pour Hérodote*, chap. 34.

ANNE. - Femme de saint Joachim et mère de la sainte Vierge. Sainte Anne possède à notre connaissance deux corps et huit têtes. Le premier corps était bien complet avec la tête, dans la ville d'Apt en Provence, et à Notre-Dame de l'Ile-sur-Lyon. Troisième tête à Trèves. Quatrième tête à Duren, au diocèse de Cologne. Cinquième tête à Sainte-Anne en Thuringe. Sixième tête à Bologne en Italie. Septième tête à l'abbaye d'Orcamp près de Noyon. Huitième tête enfin à Chartres.

C'est sur cette tête que les chanoines de Chartres juraient, au moment de leur réception, qu'ils étaient nés de légitime mariage[138].

Sainte Anne avait encore un cinquième bras à Rome, dans l'église de saint Paul au chemin d'Ostie. Elle en a un sixième à Nuremberg et divers ossements à Rouen, à Cologne, à Annaberg en haute Saxe, etc.

On démontra dans le dix-septième siècle que toutes ces reliques sans exception étaient fausses. Mais les démonstrateurs furent traités d'hérétiques et de visionnaires, quoiqu'on sache si peu de choses sur la mère de la sainte Vierge que l'évangile ne dit pas même son nom. On lui a donné celui d'Anne, comme on aurait pu lui en donner un autre.

MAISON DE SAINTE ANNE.

On montre à Jérusalem deux petits caveaux qui formaient dit-on la maison de sainte Anne. Le père Goujon, dans son miraculeux voyage en Terre Sainte, dit qu'on observe une chose fort remarquable dans celle de ces deux grottes où naquit la très sainte vierge. « *Je ne sait cependant, ajoute-t-il, si la chose est bien assurée. C'est que nul infidèle de l'un ou de l'autre sexe ne peut mettre le pied dans cette chambre, qu'il ne meure peu de temps après. Mais les chrétiens n'y reçoivent aucune incommodité*[139]. »

ANSBERT. - Archevêque de Rouen. Le corps de ce saint était à Gand et à Abbeville. Le corps de Gand fut brûlé en 1578 par les calvinistes de Flandre. Celui d'Abbeville disparut en 1793; mais on en a retrouvé bonnes parties.

---

138 - *Histoire de l'auguste et vénérable église de Chartres*, chap. 15.
139 - Seconde journée de la 21ème visite.

ANTIPAS. - Saint Antipas, martyr à Pergame au premier siècle, fut enterré dans l'église de cette ville. Si l'on en croit les légendes grecques, son tombeau jetait sans cesse une huile miraculeuse qui était un préservatif assuré contre l'incendie, et un excellent onguent pour la brûlure. Il faut observer que le saint avait été brûlé dans un taureau d'airain.

Qui ne sait compatir aux maux qu'il a soufferts ?[140]

ANTOINE. - Saint Athanase, qui conservait la tunique et le vieux manteau de saint Antoine, comme un très précieux héritage, témoigne que le lieu de la sépulture de ce saint solitaire était absolument inconnu aux hommes et on ignora pendant deux cents ans où pouvait être le corps de saint Antoine[141]. Cependant on a fini par le trouver.

On craignait tellement saint Antoine, qui envoyait le feu ardent à ceux qui ne l'honoraient pas bien, que dans le quatorzième siècle, il y avait peu d'églises qui n'eussent quelqu'une de ses reliques. Voilà ce qu'on gagne dit Henri Etienne à faire le mauvais, ou du moins à passer pour tel[142]. Le corps de saint Antoine était à la fois à Constantinople, à Arles, à Vienne en Dauphiné, et à Novogorod en Russie. Nous parlerons tout à l'heure de ce dernier. Outre ces quatre corps, on montrait encore des genoux de saint Antoine à Bourg, à Mâcon, à Dijon, à Châlons-sur-Saône, aux Augustins d'Albi, à Ouroux, et une foule d'autres reliques à Besançon, à Rome, à Paris, et dans toutes les villes un peu fournies.

MEULE DE MOULIN DE SAINT ANTOINE.

Voici ce que dit Jean Perry[143] de la meule et du corps de saint Antoine que les Russes se vantent de posséder. « *Le principal couvent de Novogorod est dédié au fameux saint Antoine. Les Russes racontent qu'un ange étant apparu à ce saint le fit partir de l'embouchure du Tibre sur une meule de moulin qu'il passa de l'Océan dans la mer Baltique, de là dans le lac Lodiga, et qu'il vint par eau à Novogorod, en quatre jours. Ils ajoutent que par ce miracle, il convertit tous les habitants du pays à*

---

140 - Voltaire, *Zaïre*, acte. II, scène II.
141 - Adrien Baillet, *Vies des Saints,* 17 janvier.
142 - *Apologie pour Hérodote*, chap. 38.
143 - *État présent de la Grande-Russie*, page 206, 1717.

la religion chrétienne; ce qui eut lieu, à ce qu'ils prétendent, il y a bien cinq cents ans. (Huit où neuf cents ans après la mort du saint). J'arrivai dans cette ville vers la fin de juin, j'y vis porter en procession l'image du saint avec beaucoup de pompe : cérémonie qui se fait tous les ans en mémoire du jour de son arrivée. Ce monastère est sur la rivière Volcoff, à une petite distance de la ville, dans l'endroit même où l'on dit que saint Antoine mit pied à terre : on voit dans l'église la meule de moulin sur laquelle il vint. Le corps du saint y est aussi dans un cercueil de pierre. Les moines assurent que Dieu a préservé ce corps de la pourriture et ils l'exposent à la vue de ceux qui viennent avec humilité faire leurs dévotions devant son tombeau.

Je ne fis pas d'abord grande attention à toutes ces choses. Mais en 1710, me retrouvant dans ce pays, j'envoyai demander au monastère la permission de voir le corps de saint Antoine et la meule de moulin. Je ne crois pas qu'il y ait aucun liège qui puisse nager sur l'eau aussi bien que cette meule. Je ne sais si les moines ne remarquèrent pas en moi une assez grande foi, ou s'il était nécessaire que le corps de saint Antoine fût vu en plus grande cérémonie et par des yeux plus purs que les miens. Quoiqu'il en soit, après m'avoir fait attendre assez longtemps, les moines me dirent qu'ils ne pouvaient me faire voir saint Antoine sans que leur supérieur fût présent. Comme il n'y avait pas d'apparence qu'il arrivât bientôt, je me contentai de ce que j'avais vu. »

BRAS DE SAINT ANTOINE A GENÈVE.

« On avait à Genève un bras de saint Antoine qu'on baisait et adorait enchâssé dans du verre. On le visita un jour, et on reconnut que c'était le membre d'un cerf[144]. »

IMAGE DE SAINT ANTOINE.

« Il y a de certaines histoires dont le récit fait horreur aux âmes craignant Dieu. Il est bon néanmoins de les savoir. En 1575 tandis qu'il y avait à Châtillon-sur-Seine beaucoup de soldats huguenots et catholiques mécontents, il s'y passa une horrible tragédie qui fait voir le danger de l'impiété envers les saintes images.

---

144 - Calvin, *Traité des Reliques.*

Leroi, Lapicrre, Courcelles et quelques autres soldats gardaient la porte de Saint-Antoine où l'on avait mis une image de bois représentant ledit saint. Un des soldats ayant ébranlé l'image, la fit tomber avec sa pique. Aussitôt ils l'habillèrent en soldat, lui mirent le mousquet sur l'épaule et la posèrent en sentinelle sur le boulevard, obligeant les passants de se mettre à genoux devant cette image, et proférant mille blasphèmes.

Après avoir fait bien des risées, ils fusillèrent la sacrée effigie, la frappèrent de leurs piques et dirent : « Par la mort ! le galant est à bas. Mais il mérite le feu. » Ils firent un bûcher avec une charretée de bois, l'allumèrent et y jetèrent l'image, se chauffant autour avec des blasphèmes exécrables et invitant les passants à mettre quelque chose dans une écuelle pour le pauvre vieillard qu'on brûlait. Mais ils n'échappèrent pas à la justice de Dieu, L'image ne fut pas plus tôt brûlée que les trois impies qui l'avaient jetée aux flammes se sentirent dévorés du feu ardent et se mirent à courir comme des furieux par les rues et les places en criant : « Je brûle. »

Lapierre, qui était un peu moins forcené, fut conduit en son logis, rentra en lui-même et se fit catholique. Il demeura néanmoins quelque temps malade afin qu'on ne pût douter de la vérité du châtiment. Courcelles fut guéri pareillement ayant abjuré son hérésie, et fait une pénitence publique, avec amende honorable à saint Antoine. Mais Leroi ne cessa de courir les rues que pour grimper à une échelle, où il se tua misérablement. Le caporal, effrayé de ces châtiments, abandonna les huguenots, et plusieurs autres se firent catholiques[145]*. »*

N'est-il pas fâcheux qu'une si belle histoire soit regardée comme un conte sans fondement, par ceux qui connaissent Châtillon-sur-Seine ?

ANTOINE DE PADOUE. - Lorsqu'on canonisa saint Antoine de Padoue, les cloches de Lisbonne, où il était né, sonnèrent d'elles-mêmes[146]. Ses reliques firent de très nombreux miracles. Un évêque, à qui on avait volé un livre, alla prier au tombeau du saint, et le soir un inconnu rapporta le livre : c'était une imitation de Jésus-Christ qu'on avait prise pour un portefeuille. Depuis lors saint Antoine de Padoue est invoqué par ceux qui veulent retrouver les choses perdues.

---

145 - *La Vie et les Miracles de saint Antoine*, et, *Histoire de la ville de Châtillon-sur-Seine*, par le père Et. Legrand, jésuite.
146 - Ribadéneira, 13 juin.

Son corps est à Padoue. Mais il faut qu'il ait eu quatre bras car il y en a deux avec son corps, un troisième à Lisbonne et un quatrième à Venise. Aussi, Durand dit-il qu'il prêchait et chantait au lutrin tout en même temps[147] comme Michel Morin.

On raconte encore qu'il cassait du marbre et opérait beaucoup de merveilles en récitant un vers de Virgile. S'il n'avait pas été saint, on l'aurait brûlé comme sorcier; car il avait aussi l'adresse de se doubler fréquemment, étant à la fois à Padoue et à Lisbonne quand il avait affaire dans ces deux villes.

Saint Antoine de Padoue a un petit trait de ressemblance avec Voltaire. Un pauvre homme fut brûlé par l'Inquisition, pour avoir été faussement accusé d'avoir tué son enfant. Saint Antoine s'intéressa à cette affaire comme Voltaire aux Calas. Mais Voltaire n'était pas saint : tous ses efforts généreux ne purent que réhabiliter Calas au lieu que saint Antoine de Padoue ressuscita l'innocent défunt : ce trait est peint à Padoue dans l'église du saint.

N'oublions pas de parler aussi du généralat de saint Antoine de Padoue. Sa mémoire était si chère aux Portugais, qu'en 1705, l'armée du Portugal étant embarrassée de se choisir un chef de sa nation, élut saint Antoine de Padoue pour son général et depuis, les soldats portugais l'ont toujours regardé comme tel. On portait son image à la tête de l'armée. Son couvent recevait les appointements de général et ceux qui commandaient les troupes n'étaient que ses lieutenants.

A la bataille d'Almanza, la première volée de canon emporta l'image de saint Antoine. Toute l'armée fut aussitôt en déroute. C'était naturel; elle avait perdu son général. Néanmoins, il n'y a que très peu de temps que saint Antoine de Padoue est mis à la réforme.

ANTONIN. - Abbé de Saint-Agrippin, à Sorrente. « *Les Turcs ayant pris et pillé Sorrente, en 1558, emportèrent le bras de saint Antonin et l'exposèrent en vente à Constantinople. Personne ne parut tenté de l'acheter, quelque bonne composition qu'on en offrît[148]. Mais un homme de Sorrente même en fit l'acquisition à très bas prix, et le rapporta dans sa ville, ou le saint bras se remit à faire des miracles.* »

---

147 - *Caractères des Saints*, 13 juin.
148 - Adrien Baillet, *Vies des Saints*, 14 février.

APOLLINE ou **APOLLONIE**. - Vierge et martyre d'Alexandrie au troisième siècle. Elle guérit le mal de dents, parce que les persécuteurs lui ont brisé les mâchoires. On prétend que son corps fut réduit en cendres. Cependant on montre de ses reliques dans douze églises de Rome, à Paris, à Naples, à Madrid, dans toutes les villes où son nom est connu.

A la fin du dernier siècle, le pape Pie VI entendant parler du grand nombre de guérisons qu'opéraient les dents de sainte Apolline, fit recueillir toutes celles qu'on put connaître en Italie seulement. Il s'en trouva plein un petit coffre qui tenait trois litres. Le saint père fit jeter le tout dans le Tibre mais on saura les retrouver. D'ailleurs, il est constant que l'on pourrait encore ramasser en France plus de cinq cents dents de sainte Apolline[149].

APOLLONE. - Martyr romain, deuxième siècle. La ville de Bologne en Italie se vante d'avoir son corps avec sa tête. Cependant il a une seconde tête chez les carmes d'Evora, au Portugal, et beaucoup de reliques à Anvers, à Rome, et ailleurs. « *Mais comme dit le pieux et délicat Baillet, à qui il arrive quelquefois de s'échapper, rien ne prouve que ces reliques soient plutôt de notre saint que de tout autre*[150]. » Il se pourrait même qu'elles ne fussent pas des reliques de saint.

APÔTRES. - On montrait encore au dernier siècle à Notre-Dame de l'Ile-sur-Lyon les douze peignes des apôtres. On ne les aurait pas crus si anciens[151]. Les autres reliques des apôtres sont énumérées à leurs noms particuliers.

ARBRES. - Quelques arbres aussi peuvent être considérés comme reliques. Nous allons dire un mot des principaux.

On voit sur le mont Luco, en Italie, un amandier planté par saint François d'Assise. Si l'on en croit les religieux du monastère voisin, les feuilles de

---

149 - Delancre raconte qu'un enfant étant ensorcelé, sans que l'eau bénite même pût le secourir, on le soulagea très efficacement avec une dent de sainte Apolline. Ainsi, ces dents guérissent du mal de mâchoire et du sortilège. C'est bien précieux. (Delancre, *Tableau de l'inconstance des démons, magiciens et sorciers*. Livre 2, discours 4e.)

150 - *Vies des Saints*, 18 avril.

151 - Calvin, *Traité des Reliques.*

cet arbre croissent avec des croix bien formées[152]. Mais les voyageurs désintéressés ont remarqué que ces croix disparaissaient lorsque la moindre pluie lavait ces feuilles.

On montre auprès du jardin des franciscains de Gaëte, un buisson d'épines, lesquelles. naîssent presque toutes sans pointes, depuis que saint François s'y roula, pour éteindre le feu. de ses convoitises[153].

Les franciscains de Rome ont, dans un de leurs jardin, un coignassicr planté par saint François. Les fruits de cet arbre, portent dit-on, cinq petits boutons, qui représentent les cinq plaies ou les stygmates imprimés miraculeusement sur le corps du séraphique saint[154].

Les dominicains de Fondi, conservent avec beaucoup de soin un vieil oranger, qu'ils disent planté par saint Thomas d'Aquin. Ce saint mourut en 1273. On respecte beaucoup aussi à Sainte-Sabine-de-Rome un autre oranger planté par saint Dominique. Les moines de l'ordre prétendent que les feuilles de ces orangers sont d'une forme particulière. Mais Misson rapporte qu'ayant examiné de près l'arbre de saint Thomas d'Aquin, il le trouva semblable aux autres orangers. Il ajoute que les oranges en étaient toutes gelées; ce qui marque le peu de respect que l'hiver témoigne à saint Thomas. Au reste, quand cet arbre mourra, si toutefois il doit mourir, les dominicains se proposent d'en faire une châsse pour y renfermer quelques reliques du saint qui l'a planté[155].

On a vu des arbres bien plus anciens. On montrait encore à la fin du dix-septième siècle, le figuier maudit par Jésus-Christ, parce qu'il ne portait pas de figues dans un temps qui n'était pas le temps des fruits. Maintenant on n'en voit plus que la place[156]. Mais il est assez difficile de comprendre comment ce figuier a pu subsister plus de seize cents ans, après la malédiction qui l'avait desséché.

Cet arbre n'est pas le seul que la malédiction ait fait mourir sur pied. Saint Ouen raconte que saint Éloi dessécha pareillement un noyer en prononçant sur lui des paroles d'anathème[157].

---

152 - Misson, *Voyage d'Italie,* tome II.
153 - Même ouvrage même volume.
154 - *Voyage de France et d'Italie, par un gentilhomme français en 1660.*
155 - Misson, *Voyage d'Italie,* tome II.
156 - Le père Goujon, *Voyage en Terre sainte,* 17ème visite.
157 - *S. Audoeni vita S. Eligii* lib. 2; cap. 22.

On voyait encore en 1760, les oliviers sous lesquels Judas baisa Jésus-Christ, dans le jardin des Olives. On conservait comme des préservatifs les noyaux du fruit de ces arbres[158].

Le thérébinte sous lequel la sainte Vierge s'arrêta, en allant se purifier à Jérusalem, subsistait aussi au commencement du dix-septième siècle.

Mais voici sans doute un des arbres les plus vénérables. « *Il y avait sur la route du Grand-Caire un vieil arbre que les Égyptiens adoraient à cause de son antiquité. La sainte Vierge fuyant en Égypte, se reposa sous cet arbre, qui lui abaissa ses branches pour lui faire un ombrage. On ajoute même qu'il s'ouvrit pour cacher la sainte famille que des voleurs poursuivaient. Cet arbre était encore sur pied au siècle de Louis XIV*[159].»

On voyait sous Louis XV le sycomore sur lequel Zachée monta pour apercevoir Jésus-Christ. Mais c'était un sycomore qui ressemblait à un noyer[160].

Un franciscain assure qu'il y a des arbres plus anciens que tous ceux-là et qu'on voit au pied du Mont-Liban sept ou huit cèdres plantés au commencement du monde[161]. Il ajoute qu'ils sont très gros, et que quatre hommes pourraient à peine les embrasser.

On fait voir dans le monastère de Sainte-Catherine au Mont-Sinaï, la racine desséchée du buisson ardent, au milieu duquel Dieu parla à Moïse. On a bâti tout auprès un autel dont on n'approche pas sans ôter ses souliers[162].

On a élevé aussi un autel auprès du chêne de Mambré, sous lequel Abraham reçut les trois anges qui venaient. lui annoncer la ruine des sodomites[163].

On peut même connaître le goût des pommes de Sodome. La mer Morte, qui a remplacé cette ville coupable, est bordée, disent les voyageurs pieux, de pommiers chargés de fruits superbes en apparence, mais qui ne sont sous la dent qu'un assemblage de cendre et de poussière amère[164]. Cependant les voyageurs qui ont voulu vérifier sur les lieux ce phénomène surprenant, n'ont point trouvé de pommes mais quelques

---

158 - *Voyage en Terre sainte, par un franciscain*, 1760, ch. 24.
159 - *Voyage du père Goujon en Terre sainte*.
160 - *Voyage d'un franciscain en Terre sainte*, 1760.
161 - Même ouvrage ch. 2.
162 - Manesson-Malet, *Description de l'Univers*, tome II, le père Goujon, etc.
163 - Baillet, *Vies des Saints de l'ancien testament*, 9 octobre.
164 - *Voyage d'un franciscain en Terre Sainte*, ch. 40 de la première partie.

grenades, dont les unes étaient desséchées, les autres sans saveur, parce que le site et la nature du terrain sont loin d'être favorables à la végétation.

ARCHE D'ALLIANCE. - Les plus anciennes traditions de l'église nous apprennent que Jérémie fit enterrer sous le Mont-Nébo, au delà du Jourdain, l'arche d'alliance que Moïse avait fait faire dans le désert pour servir de coffre aux tables de la loi. Saint Paul semble même mettre ce coffre au rang des choses perdues[165]. Néanmoins l'arche d'alliance se voit à Rome dans l'église de Saint-Jean-de-Latran.

ARCHE DE NOÉ. - Il est constant et avéré que personne n'a jamais vu ni pu voir l'arche de Noé. Mais les pieux voyageurs et géographes qui ont parlé du mont Ararat sans l'avoir aperçu, soutiennent quel l'arche de Noé s'est arrêtée sur cette montagne après le déluge, et qu'elle y est encore. L'air est très doux, disent-ils, au sommet de l'Ararat; c'est cette température qui a empêché le bâtiment de se corrompre.
Il y a même dans les environs des religieux qui vendent de petites croix faites du bois de l'arche. Tournefort, qui eut le courage de grimper au mont Ararat, n'a rien vu du coche d'eau que Noé mit cent ans à bâtir. Il n'avait pas une foi assez vive. On a calculé que l'arche avait 450 pieds de long, 70 de large et 30 de haut.

ARNOUL. - Saint martyr du sixième siècle, compte parmi les évêques de Metz, patron des brasseurs de bière. Il fut martyrisé, dit-on, au diocèse de Reims. Tandis qu'on emportait son corps pour l'enterrer à Tours, selon le désir qu'il en avait témoigné, son corps demeura miraculeusement immobile dans la forêt d'Yveline, à huit lieues de Chartres. On fut obligé de l'enterrer au milieu du chemin : on y bâtit ensuite une église, où l'on garde son corps et autour de laquelle se forma un gros bourg qui porte le nom de Saint-Arnoul[166].

ATHANASE. - Évêque d'Alexandrie, ami de saint Antoine. Le corps de saint Athanase est à Venise, revêtu d'une chappe, dans un reliquaire de bois doré. Mais sa mitre est soutenue par une tête de carton car la

---

165 - Adrien Baillet, *Vies des Saints de l'ancien testament,* 1ᵉʳ juillet.
166 - *Histoire de l'auguste et vénérable église de Chartres*, chap. 9.

véritable tête est à Sérigny en Touraine, où elle fut apportée d'Egypte, au temps des croisades, par les comtes d'Anjou.

Les bénédictins de Valvanera, en Espagne, se vantaient aussi d'avoir la tête de saint Athanase. Elle était très fraîche : on fut tenté de l'examiner, et on reconnut que c'était la tête du défunt cuisinier des bons pères[167]. Il se pourrait que la tête de Sérigny en Touraine eût autant d'authenticité que celle de Valvanera.

On honore à Rome, dans l'église de Saint-Athanase et de Saint-Vincent, une image miraculeuse de la tête de saint Athanase moine et martyr; laquelle image fait fuir les démons, guérit les malades qui se portent bien, et fait marcher droit les dévots qui ne sont pas boiteux[168].

AUBERT. - ROCHE DE SAINT AUBERT.

On voit au mont Saint-Michel une petite chapelle de douze pieds de longueur, dédiée à saint Aubert, évêque d'Avranches, et bâtie sur une roche qui était autrefois le sommet de la montagne et qui, à la prière de ce saint, s'en détacha, pour laisser place aux ouvriers qui devaient construire l'église de Saint-Michel, et alla se précipiter du côté du nord. Cette petite chapelle n'a qu'un autel avec la statue de saint Aubert[169].

AUGUSTIN. - Saint et célèbre évêque d'Hippone. Après plusieurs translations son corps se trouvait à Pavie en l'année 712. Luitprand, roi des Lombards, connaissant le prix du trésor qu'il possédait et redoutant l'adresse des voleurs de reliques, sorte de voleurs que notre siècle dépravé ne connaît plus, fit faire trois tombeaux, publia que le corps de saint Augustin était dans l'un des trois, et cependant le cacha ailleurs, mais si bien, qu'on n'a jamais pu le découvrir depuis[170].

Malgré cela, les augustins d'Allemagne soutiennent qu'ils possèdent le cœur de saint Augustin, lequel cœur fut arraché par un saint personnage à un ange qui l'emportait, et donné à l'évêque Sigilbcrt, qui en fit présent aux religieux augustins d'Allemagne[171]. C'est à cause de ce conte que l'on

167 - Palpebrock, *Continuation des actes de Bollandus*, 2 mai.
168 - *Voyage de France et d'Italie en 1660, par un gentilhomme français,* page 441.
169 - Bruzen de la Martiniére, *Le Grand Dictionnaire Géographique*, article *Mont-Saint-Michel*.
170 - Baillet, *Vies des Saints*, 28 août.
171 - Tillemont, et *Vie de saint Augustin*, dans la dernière édition de ses œuvres.

représente ordinairement saint Augustin tenant son cœur enflammé dans sa main gauche.

AUGUSTIN DE CANTORBÉRY. - Les reliques étaient autrefois des présents de grand prix. Lorsque l'infâme et incompréhensible Henri VIII voulut féliciter Jean III roi de Portugal, sur son mariage avec la sœur de Charles-Quint, il lui envoya solennellement le menton et trois dents de saint Augustin de Cantorbéry. Le cardinal Volsey fut chargé de porter ce présent magnifique[172]. Un pareil présent de noces paraîtrait aujourd'hui singulier; c'est que nous dégénérons. Au reste, Henri VIII dégénéra aussi; car quelques années plus tard il fit brûler les reliques, ferma les couvents, etc.

AURÉUS et JUSTIN. - Deux frères chrétiens, nommés Auréus et Justin, allant en pèlerinage, s'arrêtèrent dans une métairie de l'électorat de Mayence, et y passèrent la nuit. Le lendemain, ils continuèrent leur route à travers une forêt où ils trouvèrent des idolâtres qui les massacrèrent et les enterrèrent.

Quelques années après, le roi Dagobert vint en Allemagne. Quoique affligé de la lèpre, il ne laissait pas de monter à cheval et de chasser. Un jour d'été se trouvant de bon matin dans la même forêt, il descendit de cheval, se coucha dans la rosée et s'endormit. Il trouva à son réveil que les endroits de son corps qui avaient été mouillés de la rosée étaient entièrement guéris. Étonné de ce prodige, il revint le lendemain avec la reine sa femme, se déshabilla, se roula nu sur la rosée, et fut entièrement délivré de sa lèpre. Il dit alors « *C'est ici un lieu saint.* » On fouilla, et l'on trouva les corps des deux pèlerins martyrs, frais et sans corruption. Dagobert bâtit une église dans ce lieu même, qui est devenu depuis la ville d'Heiligenstadt, dans l'électorat de Mayence. Mais il est assez remarquable qu'aucune des églises de la ville n'est dédiée aux saints Auréus et Justin[173]; et qu'on ne sait ce que sont devenues leurs reliques.

AVIT. - Saint Avit abbé de Châteaudun. au sixième siècle, étant mort en odeur de sainteté, les habitants d'Orléans, qui l'aimaient beaucoup, voulurent avoir son corps; et ceux de Châteaudun ne voulurent pas s'en

---

172 - Palpebrock. *Suite des actes de Bollandus*, 26 mai.
173 - Bruzen de la Martinière; art. *Heiligenstadt*, après la topographie de Zeyler.

séparer. La contestation devint très vive. Enfin, de part et d'autre on prit les armes et on se battit. Les os d'un saint devaient être le prix de la victoire : la bataille eût été sanglante si les deux partis avaient eu des forces égales. Mais les habitants de Châteaudun furent bientôt vaincus. Les vainqueurs se montrèrent généreux car, en emportant le corps de saint Avit à Orléans, ils laissèrent quelques petits os aux moines de Châteaudun qui les mirent dans une belle châsse[174].

On voit dans Grégoire de Tours qu'un paysan fut frappé de paralysie pour avoir travaillé à la vigne le jour de saint Avit, qu'il fallait chômer. Observons que si on suivait à la lettre les fêtes instituées par la sainte église il n'y aurait pas un jour dans l'année où il fût permis de travailler; car tous les jours du mois ont un ou plusieurs saints que l'église de Rome a ordonné de fêter, dans l'oisiveté et l'ivrognerie sa compagne fidèle. Ainsi le Ier janvier, on doit chômer la Circoncision; le 2, saint Macaire d'Alexandrie; le 3, sainte Geneviève de Paris ; le 4, saint Tite, disciple de saint Paul; le 5, saint Siméon Stylite; le 6, l'Épiphanie, etc.

---

174 - Surius, 1er juillet; Martial du Mans, *Les Pratiques de l'année sainte*, 17 juin.

B

BABYLAS. - Saint évêque d'Antioche, qui souffrit le martyre le 24 janvier de l'année 250.

On raconte que Gallus César, frère de l'empereur Julien, dit l'apostat, était un prince très religieux qui avait une vénération particulière pour les reliques des martyrs. Comme il faisait sa résidence à Antioche, il fit bâtir auprès du temple d'Apollon dans le faubourg de Daphné, une belle église où il plaça le corps de saint Babylas. Or, un jour que l'empereur Julien, qui protégeait toutes religions, présidait à un sacrifice dans le temple du dieu du Parnasse, le diable, qui se trouvait, comme disent les légendaires, dans la statue d'Apollon, s'écria qu'il ne pouvait plus parler, à cause des reliques de Babylas qui étaient dans le voisinage. Julien, qui était généreux et tolérant, ordonna seulement d'emporter le corps du saint dans un autre quartier. Les chrétiens, triomphants du miracle que leur saint venait d'opérer, et de l'aveu que le diable avait été forcé de faire, enlevèrent avec la plus lente gravité le cercueil de Babylas, en chantant pendant une heure aux oreilles mêmes de Julien, ce verset du psaume 96 : « *Que tous ceux qui adorent les idoles soient couverts de confusion et de honte* ». L'empereur, assez philosophe pour supporter cette effronterie séditieuse, que Sozomène présente comme un trait de fermeté héroïque, attendit patiemment la fin de ces cérémonies pour reprendre les siennes. Mais la vengeance de saint Babylas. éclata bientôt; car trois mois après le temple d'Apollon se trouva réduit en cendres et, voyez l'impiété, Julien l'apostat osa soupçonner les chrétiens de cet incendie. Malheureusement ils n'eurent pas la joie de se voir persécutés pour cette héroïque audace[175].

On pense que les reliques de saint Babylas furent toujours honorées à Antioche, publiquement ou en secret suivant la religion des maîtres. Cependant la ville de Crémone en Italie montre comme un précieux

---

175 - Voyez le discours de saint Jean Chrysôstome sur saint Babylas. Sozomène, *Histoire ecclésiastique*, livre 5, ch. 29. *Martyrologe d'Adon*, 24 janvier. Jacques de Voragine, leg. 120, etc.

trésor un second corps de saint Babylas[176]. Il en- avait un troisième au prieuré de Nanteuil-le-Haudoin, dans le diocèse de Meaux[177]. Mais saint Babylas faisait de si beaux miracles qu'il méritait d'être encore plus multiplié.

BACCHUS. - Que nos pères visigoths ont appelé saint Bache, était un militaire qui fut martyrisé au bord de l'Euphrate pour la foi catholique, vers le troisième ou le quatrième siècle. Son corps était autrefois en Syrie, en Egypte, en Phénicie, et à Constantinople. Cependant on en possédait quelques morceaux à Rome, à Tours, à Angers. Je ne sais s'il n'y en avait pas aussi à Paris, dans l'église de Saint-Bache, plus connue depuis quelque temps sous le nom de Saint-Benoît de la rue Saint-Jacques. On voyait enfin, avant la révolution, dans l'auguste et vénérable église de Chartres une petite châsse, qui contenait des reliques de Saint-Bache[178].

BAMBINO. - « *Ce matin, je suivais tranquillement mon chemin dans la rue (à Rome); je m'en allais au Capitole. Dans le moment a passé un carrosse où étaient deux récollets, l'un sur le fond, l'autre sur le devant, et tenant entre ses jambes quelque chose que je n'ai pu distinguer. Tout le monde s'est arrêté et a salué avec un profond respect. J'ai demandé à qui s'adressait ce salut. C'est, m'a-t-on répondu, au Bambino, que ces bons pères vont porter à un prélat qui est bien malade et dont les médecins désespèrent.*
Je me suis fait expliquer ensuite tout ce Bambino. - Le Bambino est un petit Jésus de bois richement habillé. Le couvent qui a le bonheur d'en être propriétaire n'a pas d'autre patrimoine.
Dès que quelqu'un est sérieusement malade on va chercher le Bambino, et en carrosse, car il ne va jamais à pied. Deux récollets le conduisent, le placent à côté du malade et restent là à ses frais jusqu'à ce qu'il soit mort ou sauvé.
Le Bambino est toujours en course on se bat quelquefois à la porte du couvent pour l'avoir on se l'arrache l'été surtout, il est singulièrement

---

176 - *Les Bollandistes*, au 24 janvier.
177 - *Mémoires de Tillemont*, tome III; Bruzen de la Martinière, au mot *Nanteuil* n° 2.
178 - *Martyrologe d'Adon*, 7 octobre. *Mémoires de Tillemont*, tome 5. *Histoire de l'auguste et vénérable église de Chartres*, chap. 15.

occupé quoiqu'il se fasse alors payer plus cher à raison de la concurrence et de la chaleur. Cela est juste[179]. »

Au reste le petit Jésus qu'on appelle en Italie *il Bambino* (en français *le Bambin*), remplace à Rome Jupiter tonnant, et se voit au mont du Capitole, dans l'église de Sainte-Marie d'*Ara-Cœli*. Lorsqu'il n'est pas en course, on le place dans une crèche entre un bœuf et un âne au-dessus du tombeau de sainte Hélène. Il est soigné par des récollets.

On raconte que le Bambino fut plusieurs fois emporté par des voleurs[180] mais qu'il sut toujours s'échapper de leurs mains et, malgré les langes dont il est emmailloté, revenir à pied dans sa crèche.

BARBAT. - Le corps de ce saint évêque de Bénévent fut découvert en 1124, quatre cent cinquante ans après sa mort. Il était frais comme un vampire et faisait des miracles. Dans les guerres qui survinrent les Bénéventins laissèrent égarer les reliques de Barbat, qui furent longtemps perdues. Mais on gagna quelque chose à cette absence du saint car depuis on trouve que son corps est adoré à la fois à Bénévent et au monastère du Mont-Vierge dans le royaume de Naples[181].

BARBE. - Sainte Barbe est la patronne des arquebusiers, des chasseurs et des marins. On donne son nom à la partie du vaisseau qui renferme la poudre. Elle préserve des incendies et du tonnerre, parce que ceux qui lui firent souffrir le martyre furent miraculeusement tués par la foudre du ciel[182].

A dire le vrai, on ne sait ni le temps, ni le pays où elle vécut, ni le nom de son père, qui lui fit couper la tête parce qu'elle était chrétienne. Cependant les légendes racontent longuement l'histoire de sa vie et de

---

179 - Dupaty, *Lettre 48°, sur l'Italie*.

180 - *Journal d'un voyage de France et d'Italie*. 1667. On donne aussi le nom de Jupiter Bambino à Jupiter enfant dans les bras de la déesse Vesta, qui, selon les païens, resta toujours vierge. D'Aubigné dit que c'est sur ce modèle que les chrétiens ont représenté la vierge Marie avec le petit Jésus sur son sein. *Confession du sieur de Sancy*, chap. II.

181 - Le monastère du Mont-Vierge possédait autrefois des reliques de sainte Cybèle qu'il appelait la grande mère *magna mater*. Ces reliques avaient quelque fondement, puisque Cybèle eut dit-on, un temple au lieu où l'on éleva depuis le monastère. Mais quand on eut observé à l'abbé que Cybèle n'était pas morte dans le sein de la religion catholique, les reliques de sainte Cybèle devinrent des reliques de sainte Julienne.

182 - Voyez Ribadénéira, 4 décembre.

ses miracles. Mais les légendaires étaient peut-être aussi inspirés par l'esprit saint.

Quoi qu'il en soit, le corps de sainte Barbe était à la fois en Egypte, à Venise, et à Plaisance. Il est encore dans ces deux dernières villes et en même temps l'on montre à Rome, dans l'église qui porte son nom, sa tête et son voile. Les feuillants de la rue Saint-Honoré, à Paris, avaient aussi des reliques de cette sainte et tant d'églises se vantaient de participer au même avantage, que toutes les reliques de sainte Barbe auraient chargé plusieurs voitures à six chevaux. On en a perdu quelques débris dans ces derniers temps.

On raconte que, comme sainte Barbe était vierge lorsqu'on lui coupa la tête elle ne saigna que du lait[183] et l'on montrait dans plusieurs couvents, surtout en Italie, des fioles pleines du lait de sainte Barbe.

BARNABÉ. - Le saint apôtre Barnabé n'a pas à se plaindre non plus des amateurs de reliques. On lui en donne un très grand nombre. On dit qu'il fut lapidé à Salamine; son tombeau demeura près de quatre cents ans ignoré. Mais le saint, apparemment las de cet oubli, se montra enfin à Anthème, évêque de Salamine, et lui indiqua le lieu où il était enterré. Le bonhomme Anthème fit fouiller, et l'on découvrit le corps de l'apôtre avec un exemplaire de l'évangile de saint Mathieu que saint Barnabé avait écrit de sa propre main. Dans un siècle comme le nôtre, l'évangile de saint Mathieu, écrit par saint Barnabé, paraîtrait plus curieux que toutes les reliques les plus miraculeuses. Alors on pensait un peu différemment. On laissa perdre le livre, mais on conserva le corps du saint; on en fit même plusieurs copies car ce corps était à Salamine, à Milan, et à Toulouse.

Les habitants de cette dernière ville ne peuvent malheureusement dire ni d'où, ni quand, ni comment ce saint corps leur est venu. Une multitude de villes, en Italie et en France, possédaient des reliques considérables du même saint. Il avait surtout une douzaine de têtes répandues dans diverses églises. La meilleure et la plus grosse est encore à Gênes[184].

---

183 - Henri Etienne, *Apologie pour Hérodote*, chap. 36.
184 - Dusaussay, *Martyrolog. Gall.* 27 mai. *Mémoires de Tillemont*, tome I, Ribadéneira, 11 juin, etc.

BARTHÉLEMI. - L'un des apôtres. Sans avoir rien de certain sur sa vie, Eusèbe a prétendu que saint Barthélemi était allé prêcher dans l'Inde, dans l'Arabie-Heureuse, dans la Perse, et dans l'Abyssinie[185]. Les légendaires ajoutent qu'Astyage, roi d'Arménie, le fit écorcher vif. Sa qualité d'apôtre de Jésus-Christ a fait rechercher ses reliques.

On commença au sixième, siècle seulement à songer à lui. On publia qu'il avait été martyre. On chercha son corps qui ne manqua pas de se trouver. Ce corps fut dès lors en même temps à Dara en Mésopotamie, et dans l'île de Lipari près de la Sicile[186]. Il faisait même beaucoup de miracles dans ces deux églises. Mais il ne put empêcher les Sarrasins de s'emparer de la Sicile et de l'île de Lipari. Ces barbares trouvèrent si peu d'obstacles, qu'ils mirent tout en cendres et brûlèrent sans respect le corps saint.

A la vérité, quelques années après, au commencement du neuvième siècle, le corps de saint Barthélemi fut retrouvé par un moine et porté à Bénévent où les prodiges recommencèrent. Dans le onzième siècle l'empereur Othon III trouvant ce corps trop précieux pour les Bénéventins, l'emmena à Rome, et fit bâtir en l'honneur du saint apôtre une église dans l'île du Tibre, qui s'appelle maintenant *île de Saint-Barthélemi.*

Cependant les Bénéventins prétendent qu'ils ont donné à l'empereur Othon un faux corps, et qu'ils ont conservé le véritable. Les Romains répliquent à cela que leur corps de saint Barthélemi est le véritable puisqu'il fait des miracles. Les Bénéventins opposent des prodiges non moins éclatants; de façon qu'il est impossible à tout esprit pieux de ne pas reconnaître que saint Barthélemi a au moins deux corps, si celui de Dara est perdu.

Outre ces deux corps très complets, on montre dans une multitude d'églises différentes pièces de saint Barthélemi. La cathédrale de Cantorbéry possédait son cinquième ou septième bras. Le huitième était à Béthune en Artois. On voit à Pise une neuvième main du même saint. On montrait un de ses doigts à Saint-Denis, un autre à Fréjus d'autres en beaucoup d'autres lieux.

---

185 - Eusèbe, *Histoire ecclésiastique,* livre 5, chap. 10.
186 - Grégoire de Tours, *Miracul.* etc. lib. I, cap. 34. Tillemont, *Mémoires ecclés.,* tome I.

Comme on conta que saint Barthélemi avait été écorché on eut aussi l'adresse de trouver sa peau, qui est peut-être encore à Pise et qui guérit beaucoup de maladies cutanées.

Enfin on eut tant de vénération pour tous les débris de ce grand saint que l'on montrait à Trèves, en Allemagne, son membre viril[187]. Quelques-uns prétendent que ce même membre fut longtemps double, parce qu'on le possédait aussi à Augsbourg. Il était d'une taille extraordinaire et avait la propriété de faire faire des enfants aux femmes. La plupart de ces saintes reliques sont maintenant égarées.

DEUX MIRACLES DU CORPS DE SAINT BARTHÉLEMI.

Tirés de la Légende dorée: Legenda 118.

- « *Lorsque l'empereur Frédéric détruisait les églises de Bénévent, un de ses satellites aperçut à l'écart une petite troupe de graves personnages, vêtus de blancs, et très occupés à discuter ensemble. Il s'en approcha et leur demanda qui ils étaient. On lui répondit : C'est saint Barthélemi avec les autres saints dont les reliques sont honorées dans cette ville. L'homme se prosterna et comme il était curieux, il écouta ce qu'ils disaient.*

Après avoir longtemps disputé sur la peine que méritait celui qui les avait chassés, de leurs églises, les bons saints convinrent qu'il fallait le tuer sans plus de retard, et l'envoyer rendre compte de sa conduite au tribunal de Dieu. Après cela, ils se séparèrent; et au bout de quelques jours l'empereur Frédéric mourut misérablement. »

- « *Un docteur en théologie fêtait saint Barthélemi toute l'année et avait, grande vénération pour ses reliques. Un jour qu'il prêchait, le diable vint à son sermon sous la figure d'une jeune fille extrêmement belle. Le docteur jeta les yeux sur elle, la trouva à son gré et l'invita à dîner.*

Lorsqu'ils furent à table, la prétendue pucelle lança des œillades si amoureuses à son hôte qu'il commença de s'enflammer. Mais tout à coup saint Barthélemi, habillé en pèlerin, vint frapper à la porte, et demanda l'hospitalité. La prétendue jeune fille ne parut pas d'avis de recevoir un tiers, et le docteur se contenta d'envoyer un croûton au pèlerin.

---

187 - Calvin. *Traité des Reliques.* Voyez dans ce Dictionnaire l'article de *Saint Guignolé.*

Saint Barthélemi le refusa, et fit demander au docteur de lui dire ce qu'il trouvait de particulier dans l'homme. - C'est qu'il rit répondit le docteur. C'est la manière dont il engendre répondit la pucelle. Saint Barthélemi dit : - Le docteur a bien répondu; mais la demoiselle est plus profonde. Qu'on me dise aussi quel est l'espace d'un pied qui renferme les plus miraculeux objets de la création. - C'est le trou de la croix, répondit le docteur. C'est la tête humaine, répondit la jeune fille.
A merveille tous les deux, dit saint Barthélemi. Je n'ai plus qu'une question à vous proposer : quelle distance y a-t-il du ciel aux enfers ? - Je n'en sais rien dit le docteur. – Hélas ! je le sais bien moi, dit la jeune fille; j'en ai fait le voyage et je sens qu'il faut y retomber.
Aussitôt le diable reprit sa forme peu gracieuse et disparut en hurlant. Le docteur, épouvanté, chercha son pèlerin; mais il ne trouva personne, et se doutant du miracle, il alla brûler un cierge devant le corps de saint Barthélemi. »
Saint André garantit, par un moyen tout semblable, un évêque qui s'allait coucher avec une jeune pèlerine[188].

D'UNE DENT DE SAINT BAHTHÉLEMI.

Une recluse des environs d'Aix-la-Chapelle, au douzième siècle, possédait une dent de saint Barthélemi et quelques autres reliques. Un prêtre qui lui disait des messes lui demanda cette dent, qu'elle refusa. « *Eh ! bien, dit le prêtre, si vous ne m'en donnez au moins la moitié, je ne viendrai plus vous voir.* » La recluse embarrassée hésita un moment entre cette menace et l'amour qu'elle portait à sa dent. Il paraît qu'elle n'aimait pas moins le prêtre, car elle finit par consentir à lui en donner la moitié. Mais le prêtre n'eut pas plus tôt essayé de couper la dent avec son couteau, qu'il en sortit du sang, comme si saint Barthélemi eût vécu encore dans sa dent. Le pauvre prêtre épouvanté laissa à la recluse son joyau entier, et se contenta de le toucher quelquefois en venant lui dire la messe. Césaire de Cîteaux assure qu'il a vu de ses yeux cette miraculeuse dent du saint apôtre écorché[189].

---

188 - On peut voir le mélodrame de saint André, dans *le Diable peint par lui-même*, chap. XXVI.
189 - *Miracul. Cæsarii*, lib. VIII, cap. 40.

BASILE. - Le corps de saint Basile-le-Grand était à Césarée et dans un monastère du Pont. On ne voit rien qui apprenne que ce saint corps ait été transporté en Occident. Néanmoins on l'honorait encore dans le dernier siècle à Tournus en Bourgogne, et à Bruges dans les Pays-Bas. Malgré ces quatre corps on montre à Rome une tête un bras et une côte de saint Basile-le-Grand.

BATHILDE. - Reine de France, fondatrice de l'abbaye de Chelles, mise au rang des saintes. Ses reliques furent conservées à Chelles où elles rendirent la santé à quelques vieilles femmes, firent marcher droit trois ou quatre boiteux, et chassèrent bon nombre de démons.

En 1631, comme l'abbesse de Chelles voyait ses reliques un peu négligées, parce qu'elles ne faisaient plus de miracles, elle fit ouvrir la châsse et six religieuses possédées du démon depuis quelques mois furent délivrées de la tête aux pieds. La foi des pieux se ranima, et on mit sainte Bathilde dans un beau reliquaire, « *autant parce qu'elle profitait bien à l'abbaye, que pour la consolation des catholiques, comme dit le père Ribadéneira*[190]. »

Il reste encore à Chelles et à Paris quelques restes de sainte Bathilde, qui fut, malgré tout, une reine estimable vu le temps.

BÂTON DU DIABLE. – Quoiqu'il ne soit pas décent de mêler le diable avec les saints, nous ne faisons que suivre l'exemple des théologiens nos sacrés maîtres; des vénérables légendaires, et enfin des bons moines qui conservent à Tolentino dans la marche d'Ancône, comme une relique du diable, le bâton dont icelui diable vergeta un jour les épaules de saint Nicolas de Tolentin[191].

Remarquons aussi en passant le bâton du chantre de la Sainte-Chapelle, qui n'est plus maintenant qu'un greffe, où les Parisiens ont laissé entasser des sacs de papiers à procès. Ce bâton, qui doit être à la bibliothèque de la rue de Richelieu, était surmonté d'une agate antique, représentant un buste de Titus. Nos doctes aïeux attachèrent à ce petit buste deux bras, dont l'un tenait une petite croix, l'autre une petite couronne d'épines; et ils en firent un saint Louis, que les dévots baisaient avec respect, comme

---

190 - *Fleurs des vies des saints,* 30 janvier.

191 - *Voyage de France et d'Italie,* etc. 1667 page 731.

on baise à Rome les pieds d'une statue de Jupiter transformé en saint Pierre.

BAUDILLE ou **BAUDÈLE**. – Saint martyr, qui souffrit à Nîmes pour la foi vers le quatrième siècle. Son corps fut trouvé on ne sait comment, six ou sept cents ans après sa mort et bientôt il se doubla. Car il y en avait un à Orléans, et un autre à Oviédo en Espagne, sans parler d'une troisième tête qui était à Paris dans l'église de sainte Geneviève. Celui d'Oviédo est encore sur pied.

BAVON. - Que dire de saint Bavon ou Baf patron de la ville de Gand ? Son corps fut brûlé par les Normands en 851. Mais le saint fit un miracle et, au lieu de se laisser brûler tout-à-fait, il s'en alla à Laon et voyagea dans d'autres villes, jusqu'à la fin des guerres d'alors.
Quand le danger fut passé le corps de saint Bavon reparut; et en 1010 on l'exposa publiquement, pour confondre les incrédules qui publiaient témérairement que le saint corps avait été détruit. On peut voir là-dessus, au 1er d'octobre, la judicieuse compilation des Bollandistes.

BENIGNE. - Saint martyr qui fut l'apôtre de la Bourgogne. Son corps était perdu et très regretté depuis sept ou huit cents ans, lorsque Reniger abbé d'Elwangen en Souabe, fit faire des fouilles dans l'église de la Celle-Saint-Vit qui lui appartenait, et découvrit un corps à qui il donna le nom de saint Benigne.
Saint Annon, archevêque de Cologne, ayant appris cette découverte, pria Reniger de lui céder le corps du saint pour son abbaye de Sigebert, dont il était le patron. Reniger ne consentit à s'en dessaisir qu'à condition qu'on lui donnerait en échange de quoi payer ses dettes; et l'abbé Reniger en avait beaucoup. Saint Annon obligé d'accepter paya fort cher le saint corps qui fut depuis honoré à Sigebert. Toutefois ce marché n'eut lieu que sur l'assurance que donna Reniger que c'était bien le corps de saint Benigne de Dijon.

BENOÎT. - Abbé du Mont-Cassin, patriarche des bénédictins, mort vers le milieu du sixième siècle. Lorsqu'il eut rendu l'âme, saint Maur son disciple favori, le vit monter au ciel par un chemin tendu de riches tapisseries. Il avait fait de grands miracles de son vivant; il continua d'en faire après sa mort et ses reliques ne furent pas négligées.

En l'an 580, les Lombards brûlèrent le monastère du Mont-Cassin où se trouvait le corps de saint Benoît. Mais saint Ayou, accompagné de quelques Manceaux, retrouva le saint corps sous les ruines et le transporta en France vers l'an 660. Ce corps de saint Benoît était encore au dernier siècle dans la riche et célèbre abbaye de saint Benoît-sur-Loire, au diocèse d'Orléans.

Mais comme ce saint corps était très productif, les moines du Mont-Cassin en eurent bientôt un second qu'ils prétendaient être le véritable. Il y en avait un troisième chez les bénédictins d'Espagne. On montrait à Saint-Denis la tête et le bras du même saint; quelques ossements à la Trappe, et diverses pièces en Allemagne, dans les Pays-Bas, en France, en Italie etc.

On vénère aussi au Mont-Cassin la grotte où saint Benoît allait prier. Saint Grégoire-le-Grand rapporte qu'une femme folle étant entrée dans cette grotte en sortit avec l'esprit sain et le cerveau bien guéri[192]. Apparemment que les saints à miracles sont un peu capricieux, ou bien il y a temps pour tout, car saint Benoît ne guérit plus de folles. Il aurait pourtant de quoi se distinguer.

On raconte encore qu'un dévot envoya à saint Benoît deux flacons de plusieurs pintes, pleins de bon vin vieux. Le commissionnaire qui les portait s'avisa chemin faisant, de garder le plus petit pour lui et de ne porter que le plus gros à Benoît. C'était modeste. Il cache donc son flacon dans un fossé écarté et continue sa route. Saint Benoît reçut le gros flacon de vin vieux avec action de grâces; mais il dit au porteur « *Mon ami ayez soin de ne pas boire le vin du flacon que vous avez gardé, mais renversez-le avec précaution, vous verrez ce qu'il y a dedans.* » Le bonhomme s'en retourna tout honteux. Lorsqu'il arriva à sa cachette, il renversa doucement son flacon et en vit sortir une grande couleuvre[193]. Ce flacon s'est conservé longtemps au Mont-Cassin.

Finissons par une réflexion pieuse. A propos des reliques de saint Benoit, Durand dit que : « *Trois sortes de personnes critiquent les miracles, que les saints font par leurs reliques les païens, les libertins, les hérésiarques. Les païens les accusent de magie, les libertins de fourberie*

---

192 - Dernier dialogue du livre II.
193 - *Le diable peint par lui-même*, après la quarante-huitième légende de la *Légende dorée*.

et d'illusion, les hérétiques d'impiété[194]. » Aujourd'hui on ne voit presque plus que des libertins et les saints en sont si consternés qu'ils ne font plus de miracles.

BENOÎTE. - Vierge romaine qui fit un voyage de trois cents lieues pour participer aux périls et à la gloire de saint Quentin, missionnaire dans les Gaules. C'était au troisième siècle et comme dit Baillet, si sainte Benoîte voulait mourir pour la foi dans les supplices, elle pouvait se satisfaire sans sortir de son pays[195].

Il est très douteux qu'il y ait jamais eu en France une sainte Benoîte, compagne de saint Quentin et de saint Lucien. Cependant on conservait à l'abbaye d'Origny, au diocèse de Laon, le corps de cette sainte, dont il reste plusieurs fragments considérables. Ce corps était par duplicatum à l'abbaye de Saint-Martin-au-Bois dans le diocèse de Beauvais.

Sans doute aussi cette sainte avait plus de quatre bras et abondance de certaines parties du corps puisqu'on montrait de ses reliques à Paris dans l'église de Saint-Germain-l'Auxerrois, dans celle du Temple, et qu'on rencontrait des pièces du corps de sainte Benoîte dans une multitude de villes.

Celui des deux corps de sainte Benoîte que l'on honorait à Origny, près Saint-Quentin, avait quelque célébrité. On l'invoquait pour les enfants langoureux et étiques qui n'engraissaient pourtant pas toujours. Tous les ans, le mercredi après la Pentecôte, l'abbaye faisait une procession solennelle où l'on portait le corps de la sainte à un petit monticule sur lequel elle souffrit, dit-on, le martyre. Les vassaux de l'abbaye devaient s'y trouver à cheval et l'épée à la main. On en faisait l'appel, et les cérémonies se terminaient par un dîner maigre que l'on donnait aux assistants[196]. C'était une heureuse union que celle de la superstition avec la féodalité !

On montrait encore dans la même abbaye d'Origny une espèce de hache d'armes, que l'on appelait la *hache de sainte Benoîte*; et l'on racontait que c'était avec cet instrument qu'elle avait été martyrisée par un juif endurci.

---

194 - *Caractères des Saints*, de M. Durand, docteur en théologie, 9 juillet.
195 - *Vies des Saints*, d'Ad. Baillet, 8 octobre.
196 - *Mémoire de M. l'abbé Peitavi, sur Saint-Quentin*.

BERNARD. - Le corps de ce fameux saint était à Clairvaux, où il mourut en 1153. Suivant les usages d'alors, il demanda qu'on ensevelît avec lui une boîte pleine de reliques de l'apôtre Thadée, reliques que les croisés lui avaient envoyées de Palestine. On exécuta sans hésiter cette volonté du saint mourant. Il était commun en ces temps-là d'enterrer ainsi les morts avec des reliques, quelquefois avec des hosties; comme on les ensevelit encore dans la Provence et dans tout le midi, avec des agnus, des chapelets, et des livres de prières. C'est une sorte de préservatif contre la griffe du malin.

On gardait à Saint-Victor de Paris, comme une très précieuse dépouille, le capuchon de saint Bernard, en l'honneur duquel capuchon on célébrait tous les ans, le 20 d'Auguste une messe solennelle.

Dans l'abbaye de Cambron, à trois lieues de Mons, on montrait la chasuble de saint Bernard, faite de simple coton le célébrant; en était orné le jour de la fête du saint, et chaque religieux en était revêtu pour dire sa première messe.

Dans la chartreuse de Mont-Dieu, près de Sedan, on faisait voir encore la chambre de saint Bernard où l'on conservait sa ceinture. On prétend que saint Bernard quittait souvent Clairvaux pour venir chercher dans cette chartreuse une retraite plus solitaire.

On voyait aussi à un quart de lieue de l'abbaye de Praslon, au diocèse de Dijon, une fontaine appelée *fontaine de Saint-Bernard*. On contait que le saint étant venu dans ce monastère, qui manquait d'eau, avait miraculeusement obtenu du ciel la fontaine à laquelle on donna son nom. Les moines de Praslon gardaient un vieux calice et un assortiment d'habits sacerdotaux qu'ils disaient avoir appartenu à saint Bernard; et dom Martène prétend qu'on ne peut pas en douter.

On avait des reliques de saint Bernard à Avignon, à Soissons, dans une multitude d'églises, et de couvents. Elles opéraient des prodiges et des guérisons miraculeuses. Il en reste quelques-unes en France et au Portugal, mais elles ne produisent plus rien.

CHARTRE DE L'ABBAYE DE SIGNY.

Saint Bernard était seigneur du Portugal, comme saint Antoine de Padoue était généralissime des armées portugaises. En l'année 1142, Alphonse Ier, roi du Portugal, rendit son royaume feudataire de l'abbaye de Clairvaux en s'engageant pour lui et pour ses successeurs à jamais de payer tous les ans à saint Bernard, et après lui à ses moines, cinquante maravédis d'or pur et bon. Saint Bernard reçut lui-même cet acte royal que l'on conservait encore à Clairvaux en 1789.

Il parait qu'en effet saint Bernard était un puissant seigneur. Il fonda très richement la superbe abbaye de Signy près Mézières; et voulant l'enrichir encore, il laissa aux moines de Signy une chartre formelle, où il promettait sur parchemin aux chrétiens pieux autant d'arpents de terre dans le ciel qu'ils en auraient donné ici-bas à la susdite abbaye[197]. Du moins les religieux de Signy montraient cette chartre et qu'elle fut ou non du saint à qui ils l'attribuaient, il est certain qu'elle profita bien entre leurs mains, puisqu'au dernier siècle l'abbé de Signy avait vingt-cinq mille livres de rentes et les moines huit à dix mille. On ne conçoit pas comment notre clergé a laissé égarer des pièces aussi utiles.

BERTHE. - Le corps de sainte Berthe abbesse de Blangy en Artois, au huitième siècle, fut ce qu'il paraît détruit deux fois par les Normands. Cependant, avant la dernière révolution, on honorait à la fois ce saint corps au monastère de Blangy en Artois et dans l'église. d'Alziac au-dessus de Strasbourg. L'abbaye d'Erstein et quelques autres pieuses maisons. avaient aussi diverses parcelles du corps de sainte Berthe sans parler, de trois mâchoires qu'on montrait à Saint-Omer et qui dit-on, avaient été à l'usage de sainte Berthe et de ses deux filles sainte Déotile et sainte Gertrude; car sainte Berthe avait été mariée. On croit que les trois mâchoires ne sont pas perdues.

BERTOUL. – Saint-Bertoul ou Bertulphe abbé de Renty en Artois, au commencement du huitième siècle, fut aussi heureux en reliques que sa voisine, sainte Berthe : car son corps fut à la fois dissipé, par les Normands, enlevé par Erkengar, comte de Boulogne, et dérobé par un pieux Breton qui voulait le vendre aux Anglais alors curieux de reliques.

Le sacrilège fut découvert, et le corps, volé fut transféré à Gand. Mais au seizième siècle, les calvinistes, à qui on a donné le nom de gueux chez les Flamands et de huguenots chez les Français, détruisirent une seconde fois le corps de saint Bertoul, qui se reproduisit et se doubla de nouveau par un miracle perpétuel, et que nos pères honoraient à la fois dans deux églises de Gand, celle de saint Bavon et celle de saint Pierre, qui

---

197 - *Dictionnaire féodal*, tome I, page 68, après MM. de Sainte-Marthe.

prétendaient l'une et l'autre avoir le corps de saint Bertoul, et qui trouvaient l'une et l'autre des sots pour les croire et tout adorer en silence. C'était le bon temps ! il n'y a pas quarante ans qu'il est passé. Espérons qu'il reviendra.

BEUVON. - Saint Beuvon en latin Bobo, gentilhomme provençal, contemporain de notre roi Louis d'outre-mer, étant mort à Voghéra en Lombardie, son corps fit d'éclatants miracles. C'est pourquoi on le canonisa.

Saint Beuvon doit être fort occupé, car il est le protecteur des bêtes. Les paysans lui recommandent leurs chevaux, leurs étables, leurs basses-cours. Le corps de ce saint est à Voghéra et à Pavie tout à la fois[198]. Mais il est probable que celui de Voghéra est le bon, attendu que l'église de Pavie n'a eu jusqu'ici que des reliques doubles, triples, ou quadruples, et qui se trouvent deux ou trois fois ailleurs avec de bons titres d'authenticité.

BIBIANE ou **VIVIENNE**. - Vierge et martyre à Rome au quatrième siècle. Son corps est dans cette ville au delà des trophées de Marius, où le pape Simplicius lui fit élever une chapelle, qui fut rebâtie par Honoré III. De plus sainte Bibiane a une seconde tête à Rome même, dans l'église de Sainte-Marie-Majeure[199].

On montre aussi, dans un petit cimetière voisin du palais de Licinius, une herbe qui fut plantée par sainte Bibiane, et qui guérit du mal caduc[200]. Cette herbe ne meurt jamais. Un grand nombre d'épileptiques s'en sont frottés sans être guéris parce qu'ils n'avaient pas la foi assez vive.

BIRIN. - Saint Birin, premier évêque de Dorcester en Angleterre, alla de vie à trépas au milieu du septième siècle. On ne rendait point de culte à ses reliques, qui furent perdues six cents ans. Mais enfin au treizième siècle saint Birin impatienté apparut à un chanoine, lui indiqua où il trouverait son corps, lui commanda de le déterrer, et de lui faire rendre des honneurs comme aux autres saints dont on avait les reliques.

---

198 - Henschenius, *Continuation des Bolland.* 22 mai.

199 - *Journal d'un voyage de France et d'Italie en 1660. Merveilles de la ville de Rome,* 1730.

200 - *Merveilles de la ville de Rome,* page 61.

Le chanoine conta sa vision à l'évêque qui fit fouiller. Le précieux corps de saint Birin fut trouvé tout entier, mais réduit en poudre…[201]. Il se trouva un certain abbé qui s'écria :« *Assurément c'est bien là le corps de saint Birin*[202].» Un jeune muet vint, et le saint lui rendit la parole. Mais comme il parlait l'anglais un chanoine lui dit en gaussant « *Saint Birin vous a appris un vilain patois, ce n'est pas cette langue qu'on parle à la cour.* » Trois jours après le muet parla français[203].
Comme le corps ou plutôt la poudre du corps de saint Birin avait des effets très avantageux on en sentit le prix; et le clergé de Vincester se vanta d'avoir également les reliques du saint. Dès lors grande dispute. On écrivit au pape Honorius III, qui décréta que l'authenticité des reliques de saint Birin devait être décidée à la pluralité des miracles. Il s'ensuivit un combat merveilleux. Le corps du saint à Vincester fit des prodiges. Mais le corps de Dorcester en fit bien davantage; et le pape déclara que les vraies reliques de Birin étaient Dorcester[204]. Malheureusement, celles de Dorcester et celles de Vincester ne sont plus bonnes à rien.

BLAISE. - Évêque de Sébaste, martyr auquatrième siècle. On le croit très puissant dans le ciel; et le désir d'avoir de ses reliques les a fait multiplier tellement « *qu'on s'est trouvé réduit, pour ne pas contrister les peuples ou mettre du trouble dans leurs dévotions d'imaginer plusieurs saints du nom de Blaise*[205]. »
Nous allons énumérer une très petite partie des innombrables reliques qui portent le nom de saint Blaise, évèque de Sébaste.
1°. Son corps est à Maratée au royaume de Naples. Il en sort continuellement une liqueur salutaire qui guérit les paralytiques. Ce même corps est aussi dans l'église de Saint-Marcel à Rome; ce qui n'empêche pas qu'on en montre des parties considérables dans six autres églises de la même ville, à Brindes, à Raguse, à Volterre, à Anvers, à Malines, à Lisbonne, à Palerme. Plusieurs grands ossements du même saint recevaient un culte à Mende, à Melun, dans deux églises de Paris (Saint-Sauveur et Saint-Jean-en-Grève), à Luxembourg, à Maubeuge, à Cambrai dans la plupart des abbayes du Hainaut, de l'Artois et de la

---

201 - Le révérend père Ribadéneira, 3 décembre.
202 - Idem, ibidem et Guill. de Ramesey.
203 - Guillaume de Ramesey, bénédictin Surius. Ribadéneira.
204 - Voyez la compilation de Surius, et le vénérable Bède, hist., liv. 3.
205 - Adrien Baillet, *Vies des Saints*, 3 février.

Flandre, à Tournai, à Gand, à Bruges, à Utrecht, dans quinze ou seize églises de Cologne, etc. etc. et cependant il parait que le corps de saint Blaise n'est jamais sorti de Sébaste en Arménie.

2°. Quatre principales têtes de saint Blaise sont à Naples, à Saint-Maximin en Provence, à Montpellier, à Orbitello où elles ont fait des merveilles surprenantes. Une cinquième était et n'est plus à la Sainte-Chapelle à Paris. Nous ne parlons pas des mâchoires qui se montraient à Douai, à Vintimille, près de Gènes, à Bourbon-l'Archambaut, et dans.une multitude d'églises.

3°. Mais nous citerons huit bras détachés de saint Blaise, le premier à Rome, dans l'église des Saints-Apôtres, le second à Milan, le troisième à Capoue, le quatrième à Notre-Dame de Paris, le cinquième à Compostelle en Galice, le sixième à Dilighem en Brabant, le septième à l'abbaye de Basse-Fontaine près Brienne en Champagne, le huitième à Marseille.

Avec un peu de recherches, on trouverait saint Blaise armé de cent bras comme le géant de la fable. Les doigts, les dents les pieds de ce saint volumineux, sont trop dispersés pour que nous puissions entreprendre d'en faire le rassemblement.

BOÈCE. - Philosophe chrétien, auteur de la consolation philosophique, etc. martyr au sixième siècle, et mis par plusieurs légendaires au rang des saints. Il le méritait bien. Ayant eu la tête tranchée à Pavie, par ordre de Théodoric, un des bourreaux lui demanda par, moquerie : « *Qui t'a tué ?* » Il répondit : « *Les méchants* »; et prenant sa tête entre ses mains, comme saint Denis, il entra dans une église, se mit à genoux, reçut le très-saint sacrement; et se laissa ensuite mourir tout-à-fait[206]. Sa tête et son corps recevaient un culte à Pavie.

BON, BONET ou **BONNET.** - Évêque de Clermont en Auvergne, au septième siècle. On conservait à Clermont un pot d'eau bénite où ce saint avait lavé ses mains. Les malades qui en buvaient étaient sur-le-champ guéris. On en cite deux à qui cette faveur arriva[207].

---

206 - Ribadéneira, 27 mai, dans la *Vie du Pape Jean I*er. Saint Boèce se fête le 23 octobre.
207 - Voyez le premier tome de Surius, 15 janvier.

Nous ne disons rien du corps de saint Bonnet, qui était tout entier à Clermont, quoiqu'on en montrât des parties importantes dans l'église de Saint-Germain-l'Auxerrois et dans celle de Saint-Bon à Paris.

ROBE DE SAINT BONNET.

Saint Bonnet, passant la nuit en oraison dans une église, entendit tout à coup une douce mélodie, et vit descendre du ciel la sainte Vierge, accompagnée d'une troupe de saints qui chantaient. La compagnie céleste se mit en bel ordre, et fit la procession autour du chœur. Après quoi, un saint ayant demandé quelqu'un pour dire la messe, Notre-Dame répondit que Bonnet pouvait bien la dire. Bonnet, honteux, recula et se cogna contre une pierre dure qui s'amollit, et conserva, l'empreinte de son corps. Mais les saints le prirent par la main, le menèrent à l'autel; et il chanta la messe, après laquelle la sainte Vierge lui fit présent d'une belle robe tissue d'une matière que l'on ne connaît point. On voit seulement qu'elle est légère, délicate et blanche à merveille[208]. Cette robe, qui ne se montrait qu'à travers les vitres d'une châsse, doit être encore en Auvergne.

BONAVENTURE. - Général de l'ordre de Saint-François, mis par quelques-uns, au nombre des pères de l'Église. Saint Bonaventure est l'un des patrons des accoucheurs; il délivre les femmes qui se recommandent à lui en travail d'enfant[209]. C'est au moins un talent très utile.

Ses reliques, qui étaient en poudre, furent dispersées à Lyon par les huguenots du seizième siècle; mais peu à près on vit reparaître sa tête, qui se trouva aussi fraîche que la tête d'un mort de deux jours; elle avait des cheveux, des dents, de la barbe, etc. Outre cette tête on montrait dans le couvent des Mathurins de Fontainebleau une mâchoire de saint Bonaventure enchâssée dans du cristal et armée de toutes ses dents. Cette pièce pouvait être vénérable mais on assure qu'elle n'avait rien de très gracieux.

---

208 - Ribadéneira, 15 janvier.
209 - Ribadéneira, au 14 juillet.

BONIFACE. - Une jeune dame extrêmement riche, nommée Aglaé avait un intendant qui s'appelait Boniface, avec qui elle menait la vie la plus déréglée....[210]. Après avoir vécu très longtemps dans ce libertinage, Aglaé dit à son intendant : « *Il faut nous convertir; allez en Orient, apportez des reliques des martyrs, nous leur bâtirons un oratoire, et nous serons sauvés par ce moyen.* » Boniface répliqua : « *Et si l'on vous apportait mon corps sous le nom d'un martyr, ne le recevriez-vous pas comme tel ?* »

- « *Ne raillons plus, dit Aglaé, nous sommes vieux il faut changer de vie.*» Cette sévère réprimande fit tant d'impression sur l'esprit de Boniface[211], qu'il commença de faire pénitence, et se mit en route, laissant Aglaé à Rome, où l'on ne voyait point de martyrs. C'était cependant sous Dioclétien.

Boniface étant arrivé à Tarse en Cilicie, vit des martyrs que l'on sciait, que l'on empalait, que l'on écartelait; il eut envie de partager leur bonheur. Le juge se hâta de le satisfaire et il expira en témoignant pour la foi.

Cependant ses gens, qui connaissaient ses anciennes habitudes, le cherchaient dans les cabarets et les mauvais lieux[212]. Ils le trouvèrent après bien des peines, et emportèrent son corps à Rome. Aglaé ayant appris ce qui s'était passé rendit grâces à Dieu de la miséricorde qu'il avait faite à son serviteur Boniface[213], et fit mettre son corps dans un oratoire dont la place n'est plus connue.

Le corps de ce saint Boniface s'est trouvé depuis à Rome, dans l'église de Saint-Alexis à Bénévent, à Volterre, et à Prague en Bohême. Il n'était pas nécessaire qu'un pareil saint eût quatre corps. Mais peut-être est-ce, comme tant d'autres, un saint qui n'a jamais existé.

BONIFACE. - Évêque de Mayence, apôtre d'Allemagne. Ce saint a laissé trois ou quatre têtes à Fulde, à Dockum, à Mayence; mais trois ou quatre têtes sont si peu rares, que nous nous hâtons de passer.

---

210 - Fleury, *Histoire ecclésiastique, Mémoires de Tillemont,* tome V.
211 - Henschenius, *Continuation des Bolland,* 14 mai.
212 - Baillet, 14 mai ; Fleury, *Histoire ecclésiastique.*
213 - Le même Baillet, ibidem.

BRAS. - L'abbé Dulaurens raconte[214] que Louis de Bourbon, prince de Condé étant à Tours et voyant sur un autel le bras de je ne sais quel saint, fit ouvrir la châsse et ôter les enveloppes. On y trouva un valet de pique avec une chanson d'amour ...
Les bras des différents saints sont énumérés à leurs noms respectifs.

BRIGIDE ou **BRIGITTE**. – Sainte veuve de Suède au quatorzième siècle. On garde à Rome, parmi les autres reliques de cette sainte, une de ses robes qui a dit-on beaucoup de vertus et qui délivre les femmes en travail d'enfant[215]. Son corps est dans l'église de Saint-Mathieu de Rome au marché aux bœufs[216].
Sainte Brigide écrivit un exécrable livre de révélations sur les supplices atroces du purgatoire et de l'enfer. Il est impossible d'en supporter la lecture sans éprouver des déchirements dans tous les nerfs. Il fut approuvé par le barbare Torquemada, inquisiteur et cardinal. On le trouve dans les bibliothèques pieuses.
Sainte Brigide de Kildar en Irlande, n'a laissé que trois têtes à notre connaissance, une aux Irlandais, une autre à Cologne, la troisième à Neustad en Autriche. Elle mourut au commencement du sixième siècle.
Les religieuses de Kildar, pour mieux honorer sa mémoire, avaient, institué en son honneur un feu sacré qui brûlait continuellement, comme le feu de Vesta. On l'appelait le feu de sainte Brigide, et le monastère de Kildar, la maison du feu. Ce feu sacré ne cessa de brûler pendant sept cents ans. Enfin vers l'an 1220 l'archevêque de Dublin le fit éteindre parce qu'il donnait lieu à beaucoup de superstitions[217].

BRUNO. - Fondateur de l'ordre des chartreux, mort en 1101. Si l'on réunissait toutes les parties de son corps et de sa tête qui sont dispersées dans plus de quatre cents églises on enterrait aisément douze corps bien complets, sans compter les membres dépareillés.
On assure que peu de temps après sa mort, il sortit de son tombeau une source d'eau vive qui guérissait toutes les maladies. Mais cette fontaine

---

214 - *Les abus dans les cérémonies et dans les mœurs,* chap. de la Bibliothèque, après la confession de Sancy, de d'Aubigné.
215 - Le père Ribadéneira, 23 juillet.
216 - *Merveilles et Antiquités de Rome,* Rouen. 1730, chez Jean Oursel, page 58.
217 - Baillet, au 1er février; et Henschenius, au 17 mars.

ne dura pas longtemps, parce que les chartreux se relâchèrent de leur discipline[218].

« *On tient encore aujourd'hui qu'en son monastère de Calabre à la place où il reposait ses membres fatigués par la contemplation, il ne croît point d'herbe, dans tout l'espace qu'occupait son corps, quoiqu'il y ait tout à l'entour une belle verdure*[219]. »

LA CHAPELLE DU DAMNÉ.

Il y avait dans l'église de Notre-Dame de Paris, près le portail qui est du côté du cloître, une chapelle qui porta autrefois le nom de saint Julien du Mans, et qui depuis fut dédiée sous l'invocation de saint Marcel. Mais on l'appelait plus souvent la *chapelle Noire* ou la *chapelle du Damné*, à cause de l'aventure que voici.

Raymond Diocres chanoine de Notre-Dame, ou docteur de l'université, ami de saint Bruno, mourut en odeur de sainteté vers l'an 1084. Son corps fut porté dans le chœur de Notre-Dame et l'on commença l'office des morts. Mais lorsqu'un petit choriste eut entonné cette leçon de de Job : *Responde mihi quantas habes iniquitates ?* le mort leva la tête hors du cercueil et dit d'une voix effrayante : « *Je suis accusé devant le juste jugement de Dieu* ».

Les assistants saisis d'épouvante prirent la fuite. Le service fut interrompu et l'on déposa le corps dans la chapelle dont nous avons parlé. Le lendemain on recommença l'office; et au même verset, le mort s'écria : « *Je suis jugé par un juste jugement de Dieu* ».

Les fidèles furent plus troublés que la veille, et l'on remit encore l'office au jour suivant. Mais au troisième jour, lorsqu'on prononça les paroles du même verset, le mort se leva de nouveau et dit d'une voix éclatante et terrible : « *Je suis condamné par un juste jugement de Dieu* ».

Alors on ne songea plus à enterrer le défunt les uns disent qu'on jeta son corps à la voirie; d'autres prétendent qu'un spectre l'emporta[220]. Saint Bruno dit-on était présent à cette horrible pasquinade, jouée sans doute, si elle a jamais eu lieu, par des gens intéressés à épouvanter le peuple; et l'on ajoute que ce prodige affreux fut la cause de la retraite du saint dans le désert. Mais, cette circonstance ne fut jointe à la vie de Bruno que plus

---

218 - Voyez la compilation de Surius.
219 - Ribadéneira, 6 octobre.
220 - Piganiol de la Force. *Description de Paris*, tome Ier.

de deux cents ans après sa mort; le pape Urbain VIII la fit retrancher du bréviaire; et le fameux Launoy a prouvé que le miracle de Raymond Diocres n'avait pas même été connu de saint Bruno[221]. Quoi qu'il en soit, on allait encore en 1789 voir à Notre-Dame la chapelle du Damné.

---

221 - Du vrai motif de la retraite de saint Bruno, etc.

C

CALÉS ou **CALAIS** ou **KARILÈFE** ou **CARIULPHE**. - Dix-septième évêque de Chartres.
L'église de Chartres montre comme une relique de ce saint une énorme tête qui suppose un homme de douze pieds[222].

CALLIXTE. - Pape et martyr au commencement du troisième siècle. Son corps était la fois à Reims et dans l'église de Sainte-Marie *in trastevere* à Rome[223]. On montre dans cette dernière église la pierre qui fut mise au cou du pape Callixte, lorsqu'il fut jeté dans un puits[224] par ordre de l'empereur Alexandre Sévère, qui n'était pourtant pas persécuteur, et qui n'employa jamais de semblables supplices.
L'église de Saint-Sébastien de Rome possède une troisième tête de saint Callixte[225].

CALVAIRE. - « *Je marchai pendant une heure, visitant toutes les stations qui m'étaient expliquées par des religieux italiens. Ici Jésus-Christ avait été battu de verges, plus loin une couronne d'épines avait été enfoncée sur son front, plus loin encore ses vêtements avaient été tirés au sort.*
Montant par un escalier qui tournait autour d'un énorme pilier, nous entrons dans une autre église dont chacun baisait respectueusement le pavé : c'était Golgotha. Un religieux, tout en récitant des prières, me montrait à travers des grilles la fente du rocher où fut placé l'instrument du supplice de Jésus. Des chrétiens de Coptos, de l'Yémen, de

---

222 - *Histoire de l'église de Chartres*, chap. 9.
223 - *Voyage de France et d'Italie, par un gentilhomme français en 1660.*
224 - *Mémoires de Tillemont*, tome III
225 - *Merveilles de Rome*. Rouen, 1730, page 25.

l'Abyssinie, étaient là prosternés avec le pèlerin de Tobolsk, de Novogorod et de Téflis[226]. »

Le nom de Golgotha ou de Calvaire signifie *crâne*. On a ainsi nommé la montagne où Jésus-Christ, fut crucifié auprès de Jérusalem, soit à cause de sa forme qui ressemblait à un crâne humain; soit parce qu'on y exécutait les criminels ou, comme dit saint Jérôme, parce qu'on croyait que la tète d'Adam y avait été enterrée. C'était le lieu patibulaire et la voirie publique de Jérusalem[227].

L'empereur Adrien, en rétablissant Jérusalem, profana le tombeau de Jésus-Christ et mit à la place les statues de ses dieux. Mais l'impératrice Hélène fit bâtir sur le calvaire la superbe église du Saint-Sépulcre que l'on voit encore aujourd'hui. Un voyageur anglais qui visita ces lieux en 1697 en parle ainsi[228] : l'église du Saint-Sépulcre est sur le mont Calvaire petite éminence qui fait partie de la montagne Moryah. Pour rendre cette montagne propre à supporter une église, il a fallu aplanir ou élever plusieurs parties du roc. Cependant on a pris soin de ne pas toucher aux endroits que l'on a cru sanctifiés par les souffrances de Jésus-Christ. On a laissé entier l'endroit du Calvaire où l'on dit que Jésus fut élevé sur la croix. On monte à ce roc par dix-huit degrés.

L'église contient douze ou treize sanctuaires. C'est dans l'un que les soldats outragèrent le Sauveur. Dans un autre ils partagèrent ses vêtements. Le troisième est le lieu où il fut enfermé tandis qu'on plantait la croix. Plus loin on montre la place où il fut cloué sur l'instrument de son supplice, celle où étaient les soldats qui lui percèrent le côté, les lieux où l'on embauma son corps, où l'on le mit dans le sépulcre, où l'ange apparut aux saintes femmes, où Jésus se montra lui-même à Marie-Madeleine.

Les Turcs permettaient autrefois à des religieux de toutes les nations et de toutes les sectes chrétiennes de célébrer leurs mystères dans ces lieux sacrés, moyennant un certain tribut. L'intolérant Louis XIV obtint de la sublime Porte que les chrétiens catholiques auraient seuls désormais le privilège d'officier librement au saint sépulcre. Ce règlement commença de s'exécuter en 1690; mais le privilège accordé aux catholiques est

226 Le comte de Forbin, Voyage dans le Levant.
227 - Le père Goujon, *Voyage en Terre-Sainte*.
228 - Maundrell, *Voyage d'Alep à Jérusalem*; cité dans le dictionnaire de Bruzen de la Martinière au mot *Calvaire*.

maintenant perdu pour eux. Aussi commence-t-on de prêcher une croisade pour remettre le saint sépulcre à l'abri des insultes des infidèles, sous la garde des moines latins[229].

TROU DE LA CROIX.

On montre au sommet du Calvaire le trou où fut plantée la croix de Jésus-Christ, Ce trou est à peine large d'un pied, quoique les premiers chrétiens en aient emporté une multitude de morceaux. Pour prévenir ces indiscrétions on a entouré le trou de la croix d'une platine d'argent qui a la forme d'un chapeau; en sorte que les pèlerins peuvent y mettre leurs dévotions[230].

Un peu au-dessous du trou de la croix, on voit la crevasse du rocher qui se fendit au tremblement de terre de la Passion. C'est par cette fente qui descend à une profondeur inconnue, que le sang de Jésus-Christ ruissela, dit-on, sur le crâne d'Adam pour le purifier. On voit au-dessous une chapelle dédiée au premier homme. La fente du rocher paraît derrière l'autel de cette chapelle; et les femmes chrétiennes qui vont y faire leurs prières arrachent leurs cheveux et les jettent dans cette fente.

On ne sait pas l'origine de cette coutume superstitieuse. Mais cette multitude de cheveux a empêché jusqu'ici de sonder la miraculeuse fente, qui est assez profonde selon l'avis de quelques théologiens, pour aller jusqu'aux enfers[231].

Il faut remarquer que le Calvaire, comme nous l'avons déjà dit, fait partie du mont Moriah et que le texte hébreu de la Genèse nomme ainsi la montagne où Abraham allait sacrifier son fils. Quelques critiques pensent que les traditions attachées au Calvaire ne sont rien moins que certaines; et Voltaire prétend qu'il n'est pas vraisemblable que Jésus ait été enterré au saint sépulcre[232]; le Calvaire était un lieu d'exécutions judiciaires, et non un lieu de sépulture.

CALVAIRE DU MONT VALÉRIEN.

---

229 - On peut voir particulièrement une brochure publiée en 1819 et intitulée : *Les Regards d'un chrétien tournés vers le saint sépulcre de Jérusalem*, ou *invitation aux rois et aux princes souverains de l'Europe de se coaliser*, etc.
230 - *Relation du Voyage de la Terre-Sainte, par un religieux de Saint-François.*
231 - *Voyage du père Goujon*, cité plus haut.
232 - *Essai sur les mœurs et l'esprit des nations*, chap. 56.

On sait que le mont Valérien est à deux lieues de Paris. C'est un lieu de grande dévotion où Louis XIII établit un Calvaire qui offre l'image de la montagne sur laquelle Jésus-Christ est mort. L'église du Calvaire, qui possédait un morceau de la vraie croix, était servie par une congrégation de prêtres. On y montrait quelques reliques. Mais ce qui attirait le plus les fidèles c'était le Calvaire même chargé de trois crucifix de grandeur naturelle. En descendant la montagne, qui est fort rude, on allait faire des stations devant de petites chapelles dans lesquelles étaient représentées lès différentes circonstances de la Passion. Dans la semaine sainte et aux fêtes de la Croix, c'était un concours étonnant de Parisiens, de dévôts et de mendiants qui venaient de toutes parts au Calvaire.

On supprima, au commencement du dernier siècle, les pèlerinages nocturnes qui se faisaient par le bois de Boulogne, la nuit du jeudi au vendredi saint[233]. Les uns y portaient des croix pesantes, ou se faisaient fustiger en chemin; d'autres; montraient une ardeur moins sainte. Mais comme c'était au printemps et comme tout dégénère, les pèlerins et pèlerines faisaient souvent des stations dans le bois de Boulogne avant d'en faire sur la montagne du Calvaire[234].

La dernière révolution renversa les croix, l'église et les stations du mont Valérien où l'on a depuis relevé le Calvaire. Nous parlerons dans un moment des reliques qu'on y voit aujourd'hui, et nous remarquerons qu'il est maintenant peu de pays où l'on ne rétablisse assez de Calvaires pour ne pas faire regretter ceux que la révolution a détruits. Parmi ces croix, qu'on relève sur les montagnes ou sur les grands chemins, les unes sont ornées de quelques fragments de la vraie croix, les autres sont vénérables par de grands miracles que les dévots en racontent.

VOYAGE AU MONT VALÉRIEN EN 1819.

« *Au nom du père, et du fils, et du saint esprit; c'est ainsi que doit commencer la relation d'un voyage entrepris à l'occasion de la retraite annuelle pour la fête de l'Invention de la Sainte-Croix. Je voulais faire mes stations et voir les reliques de Jérusalem. Je suis parti pour le mont Valérien.*

---

233 - Piganiol, *Description des environs de Paris*.
234 - Dulaure. *Environs de Paris*, tome II.

Arrivé au pied de la montagne, j'y trouvai une procession et de jeunes filles qui chantaient des cantiques sacrés sur des airs qui ne l'étaient pas. Je ne m'arrêtai ni aux marchands de crucifix, ni aux chapelles, j'allai droit à la croix, et je considérai longtemps le Calvaire, élevé sur un rocher factice[235]. J'entrai ensuite dans une espèce de grotte pratiquée au-dessous de la croix, et dans laquelle se trouve Notre Seigneur Jésus-Christ couché nu sur des fleurs. Des fidèles venaient l'adorer. Je vis une femme lui baiser les pieds les genoux, le sein et les cuisses.

Je visitai après cela les différentes chapelles des stations. Dans l'une se trouvent des figures colossales en terre, représentant l'arrestation de Notre-Seigneur Jésus-Christ au Jardin des Oliviers; dans une autre la sainte Vierge. Dans d'autres ce sont d'autres sujets. Toutes présentent à l'argent des fidèles un énorme tronc, qui sans doute ne manque pas de s'emplir.

Je me rendis à la chapelle où l'on a placé les reliques apportées de la Terre-Sainte par M. l'abbé Janson. Je distinguai celles-ci, dont je copie littéralement les étiquettes : Casques trouvés dans le château de David à Jérusalem. - Pierre de l'escalier de la Visitation. - Bois de l'olivier où L'ON DIT qu'on a pris la croix. - Bois de l'olivier des pasteurs à Bethléem. - Pierre de l'église des Macchabées. - Pierre de la maison de la sainte Vierge au Caire. - Eau de la Mer Morte. Enfin, de l'eau du Jourdain prise au lieu du baptême de Notre-Seigneur Jésus-Christ, eau dont je ne dirai pas la couleur, par respect pour le Jourdain.

Je ne quittai le Calvaire que quand l'heure fut avancée; et je me promis bien d'y retourner. quelquefois pour mes dévotions[236]. »

CANDIDE. - FONTAINE DE SAINTE CANDIDE.

« La merveille. de Scaer en Bretagne est la fontaine de sainte Candide, à quatre cents pas de la commune. C'est sainte Candide qui en fit jaillir les sources. L'eau de cette fontaine guérit la fièvre, le mal aux yeux et dénoue les enfants. Une certaine maladie de langueur, nommée barat, qui est le résultat d'un sort jeté, et qui conduit infailliblement à la mort, ne peut être détruite que par les eaux de sainte Candide. Il n'est pas

---

235 - Les trois figures des trois croix sont fort grandes, mais assez mal sculptées, et plus mal peintes. Il n'y a que la figure du mauvais larron où l'on trouve quelque mérite, sous le rapport de l'art.

236 - Extrait d'un morceau plus long publié dans le premier volume du *Libéral*, page 218.

d'enfant que l'on ne trempe dans cette fontaine, quelques jours après sa naissance; il vivra s'il étend les pieds, il meurt dans peu s'il les retire[237].»

CANIF. - Un juif frappa une hostie de plusieurs coups de canif, dans une paroisse de Paris. On découvrit le sacrilège; le canif fut mis au rang des plus précieuses reliques dans l'église de Saint-Jean-en-Grève et on l'appela *le saint canif*[238].

CANT ET COMPAGNIE. - Saint Cant, saint Cantien, sainte Cantienne ou Cantianille, et saint Prote leur gouverneur, souffrirent le martyre à Aquilée au commencement du quatrième siècle et furent enterrés par un prêtre nommé Zoïle. Ces saints avaient chacun sept corps; ce qui doit paraître prodigieux, attendu qu'ils ont peu de réputation. Ces corps étaient à Aquilée, à Milan, à Vérone, à Bergame, à Rome, à Hildesheim en Saxe, et à Étampes, ville de Beauce en France.

CASIMIR. - Prince de Pologne, élu roi de Hongrie. Il donne la chasteté aux personnes qui l'invoquent; car il fut lui-même très chaste. Son tombeau, ouvert au bout d'un mois, répandit contre la coutume une odeur agréable comme la rose; Il est vrai que le corps avait été embaumé.
Mais ce que les impies n'essaieront pas de combattre c'est qu'on apercevait de loin une lumière brillante, autour du saint.
Son corps fit tant de miracles que Grégoire Swickicki en composa un gros livre.
Diverses églises de Pologne conservent des caleçons et d'autres vêtements de saint Casimir, dont l'attouchement préserve des tentations luxurieuses. Son corps est à Vilna en Lituanie. Cependant on montrait plusieurs de ses reliques à Paris, dans l'église de Saint Germain-des-Prés[239].

CASSI et VICTORIN. – L'église de Clermont en Auvergne célèbre, le 15 de mai, la mémoire de saint Cassi ou Cassius, et de saint Victorin, martyrisés avec six mille deux cent soixante-six autres chrétiens par les idolâtres qui passèrent le Rhin au troisième siècle, pour venir ravager les

---

237 - Cambry, *Voyage dans le Finistère en 1794*, tome III.
238 - Henri Estienne, *Apologie pour Hérodote*, chap. 39.
239 - Baillet, 4 mars; le père Giry et autres agiographes ou agiologues

Gaules. Il faut observer que cette armée de martyrs est un détachement de soldats qui reçut la mort sur le champ de bataille. Cette gloire en vaut une autre; et mourir pour la patrie est peut-être aussi honorable que courir au bûcher pour des controverses que l'on ne comprend point.

Les idolâtres que ces martyrs combattirent ne venaient pas en effet pour renverser la religion de Jésus-Christ, mais pour piller les Gaules; et c'est encore un trait un peu rare de patriotisme que d'avoir canonisé les défenseurs du pays. Aussi j'aimerais à voir multipliés les corps de saint Cassi et de saint Victorin. Malheureusement on ne peut citer de chacun d'eux que trois corps bien connus : 1° - à Clermont; 2° - à l'abbaye de Saint-Martin-de-Massai en Berri; 3° - à Chantengeol[240].

CASSIEN. - Il y a plusieurs saints de ce nom.

Saint Cassien, maître d'école et martyr d'Imola, vers le troisième siècle a laissé deux têtes l'une est à Imola avec son corps, l'autre est à Toulouse.

Saint Jean Cassien, prêtre de Marseille au sixième siècle, fut condamné comme hérétique par le saint siège et ne fut pas canonisé. Chose étonnante ! il fit sans la permission du pape, de grands miracles après sa mort. Aussi quoiqu'il ne soit pas dans les bonnes légendes, les Marseillais le fêtent comme un saint; son corps et sa tête sont dans de beaux reliquaires à Saint-Victor de Marseille. Ces reliques d'hérétique ont guéri beaucoup de maladies comme on peut le voir par les béquilles et autres *ex-voto*.

On croit que saint Cassien, évêque d'Autun au quatrième siècle, a laissé deux corps; l'un est à Saint-Quentin, l'autre à Bonn sur le Rhin. Saint Germain d'Auxerre allant en Italie visita le tombeau de saint Cassien qui était alors à Autun, d'où on le délogea lors des invasions des Normands, pour le transporter à Saint-Quentin. Germain demanda au défunt ce qu'il faisait là[241]. Cassien répondit du fond de son cercueil qu'il jouissait de la félicité. - *Je suis bien aise de vous savoir si heureux, répliqua Germain, et je me recommande à vos prières.*

Grégoire de Tours rapporte que de son temps les malades grattaient la terre du sépulcre de saint Cassien, et l'avalaient dans un verre de tisane,

---

240 - Baillet, qui cite Chantengeol, n'indique pas plus particulièrement ce lieu, qui n'est pas dans les dictionnaires. *Vies des Saints*, 15 mai.
241 - Ribadéneira, 5 août.

comme un spécifique miraculeux contre toute espèce de maladie. Ce spécifique n'a plus d'effet depuis que la foi s'est refroidie.

CATACOMBES. - Lieux souterrains creusés dans le voisinage de plusieurs grandes villes. Les plus fameuses sont celles des environs de Rome parce qu'on est persuadé qu'elles renferment les corps d'une multitude de martyrs.

« *J'entrai*, dit un gentilhomme français[242], *dans les catacombes de Sainte-Agnès, ayant pris un cierge à la main et sous la conduite d'un homme qui en a le gouvernement. Ce sont des routes souterraines, où l'on voit dans des concavités qui sont à droite et à gauche, les reliques des martyrs et des chrétiens. J'en vis plusieurs mais il est défendu d'y toucher, sous peine d'excommunication.* »

On dit que les catacombes de Saint-Athanase contiennent les corps de 5266 martyrs; sans compter les femmes ni les enfants. Mais les catacombes de Callixtc ou de Saint-Sébastien sont bien plus riches, puisqu'on y a trouvé 174 000 corps de saints martyrs dont on ne sait ni le nom, ni le pays, ni l'histoire[243].

Le voyageur que nous avons déjà cité observe que les catacombes de Saint-Sébastien sont divisées en cimetière public et en cimetière secret.

« *J'entrai*, ajoute-t-il,[244] *dans le cimetière public qui est ouvert à tout le monde. Je vis des tombeaux des deux côtés de la muraille. Dans quelques endroits les passages sont bouchés, de peur que les pèlerins s'y engageant témérairement, ne se perdent, comme cela est arrivé quelquefois. Je n'ai pu voir le cimetière secret; mais, pour la satisfaction des curieux, je dirai qu'une personne pieuse poussée du saint zèle de connaître ces lieux sacrés y découvrit des grottes, des souterrains immenses, des tombeaux des ossements, des urnes remplies du sang des martyrs, et une infinité de choses qui annonçaient qu'on avait enterré là une multitude de chrétiens.* »

Plusieurs savants de la religion réformée ont démontré que les corps trouvés dans les catacombes devaient être rarement regardés comme des corps saints. Premièrement, le nombre des martyrs qu'on y enterrait était petit, en comparaison des autres chrétiens frappés de mort naturelle. En

---

242 - *Voyage de France et d'Italie en 1660*, page 375.
243 - Bruzen de la Martinière au mot *Catacombes*.
244 - *Voyage de France et d'Italie*, page 412.

second lieu, parmi les chrétiens qui meurent, il y a fort peu d'élus. Troisièmement, les docteurs protestants soutiennent que dans les corps que l'on exhume aux catacombes, on doit trouver beaucoup de carcasses de païens, qui n'ont aucun droit à notre culte; car, disent-ils, les païens brûlaient les restes des riches et des gens de qualité mais ils enterraient assez généralement les esclaves et les malheureux des classes du peuple. On peut ajouter que toutes les persécutions des empereurs romains n'ont pas fait vingt mille martyrs, dans le sens que les chrétiens donnent à ce nom.

CATHERINE. - Vierge et martyre d'Alexandrie au quatrième siècle, patronne des jeunes filles et des philosophes. Les critiques disent que cette sainte n'a point existé. On en a fait la protectrice de la virginité et de la sagesse parce que son nom est un mot grec qui signifie pure et sans tache.

Mais les légendaires qui ne doutent de rien racontent avec de longs détails les nombreux miracles de sainte Catherine. Ils assurent qu'après sa mort les anges emportèrent son corps sur le mont Sinaï[245]. On découvrit dans la suite les restes de la sainte, et on éleva sur la montagne un monastère qui porte son nom. Le corps et la tête de sainte Catherine sont dans ce monastère[246]. Cependant on montre d'elle une seconde tête à Rome, une troisième mâchoire à Vintimille, un troisième pied à Bologne, des cheveux à Assise, et diverses reliques à Saint-Denis.

Il y a des légendaires qui racontent que sainte Catherine fut emportée vivante sur le mont Sinaï, et que Jésus-Christ l'épousa dans le lieu même où l'on a depuis construit une église sous l'invocation de cette sainte[247]. Mais d'autres assurent que sainte Catherine eut la tête tranchée dans Alexandrie et l'on montre à Rome dans l'église de Sainte-Catherine-*del-Borgo*, une fiole pleine du lait qui sortit du cou de la sainte, lorsqu'on lui coupa la tête[248].

HUILE DE SAINTE CATHERINE.

---

245 - Durand, *Caractères des Saints*, 25 novembre.
246 - Manesson-Mallet, *Description de l'Univers,* tome II.
247 - Le père Goujon, *Voyage de la Terre-Sainte,* page 270.
248 - *Merveilles de Rome*, 1730, page 33.

On racontait autrefois que les os de sainte Catherine suaient continuellement une huile miraculeuse, et que dans le monastère du mont Sinaï, sa tête et ses cheveux nageaient dans cette liqueur[249]. Ce miracle ne subsiste plus néanmoins on voit encore dans quelques pays, et surtout à Rome dans l'église de Sainte-Catherine-del-Borgo quelques portions de cette huile sainte, vantée comme un baume qui ferme les plaies les plus profondes.

ROUE DE SAINTE CATHERINE.

On dit aussi que sainte Catherine fut rouée avant d'avoir le cou coupé. On montrait sa roue à Bourges. Les huguenots ayant ouvert en 1562 la châsse qui contenait cette relique, trouvèrent une petite roue assez singulière, autour de laquelle on avait écrit cette pieuse légende :

> Quand cette roue tournera,
> Celle que j'aime m'aimera[250].

BRASSIÈRES DE SAINTE CATHERINE.

Je ne puis dire si le passage qui suit n'est pas une facétie, qui repose peut-être sur quelque ancienne opinion superstitieuse. « *A propos de relique ce méchant comte de la Rochefoucaut, dînant un jour avec les filles de la reine qui le picotaient par ordre exprès, et lui demandaient de ces belles reliques qu'il avait pillées à Tours il dit s'en être défait comme de bagatelles. Enfin, étant importuné, il leur promit que si elles venaient toutes le baiser, il leur donnerait des brassières de sainte Catherine qui leur feraient à toutes revenir les tétons aussi durs que quand elles étaient pucelles.[251]* »

D'Aubigné raconte encore[252] qu'à Bosny, près d'Orléans, une maîtresse du grand prieur Salviati, ayant trouvé dans les fosses immondes un coffre que l'on y avait caché pendant les guerres, ouvrit ce coffre et y vit une boîte sur laquelle on avait écrit R. de Coti. Les docteurs appelés opinèrent que cette boîte pouvait renfermer des reliques de sainte Catherine, et qu'elle ne devait être ouverte que par les mains sacrées de

---

249 - *Cæsarii miracula*, lib. 8, cap. 84.
250 - Remarques de Le Duchat, sur le chapitre 7 de la *Confession de Sancy*.
251 - D'Aubigné, *Confession catholique du sieur de Sancy*, chap.7.
252 - Même ouvrage, même chapitre.

l'évêque, assisté des processions voisines. On lava donc les doigts de l'évêque avec de l'eau bénite; il fit trois pas à genoux vers le coffre c'était une boîte de confitures, et on reconnut que R. de Coti, signifiait reste de cotignac[253].

D'UNE IMAGE DE SAINTE CATHERINE.

Un Irlandais nommé Williams Tynsbi ayant entrepris le pèlerinage de Jérusalem, tomba entre les mains des Sarrasins qui le condamnèrent à mort. La veille du jour destiné à son supplice, il se ressouvint d'une image de sainte Catherine, qui était suspendue dans l'oratoire de son père. Il supplia la sainte, en fondant en larmes de venir à son secours car il n'était pas pressé de grossir le nombre des martyrs. Après avoir quelque temps prié et sangloté, il s'endormit profondément, et se trouva à son réveil dans l'oratoire de son père, devant l'image de sainte Catherine. Transporté de joie, il publia le miracle, et entra dans la maison des chartreux de Londres, où il mourut paisiblement sous l'habit monacal[254].

CATHERINE DE BOLOGNE. - Sainte Catherine de Bologne, nommée aussi Catherine de Vigri naquit à Bologne en 1413, et mourut au couvent de Sainte-Claire, qu'elle avait fondé dans cette même ville.
On l'enterra sans trop de cérémonies. Mais quelque temps après ses funérailles, son tombeau exhala une très suave odeur et jeta des rayons de lumière. C'étaient bien des signes de sainteté. On déterra le corps pour l'ensevelir plus honnêtement[255]. On le porta à l'église; le visage, qui était noir et tanné, devint frais comme celui d'une fille de vingt ans. On piqua les chairs qui rendirent du sang avec abondance. Catherine eût été un vampire si elle n'eût été une sainte. Arrivé devant le très saint sacrement, le bienheureux corps parut tout joyeux, fit trois fois la révérence, et répandit une odeur admirable. « *De moment en moment, la face de la défunte se montrait plus belle, et répandait une sueur odoriférante. Le cardinal de Sainte-Croix, légat du saint père, demanda pour lui la guimpe qui couvrait la tête de Catherine, toute imbibée de*

---

253 - Confiture faite avec des coings.
254 - *Mathœi Tympii prœmia virtutum*, etc. page 199.
255 - Supplément au père Ribadéneira.

cette sainte liqueur. Le saint corps ayant été manié et flairé ne fut trouvé corrompu en aucun lieu[256]. »

On eut honte du peu d'honneur qu'on avait fait à une si grande sainte et on la plaça avec révérence dans un tabernacle vitré où elle commença de faire des miracles éclatants. « *Nicolas Campège avait une fille que l'on regardait comme morte, et cinq fils toujours fiévreux; c'était une famille mal constituée. On leur fit toucher les reliques de sainte Catherine de Bologne, et tous furent aussitôt guéris.*

Un jeune homme avait la jambe droite si courte que son pied ne descendait pas jusqu'au genou de la jambe gauche. Il se baigna dans une eau qui avait lavé le corps de la sainte; incontinent sa jambe s'allongea de quatre pouces, puis de quatre autres pouces, et devint en moins de rien aussi grande que l'autre.

Une dame noble, travaillée des hémorroïdes, avait le corps tout corrompu d'apostumes, et le fondement tellement dur et enflé qu'elle ne pouvait vider ses excréments. Elle implora l'aide de notre vierge. Chose admirable ! A peine avait-elle achevé son vœu et sa prière, qu'elle fut guérie et put remplir ses fonctions à son aise[257]. »

Plusieurs miracles de cette force rendirent célèbre le culte de sainte Catherine de Bologne. On s'empressa de toutes parts d'aller visiter ses reliques. Henschenius[258] assure qu'en 1660 il vit le corps de la sainte assis à Bologne dans son tabernacle vitré. Elle était vêtue d'une étoffe grise, mais précieuse, couverte de dentelles d'argent, ayant sur la tête une couronne d'or, et aux doigts des bagues chargées de diamants. Elle tenait de la main droite un petit crucifix d'argent, et de la main gauche un livre qu'elle a composé[259]. Le visage, les mains et les pieds, étaient découverts. Henschenius ajoute que les chairs paraissaient encore fraîches et maniables; et un gentilhomme français qui visita le même corps assure[260] que des personnes dignes de foi lui ont raconté à Bologne que l'on coupait de temps en temps les cheveux et les ongles de la sainte, qui croissaient *visiblement*.

On dit que le corps de sainte Catherine de Bologne ou de Vigri existe encore, mais que les ongles n'osent plus lui pousser et que son visage

---

256 - Supplément au père Ribadéneira.
257 - Même légende pour le 9 mars.
258 - *Acta sanctorum. Continuat. ad Bolland.* 9 mars.
259 - *Les sept Armes spirituelles.*
260 - *Voyage de France et d'Italie par un gentilhomme français.* 1667, page 784.

ressemble beaucoup à un visage de cire[261]. En ce cas, ce visage aurait embelli de nouveau, car Misson, qui vit en 1688 le corps de sainte Catherine de Bologne, dit que c'était une momie si noire et si hideuse, qu'elle faisait peur à voir[262].

CATHERINE DE SIENNE. - Vierge religieuse du tiers-ordre de saint Dominique. Cette sainte naquit à Sienne en Toscane, l'an de Jésus-Christ 1347 et mourut à Rome en 1380. Sa vie est pleine de merveilles; et les miracles qu'elle fit après sa mort attirèrent un si grand concours de fidèles, que son corps demeura trois jours sans pouvoir être enseveli. Ce saint corps est à Rome dans l'église de Sainte-Marie-sur-Minerve. La ville de Sienne possède sa tête et un de ses doigts. Une de ses côtes est à Cologne, une main chez les dominicains de Saint-Sixte à Rome, un pied chez les dominicaines de Venise; d'autres parties en d'autres lieux.

CŒUR DE SAINTE CATHERINE DE SIENNE.

« *Sainte Catherine de Sienne était si amoureuse et si fidèle que Notre-Seigneur l'embrassait et la caressait avec des faveurs extraordinaires. Une fois Jésus-Christ lui apparut avec sa bienheureuse mère et d'autres saints, en présence desquels il l'épousa par une merveilleuse et singulière façon. Il la visitait presque continuellement, avec une grande familiarité et tendresse, amenant quelquefois avec soi la vierge Marie, d'autres fois d'autres saints; encore qu'ordinairement il venait seul se promenait avec elle et récitait les psaumes que la sainte apprit par cœur. Un jour comme elle était en oraison, elle demanda à son époux de lui donner un cœur pur. Jésus-Christ lui apparut incontinent et lui ôta son cœur, qu'il emporta. Au bout de trois jours, (pendant lesquels elle était demeurée sans cœur, comme l'observe Henri Estienne) la sainte voulant sortir d'une chapelle de l'église de Saint-Dominique Jésus-Christ lui*

---

261 - L'accroissement des ongles, des cheveux et de la barbe s'est remarqué dans plusieurs cadavres. Mais il ne dure pas des années, comme on l'a supposé pour sainte Catherine de Bologne et pour quelques autres corps saints. « *Tandis qu'il reste encore beaucoup d'humidité dans les corps, il n'y a rien de surprenant que pendant un certain temps on voie quelque augmentation dans des parties qui n'exigent pas l'influence des esprits vitaux.* » (*Histoire des Vampires et des Spectres malfaisants.*1820. IIIe. Partie, chap. 3.) Ambroise Paré dit qu'il garda vingt ans un corps dont les ongles croissaient presque autant que quand la personne était en vie. C'est une merveille, très rare.

262 - *Voyage d'Italie*, 4e édition. Tome II, page 350.

apparut de nouveau, portant à la main un beau cœur qu'il lui mit au côté gauche, et lui dit : « Ma fille Catherine, je t'ai baillé mon cœur pour le mien », et lui ferma le côté; et pour montrer que ce n'avait point été par imagination, la cicatrice lui demeura au même côté que ses compagnes virent souvent. Avant cela, elle disait : « Mon Seigneur, je vous recommande mon cœur. ». Elle dit depuis : « Mon époux, je vous recommande votre cœur[263]. » Ce miraculeux cœur de sainte Catherine de Sienne était exposé dans un beau reliquaire à Sainte-Marie-sur-Minerve. Mais il y a déjà longtemps qu'on ne sait trop ce qu'il est devenu.

IMAGE DE SAINTE CATHERINE DE SIENNE.

« Un peintre s'étant trouvé par hasard dans l'église de Saint-Dominique, comme sainte Catherine y était un jour en extase, il en fit le portrait sans qu'elle s'en aperçut. On montrait cette image à Sienne et l'on assurait qu'elle était des plus miraculeuses. Surtout elle avait la vertu de mettre les démons en déroute lorsqu'on la présentait à quelque démoniaque[264].»

CHAMBRE DE SAINTE CATHERINE DE SIENNE.

« Vous saurez que quand cette vierge demeurait à Sienne dans sa maison, Jésus-Christ lui rendait de fréquentes visites en propre personne, et qu'après le saint et intime commerce qu'il eut avec elle pendant quelques années, il l'épousa dans toutes les formes, et voulut que les noces fussent célébrées avec solennité. Il fit présent à son épouse d'un anneau d'or dans lequel était enchâssé un diamant entre quatre perles. Il voulut que la vierge Marie sa mère fût du festin, avec saint Pierre, saint Jean, et saint Dominique; et il commanda au roi David de descendre du ciel pour jouer de la harpe pendant la fête. C'est une histoire que j'ai lue à Rome dans la description de l'église de Sainte-Catherine in Strada Giulia. J'en ai vu le tableau en divers endroits, et on nous a montré à Sienne la chambre même de la sainte, et la fenêtre par où Jésus-Christ entrait quand il la venait visiter sans vouloir être vu[265]. »

---

263 - Ribadéneira, 29 avril.
264 - Misson, *Voyage d'Italie*, tome II.
265 Misson. *Voyage d'Italie*, tome II. « *On voit, au cloître des dominicains d'Alexandrie un David qui sert de violon à la fête du mariage de sainte Catherine avec Jésus-Christ.* » Misson. *Mémoire pour les voyageurs à la suite du Voyage d'Italie.*

On montre aussi à Rome une chambre de sainte Catherine de Sienne, dont on a fait une chapelle où l'on dit la messe. Cette chambre est auprès de la sacristie de Sainte-Marie-sur-Minerve[266].

CEADDE. - Évêque d'Yorck etc., au septième siècle. Le vénérable Béde dit que saint Ceadde avait une peur effroyable du tonnerre; et que quand il s'élevait quelque orage il se mettait en prières et rassemblait le peuple à l'église pour apaiser la colère divine. Baillet observe[267] que nous sommes peut-être redevables à ce saint de la pratique observée par les fidèles de prier, de jeter de l'eau bénite, de sonner les cloches pendant les orages. Si cela était, nous devrions peu de reconnaissance à saint Ceadde, car la plate habitude de sonner les cloches a fait tomber mille fois le tonnerre sur les clochers. Mais tous les peuples ignorants ont éprouvé des terreurs superstitieuses au bruit du tonnerre; tous les peuples sauvages prient, hurlent et font le plus de bruit qu'ils peuvent pour obliger l'orage à s'éloigner. - Quoi qu'il en soit on invoque saint Ceadde contre le tonnerre.

TOMBEAU DE SAINT CEADDE.

Saint Ceadde mourut à Lichfield en Mercie. Son tombeau était visité des pèlerins, parce que ceux qui étaient attaqués de quelque maladie se trouvaient entièrement guéris en buvant un peu de poussière du tombeau de saint Ceadde, infusée dans un verre d'eau[268].

CÉCILE. - On ne sait absolument rien sur le pays, la famille et les diverses circonstances de la vie de sainte Cécile, que les musiciens ont prise pour leur patronne. Cependant Ribadéneira raconte longuement sa prodigieuse histoire. Il assure qu'elle souffrit le martyre en l'an 232 sous l'empereur Alexandre Sévère et que les fidèles gardèrent comme de précieuses reliques des linges teints de son sang.

Toutefois il paraît certain que dès le cinquième siècle il y avait à Rome une église qui portait le nom de Sainte-Cécile.

En 821 le pape Pascal Ier, fit faire une fouille dans les catacombes. On trouva un corps enveloppé dans une toile d'or; on publia que c'était le

---

266 *Voyage d'un gentilhomme français en Italie,* page 303.
267 - *Vies des Saints* du 2 mars.
268 - Ribadéneira. *Fleurs des Vies des Saints,* 2 mars.

corps de sainte Cécile. Aussitôt il se fit des miracles, et le corps de la sainte fut porté avec honneur dans l'église qui était dédiée sous son nom. Le pape Pascal craignit de perdre un corps si précieux; il chargea un certain nombre de moines de le garder jour et nuit et leur donna pour cela de bons revenus; ce qui était une imprudence car les moines s'occupèrent de manger leurs revenus, et négligèrent tellement le corps de sainte Cécile, que quelques années plus tard il fut dérobé et emporté en Allemagne.

Mais à la fin du seizième siècle on découvrit à Rome, sous Clément VIII, dans l'église de Sainte-Cécile, un cercueil de cyprès dans lequel était un corps passablement conservé, couvert de taffetas et ayant à ses pieds les restes du drap d'or dans lequel le pape Pascal l'avait trouvé enveloppé huit cents ans auparavant[269]. On prouva bien vite que c'était le corps de sainte Cécile et que les reliques que les Allemands se vantaient de posséder étaient fausses. On mit ce corps dans une grande châsse d'argent; de façon qu'une sainte qui sans doute n'a jamais existé eut deux corps bien établis et une troisième tête à Beauvais.

On voit encore dans l'église de Sainte-Cécile de Rome le corps de la sainte, le voile qui lui couvrait la tête, le drap d'or et de soie qui lui servait de linceul; on montre même sur son voile quelques gouttes de son sang qui est toujours vermeil[270].

CÉLESTIN. - Premier pape de ce nom et saint comme de juste. Il n'a que trois corps; le premier est à Rome dans l'église de Sainte-Praxède, le second à Mantoue, le troisième était à Rosne, au diocèse de Tournai.

CELSE. - Disciple de saint Pierre. Nous lui connaissons deux corps seulement; l'un à Rome dans l'église de Saint-Paul, l'autre à Pouzzol, dans l'église de Saint-Procule.

CENSURE. - Voilà par exemple un assez vilain nom pour un saint ! aussi il n'a qu'un corps; et ce corps n'est pas même complet. Ce qu'il y a de pis, c'est que saint Censure ne fait pas merveilles, et qu'il n'a jamais guéri le plus modeste boiteux. Ses restes faisaient partie des soixante corps saints qui décoraient là cathédrale d'Auxerre. La révolution l'a

---

269 - Baillet, 22 novembre.
270 - *Merveilles de Rome*, page 29 etc..

supprimé comme bien d'autres et nous aurions bien pu ne pas le recevoir ici. Mais c'est par cas d'exception. Saint Censure fut évêque d'Auxerre, voilà tout ce qu'on sait de lui. Les censeurs, qui n'ont point de patrons dans le ciel peuvent se mettre sous sa protection, à cause du nom séduisant.

CÉSAR DE BUS. - Instituteur des pères de la doctrine chrétienne, vénérable gentilhomme qui a obtenu place dans la plupart des légendes, mais qui n'est pas encore canonisé et qui prouve qu'on peut faire des miracles sans bulle ni permission du pape. Il fut tourmenté de l'aiguillon de la chair jusqu'à l'âge de soixante-deux ans et surmonta le diable qui le poussait à la luxure.

On montre à Avignon la chambre de César de Bus, et l'on raconte que pendant la nuit le diable le prenait et le portait tout nu sur le toit de la maison; on fait voir les tuiles qu'il cassa en se débattant avec le malin. Le corps de ce saint homme était à Avignon entouré de lampes, et d'*ex-voto* des dévots qu'il avait guéris[271].

CHANDELLE D'ARRAS. - « *En l'an du salut onze cent et cinq, Lambert étant évêque d'Arras, le peuple devint si débordé et abandonné à tous vices et péchés, que tout incontinent la colère de Dieu envoya une saison intempérée et un air corrompu, tellement que les habitants d'Arras et du pays circonvoisin furent punis d'une étrange maladie, provenant comme d'un feu ardent qui brûlait la partie du corps où il se jetait.*

Or, en ce même temps il y avait deux joueurs d'instruments musicaux, qui ayant été grands amis étaient devenus grands ennemis. La sainte Vierge en atours magnifiques leur apparut en la nuit et leur dit : « Allez trouver l'évêque Lambert, et l'avertissez qu'il veille. La nuit prochaine, au premier chant du coq, on verra une femme revêtue de mêmes atours que moi, descendre dans le chœur de ladite église, tenant en ses mains un cierge de cire qu'elle vous baillera; vous en ferez tomber quelques gouttes dans des vases remplis d'eau que vous donnerez à boire à tous les malades. Ceux qui boiront avec vive foi seront guéris; mais ceux qui mépriseront ce remède mourront. »

---

271 Voyage de France et d'Italie, 1667, page 68. Marcel, Vie de César de Bus.

Outre ce discours commun elle ordonna aux deux joueurs d'instruments musicaux de se réconcilier; ce qu'ils firent.
Ils allèrent trouver l'évêque. L'évêque fort étonné leur demanda leur nom, et de quel style et pays ils étaient. Ils lui répondirent qu'ils étaient joueurs d'instruments : « Ah ! mes amis, leur dit Lambert, ne vous jouez point de moi ».
L'évêque leur lava la tête et les chassa. Mais après, ayant fait attention, il les envoya chercher et alla avec eux à l'église où ils se mirent en oraison jusqu'au premier chant du coq. Alors la vierge Marie apparut en mêmes atours, laquelle semblait descendre de la voûte de l'église, avec un cierge ardent du feu divin, qu'elle leur délivra, leur en indiquant l'usage, comme à la première apparition.
Après que quelques vases furent remplis d'eau, l'évêque y fit dégoutter quelque peu de cire, forma dessus le signe de la croix; et tous les malades qui burent de cette eau furent guéris.
On fit aussitôt des processions, et tous les environs vinrent en pèlerinage pour prier le précieux joyau de la sainte chandelle[272]. »
La sainte chandelle d'Arras qui ne se consumait point était encore avant la révolution dans une chapelle particulière, élevée sur une place publique devant l'hôtel de ville d'Arras. On l'a éteinte et sans doute perdue et l'on ne peut plus l'appeler avec l'abbé Dulaurens :

> Ce phénomène apporté par Marie,
> Qui toujours luit, brûle et ne s'éteint pas[273].

CHAPELETS. - Quoique les chapelets soient par eux-mêmes des objets saints, et que quelques-uns aient été considérés comme reliques, nous n'en dirons que fort peu de chose. Il faudrait des recherches immenses pour écrire d'une manière satisfaisante le chapitre des chapelets.
On sait que les chapelets ne sont pas particuliers aux chrétiens seulement, que les musulmans et les idolâtres s'en servent pour la plupart à peu près comme nous, et que cette machine a été inventée pour donner un maintien aux dévots.
Chez les chrétiens, le chapelet a beaucoup de vertus. Plusieurs saintes ont étranglé le diable ou l'ont mis en fuite avec leur chapelet. Un

---

272 - Guillaume Gazet, *Histoire Ecclésiastique des Pays-Bas*, 1614 sous l'an 1105. Cité en tête du poème de l'abbé Dulaurens.
273 - *Poème de la Chandelle d'Arras*, chant 1er.

chapelet qui a touché des reliques devient un préservatif contre les maladies; de même que le fer frotté d'aimant se trouve doué de force magnétique. Aussi voit-on dans les campagnes les bonnes femmes faire toucher leurs chapelets et leurs bagues aux saintes images et aux reliques que des histrions colportent dans les fêtes de village pour le rétablissement des idées pieuses.

Une autre superstition, qui est conseillée dans plusieurs livres de mysticité, consiste à réciter le chapelet une fois par jour pendant six mois, avec les quinze oraisons de sainte Brigitte, pour savoir par révélation le jour précis où l'on doit mourir. Ceux qui ont pu voir les classes ignorantes du peuple français et des autres peuples catholiques, ont vu aussi pratiquer ce moyen absurde. - On trouvera à l'article de *Jeanne de la Croix*, l'histoire du chapelet miraculeux de cette sainte.

CHAPELLES. - Il y avait à Marseille dans le nombre des chapelles souterraines de l'église de Saint-Victor, une chapelle de Notre-Dame, dans laquelle les femmes n'osaient pénétrer depuis qu'une reine y étant entrée avec trop de hardiesse, en était sortie aveugle[274]. Mais toutes les femmes ne sont pas reines.

Au reste, on ne sait pas le nom de la princesse qui perdit ainsi la lumière. Ce qu'il y a de certain, c'est que la superstition qui interdisait aux dames l'entrée de la terrible chapelle n'était pas encore dissipée au dernier siècle.

Les dévots qui visitent Rome ne manquent pas de visiter une chapelle plus séduisante dans l'église de Saint-André della valle : c'est la chapelle des Barberins. Cette chapelle est construite sur le cloaque où fut jeté saint Sébastien. Elle est si riche en indulgences, que les personnes pieuses qui y font le lundi une station convenable, gagnent l'entière rémission de tous leurs péchés[275].

La ville d'Arles vénère beaucoup une vieille chapelle, bâtie par saint Trophime, et dédiée à la sainte Vierge tandis qu'elle vivait encore. Il s'y faisait, des miracles; il y avait des reliques, et beaucoup de pèlerins venaient la visiter.

Si l'on en veut croire l'histoire de l'auguste et vénérable église de Chartres, cette église a été dédiée à la vierge Marie avant même que la

---

274 - *Voyage de France et d'Italie en 1660 et 1661.*
275 - Même ouvrage écrit par un gentilhomme français.

vierge Marie fût née; et Patin raconte dans son voyage d'Allemagne que certains moines de Prague se vantaient d'avoir une église où l'on avait commencé de dire la messe et d'invoquer saint Pierre, bien longtemps avant Jésus-Christ.

Nous pourrions faire un article fort long sur les chapelles. Mais ce que nous avons à en dire se rattache mieux aux saints qui les ont rendues célèbres. On en trouvera beaucoup dans les Notre-Dames. Quant à la chapelle du damné, qui est assez fameuse on peut la voir à l'article de saint Bruno. Voyez aussi saint Clément, à qui les anges bâtirent une chapelle merveilleuse.

Nous ne parlerons de la Sainte-Chapelle de Paris que comme d'un magasin où l'on avait entassé une multitude de reliques, où l'on exorcisait encore en 1777 les possédés pendant la nuit, où l'on se cachait quelques années avant la révolution pour faire des miracles ténébreux, avec un prétendu morceau de la vraie croix, etc.

CHARLES-BORROMÉE. - Cardinal archevêque de Milan né en 1538, mis au nombre des saints en 1610. Sa canonisation occasionna bien des pamphlets et si l'on en croyait ses ennemis les huguenots, ce serait un singulier saint. Le Duchat a publié dans les remarques sur le chapitre IX de la confession catholique du sieur de Sancy, un petit cantique qui ne représente pas saint Charles-Borromée comme un saint très édifiant. Nous en citerons trois couplets en observant que les huguenots n'ont pas attaqué la vertu des Fénélon, des Belzunce et de quelques autres prélats, peut-être moins ardents, mais sans doute aussi respectables que saint Charles-Borromée.

S'il fallait par la perfidie
Faire la guerre à l'hérésie,
Dispenser d'un serment formé
Et faire tomber dans le piège
Ceux qui n'adoraient le saint siège,
On employait saint Borromé.

Pour changer la paix en la guerre,
Mettre au sang les rois de la terre
Et les armer au point nommé,
Pour profiter de leur discorde,
Qui savait toucher cette corde,
Comme Saint Charles-Borromé ?

Quand il fallait sans conscience
Allumer le feu dans la France
Et l'entretenir allumé,
Mettre les ligueurs en campagne,
Perdre tout pour servir l'Espagne,
C'étaient coups de saint Borromé, etc.

Malgré cela, on prouva au pape que saint Charles-Borromée avait fait plus de vingt miracles avérés et que toute sa vie était celle d'un saint qui avait rendu de grands services à la cour de Rome. De plus, la famille de Charles était fort riche. Le ciel est comme la tour de Danaé; il s'ouvre devant l'or. Saint Charles-Borromée fut donc canonisé.

Ses os sont tous à Milan. On avait à Paris, une de ses chemises au Val-de-Grâce, sa culotte aux Théatins, son lit de campagne aux Minimes de la place Royale, sa chasuble aux Bons-Enfants de la rue de Saint-Victor, son étole à Saint-Jacques de la Boucherie[276]. Il y avait en France, en Italie, en Espagne, tant de couvents et d'églises qui montraient quelque partie de sa garde-robe, qu'on en aurait garni la boutique d'un fripier. Mais il est venu trop tard pour que l'on ait pu lui donner deux ou trois corps : les huguenots étaient là.

Bref, comme dit le père Ribadéneira, saint Charles-Borromée sera toujours un grand saint. « *Il a fait tant de miracles, qu'en 1610, il y avait déjà 13 350 ex-voto d'argent et quantité d'autres plus modestes offerts à l'église de Milan, par les personnes que le saint avait guéries[277].* » Avec cela on est bien fort.

CHARLEMAGNE. - Empereur des Français. Il fut canonisé par l'anti-pape Pascal III; et il est demeuré saint, les papes suivants n'ayant pas jugé à propos de s'opposer au culte que l'on rendait à Charlemagne, « *à qui ils savaient que l'église romaine avaient des obligations immortelles[278].* » Son corps est à Aix-la-Chapelle et sa tête à Osnabrück en Westphalie. Ribadéneira dit qu'il fit quantité de miracles mais avec Ribadéneira tous les saints en font ou en ont fait.

COURONNE DE CHARLEMAGNE.

---

276 - Adrien Baillet, 4 novembre.
277 - *Fleurs des vies des Saints*, 4 novembre,
278 - Baillet, 28 janvier.

On montre à Nuremberg une couronne d'or toute couverte de pierres précieuses. C'est, dit-on, la couronne de Charlemagne. Elle pèse quatorze livres, et sert au sacre de l'empereur. Elle n'est pas fermée comme les autres couronnes impériales. Elle est composée de sept lames arrondies par le haut, qui se joignent par les côtés. La lame du devant est la plus richement ornée elle est surmontée d'une grosse croix[279].

La couronne de Charlemagne était aussi, à Saint-Denis, et servait au sacre des rois de France. Elle ne doit pas être perdue. C'est la même richesse, mais ce n'est pas la même forme.

On montrait encore à Osnabrück, sous le nom de couronne de Charlemagne, une couronne d'argent doré ornée de huit fleurs-de-lis, et chargée de quelques escarboucles. Mais c'était une fausse relique.

ÉPÉE DE CHARLEMAGNE etc.

On voyait à Nuremberg l'épée de Charlemagne, qu'un ange, disait-on avait apportée du ciel. Avec cette épée Nuremberg se vantait de conserver le sceptre et le globe du saint empereur, sa dalmatique violette brodée de perles et son manteau impérial parsemé d'aigles d'or et de pierreries.

On avait également à Saint-Denis l'épée de Charlemagne, dont la garde, la poignée et le pommeau sont d'or; et avec l'épée son sceptre d'or long d'environ six pieds, surmonté d'un lis d'or émaillé, sur lequel était gravé Charlemagne avec cette inscription : *Sanctus Karolus Magnus, Italia, Roma, Gallia, Germania*[280].

Enfin la ville d'Osnabrück possédait le peigne et le bâton d'ivoire de Charlemagne, lequel bâton était long de six pieds. On ne dit pas que toutes ces reliques aient jamais fait de miracles. Ce sont pourtant des reliques de saint; et peut être saint Charlemagne ferait-il bien de donner quelques-unes de ses grandes qualités aux princes qui se font sacrer avec sa couronne, qui tirent son épée, et qui soulèvent son sceptre de justice.

CHÂSSE. - C'est le nom qu'on donne aux manières de coffres ordinairement vitrés où l'on garde des reliques. Quelquefois les châsses

---

279 - Misson, *Voyage d'Italie*, tome I. [*Voyage d'Allemagne.*]
280 - Dulaure, *Environs de Paris*, tome I.

sont tout simplement des caisses de bois ferrées à leurs angles. Telles étaient les châsses que l'on déterra à Notre-Dame de Paris en 1699. On y trouva des reliques de saint Gendou, de saint Séverin, de saint Germain, et de saint Lucain.

Mais les châsses exposées dans les églises ont des formes plus recherchées; les unes ressemblent à de petits autels, d'autres à de petits temples de bois doré, d'argent ou de vermeil. Il y a des châsses qui sont vénérables par elles-mêmes, indépendamment des reliques qu'elles contiennent comme la fameuse châsse que saint Éloi fit pour sainte Geneviève. Nous en parlerons à l'article de cette sainte.

On peut remarquer que les saints modestes ont de petites châsses de bois bien économiques. Il y a partout, dans les usages religieux comme dans les choses profanes, un peu de féodalité. Les saints plus célèbres, plus nobles si l'on veut, ont des châsses magnifiques chargées de pierres précieuses, éclairées par des lampes superbes, et entourées d'une multitude de cierges. La religion chrétienne (qui n'est peut-être pas la religion catholique) est cependant une religion d'égalité; et l'Évangile ne nous dit pas qu'il y ait dans le ciel des distinctions ou des privilèges.

CHAUMOND. - Évêque de Lyon, au septième siècle. Il fut assassiné dans les environs de Châlons-sur-Saône; et plusieurs historiens accusent sainte Bathilde de cet assassinat que nous ne pouvons discuter ici. Saint Chaumond avait deux corps, et tous deux à Lyon; le premier chez les religieuses de Saint-Pierre, où il est peut-être encore, le second dans la cave des chanoines de Saint-Nizier. Cette duplicité occasionna plusieurs procès qu'on ne put décider parce qu'il était difficile de reconnaître le véritable corps, et que tous les deux faisaient des miracles.

CHÉRUBIN. - Si l'on en croit Henri Estienne[281] un moine se vantait d'avoir vu en terre sainte parmi d'autres reliques, un ongle de chérubin. Un chérubin est un bœuf[282]. Un ongle de bœuf n'est pas une relique bien rare.

---

281 - *Apologie pour Hérodote,* chap. 39.
282 - « *Cherub signifie bœuf.* » Voltaire, *La Bible enfin expliquée. Dictionnaire philosophique,* article *Genèse.*

CHRISTOPHE. - Ce nom signifie *porte-christ*. On le donne à un saint que les légendaires font vivre au troisième siècle et qui souffrit le martyre sous Décius. Mais tous les historiens critiques rejettent saint Christophe comme un saint imaginaire, parce que son histoire est toute fabuleuse, et n'est appuyée que sur des contes ridicules.

On donne à saint Christophe la taille d'un géant monstrueux; et on conte que les persécuteurs ayant envoyé deux filles de joie dans sa prison pour le séduire ces malheureuses, furent tellement épouvantées de sa mine qu'elles se firent chrétiennes pour ne pas mettre le saint en colère[283]. On rapporte qu'il prêchait avantageusement, et qu'il convertit quarante-huit mille hommes.

On peint ordinairement le grand saint Christophe passant une rivière avec un petit Jésus sur l'épaule parce que dans ses traverses et ses voyages, Jésus-Christ venait l'encourager et lui faire compagnie et parce qu'il portait partout la foi chrétienne.

On le met sur les hauts lieux, parce qu'il préserve de la grêle et du tonnerre. On le place à l'entrée des églises, comme un portier vigoureux qui chassera les impies et les voleurs.

Le corps du saint géant Christophe est à Valence en Espagne. Il a un bras à Compostelle, une mâchoire à Astorga, une épaule à Saint- Pierre de Rome, une dent et une côte à Venise, beaucoup d'autres reliques, toutes énormes en d'autres lieux.

VERTÈBRE DE SAINT CHRISTOPHE.

« *On nous montra, à Munich une vertèbre*[284] *aussi grande que celle d'un éléphant ou de quelque autre grand animal. Ce gros os est en singulière vénération, comme étant une vertèbre du grand saint Christophe*[285]. »

DENT DE SAINT CHRISTOPHE.

Il y en a qui disent que saint Christophe guérit du mal de dents, comme sainte Apolline. Quant à moi, dit Henri Estienne, je suis de leur avis. Saint Christophe avait une mâchoire trop bien montée pour ne pas s'y

---

283 - Ribadéneira, 25 juillet.
284 - On sait que les vertèbres sont ces os qui s'emboîtent les uns dans les autres pour composer l'épine du dos.
285 - Misson, *Voyage d'Allemagne*, introd. au *Voyage d'Italie*.

connaître. On montre une de ses dents à Beauvais en Beauvaisis, dans une petite abbaye qui porte son nom; « *laquelle dent est telle que jamais Geoffroi à la grande dent n'en porta une pareille; car elle est d'un si gros calibre, qu'il faudrait que la bouche qui en logerait une douzaine de même force fût plus grande que la plus grande gueule de four qui soit entre Paris et Lyon*[286]. »

PERCHE DE SAINT CHRISTOPHE.

Saint Christophe avait pour bâton, dans ses voyages, une perche de quinze à vingt pieds. Un jour qu'il venait de traverser une rivière pour aller joindre des peuples idolâtres qu'il voulait convertir, il planta sa perche sur la rive : incontinent la perche reverdit, poussa des boutons, puis des feuilles, et devint un beau palmier. Le miracle était d'autant plus grand qu'il avait planté sa perche la tête en bas. Aussi les idolâtres se firent-ils chrétiens[287].

ONGLE DE SAINT CHRISTOPHE.

Plusieurs églises se vantent ou se sont vantées de posséder quelques petites châsses faites de cet arbre merveilleux. Misson raconte que dans un village du Tyrol, on garde un des plus grands ongles de saint Christophe, dans un étui fait du palmier qui naquit de sa perche, lorsqu'il la planta en terre « *après avoir passé l'enfant Jésus d'un côté de la rivière à l'autre*[288]. »

LE SAINT CHRISTOPHE DE NOTRE-DAME.

On allait voir à Notre-Dame de Paris la fameuse statue en pierre de saint Christophe, haute de vingt-huit pieds. C'était un voeu d'Antoine des Essarts, chambellan conseiller et valet tranchant du roi Charles VI. Cette statue colossale fut faite en 1413; elle était adossée au second pilier de Notre-Dame, auprès des grandes portes. On l'a renversée dans la

---

286 - *Apologie pour Hérodote*, chap. 38.
287 - Voyez toutes les anciennes légendes. Les conteurs de l'antiquité disent que Romulus ayant un jour planté sa lance en terre, elle reverdit et poussa comme le bâton de saint Christophe.
288 - *Voyage d'Italie*, quatrième édition, tome II, page 18.

révolution. Nous transcrirons ces détails dans un nouveau voyage à Paris[289] : « *Enfin qu'est devenu saint Christophe ? - Modérez-vous. On a pensé qu'il figurait mal à l'entrée d'une église, qu'il effrayait les enfants et les femmes. - Et on l'a renversé ! Un saint qui portait notre Seigneur sur ses épaules qui avait vingt-huit pieds de haut, dont le pied comptait une aune de longueur ! Vous conviendrez que c'est un vandalisme. Et la statue qui était à genoux auprès du premier pilier ? - On l'a détruite aussi. – Figure-toi mon fils la perte que nous faisons. Un homme, armé de toutes pièces, devant une statue de vingt-huit pieds ! et cet homme c'était un valet tranchant du roi Charles VI, qui avait fait élever le saint Christophe pour l'accomplissement d'un vœu fait en prison d'où le saint l'avait miraculeusement tiré pendant la nuit, comme je crois me le rappeler. Ces circonstances-là ne devaient-elles pas crier grâce pour un pareil monument ? Mais les destructeurs des saintes choses n'avaient point d'oreilles. - A propos d'oreilles, je me souviens que quand on brisa la statue qui vous était si chère, il fallut douze hommes pour emporter le pied droit de saint Christophe, et que quatre maçons avaient leur charge de l'oreille et d'une partie des favoris.* »

On voit à Venise, dans l'église de Sainte-Marie de la Miséricorde, une grande statue de saint Christophe, que l'on croit proportionnée à la taille de ce saint géant, qui a été calculée sur un de ses os apporté d'Angleterre en 1470. - Généralement on fait saint Christophe haut de vingt à trente pieds.

CIERGES et **AGNUS DEI**. - Les cierges et la cire semblent nécessaires au salut des catholiques. L'église ne fait aucune cérémonie sans allumer des cierges; et elle enseigne qu'on chasse quelquefois les démons avec un cierge béni. On met des cierges au pied du cercueil, pour empêcher le diable d'emporter le défunt.

On sait que les reliques des saints et les images qui ont fait quelques miracles ne peuvent se passer de lumières. C'est une dévotion indispensable que d'allumer des lampes et des cierges devant les châsses des saints; et un dévot qui viendrait honorer des reliques sans brûler une bougie n'aurait fait que la moitié de son devoir.

---

289 - *Voyages de Paul Béranger dans Paris après quarante-cinq ans d'absence.* Seconde édition 1820, tome I, page 78.

On voit dans les formules de la bénédiction des cierges, que la cire bénite préserve de beaucoup de maux. Mais les *Agnus Dei*, surtout, ont une grande vertu contre les accidents naturels et les tentations de l'ennemi invisible. L'usage des *Agnus* est fort ancien. Les païens portaient au cou des figures de cœur et d'autres amulettes qu'ils regardaient comme des préservatifs contre les enchantements et les charmes. Dès les premiers siècles de l'église, on donnait aux chrétiens, après leur baptême de petites *images de cire* qui représentaient des agneaux. Cet usage s'est conservé; et dans tous les pays pieux, on a soin de munir les enfants d'un *Agnus Dei*, Les saints meurtriers de Henri III et de Henri IV portaient sur eux des chapelets et des *agnus*.

Autrefois les *Agnus Dei* se faisaient avec de l'huile, de la cire, et des reliques de martyrs que l'on réduisait en poudre. On bénissait le tout solennellement à Rome, le samedi saint[290]. Aujourd'hui on n'y met plus de poudre de reliques.

LES VERTUS DE L'AGNUS DEI.

« *Composé de saint chresme baume et pure cire. Extrait du livre appelé le cérémonial, où, parlant de la bénédiction d'iceux, les paroles suivantes se trouvent registrées sur la fin en cette manière :* (Ici est la figure de l'Agnus Dei, qui est celle d'une médaille ronde sur laquelle est représenté un agneau en repos sur un livre fermé, tenant une croix à laquelle flotte un étendard. On lit autour cette légende : *Agnus Dei, qui tollis peccata mundi miserere nobis.*)

Il se lit que le pape Urbain V envoya à l'empereur des Grecs trois Agnus Dei, avec ces vers et paroles :

Les tonnerres il chasse;	*Hors de danger sont mis*
Les péchés il efface;	*Et l'enfant et la mère*
Sauve d'embrasement;	*Qui travaille à le faire;*
Et de submergement;	*Il donne maint pouvoir*
Garde de mort subite;	*Aux dignes de l'avoir.*
Les diables met en fuite;	*La part, quoique petite,*
Dompte les ennemis.	*Tant que la grand profite* »

---

290 - Grégoire de Tours, *De vit. Patr.*, cap. 8.

Les vertus de l'*Agnus Dei* ont été imprimées à Rome en 1662, chez l'imprimeur de la chambre apostolique. Elles contiennent ce qu'on vient de lire, et de plus la prière que le pape fait à la bénédiction des *Agnus* « *Que le bruit de l'air, gresles, neiges, et tempêtes, la furie des vents et des tonnerres soient modérés et arrêtés. Que devant le salutaire et glorieux étendard de la croix qui y est figuré, les esprits malins s'épouvantent et s'enfuient. Que celui qui les porte ait vertu contre les illusions astuces, tromperies et fraudes du diable et des esprits malins. Qu'aucune tempête, adversité, air pestilentiel ou corrompu, ni mal caduc, aucune tourmente, tempeste de mer, aucun feu ou autres injures de temps ne puissent offenser nuire, ni préjudicier à celui qui le portera dévotement sur soi. Qu'en l'accouchement soient délivrés la mère et l'enfant. Que tous ceux qui le portent puissent être toujours en sûreté, qu'ils ne craignent aucun péril, qu'ils n'aient point peur des ombres, et qu'aucune cruauté du diable ne les endommage*[291]. »*
- Il y a encore plusieurs sortes d'amulettes et de médailles, qui sont en usage chez les catholiques; mais elles ne tiennent pas assez directement à notre sujet.

CLAIR. - Il y a plusieurs saints de ce nom; et dans tous les pays catholiques, lorsqu'une fontaine a quelque vertu adoucissante pour les maux des yeux, on la met sous la protection de saint Clair, qui guérit les visières mal nettes. Partout et dans tous les temps, c'est l'usage des prêtres de mettre une petite statue au-dessus de la source qui a des qualités salutaires, et d'attribuer à une idole ou à un saint des bienfaits que nous ne devons qu'à la nature.
Le plus célèbre de tous les saints Clair est celui qui fut enterré à Saint-Clair-sur-Epte en Normandie. Mais on ne sait rien de son histoire comme de tous les saints imaginés. L'abbaye de Saint-Victor de Paris possédait un de ses yeux, qui attirait un grand concours de borgnes et d'aveugles. Depuis qu'on y regarde un peu, on n'a pas vu que saint Clair ait ouvert les yeux à personne. Mais autrefois un aveugle s'étant frotté les yeux avec la terre du tombeau de saint Clair, recouvra aussitôt la vue. La même faveur fut faite à des personnes pieuses qui se lavaient les yeux à

---

291 - Pris dans les *Cérémonies et superstitions* de B. Picard.

la fontaine de Saint-Clair-sur-Epte[292], et à quelques dévots qui allèrent honorer l'argent à la main l'œil de l'abbaye de Saint-Victor.

CLAIRE. - Vierge, mère des religieuses de Saint-François, née à Assise en Ombrie, l'an 1193. Tout le monde connaît cette sainte célèbre; que quelques-uns invoquent aussi pour le mal des yeux, à cause de son nom. Un gentilhomme français, qui fit en 1660 un voyage en Italie,[293] et qui vit cinq ou six têtes de saint Jean-Baptiste sans douter d'aucune, dit à la page 722 que l'église des religieuses de Sainte-Claire de Montefalco est célèbre en ce qu'elle est dépositrice du corps de cette sainte; et à la page 726 que l'église de Sainte-Claire d'Assise est considérable, en ce qu'elle est dépositaire du corps de la sainte. Il n'est pas étonnant que sainte Claire ait deux corps si voisins l'un de l'autre, puisque saint Chaumond avait deux corps dans la même ville de Lyon.

« *On montre dans l'église de Montefalco, à travers une grille, le corps de sainte Claire, habillée en religieuse. Son visage est couvert d'un petit voile de soie tout-à-fait transparent. Les traits en sont si beaux et si vifs,* dit le gentilhomme cité, *qu'un peintre en pourrait tirer facilement sa véritable ressemblance. Les cartilages de ses mains et de ses pieds sont si bien distingués, qu'on les croirait encore animés de vie. Son corps est dans une châsse d'argent; sa tète est couronnée d'une triple couronne enrichie de perles, de diamants d'émeraudes et d'autres pierres très-rares. Elle a aux doigts des bagues d'un grand prix. Ses habits sont très brillants.*»

Misson ne dit pas avoir vu tout cela; il dit seulement que la plus grande partie des os de sainte Claire est à Assise.

CŒUR DE SAINTE CLAIRE.

Si saint François eut des stigmates, sainte Claire son amie ne fut pas moins heureuse. Après que sainte Claire fut morte, on voulut visiter son cœur qui se trouva fendu en deux parties. On le montre ainsi fendu dans une petite châsse à Montefalco. D'abord il en sortit du sang très vermeil que l'on conserve dans une fiole, et que l'on vit bouillir à la naissance de l'hérésie de Calvin. Ensuite on trouva dans ce cœur une croix et tous les

---

292 - Le père Lebon, chanoine de Saint-Victor, *Vie de Saint-Clair-sur-Epte.*
293 - *Voyage de France et d 'Italie en 1660 et 1661.*

instruments de la passion qui semblaient sculptés en chair, et qui avaient été mis là par un miracle de Jésus-Christ. Enfin on trouva dans le cœur de sainte Claire trois boules grosses comme des noisettes, sur lesquelles étaient gravées les différentes circonstances de la passion de notre Seigneur. La plus grande merveille de ces trois boules, c'est que les trois ensemble ne pèsent pas plus qu'une seule et qu'une par conséquent pèse autant que les trois. On fit cette expérience autrefois mais on la répéta rarement. Ces boules, dit-on se sont fendues en deux depuis l'hérésie de Calvin;294 car les fentes sont une des ressources de sainte Claire. On ne peut dire ce que sont devenues toutes ces reliques.

CLÉMENT. - Premier pape de ce nom, disciple des apôtres et martyr à la fin du premier siècle. Un moine du neuvième siècle trouva un corps qui sentait bon. Rien n'indiquait que ce fût un corps saint on le fit passer sous le nom de saint Clément, et on l'apporta à Rome dans l'église dédiée à ce saint pape. Il avait un second corps à Peschiéra près de Vérone, une troisième tête à Kiev en Ukraine, une quatrième à Constantinople, et une cinquième à l'abbaye de Cluny. Quelques-unes sont perdues. On montrait encore à Pont-Sainte-Maxence un corps qui ferait le troisième de saint Clément, s'il n'y avait rien de faux dans les reliques.

CHAPELLE MERVEILLEUSE DE SAINT CLÉMENT.

Trajan ayant fait jeter le saint pape Clément dans la mer, deux chrétiens prièrent Dieu de leur découvrir les reliques de ce saint martyr. Après qu'ils eurent fait leur oraison, la mer se retira de plus d'une lieue, en sorte qu'ils y allèrent à pied sec. « *Ils trouvèrent (ô Dieu tout-puissant, opérateur de merveilles !) dans la mer une chapelle ou petite église fabriquée de la main des anges, et au dedans une auge de pierre dans laquelle était le corps de saint Clément, avec l'ancre qu'on lui avait attachée au cou pour le jeter dans la mer. Ce miracle se renouvela les années suivantes pendant sept jours la mer se retirait d'une lieue et laissait le chemin libre aux fidèles, à savoir le jour du martyre de saint Clément, et les six jours qui suivaient.* »
Ce prodige attira les pèlerins. Il y alla une femme avec son petit enfant, qui s'endormit dans la miraculeuse chapelle et la mer revenant dans ses

---

294 Voyage d'un gentilhomme français cité plus haut. Misson, Voyage d'Italie, tome 1.

limites naturelles chacun se retira si vite que la mère oublia son enfant. Dieu voulait par-là glorifier le saint martyr. La pauvre femme ne s'aperçut qu'elle avait perdu son enfant que quand la mer fut par-dessus l'église. Croyant que son fils était noyé elle courut tout le long de la côte pour trouver son corps et le faire enterrer. Ne l'ayant point aperçu, elle s'en retourna bien affligée, et passa l'année dans la douleur.

« *L'année étant écoulée elle revint en pèlerinage, entra dans l'église fit son oraison puis, jetant tristement les yeux sur le lieu où elle avait laissé son enfant, elle le vit qui dormait encore. Elle courut l'embrasser toute ravie d'aise et lui demanda ce qu'il était devenu toute cette année. L'enfant répondit qu'il n'avait fait que dormir. Ceux qui visitaient le tombeau de saint Clément obtenaient de Dieu tout ce qu'ils lui demandaient. Les aveugles y recouvraient la vue, les boiteux leurs pieds, les manchots leurs mains*[295] ».

Ces miracles ont cessé et l'on ne sait plus dans quel endroit de la mer ils ont eu lieu. C'était dit-on, dans la mer Noire.

FONTAINE DE SAINT CLÉMENT.

Les chrétiens qui travaillaient aux carrières, dans la Chersonèse Taurique, manquaient d'eau, quand le saint pape Clément y fut envoyé en exil. Il eut pitié de leur misère, se mit en oraison, et vit un agneau qui lui montrait du pied où il fallait piocher pour trouver une source. Le saint pape ordonna aussitôt de creuser, prit lui-même une pioche et au premier coup qu'il donna il fit jaillir une claire fontaine d'eau douce. Ce miracle fit tant de conversions, que saint Clément baptisait plus de cinq cents personnes par jour. Le pape Nicolas Ier fit élever une église auprès de cette fontaine; tous les possédés qui allaient y boire étaient sur-le-champ délivrés[296].

CLÉOPHAS. - Oncle et disciple de Jésus-Christ. Il demeurait à Emmaüs et c'est chez lui que les deux disciples firent entrer Jésus pour souper, le soir de sa résurrection. Saint Jérôme[297] dit que par la suite on

---

295 Ribadéneira, 23 novembre.
296 - Ribadéneira, Giry etc.
297 - *Epist. 27* cité par Baillet.

fit de la maison de Cléophas une église que l'on disait consacrée par Jésus-Christ même.

CLOCHES. - Quelques cloches entrent aussi dans la collection des saintes reliques. On sait que les cloches ne sont en usage dans les églises que depuis le septième siècle. Cependant Henri Estienne[298] parle d'un moine qui se vantait d'avoir reçu dans une fiole à Jérusalem un peu du son des cloches de Salomon. Il se peut que ce soit une plaisanterie.

Lorsque Ferdinand-le-Catholique, restaurateur de la sainte inquisition fut attaqué de la maladie dont il mourut, « *la fameuse cloche de Villela (qui a dix brasses de tour) sonna, dit-on, d'elle-même ce qui arrive quand l'Espagne est menacée de quelque malheur. On publia aussitôt qu'elle annonçait la mort du roi, qui mourut effectivement peu après. Cette cloche est appelée ordinairement la cloche des miracles. Elle sonne aussi d'elle-même pendant quelques jours, lorsque les chrétiens sont à la veille d'être travaillés par les hérétiques ou tourmentés par leurs ennemis*[299]. » Mais aujourd'hui malgré tous les motifs qui pourraient engager la cloche de Villela à sonner en bourdon, elle ne sonne plus que quand on la pousse.

On respecte beaucoup dans les Pyrénées la cloche de la Vallée. On lui donne toutes sortes d'origines merveilleuses; la plus commune c'est qu'elle a été fondue par les anges; on l'entend ou peut-être on croit l'entendre quelquefois; mais on ne sait pas où elle est suspendue. C'est cette cloche qui doit, disent les montagnards, réveiller leurs patriarches endormis dans les creux des rochers et appeler les hommes au dernier jugement[300].

Saint Eloi avait mis une église en interdit. Le curé fit le rebelle et voulut y dire la messe. La cloche fut plus docile que lui, car elle refusa de sonner[301]. Nous dirions quel cas on a fait de cette cloche, si nous savions dans quel village du diocèse de Noyon elle a tenu cette conduite édifiante. On citerait beaucoup d'autres cloches célèbres par des miracles. Mais elles ne se rattachent pas assez fortement à l'histoire des reliques. Nous n'indiquerons plus que le clocher de Quimpercorentin,

298 - *Apologie pour Hérodote,* chap. 39.
299 - Du Vair, à propos des charmes cités dans Taillepied. *Anecdotes espagnoles*, tome II, page 50.
300 - Dusaulx, *Voyage à Barrège,* chap. 13.
301 - André Duval, *Vie de saint Éloi, d'après saint Ouen.*

qu'on allait voir comme une curiosité redoutable, parce qu'un jour le diable y avait mis le feu pendant qu'on sonnait les cloches pour dissiper un orage[302].

CLOTILDE. - Reine de France, femme du barbare Clovis, qu'elle amena dans le giron de l'église catholique. Elle protégea toujours le clergé, qui l'a mise au rang des saintes. Son corps était à Sainte-Geneviève de Paris dans une châsse d'argent. Aux processions publiques où l'on demandait à Dieu la pluie ou le beau temps, on promenait la châsse de sainte Clotilde à la suite de celle de la bergère de Nanterre. Clotilde avait trois têtes : la première à Paris, la seconde dans l'abbaye du Trésor, au diocèse de Rouen; la troisième dans le monastère de Valseri, au diocèse de Soissons. Ces reliques sont perdues.

FONTAINE DE SAINTE CLOTILDE

Le Grand-Andely avait une église qui subsiste peut-être encore, et qui fut bâtie par sainte Clotilde. On y montre une fontaine qui porte le nom de cette sainte; et l'on dit dans le pays qu'elle y changea l'eau en vin parce que ceux qui bâtissaient l'église n'avaient plus de quoi boire. C'est en mémoire de ce miracle que le 2 juin, veille de la fête de sainte Clotilde, on faisait une procession solennelle à la fontaine; le doyen, à la tête du chapitre, y répandait une certaine quantité de vin; et les pèlerins accourus de tous côtés en grand nombre se jetaient nus dans cette fontaine, où ils espéraient obtenir la guérison de différents maux. Les hommes n'étaient séparés des femmes, qui se mettaient nues comme eux que par une petite muraille[303]. Ces choses cessèrent à la révolution.

CLOUS DE LA CROIX. - « *On nous fit voir encore un des clous dont notre Seigneur fut attaché à la croix. Il me parut bien différent de celui que les bénédictins font voir à Saint-Denis. Peut-être que celui de Saint-Denis avait servi pour les pieds, et qu'il devait être plus grand que celui des mains. Il fallait pourtant que ceux des mains fussent assez grands et assez forts pour soutenir tout le poids du corps. Mais il faut que les juifs aient employé plus de quatre clous ou que quelques-uns de ceux qu'on*

---

302 - Voyez *l'Histoire de la Magie en France*, par M. Garinet et le chapitre 8 du *Diable peint par lui-même*.
303 - Bruzen de la Martinière, au mot *Andely*.

expose à la vénération, des fidèles ne soient pas bien authentiques; car l'histoire rapporte que sainte Hélène en jeta un dans la mer, pour apaiser une tempête furieuse qui agitait son vaisseau. Constantin se servit d'un autre pour faire le mors de la bride de son cheval. On en montre un tout entier à Saint-Denis en France, un autre aussi tout entier à la Sainte-Croix de Jérusalem à Rome. Un auteur romain de notre siècle, très célèbre, assure que la couronne de fer dont on couronne les empereurs en Italie est faite d'un de ces clous. On voit à Rome et à Carpentras deux mors de bride aussi faits de ces clous, et on en fait voir encore en d'autres endroits[304]. »

Dès les premiers siècles de l'église, les historiens se sont disputés sur l'usage qu'on a fait de ces clous ; mais tous les anciens n'en comptent que trois[305]. Voltaire et beaucoup de critiques avec lui prétendent même qu'on n'a attaché Jésus d'aucun clou[306]. On liait les condamnés à la croix avec des cordes.

Cependant les trois clous de la croix, en supposant qu'on ait fait usage de clous, se sont si heureusement multipliés, que Calvin[307] en comptait quatorze. Nous en avons découvert davantage.

1°. L'impératrice Hélène se voyant sur le point de périr au milieu d'une tempête, jeta un de ces clous dans la mer qui aussitôt devint calme.

2°. Elle en fit mettre un autre au riche diadème de son fils.

3°. Constantin-le-Grand avec le troisième clou, fit faire un mors de bride pour son cheval, ce qui était peu révérencieux. Toutefois ce mors était très vénéré. Grégoire de Tours raconte[308] que l'empereur Justin étant tourmenté la nuit par des lutins et des fantômes, s'en délivra en mettant sous son oreiller la bride de Constantin ornée du saint clou.

4°. Selon le même Grégoire de Tours, Théodoret et quelques autres, la magnifique bride de Constantin fut faite de deux vrais clous.

5°. La couronne de fer, que l'on garde précieusement dans une chapelle à deux lieues de Milan est enrichie d'un des plus grands clous de la croix.

6°. A Milan même, on a un autre clou, qui fut posé dit-on, au mors du cheval de Constantin mais Calvin observe que cela ne peut être, parce que saint Ambroise ne dit pas que le clou fut attaché à ce mors de bride,

---

304 - *Voyages du père Labat, religieux jacobin*, tome VIII.
305 - Theodoret, *hist. trip.* lib. 2, etc.
306 - *Dictionnaire philosophique* au mot *Clou*.
307 - *Traité des Reliques.*
308 - *De Gloria mart.* lib. I cap. 6.

mais que ce mors de bride fut fait du saint clou. C'en est donc un autre. Quoi qu'il en soit, le clou de Milan est toujours attaché à la voûte de la cathédrale, au dessus du grand autel entre cinq luminaires qui brûlent jour et nuit.

7°. Ribadéneira dit[309] que Charlemagne alla en terre sainte, et en rapporta un clou de la croix. On montrait à Saint-Denis ce clou célèbre; mais on disait qu'il avait été donné à Charlemagne par l'empereur Constantin VII, et que ce fut Charles-le-Chauve qui en fit présent aux moines de Saint-Denis[310].

8°. Nous compterons ensuite le saint clou qui est à Nuremberg, et que les empereurs d'Allemagne regardaient comme un talisman dont la perte pouvait causer les plus grands maux[311].

9°. On montre à Rome, dans l'église de la Sainte-Croix, un neuvième clou qui fut trouvé dans le crucifix miraculeux de la ville de Lucques[312].

10°. Un dixième clou est à Rome dans l'église de Sainte-Marie *in Campitelli*[313]. Ce clou à été apporté, dit-on, par saint Grégoire de Nazianze.

11°. A Rome encore, Calvin compte un onzième clou, dans la chapelle de Sainte-Hélène; ainsi Rome aurait les trois clous.

12°. L'abbaye de Saint-Germain-des-Prés à Paris, se vantait d'avoir un des vrais clous. C'était un présent de la pieuse princesse Anne de Gonzague de Clèves.

13°. Il y en avait un autre chez les carmes de Paris.

14°. Dans la même ville, on montrait encore un vrai clou, à la Sainte-Chapelle. Ainsi Paris aurait eu également les trois clous.

15°. Un quinzième clou de la croix se voyait à Carpentras.

16°. On faisait voir, dans la galerie de Florence, un clou de la passion, qui avait été à moitié changé en or parce qu'un saint personnage l'avait touché. Ce miracle parut si ridicule que dès la fin du dix-septième siècle on cessa de montrer ce singulier clou[314].

---

309 - 28 janvier. *Fleurs des vies des Saints.*
310 - Piganiol, *Descriptions de Saint-Denis.*
311 - Misson, tome I, page 83, 4e. édition.
312 Voyage de France et d'Italie, 1660, page 631. Merveilles de Rome, page 26.

313 - *Merveilles de Rome*, page 52.
314 - Il avait été soudé d'une manière trop visible. Misson, tome II, page 332.

17° et 18°. On comptait deux vrais clous à Naples. Mais il parait qu'on ne les voit plus; ils avaient sans doute aussi quelque chose de trop absurde.

19°. La ville d'Assise, qui est, comme on sait, la patrie de saint François et un bon pays à reliques, se vantait depuis longtemps de posséder un vrai clou.

20°. Il y en avait un vingtième à Ancône.

21°. Un à Sienne.

22°. Un à Venise.

23°. Un à Cologne, où l'on est sûr de trouver toutes les reliques.

24°. Un à Trêves.

25°. Calvin en compte un qui ferait le vingt-cinquième, à l'abbaye de la Tenaille en Saintonge.

26°. On en montrait un à Bourges.

27°. Enfin, un vingt-septième se voyait à Draguignan, etc.

M. Dulaure dit[315] qu'on pourrait trouver dans le monde chrétien une quarantaine de vrais clous. Mais nous osons croire qu'il ne serait pas difficile d'en compter deux ou trois cents. Nous n'avons indiqué que les plus connus et nous n'avons rien dit d'une multitude d'églises qui, comme celle de Chartres avaient des parcelles et des limailles de clou de la croix. Godescard cherche à expliquer là multiplicité des clous[316]. « *Le vrai clou qui est à Rome, dansl'église de la Sainte-Croix a été limé, dit-il, et n'a plus de pointe aujourd'hui. On a renfermé cette limaille dans d'autres clous, faits de la même manière que le véritable; et par ce moyen, on l'a en quelque sorte multiplié. On a trouvé encore un autre moyen de le multiplier; ça été d'y faire toucher des clous tout semblables, que l'on distribuait ensuite. Saint Charles Borromée, prélat très éclairé et de la plus scrupuleuse exactitude en fait de reliques, avait plusieurs clous faits comme celui que l'on garde à Milan, et les distribuait après qu'ils y avaient touché. Il en donna un au roi Philippe II; comme une relique précieuse.* »

Mais les églises qui font adorer un clou, le présentent comme un vrai clou de la vraie croix trouvée par sainte Hélène, et non comme un clou

---

315 - *Curiosités de Paris*, tome I, page 27, 3° édition.

316 - *Vies des pères, des martyrs et des autres principaux Saints*. 3 mai. *Invention de la Sainte-Croix.*

ordinaire qui n'aurait qu'une vertu empruntée de l'attouchement d'un saint clou son confrère.

MIRACLE DU CLOU DE TRÊVES.

Un chevalier nommé Henri, quoique marié à une belle femme, fit un enfant à sa servante. C'était un homme malicieux qui n'avait d'autres vertus que le parjure, l'adultère et le brigandage. La servante accoucha d'une fille; et quand elle fut grande Henri la corrompit. Il mourut peu de temps après, et vint infester la maison de cette jeune malheureuse. Les signes de croix et les prières ne pouvaient mettre en fuite ce spectre redoutable. Si on lé frappait d'un coup d'épée, l'épée se brisait et le revenant ne sentait rien. On s'adressa enfin à l'évêque de Trèves, qui donna un pot d'eau dans laquelle il avait trempé le vrai clou de la croix que possédait son église. On jeta de cette eau sur la fille, sur les murs et sur les portes de la maison; et quand le spectre voulut revenir, il se brûla si bien qu'il n'osa plus reparaître[317].

CLOUD. - En latin Clodoaldus, petit-fils de sainte Clotilde, patron du village qui porte son nom, à deux lieues de Paris. Les évêques de Paris étaient, au bon temps, seigneurs de ce village. Le corps du saint y était encore au moment de la révolution dans une belle châsse d'argent qui faisait de grands miracles. Il ne parait pas qu'on ait multiplié ses reliques.

EAUX DE SAINT CLOUD.

Le président Fauchet, dans ses *Antiquités françaises*, dit que le bourg de Saint-Cloud a toujours été un séjour recherché, à cause de la bonté de ses eaux qui guérissent les écrouelles. On sait que la cause la plus ordinaire de cette maladie est la malpropreté. La tradition populaire veut que saint Cloud ait donné aux eaux de son village la vertu de guérir ce vilain mal, qu'il ne guérit plus depuis bien longtemps.

CLOVIS. - FLACON DU ROI CLOVIS.
« *Hincmar rapporte sérieusement que saint Rémi donna au roi Clovis un flacon d'un vin pur et généreux, qui ne tarissait jamais, et qui montait ou*

---

317 - *Miracula Cesarii*. Lib. 12, cap. 15.

baissait suivant que le roi devait perdre ou gagner la bataille. Clovis,
qui le portait partout, en régalait toute sa cour et son armée et le flacon
était toujours plein. Il ne manquait au prince pour faire un repas
complet, que le fameux sanglier d'0din, qu'on coupait sans cesse et qui
se reproduisait toujours[318]*.* » Il est bien fâcheux que ce flacon soit perdu.
Ce serait une bonne relique pour un couvent de carmes.
Voyez aussi l'article de la Sainte-Ampoule.

COLISÉE. - Les pèlerins vont prier au colisée à Rome, et regardent en
quelque sorte ce monument comme une relique. Outre que des fidèles y
furent exposés aux bêtes, le colisée fut bâti, disent-ils, par dix ou douze
mille chrétiens que l'on condamna à ce travail, et que l'on martyrisa
ensuite pour toute récompense[319]. Cet événement se passa sous le règne
de Vespasien.

COLMANN. - Au commencement du onzième siècle, une bande de
pèlerins passant par l'Autriche pour se rendre à Jérusalem, l'un d'entre
eux nommé Colmann, et qui se disait écossais, fut arrêté à cause de son
extérieur sinistre. On soupçonna, que ce pouvait être un agent des
Esclavons alors en guerre avec l'Empire, et on le pendit comme espion.
Or c'était un saint. La potence où il était pendu prit racine, et poussa de la
verdure. La hart qui l'étranglait se couvrit de feuillages. Cependant les
chrétiens allemands furent assez endurcis pour laisser le saint au gibet
pendant dix-huit mois. Ses ongles et son poil poussaient comme s'il eût
été vivant et il rendait du sang lorsqu'on le saignait.
Les Allemands sont un peu lents; mais enfin ils ouvrirent les yeux. On
dépendit saint Colmann; son corps sain et entier fut mis avec honneur
dans l'église de Melck sur le Danube; et il eut assez peu de rancune pour
faire des miracles en faveur du peuple qui l'avait pendu.
L'abbaye de bénédictins qui possédait ce précieux corps était si riche,
que l'abbé avait la préséance dans toutes les diètes des états du pays. On
gardait, dans une des caves de cette abbaye, un excellent vin qu'on
appelait vin de saint Colmann; une cuillerée de ce vin qui se vendait fort
cher, guérissait, dit-on, les maux de gorge. C'était un vin qu'on disait

---

318 Salgues. Des erreurs et des préjugés, tome 1 p. 284.
319 Voyage de France et d'Italie par un gentilhomme français, p. 275.

vieux de plus de quatre cents ans[320]. Il a été bu par les Français dans les campagnes d'Allemagne.

COLOMB. – Colombus, ou Colomban ou Colombkil, ou Coloquil, abbé de Hy, apôtre d'Ecosse, au sixième siècle. Il portait une tonsure en forme de croissant. Que les antiquaires raisonnent là-dessus.

Il a laissé quatre corps; le premier dans son monastère de Hy, situé dans une petite île entre l'Irlande et l'Écosse, le second à Downe en Irlande, le troisième à Glassemburi, dans le comté de Sommerset; le quatrième à Sens, qui croit avoir ce saint corps depuis le règne de Louis-le-Débonnaire.

COLOMBAN. - Fondateur et abbé de Luxeu, né en Irlande, mort au septième siècle, et mis au rang des saints.

Il haïssait tellement les femmes qu'il ne pouvait souffrir auprès de lui aucun animal du sexe qui donne la vie. Une vache le mettait en colère; la vue d'une chèvre le courrouçait; tous les animaux qu'il recevait dans ses domaines devaient être mâles. Un tel homme méritait-il d'avoir une mère ? que deviendrait toute la création avec de tels fanatiques ?

Ce saint (puisqu'on l'appelle ainsi) a laissé deux corps dont on se serait passé, l'un à l'abbaye de Bobbio, sur les frontières du Milanais, l'autre à Locminé, en Bretagne. On dit que les femmes ne se pressaient pas d'y brûler des chandelles.

COLOMBE. - Sainte vierge du troisième siècle, qui souffrit le martyre à Sens. Elle a laissé deux corps, l'un à Sens, dans l'abbaye qui porte son nom, l'autre à Rimini en Italie. Au reste on ne sait rien de son histoire.

COLONNES. - On montre dans la cathédrale de Gaëte une colonne du temple de Salomon. Le grand autel de la chapelle de saint Marc à Venise, est supporté par quatre colonnes qui viennent dit-on, du même temple[321].

---

320 - Zeyler, *Topographie de l'Autriche*. *Erchenfroi* dans la Bibliothèque de Lambecius, tome II, page 612, etc. Bruzen de la Martinière au mot *Melck*.
321 - Misson. Tome II, page 2, 4° édition.

« *En entrant dans la nef de Saint-Pierre de Rome*, dit un gentilhomme français,[322] *on voit à main droite auprès du portail, une chapelle grillée où l'on tient enfermée une colonne du temple de Salomon, sur laquelle notre Seigneur s'appuyait lorsqu'il prêchait. On y met les démoniaques qui, bien souvent, en sortent tout-à-fait délivrés.* »

« *Dans la chapelle du saint-sacrement, à Saint-Jean-de-Latran, on voit autour de l'autel quatre colonnes de bronze doré, très hautes et creuses par dedans que l'on dit avoir été apportées de Jérusalem à Rome pleines de la terre sainte du sépulcre de Jésus-Christ, par l'empereur Vespasien. D'autres prétendent que Sylla les apporta d'Athènes; d'autres qu'elles ont été faites à Rome par ordre d'Auguste. Quoi qu'il en soit, il est constant qu'elles sont dans l'église de Saint-Jean-de-Latran......*[323] ».

On montre dans la même église une autre colonne qui se fendit en deux parties au moment de la mort de Jésus-Christ. Elle fut apportée de Jérusalem et consacrée par le pape Nicolas III, dans la chapelle dite le Saint des Saints où les femmes n'entrent jamais...[324].

« *La colonne à laquelle Jésus-Christ fut lié pendant sa flagellation, et qui était anciennement à Jérusalem, se voit présentement à Rome, à travers un grillage de fer, dans une petite chapelle de l'église de Sainte-Praxède. Suivant une inscription placée au-dessus, elle y fut apportée en 1223. Elle est de marbre gris, et longue d'un pied et demi. Elle a dans sa base un pied de diamètre et huit seulement par le haut. Quelques-uns pensent qu'elle n'est que la partie supérieure de la colonne dont parle saint Jérôme; mais on n'y aperçoit aucune marque de fracture*[325]. » On croit aussi avec raison que les, juifs ne fouettaient pas leurs criminels sur des colonnes de marbre.

On montre à Sainte-Marie-Transpontine les deux colonnes sur lesquelles furent flagellés saint Pierre et saint Paul.

Près de l'église des Franciscains de Rome, dans une chapelle que l'on dit être bâtie sur le lieu où saint Pierre fut crucifié la tête en bas, on voit une colonne sur laquelle on raconte que saint Paul fut décapité. « *C'est un beau sujet de critique entre les curieux,* dit Misson, *de savoir comment cette exécution put être faite sur une colonne.* »

---

322 - *Voyage de France et d'Italie par un gentilhomme français,* p. 264.
323 - *Voyage de France et d'Italie par un gentilhomme français,* page 295.
324 - *Merveilles de Rome,* page 5.
325 - Godescard, *Vie des Pères,* etc. 3 mai.

« *Cette colonne,* ajoute-t-il, *me rappelle celle qu'on voit dans le cloître de Saint-Jean-de-Latran; c'est la colonne sur laquelle le coq de saint Pierre chanta*[326]. »

II y avait autrefois dans le baptistère de la cathédrale de Pise une colonne merveilleuse,

dont on ne sait trop l'origine. Mais lorsqu'il se tramait quelque complot contre l'état, les projets et la figure des coupables se représentaient dans la colonne comme dans un miroir. On ne la voit plus.

Mais sans doute que l'on montre encore dans le château de Nuremberg, quatre colonnes corinthiennes, hautes d'environ quinze pieds, que le diable apporta de Rome, sur le défi que lui fit un moine.

Un autre moine, qui avait fait pacte avec le diable, s'avisa un jour de dire la messe. Le diable en colère apporta de Rome une grosse colonne pour écraser ce moine. Mais saint Pierre survint et jeta trois fois de suite le diable et sa colonne dans la mer; ce qui donna à l'autre le temps dé se mettre en mesure. Le diable désolé rompit sa colonne et s'enfuit. Le docteur Patin, à qui on montra, dans une église de Prague, trois pierres de cette colonne que l'on conserve comme des reliques, demanda en quel temps le prodige avait eu lieu ? On lui répondit par plusieurs milliers d'années. Mais reprit-il il n'y a pas deux mille ans que le christianisme est établi. – Oh ! répliquèrent les moines, notre miracle est bien plus vieux que cela !.... Et il se vit presque obligé de croire que saint Pierre, le diable, les messes, les prêtres et les églises catholiques étaient bien antérieurs à Jésus-Christ[327]. Il y a beaucoup d'autres colonnes que nous pourrions encore citer comme reliques.

CONOGAN. - AUGE DE SAINT CONOGAN.

« *Saint-Conogan patron de la paroisse de Beuzit, près de Landerneau, traversa l'Océan sur une auge de pierre, dans laquelle on s'étend, contre laquelle on se frotte, pour se délivrer des rhumatismes de tous genres de douleurs nerveuses. La fontaine voisine de sa chapelle a la vertu de guérir les maux d'yeux.*[328] »

---

326 - *Voyage d'Italie*, tome II, page 198.
327 - *Voyage de Patin en Allemagne*, cité dans le *Dictionnaire infernal* au mot *Colonne du diable*.
328 - Cambry, *Voyage dans le Finistère en 1794*, T. II, p. 170.

CONRAD DE PLAISANCE. – Mort au quatorzième siècle. Ce saint a laissé deux têtes, l'une à Noto en Sicile, l'autre à Molfetta, dans la Pouille.

CORENTIN. - Évêque de Quimper en Bretagne, au cinquième siècle. Son corps était à la fois à l'abbaye de Saint-Corentin, près de Mantes, à Montreuil-sur-Mer, et à Marmoutier en Touraine. - Nous avons parlé du poisson de saint Corentin à l'article des animaux.

CORPS SAINTS. - Si nous faisions ici la simple énumération de tous les corps saints que les catholiques honorent d'un culte, il faudrait un énorme volume puisqu'il y a plus de cent mille saints et qu'il s'en présente fort peu dont le corps n'ait pas été retrouvé.

Bien souvent on ne sait ni le temps ni le pays, on ignore même les particularités de la vie d'un homme; cependant on sait distinguer son corps, sept ou huit cents ans après sa mort.

Aussi on a dû remarquer que dans chaque article des saints très nombreux qui entrent dans cet ouvrage nous ne parlons de leurs corps que lorsqu'ils en ont au moins deux.

COMMENT ON DISTINGUE LES CORPS SAINTS.

« *Les chrétiens de la primitive église avaient grand soin de ne point enterrer leurs morts parmi les infidèles. Saint Cyprien fait un crime à Martial, évêque espagnol, d'avoir enterré des enfants dans des tombeaux profanes et de les avoir mêlés avec les étrangers.*

Les chrétiens ne furent jamais dans l'usage de conserver les corps morts comme les Égyptiens, ou de les brûler comme les Romains, ou de les abandonner aux bêtes comme les Perses. Ils suivirent ce qui avait été pratiqué par le peuple de Dieu dès le commencement du monde; ils enterraient leurs morts avec décence et avec respect, vérifiant ces paroles que l'homme retournerait en poussière jusqu'à la résurrection générale. Ils choisirent à Rome pour leurs tombeaux, les cavernes ou « arenœ » qu'on appela depuis les catacombes. Ils y creusèrent des espèces de loges de chaque côté, pour recevoir les corps; et lorsqu'ils les y avaient déposés ils en muraient l'entrée.

On voit ordinairement une urne lacrimatoire ou un petit vase auprès de ces corps, c'est-à-dire auprès des ossements et de la poussière qui sont dans chaque loge. Si le vase est d'un rouge foncé, et que l'on remarque au fond un sédiment de sang, on juge qu'il y avait là un martyr. Sur la brique ou le mortier qui fermait l'entrée de la loge, est ordinairement représenté quelque symbole comme une fleur, une branche dé palmier etc.

On ne peut douter que les fioles où est ce sédiment rouge ne renferment du sang. Leibnitz, après avoir fait plusieurs expériences chimiques sur ce sédiment, manda à Fabretti que ce ne pouvait être qu'une croûte de sang congelé, qui en retenait la couleur après plusieurs siècles. Les chrétiens avaient coutume de recueillir avec soin le sang des martyrs et de le mettre avec leurs corps lorsqu'il était encore frais ils le ramassaient avec des éponges. C'est pour cela qu'on trouve quelquefois dans les fioles une éponge ou des linges teints de sang.

C'est d'après ces observations que la congrégation des indulgences et des reliques déclara en 1668 que des fioles teintes de sang, accompagnées d'une branche de palmier devaient être regardées comme une marque non équivoque des reliques d'un martyr. Mabillon pense que les fioles de sang toutes seules suffisent pour constater l'authenticité des reliques.

De temps en temps on a transféré, des catacombes, les corps de plusieurs martyrs célèbres; mais on découvre encore tous les jours de nouveaux tombeaux.

Les principaux symboles que l'on remarque dans ces cimetières sont : un cerf, qui représente la soif du chrétien après les biens invisibles; une branche de palmier, qui désigne la victoire; un vaisseau, qui est l'emblème de l'église; une ancre, qui représente l'espérance ou la constance; Mabillon observe que les symboles d'une colombe, d'une brebis, d'une olive, qui peuvent dénoter certaines vertus, ne dénotent pas pour cela le martyre ou la sainteté. Il montre, par des autorités et par des exemples, qu'on doit prendre les plus grandes précautions pour éviter les méprises à cet égard et qu'il vaut mieux enterrer avec décence les reliques douteuses que de les distribuer aux fidèles. Il prouve par le décret d'Urbain VIII, et par celui d'Innocent XII en1691 que les reliques des saints inconnus auxquels il est d'usage de donner un nom, quoique distinguées par des marques certaines de martyre, ne sont pas mises dans la même classe que les autres reliques, et qu'on ne permet jamais d'honorer ces sortes de saints par un office particulier, à moins qu'il n'y ait un privilège spécial, comme celui qu'obtinrent les chanoinesses anglaises de Paris et les capucines de la place Vendôme de la même, ville, les unes en faveur de saint Justin, et les autres en faveur de saint Ovide[329]. »

On pourrait faire ici beaucoup d'objections. D'abord il est bien difficile de reconnaître dans les catacombes non seulement les corps des saints, mais même les corps des simples chrétiens puisque les Romains y enterraient fréquemment leurs esclaves, et les criminels qui ne laissaient pas de quoi se faire brûler.

Il est constant aussi que beaucoup de juifs furent enterrés dans les catacombes.

On a trouvé dans les catacombes des pierres, avec cette inscription que les chrétiens ne réclameront certainement pas : *Düs Manibus*. On y a remarqué beaucoup d'autres particularités qui prouvent du paganisme; et les symboles n'appartiennent pas plus aux chrétiens qu'aux idolâtres.

Si on rencontre quelques croix, presque toujours elles ont été faites après coup, sur des pierres qui portent d'autres signes plus anciens.

Cependant on a mis audacieusement, dans l'église qui est à l'entrée des catacombes de saint Sébastien, cette petite inscription « *C'est ici le cimetière du célèbre pape Calliste martyr. Quiconque le visitera, étant véritablement contrit et après s'être confessé, obtiendra l'entière rémission de tous ses péchés, par les glorieux mérites des 174 000, saints martyrs qui ont été enterrés là, etc.* »

Dans les cas et dans les lieux ordinaires, on reconnaît le corps d'un saint, à différents signes, comme on l'a pu remarquer dans une multitude d'articles particuliers. Communément le corps qui fait des miracles est réputé saint; et malheureusement, à force d'en faire on est devenu aujourd'hui très difficile sur les miracles.

Il faut que le poil et les ongles poussent au saint corps; et cela n'arrive guère. Il faut qu'il jette une odeur suave ce qui ne se fait plus.

S'il est frais et vermeil six mois après sa mort, on criera que c'est un vampire. Quant aux corps merveilleux qui se montraient entiers et sains plusieurs siècles après le trépas, nous sommes privés de ces raretés admirables.

Souvent aussi les moines se sont trompés dans les reliques qu'ils ont proposées au culte du peuple. Denis, le chartreux, parle d'un évêque

---

329 - Godescard. 14 octobre. Note à la vie de saint Calliste.

qu'on trouva en enfer tandis qu'on faisait des miracles à son tombeau. C'était dit-on, l'esprit malin qui abusait les chrétiens.

On voit, dans Sulpice Sévère, que saint Martin visitant un jour les reliques d'un saint qu'il ne connaissait pas, commanda à ce saint de lui dire qui il était. Le prétendu saint sortit de son tombeau et déclara qu'il avait été voleur de grand chemin et qu'il était damné. L'autel qu'on lui avait bâti fut dès lors renversé. Mais sans la curiosité de saint Martin, on honorerait peut-être encore les reliques de ce brigand. On a détrôné quelques saints de cette espèce mais il en reste encore beaucoup.

Autrefois les corps des saints étaient gardés par des aigles, enterrés par des lions, dépendus par des anges, indiqués par des lumières prodigieuses. Nous ne voyons plus rien de tout cela, à cause de l'impiété générale et de l'incrédulité du siècle.

COSME et **DAMIEN.** – Frères, médecins, martyrs, patrons des médecins, des chirurgiens, et des apothicaires, morts vers le quatrième siècle, en Arabie ou en pays voisins. Leur histoire est pleine de fables et d'obscurités.

Les corps de saint Cosme et de saint Damien étaient à Lusarches, à sept lieues de Paris, où il se faisait un grand pèlerinage. Ils sont en second lieu à Rome, dans l'église qui porte leur nom, et qui est l'ancien temple de Castor et de Pollux. Leurs troisièmes corps sont à Venise, sans compter qu'on montre à Chartres beaucoup d'os sous leur nom et qu'on vénère à Rome, dans l'église de Saint-Marcel deux têtes qu'on fait passer pour les têtes de saint Cosme et de saint Damien.

Il n'est pas nécessaire de dire que toutes les reliques de ces deux médecins guérissent les diverses maladies. On montre à Rome, dans l'église des saints Cosme et Damien, un puits très profond où les persécuteurs faisaient jeter, dit-on, les corps des martyrs. Cette circonstance, et la protection de saint Cosme et de saint Damien, ont rendu ce puits célèbre. Les malades qui, s'étant confessés boivent de l'eau qu'on tire de ce puits s'en retournent guéris, quand ils ne sont pas malades.

TROIS MIRACLES DES SAINTS COSME ET DAMIEN[330].

---

330 - Tirés de la *Légende dorée*. Legenda 138.

« *Un paysan des environs de Rome, s'étant endormi la bouche ouverte, un serpent y entra et se logea dans son ventre. Le paysan s'éveilla sans se douter de rien, et revint au logis mais bientôt il ressentit des douleurs aiguës et n'ayant pas de foi aux autres médecins, il se rendit à l'église des saints Cosme et Damien, honora leurs reliques et réclama leur ministère. Incontinent le serpent se sentit chassé de son domicile par une force supérieure et il s'en alla comme il était venu.* »

- « *Un mari, sur le point de faire un long voyage, recommanda sa femme aux saints Cosme et Damien dont il honorait fidèlement les reliques. Quelque temps après, le diable s'habilla en homme et vint dire à cette femme : « Votre mari m'a chargé de vous conduire vers lui; il a besoin de vous. » En même temps le diable lui donna des preuves qu'il connaissait bien son mari. Mais la femme craignant encore, lui dit : « Jurez-moi sur les reliques de saint Cosme et de saint Damien que je serai en sûreté avec vous. » Le diable jura, et on partit.*
En arrivant dans un certain lieu très désert le diable, qui avait ses desseins, voulut renverser la pauvre femme qui montait une assez mauvaise jument mais aussitôt saint Cosme et saint Damien parurent, mirent en fuite le malin, et reconduisirent cette dame à l'église, où sans doute elle brûla une chandelle. »

- « *Un dévot de Rome, qui honorait avec une grande assiduité les reliques de saint Cosme et de saint Damien, fut attaqué d'une gangrène qui lui rongea une cuisse. Pendant qu'il dormait, saint Cosme et saint Damien lui apparurent, portant avec eux des onguents et des instruments de chirurgie. Saint Cosme voulait couper la jambe pourrie mais il ne savait comment la remplacer. Saint Damien, se souvenant alors qu'on avait enterré le jour même un Éthiopien dans le cimetière de Saint-Pierre-aux-liens, proposa d'aller prendre une de ses cuisses. Ce qui fut dit fut fait: Saint Cosme y courut; après quoi ayant coupé la cuisse malade du dévot, ils lui ajustèrent la jambe de l'Éthiopien, fermèrent diligemment la plaie et se retirèrent. Le dévot s'éveilla plein de joie; il conta son aventure, alla voir au cimetière sa cuisse pourrie, enterrée avec le corps du pauvre homme que les saints avaient tronqué pour son service et devint plus pieux que jamais envers les saintes reliques de Damien et de Cosme.* »

COURONNE D'ÉPINES. - « *Il faut dire que les pièces de la sainte couronne d'épines qui fut mise sur la tête de Jésus-Christ à sa passion,* *ont été replantées pour reverdir; autrement, je ne sais comment elle pourrait être ainsi augmentée*[331].»

On ne sait pas non plus dans quels lieux, dans quels temps et par qui la sainte couronne d'épines a été découverte car aucun des anciens historiens n'a dit qu'elle ait été trouvée avec la croix ou ailleurs. Toutefois le révérend père Ribadéneira assure que Charlemagne ayant fait le voyage de terre sainte, rapporta une partie de la couronne d'épines de Notre-Seigneur, laquelle devint verdoyante et poussa des feuilles entre ses mains. On ignore ce que cette partie de la sainte couronne est devenue. Mais en 1789, la couronne d'épines était à la Sainte-Chapelle de Paris, elle doit être maintenant à Notre-Dame.

Néanmoins, il y a à Rome cinq églises qui en ont des morceaux notables : Saint-Eustache, Saint-Maur, Sainte-Sabine, le grand couvent des Chartreux, et l'église de la Sainte-Croix, qui montre d'un côté une branche trouvée dans le miraculeux crucifix de Lucques; et dans un autre reliquaire, treize épines prises à la sainte couronne de Constantinople, qui est la même que celle de la Sainte-Chapelle de Paris.

Observons avec Godescard[332] que ces épines sont fort longues, et que par conséquent il n'y en a pas beaucoup.

On voit encore trois de ces saintes épines à Padoue, quatre à Tarascon, cinq à Nuremberg, et trois à Aix en Provence, lesquelles rougissaient autrefois le vendredi saint à midi en présence des chrétiens pieux[333].

On honorait aussi un morceau de la couronne d'épines à Sienne, un morceau à Venise, un morceau à Assise, dans l'église de Saint-François, une épine à Saint-Denis, enchâssée dans un rubis précieux, un morceau à Avignon, un morceau à Bologne, un morceau à Bourges, un morceau à Besançon, un morceau à Mont-Royal, un morceau à San-Salvador, un morceau à Saint-Jacques en Galice, un morceau à Albi, un morceau à Toulouse, un morceau à Mâcon, un morceau à Chartres, une branche à Naples, un morceau à la chartreuse de Mont-Dieu en Champagne, plusieurs épines à Arles, un morceau à Bourbon-l'Archambaut, une épine dans la cathédrale d'Aoste, un morceau à Charoux, un morceau à Cléry, un morceau à Saint-Martin de Noyon, un morceau à Saint-Maximin en

---

331 - Calvin, *Traité des Reliques.*
332 - Tome IV, page 71, de la *Vie des Saints*, édition de Versailles, 1819.
333 - *Voyage de France et d'Italie, par un gentilhomme français*, page 90.

Provence, un morceau à St.-Flour, et des épines détachées dans plus de huit cents églises.......

COMMENT SAINT LOUIS ACQUIT LA SAINTE COURONNE.

La ville de Constantinople étant assiégée par terre et par mer, n'avait plus de ressources, et allait tomber au pouvoir des Sarrasins et des Grecs, lorsqu'on conseilla à l'empereur Baudouin II d'engager la sainte couronne de Jésus-Christ, qu'il possédait. Baudouin la fit offrir au roi saint Louis. Cette offre fut reçue avec joie. Le roi envoya deux religieux dominicains à Constantinople. Mais lorsqu'ils arrivèrent, la sainte couronne était déjà engagée aux Vénitiens et aux Gênois, qui avaient prêté de grosses sommes d'argent sur ce saint gage. Les deux dominicains revinrent à Venise avec la couronne d'épines, et firent savoir au roi de France qu'il fallait rembourser l'argent prêté pour avoir la relique en question.

Saint Louis paya tout ce qu'on voulut, et la sainte couronne arriva en France. Le pieux roi voulut aller au-devant de ce joyau sacré, qu'il rencontra à Villeneuve-l'Archevêque, entre Troyes et Sens. Il était accompagné de la reine Blanche, sa mère, et des princes ses frères. Il se fit ouvrir la triple cassette (de bois d'argent et d'or) dans laquelle était renfermée la couronne d'épines; on la montra à tous les assistants et le lendemain, le roi et le comte d'Artois, son frère ayant les pieds nus, portèrent sur un brancard leur chère relique, qui fut reçue à Sens avec toute la pompe et toute la piété imaginable.

On arriva à Paris après sept jours de marche, le 19 d'auguste de l'an 1239; un grand nombre de prélats, sur un échafaud richement décoré, reçut la sainte couronne, qui fut montrée à la multitude et transportée par le roi et le comte d'Artois son frère, toujours pieds nus et vêtus d'une simple tunique, à l'église de Notre-Dame.

Ce fut pour placer plus honorablement la couronne de Jésus-Christ, et quelques autres reliques aussi précieuses, que saint Louis fit bâtir à grands frais la Sainte-Chapelle de Paris, les châsses qui renfermèrent ces reliques étaient si riches, qu'elles coûtèrent seules plus de trois millions de la monnaie actuelle.

On sait que la couronne de la Sainte-Chapelle opérait autrefois un si grand nombre de guérisons miraculeuses, qu'il n'y avait plus de place pour les béquilles des boiteux, et autres *ex-voto* de gens remis en santé.

LA SAINTE ÉPINE DE PORT-ROYAL.

« Il y avait à Port-Royal de Paris une jeune pensionnaire de dix à onze ans, nommée mademoiselle Perrier; nièce de Pascal. Elle était affligée depuis trois ans et demi d'une fistule lacrymale au coin de l'œil gauche. Cette fistule, qui était fort grosse au dehors, avait fait un grand ravage en dedans; elle avait entièrement carié l'os du nez et percé le palais. Son œil s'était apetissé, et l'on ne pouvait lui toucher le côté gauche de la tête sans lui faire beaucoup de douleur.

On l'avait fait voir à tout ce qu'il y avait d'oculistes, de chirurgiens, et même d'opérateurs plus fameux; mais les remèdes ne faisant qu'irriter le mal, comme on craignait que l'ulcère ne s'étendît enfin sur tout le visage[334], trois des plus habiles chirurgiens de Paris, Cressé, Guillard et Dalencé, furent d'avis d'y appliquer au plus tôt le feu[335].

Il y avait alors à Paris un ecclésiastique de condition et de piété, nommé M. de la Potterie, qui, entre plusieurs saintes reliques qu'il avait recueillies avec grand soin, prétendait avoir une des épines de la couronne de Notre-Seigneur. Plusieurs couvents avaient eu une sainte curiosité de voir cette relique. Il l'avait prêtée, entre autres, aux Carmélites du faubourg Saint-Jacques qui l'avaient portée en procession dans leur maison.

Les religieuses de Port-Royal, touchées de la même dévotion, avaient aussi demandé à la voir et elle leur fut portée le 24 mars de l'an 1656, qui se trouvait alors le vendredi de la troisième semaine de carême jour auquel l'église chante à l'introït de la messe ces paroles tirées du psaume 85 « Seigneur, faites éclater un prodige en ma faveur afin que mes ennemis le voient et soient confondus.»

Les religieuses ayant reçu celte sainte relique, la posèrent, au dedans de leur chœur sur une espèce de petit autel; et la communauté fut avertie de se trouver à une procession qu'on devait faire après vêpres, en son honneur.

Vêpres finies on chanta les hymnes et les prières convenables à la sainte couronne d'épines et au mystère douloureux de la passion; après quoi elles allèrent, chacune en leur rang baiser la relique.

---

334 - Notez bien que la plaie était dans l'intérieur du nez, et ne se voyait pas.
335 - Notez encore qu'on ne l'appliqua pas.

Quand ce fut le tour de la petite Perrier, la maîtresse des pensionnaires lui dit : « Recommandez-vous à Dieu, ma fille et faites toucher votre œil malade à la sainte épine. » *La petite fille fit ce qu'on lui dit; et elle a depuis déclaré qu'elle ne douta point, sur la parole de sa maîtresse, que la sainte épine ne la guérît.*

Après cette cérémonie, toutes les pensionnaires se retirèrent dans leur chambre; celle-ci n'y fut pas plus tôt, qu'elle dit à sa compagne « Ma sœur je n'ai plus de mal; la sainte épine m'a guérie. » »

En effet sa compagne l'ayant regardée avec attention, trouva son œil gauche aussi sain que l'autre, sans tumeur, et même sans cicatrice[336].

L'un des médecins qui avait soigné la jeune fille ne put voir ce miracle sans en rendre témoignage. Dans toute autre maison que Port-Royal, le prodige eût été divulgué le jour même. Les religieuses le répandirent plus lentement; mais enfin, il fut connu; les dévots accoururent en foule visiter la sainte épine, qui fut donnée à l'abbaye de Port-Royal; et mademoiselle Perrier raconta souvent dans le monde, le miracle qui l'avait guérie.

Mais observons encore qu'à l'instant de ce miracle, les filles de Port-Royal étaient sur le point de succomber sous les efforts des jésuites leurs ennemis, et qu'un prodige bien soutenu pouvait relever leur maison. La sainte épine ne les sauva pourtant pas, puisqu'elles furent dispersées peu après. Cette sainte épine était encore, avant la révolution dans l'église de l'abbaye de Port-Royal-de-Paris.

CRÂNES. - On montrait autrefois, à Gavaret en Gascogne, douze crânes de Templiers, que l'on faisait honorer comme douze crânes de saints martyrs. - Les crânes des différents saints sont indiqués à leurs noms particuliers.

CRÉPIN et **CRÉPINIEN.** - Frères et martyrs pour la foi à Soissons, au troisième siècle, patrons des cordonniers et savetiers. Leur nom a beaucoup d'analogie avec le mot *crepida*, qui est un terme de leur métier. Ils ont laissé chacun trois corps : 1°. à Rome, dans l'église de Saint-Laurent; 2°. au monastère de Lézat, à quatre lieues de Toulouse; 3°. à l'abbaye de Notre-Dame de Soissons. Les saints corps de Soissons furent découverts par saint Éloi. Quelques critiques prétendent qu'ils furent

---

336 - Racine, *Abrégé de l'histoire de Port-Royal.*

brûlés par les huguenots en 1567, mais il ne faut pas y regarder de si près.

CROIX DE JÉSUS-CHRIST. - C'était, dit-on, l'usage chez les Juifs d'enterrer les instruments du supplice avec les malfaiteurs suppliciés. La croix où Jésus-Christ était mort fut jetée dans une vieille citerne avec les gibets des deux larrons, et elle demeura perdue environ trois siècles.

Hélène, mère du grand Constantin, était chrétienne; Constantin dut, par conséquent savoir l'histoire de Jésus-Christ. La croix lumineuse qui lui apparut dans les airs, au moment d'une bataille, avec ces mots *In hoc signo vinces*, ayant achevé la conversion de ce prince, il donna un édit qui défendait d'user à l'avenir du supplice de la croix et sainte Hélène, âgée de près de quatre-vingts ans, passa en 326 dans la Palestine, avec un ardent désir de découvrir la croix de Jésus-Christ, pour l'exposer au culte des chrétiens.

Mais rien ne désignait où elle pouvait être. Elle consulta les habitants de Jérusalem et tous ceux qui pouvaient lui donner quelques lumières. On lui répondit que si elle découvrait le tombeau de Jésus, elle ne manquerait pas de trouver les instruments de son supplice.

Après qu'on eut creusé sur le Calvaire, on trouva le saint sépulcre. Il y avait auprès trois croix avec les clous qui avaient percé les mains et les pieds de Notre-Seigneur, et le titre qui avait été attaché au haut de sa croix. Comme ce titre était séparé, on fut bien en peine pour reconnaître celle de ces trois croix qui avait servi à la passion de Jésus.

Saint Macaire, évêque de Jérusalem, implora les lumières du ciel, et fit appliquer les trois croix l'une après l'autre sur une femme que les médecins avaient abandonnée et qui était mourante. Les deux premières ne produisirent aucun effet. Mais cette femme n'eut pas plus tôt touché la troisième croix, qu'elle se trouva entièrement guérie[337].

Hélène témoigna la joie la plus vive, et fonda une église à l'endroit où ce précieux trésor avait été trouvé. Elle donna une partie de la vraie croix à l'empereur Constantin son fils, qui la reçut avec respect à Constantinople; elle en envoya une autre partie à Rome, et laissa le reste à Jérusalem, enfermé dans un étui extrêmement riche. Voilà du moins ce que disent les écrivains catholiques.

337 - Godescard et autres, au 3 mai.

« Que la croix trouvé par sainte Hélène ait été la même que celle où Jésus-Christ fut pendu, de tout cela, ajoute Calvin, je m'en rapporte à ce qui en est; mais ce fut à elle une folle curiosité ou une sotte dévotion. Supposons pourtant que ç'ait été une œuvre louable de chercher la vraie croix que Jésus-Christ l'ait fait connaître par un miracle, et voyons ensuite ce qu'elle est devenue.

L'Évangile fait assez connaître que la croix pouvait être portée par un seul homme. On en montre maintenant tant de pièces, que trois cents hommes ne les porteraient pas. Et voici l'excuse qu'on donne pour couvrir cette inconvenance c'est que, malgré tous les dégâts qu'on y fait, la vraie croix ne diminue pas, et reste toujours entière à Jérusalem[338].

C'est une bourde si grossière, que les plus superstitieux dévots n'osent plus l'employer et la plupart des églises qui possèdent quelques morceaux de la croix n'ont d'autre ressource que de lui donner une origine merveilleuse. Les uns disent que leur morceau a été apporté par un ange; d'autres, qu'il leur est tombé du ciel. Ceux de Poitiers racontent que ce qu'ils en ont leur fut donné par une demoiselle qui l'avait dérobé à l'impératrice Hélène, et qui s'égara dans le Poitou, en fuyant cette pieuse princesse dont elle était femme de chambre. Ils ajoutent que cette demoiselle était boiteuse[339]. *»*

Nul ne doute que la croix ne soit encore à Jérusalem, et elle y est entière. Cependant, il y en avait une grande partie à Paris dans la Sainte-Chapelle, à l'abbaye de Saint-Victor, à Saint-Germain-des-Prés, et dans d'autres églises; plusieurs grands morceaux à Rome, dans l'église de la Sainte-Croix, dans celle de Saint-Pierre, à Saint-Jean-de-Latran, à Saint-Marcel, à Sainte-Marie *in trastevere*, à Sainte-Sabine; à Sainte-Marie-du-Peuple, à Saint-Paul en la voie d'Ostie, à l'obélisque de Saint-Pierre, etc., une pièce considérable à Saint-Marc de Venise, un grand morceau à Nuremberg, un fragment remarquable à Notre-Dame-d'Avignon un morceau important à Saint-Victor de Marseille, plusieurs morceaux à Chartres, une bonne pièce à Notre-Dame d'Argensole en Champagne un gros morceau apporté par un ange chez les Camaldules de l'île de Saint-Michel, près de Venise; une partie assez notable aux Carmélites d'Ancône; un morceau à Saint-Laurent de Gênes, une pièce magnifiquement enchâssée à Notre-Dame de Lorette, deux beaux

---

338 - Voyez le père Goujon, *Voyage en Terre sainte*, page 147.
339 - Calvin, *Traité des reliques.*

échantillons à Saint-Jacques et à Saint Dominique de Bologne. Dans une des églises de Saint-Étienne de la même ville, on montre une croix d'or longue d'un pied, qui renferme deux morceaux de la vraie croix teints du sang de Jésus-Christ, et disposés en croix par les mains de saint Pétrone[340].

On voit aussi à Naples plusieurs morceaux de la vraie croix; il y en avait un morceau considérable et très considéré à Bernay en Normandie. On vénérait à Saint-Denis une croix faite d'un morceau de bois de la vraie croix par le pape Clément III, et donnée par ce saint père à Philippe-Auguste. On conservait au même lieu un autre morceau long d'un pied, qui était un présent de Baudouin de Jérusalem. On connaît encore un morceau de la vraie croix, enchâssé dans un sceptre royal qui est dans le trésor de la tour de Londres[341].

Il serait difficile de citer la plus petite ville qui n'ait pas eu quelque fragment de la vraie croix; il y en avait dans trente mille couvents et on chargerait un grand vaisseau de tout ce qui s'en pourrait ramasser[342].

Les morceaux de bois de la vraie croix sont ordinairement noirs. Cependant, on en trouve qui sont d'autre couleur. C'est sans doute pour justifier ces différentes nuances que des théologiens ont écrit que la croix avait été faite de quatre bois, savoir, de palmier, de cèdre, de cyprès et d'olivier[343]. Les Juifs n'y faisaient pas tant de façon; et ce n'est pas les ébénistes qu'on charge de faire les potences.

On lit dans quelques critiques que souvent des porteurs de reliques vendirent comme morceaux de la vraie croix des parcelles d'amiante; on sait que cette pierre a, comme le bois, des linéaments, et qu'elle est incombustible; ce qui faisait illusion.

CROIX DE LA SAINTE-CHAPELLE DE PARIS.

Baudoin II, empereur de Constantinople, n'ayant de ressources dans le triste état de ses affaires, que dans les reliques de sa chapelle impériale, content de la manière avantageuse dont il avait vendu la couronne d'épines à notre roi saint Louis, lui fit proposer d'autres acquisitions non

---

340 - *Voyage de France et d'Italie par un gentilhomme français*, page 792.
341 - Madame Davot, *Lettres sur l'Angleterre*, page 54.
342 - Calvin, *Traité des Reliques*.
343 - *Glose sur la Clémentine*, citée dans le *Voyage du père Jacques Goujon*, page 148.

moins saintes. Louis se hâta d'envoyer à Constantinople des ambassadeurs avec de l'argent.

Parmi les reliques qu'ils achetèrent à haut prix, il y avait un morceau, le plus long qu'on ait connu, de la vraie croix de Jésus-Christ; c'était celui que l'impératrice Hélène avait envoyé à son fils; un autre morceau moins remarquable, et une croix appelée la *Croix du triomphe*, parce que ceux qui la portaient au combat étaient sûrs de remporter la victoire. Constantinople était alors assiégée de toutes parts; et il paraîtrait que l'empereur n'avait pas foi à la vertu de sa croix de triomphe, puisqu'il la vendait dans un moment où il en aurait eu le plus grand besoin[344].

Ces reliques furent déposées dans la Sainte-Chapelle, et attirèrent un grand concours de dévots. Mais la nuit du 10 mai 1575 le plus grand morceau de la vraie croix fut volé. On mit des gardes aux portes de la ville et sur la rivière, pour fouiller tous ceux qui sortiraient : on fit des recherches sévères, des processions où toute la cour assista, le roi Henri III disant dévotement son chapelet; on ordonna des prières publiques et le morceau de croix ne reparut pas.

L'opinion générale accusait Henri III de l'avoir vendu aux Vénitiens.

Le jour de Pâques fleuri de l'année suivante, Henri III fit publier au prône, dans toutes les paroisses de Paris, que chacun allât adorer comme de coutume une nouvelle croix qu'il avait fait faire toute semblable à la première, et dans laquelle il avait fait enchâsser un morceau de la vraie croix « *de quoi le peuple de Paris fut fort joyeux et content*[345] ». Cette croix de Henri III est une grande croix de vermeil, qu'on exposait tous les vendredis de carême, et qui doit être à présent dans le trésor de Notre-Dame.

TITRE DE LA CROIX.

Pilate fit mettre au haut de la croix de Jésus-Christ cette inscription en latin, en grec et en hébreu : *Jésus de Nazareth, roi des juifs*. C'est cette inscription qu'on appelle le titre de la croix. On prétend qu'il fut trouvé par sainte Hélène; on le montre à Rome dans l'église de la Sainte-Croix, et à Toulouse dans l'église de Notre-Dame la Daurade.

---

344 - M. Dulaure, *Description des curiosités de Paris*.
345 - L'Estoile, *journal de Henri III*.

L'inscription, dans celui de Toulouse est en cinq lignes, au lieu qu'à Rome elle n'en contient que trois.

On prétend que le titre de Rome avait un pied de long; et comme il n'a plus que neuf pouces on se vante dans plusieurs églises d'en avoir des fragments.

Mais encore un coup, ni Rome, ni Toulouse ne peuvent dire au juste où ils ont pris les planches peintes qu'ils donnent pour le titre de la croix qui est sans doute aussi dans d'autres villes.

CROIX DE TOURS.

Théodore de Bèze, dans son *Histoire ecclésiastique,* parle d'une croix qui se trouva dans l'inventaire des reliques de Tours lorsque cette ville fut prise par les huguenots en 1562. On l'adorait surtout le jour de la passion. C'était une grande croix couverte d'or et d'émail, où était enchâssée une agate précieuse représentant Vénus couchée avec Mars et Cupidon entre eux deux; il y avait à côté un morceau de bois rouge qu'on disait tiré de la vraie croix. Aux grandes fêtes, « *le peuple baisait bien dévotement l'image de Vénus, avec son fils Cupidon, et Mars son adultère.* »

Sur une autre croix, on baisait et adorait une autre agate représentant Vénus qui pleurait la mort d'Adonis[346].

CROIX VÉNITIENNE.

« *On m'a conté à Venise la longue et obscure histoire d'une croix d'airain qui fut trouvée flottante autour des îles, et qu'on apporta avec beaucoup de cérémonies dans l'église de Saint-Pierre-du-Château. On a de la vénération pour cette croix, mais elle n'a jamais dit ce qui l'empêchait d'aller à fond quand elle était sur l'eau; et, bien qu'elle soit évidemment miraculeuse, il n'y a personne qui se souvienne de lui avoir vu faire d'autre miracle de sorte que, comme toutes les églises et même la plupart des chapelles de Venise sont abondamment pourvues de morceaux de la vraie croix, celle-ci, quelque extraordinaire qu'elle soit, est un peu négligée.*

---

346 - Dulaurens, *les Abus dans les cérémonies,* etc. chap. de la Bibliothèque.

Les moines de Saint-Michel ont une autre croix fort grande et fort belle, dans laquelle est enchâssé un morceau considérable de la vraie croix. Ce morceau, qui leur fut apporté par un ange, a particulièrement la vertu de calmer les orages. La suite des miracles qu'il a opérés est écrite sur une pancarte de vieux vélin. Autrefois, aucun vaisseau ne partait de Venise que le pilote et presque tout l'équipage ne vinssent se recommander à cette bonne croix. Mais ce zèle s'est refroidi, parce que les bonnes coutumes se perdent plutôt que les mauvaises[347]. »

CROIX DE SAINTE-MARTHE.

« *On montre, dans l'église de Sainte-Marthe de Tarascon une croix d'un bois incorruptible, que sainte Marthe portait toujours avec elle. Elle se servit de cette croix pour dompter la tarasque, monstre horrible qui dévorait les hommes tout entiers d'où la ville a retenu le nom de Tarascon. La tarasque est représentée dans une chapelle souterraine avec le corps couvert d'écailles la queue d'un serpent et la tète d'un lion*[348]. »

CROIX DE SAINT-LO.

Il y avait à Saint-Lô une croix très merveilleuse, sur laquelle on comptait mille histoires terribles. Lorsqu'on voulait obliger quelqu'un par un serment indissoluble, on l'obligeait à jurer sur la sainte croix de Saint-Lô, comme autrefois sur les reliques de saint Martin. Aussi notre roi Louis XI ne voulut-il jamais prêter serment sur la croix de Saint-Lô[349], parce qu'on assurait que ceux qui se parjuraient en jurant sur cette croix mouraient misérablement dans l'année. Le bon prince, dit le président Hénaut, était un peu plus attaché à la vie qu'à sa parole.

BAINS DE LA SAINTE CROIX.

Auprès du lac d'Averne en Italie, on va, par dévotion se baigner aux bains de la sainte croix, ainsi nommés parce qu'un jour il y apparut une

---

347 - Misson, tome Ier, page 275.
348 - *Voyage de France et d'Italie par un gentilhomme français,* pages 83 et 84.
349 - Le président Hénaut, sous l'année 1483, après d'autres, historiens.

croix, avec tous les instruments de la passion. Ces bains guérissent de diverses maladies[350].

CHAPELLE DE LA SAINTE-CROIX.

On voit à Rome, dans l'église de la Sainte-Croix-de-Jérusalem, une chapelle bâtie au lieu même où était autrefois la chambre de sainte Hélène. Il est défendu aux femmes d'y entrer, sous peine d'excommunication...., excepté le vingt mars, jour de la dédicace de l'église. La terre qui est sous le pavé de cette chapelle a été apportée de Jérusalem par sainte Hélène, et arrosée du sang de Jésus-Christ : on le conte du moins. Il n'y a que le pape qui puisse dire la messe dans cette chapelle sainte[351].

CROIX DE SAINTE RADEGONDE.

« Il n'y avait au sixième siècle aucune église de France qui pût se vanter d'avoir du bois de la vraie croix. La sainte reine Radegonde en demanda à l'empereur de Constantinople, qui en envoya une pièce. de quoi le diable se dépitant, usa d'étranges artifices pour faire mépriser cette belle relique. Il fit douter si c'en était, jusque-là que plusieurs jurèrent que ce n'en était point[352]. » Et comme ce morceau de la croix ne faisait pas merveille à Poitiers, on l'emporta à Tours où il fit encore moins d'effet, ce qui désolait les pieux.

CROIX DE BOURBON-L'ARCHAMBAUT.

On montrait dans le trésor de la sainte chapelle de Bourbon-l'Archambaut, une belle croix d'or pur, dont le montant était long de dix-huit pouces, et le travers d'un pied. Cette croix était ornée de trente grosses perles, de cinq pierres précieuses, et surmontée d'une couronne d'or. On y avait enchâssé une épine de la couronne de Jésus-Christ, et une croix faite du bois de la vraie croix. Une montagne de vermeil servait de piédestal. Au bas étaient à genoux le duc Jean de Bourgogne,

---

350 - *Voyage de France et d'Italie par un gentilhomme français*, et quelques autres relations.
351 - Même ouvrage, page 331.
352 - Ribadéneira, 13 août.

la duchesse Jeanne de France, sa femme; la Magdeleine embrassait la croix, et la sainte Vierge était auprès soutenue par saint Jean. Au pied de la croix étaient une tête et quelques os de mort en argent. Cette croix, qui a peut-être été fondue, pesait treize livres, et faisait quelques petits miracles. Mais est-ce avec un luxe aussi inutile qu'on devrait rappeler le Dieu des malheureux et des pauvres?

CROIX DE SAINT PAULIN.

Saint Jérôme avait chargé sainte Mélanie de remettre à saint Paulin un petit morceau du bois de la vraie croix. Or, un violent incendie s'étant élevé, comme la maison où demeurait saint Paulin allait être la proie des flammes, il s'avisa de leur opposer son petit morceau de bois de la croix, et incontinent l'incendie ne manqua pas de s'arrêter[353].

Terminons cet article qui devient trop long. Il y a partout quelques parties du bois de la vraie croix; et partout on en fait des miracles. Mais observons que la croix, qui est le signe du salut des chrétiens, est quelquefois pour eux un indice de malheur. On sait quel terrible présage on peut tirer de deux fourchettes mises en croix. On appliquera la même réflexion au vendredi qui est le jour de notre rédemption, et dont nous faisons un jour malheureux.

CROIX DE CONSTANTIN. - Constantin-le-Grand, allant combattre le tyran Maxence, fit une prière au vrai Dieu, et se mit en marche avec une partie de son armée. Un peu après midi, le soleil commençant à baisser, l'empereur et ceux qui étaient avec lui aperçurent une croix lumineuse sur un nuage, au-dessus du soleil. On raconte même qu'il lut à l'entour cette légende : *In hoc signo vinces, c'est par la croix que tu vaincras*. Il se convertit, fit faire des étendards qui représentaient une croix et remporta la victoire. Cette croix de Constantin n'était que la vision d'un reflet de lumière sur un nuage. A Brescia pourtant on se vante de l'avoir; mais ceux de Cortone maintiennent qu'elle est chez eux[354]. Qu'on s'étonne après cela de voir des moines porter en bouteille le han de saint Joseph et les rayons cornus de Moïse.

---

353 - *Matthœi Tympii prœuna virtutum*, etc. page 441 post Baron, tome V, page27.
354 - Calvin, *Traité des Reliques*.

CROIX DU BON LARRON. - « *Qui entra le premier en paradis ? Ce fut le bon larron*[355]. » On fit donc bien d'en faire un saint et d'honorer ses reliques. La croix de ce bon saint voleur est à Rome, dans l'église de la Sainte-Croix. Mais on en montre de gros fragments dans trois ou quatre cents églises ou couvents. Voyez l'article *Disma*.

CROIX DE SAINT ANDRÉ. - La croix de saint André était entière à Marseille, dans l'abbaye de Saint-Victor. Les branches, larges de huit pouces, avaient sept pieds de longueur[356]. Elles étaient revêtues d'un ouvrage d'orfèvrerie, qui était admiré et que l'on a peut-être fondu. En second lieu, la croix de saint André est en Russie, aussi entière qu'à Marseille.

On voit à Saint-Pierre de Rome dans la chapelle du pape, une troisième croix de saint André[357]. On en montre des parties considérables dans la même ville, aux églises de Saint-Eustache, de Sainte-Sabine, de Saint-Mathieu *in Merulana*, et dans une foule d'églises et de couvents de l'Espagne, de la Russie et de l'Italie. Mais personne ne sait où l'on a pris cette croix; les légendaires mêmes n'en parlent pas.

CRUCIFIX. - La croix étant le signe du salut des chrétiens, on en fit partout des représentations, et on adora toujours Jésus-Christ *crucifié*. Il ne faut pas se persuader pour cela que les chrétiens soient les seuls qui aient rendu un culte à la croix. Les Égyptiens vénéraient la croix de Sérapis qu'ils regardaient comme l'emblème de la vie future[358]; et l'on trouve dans Martial une épigramme sur un *amour crucifié*.

Quoi qu'il en soit, les chrétiens *adorent* la croix, et lui rendent un culte qui ne serait dû qu'à Dieu. Il est vrai qu'outre les miracles du bois de la vraie croix, plusieurs crucifix apportés par des anges ou faits par des saints, ont opéré des merveilles qui méritent attention. Nous allons parler de quelques-uns des plus célèbres.

CRUCIFIX DE SAINT-AGNELLO DE NAPLES.

---

355 - L'enfant sage a trois ans; opuscule d'ignorantin rapporté dans les anecdotes du 19ème siècle, tome I, page 293.
356 - *Voyage de France et d'Italie, fait par un gentilhomme français*, page 108.
357 - Même voyage page 670.
358 - Voyez Volney, *les Ruines*, chap. XXII, paragraphe 3.

On voit dans l'église de saint Agnello, un crucifix dont l'histoire est assez singulière. En l'an 1300 deux compères se disputaient vivement pour une somme d'argent que l'un avait prêtée, et que l'autre niait d'avoir reçue. La scène se passait devant le crucifix en question. Tout à coup ce saint-crucifix indigné des mensonges du débiteur découvrit à haute voix la vérité.

Tandis que les assistants étaient dans l'admiration d'avoir entendu parler un crucifix de bois, le débiteur fâché prit une grosse pierre et en frappa le visage de la sainte image. Incontinent le crucifix devint pâle, livide; le coup de pierre avait fait une contusion comme si le visage eût été animé. Le sacrilège épouvanté fut frappé d'une punition soudaine et demeura immobile comme un mort. Mais les prières de son créancier qu'il promit de payer, le ressuscitèrent; et il vécut depuis plus saintement.

Cette belle histoire est rapportée dans une inscription latine qui se trouve mise au bas du crucifix de saint Agnello.

CRUCIFIX DES APÔTRES.

On voit, dans la Santa Casa, à Notre-Dame-de-Lorette, un crucifix d'un bois incorruptible, qui fut placé par les apôtres sur l'autel qu'ils élevèrent dans la chambre de la sainte Vierge. « *Ce crucifix est présentement sur la fenêtre de la Santa Casa*[359] *et l'on n'a jamais pu le faire changer de place* »[360].

CRUCIFIX DES BÉNÉDICTINS DE NAPLES

On voit sans doute encore à Naples dans l'église des bénédictins, « *un crucifix qui eut, deux conversations assez, longues avec son lieutenant le pape Pie V*[361]. »

CRUCIFIX DES BÉGUINES DE GAND.

« *Il y a, dans l'église des béguines de Gand, un crucifix miraculeux qui a la bouche ouverte. Une béguine, affligée de ce que toutes les béguines s'étaient allées divertir un jour de carnaval et l'avaient laissée seule, alla*

---

359 - Voyez pour la Santa Casa l'article de *Notre-Dame de Lorette*.
360 - *Voyage de France et d'Italie par un gentilhomme français*, page 743.
361 - Misson, tome II, page 34, 4ème édition,

faire ses condoléances au crucifix. Le crucifix lui répondit. « Ne t'affliges pas ma fille, demain tu te réjouiras avec moi; tu seras à mes noces éternelles. » En effet la béguine mourut le lendemain; et depuis, le crucifix est demeuré la bouche ouverte[362] *».*

CRUCIFIX DE BOKSLEY.

Après que Henri VIII eut supprimé les couvents en Angleterre, parmi les instruments de fraudes pieuses que l'on découvrit dans ces superbes asiles de la fainéantise, on parle surtout du fameux crucifix de Boksley, qui se remuait et qui marchait comme une marionnette[363]. On appelait ce crucifix la *Statue de Grâce*. Il se courbait se haussait, se baissait, branlait la tête, remuait les lèvres, roulait les yeux, fronçait les sourcils, selon les différents mouvements qui l'agitaient. Les moines toujours ingénieux avaient habilement inventé des ressorts qui faisaient mouvoir à volonté ce miraculeux crucifix; et cette sainte industrie avait longtemps édifié les Anglais dévots et porté de grands profits au monastère.

Malheureusement, pour les pieux qui n'aiment pas le scandale, un évêque de la nouvelle religion découvrit toute la mécanique de ces miracles[364] et le crucifix fut exposé en place publique à la risée de la multitude.

CRUCIFIX DES FILLES DE GÊNES.

On garde à Gênes, dans l'église de Saint-Marie-du-Château, un crucifix qui est particulièrement vénéré des filles; en voici la raison.

Un gentilhomme faisait la cour à une demoiselle, qu'il n'avait dessein que de tromper. Comme ses instances lui réussissaient mal, il s'avisa un jour de lui promettre formellement de l'épouser; elle reçut ses serments dans une place publique où était alors le crucifix et bientôt son amant fut heureux. Mais ensuite il refusa de tenir sa promesse.

La demoiselle indignée lui fit un procès; et comme elle n'avait point de témoins des faveurs qu'elle lui avait accordées, on allait rejeter sa plainte lorsqu'elle se rappela que les serments du gentilhomme .avaient été faits

---

362 - Tiré d'un *Voyage de Flandres* et cité dans Misson tome III, page 137.
363 - Voltaire, *Dictionnaire philosophique*, au mot *Oracles*.
364 - *Histoire des Religions et des Mœurs de tous les peuples*, (6 vol. in-4°. 1819), tome IV, page 81.

en présence d'un crucifix. Elle s'écria en pleurant qu'elle le prenait à témoin de la vérité, et supplia les juges de vouloir bien l'entendre.

On eut la complaisance de députer au crucifix et de l'interroger. Il n'ouvrit pas la bouche comme quelques autres auraient fait; mais il baissa la tête et attesta par ce signe affirmatif la vérité des déclarations de la pauvre fille pour qui on l'interrogeait. Les juges ordonnèrent donc que le mariage fût célébré le jour même. Le cœur de l'amant fut touché, et jamais on n'a vu d'union plus heureuse[365].

CRUCIFIX DE SAINTE-MARIE-DES-CARMES.

On montre à Naples, dans l'église de Sainte- Marie-des-Carmes, un crucifix qui baissa la tête à la vue d'un boulet de canon qui la lui allait emporter. Ce fut en 1439, lorsqu'Alphonse d'Aragon assiégeait Naples. Le boulet ne fit qu'abattre la couronne du crucifix. On le fait voir tous les ans, le premier vendredi de mars et à la seconde fête de Noël[366].

CRUCIFIX DE LUCQUES.

Le crucifix de Lucques, appelé aussi *le crucifix de Nicodème*, est très célèbre en Italie sous le nom du *Volto-Santo*, (le saint-visage.) Voici un petit précis de son histoire.

Nicodème, ayant l'esprit fortement frappé de la figure de Jésus-Christ, entreprit de faire son image. Mais après qu'il eût achevé de sculpter le corps, il lui fut impossible de faire la tête, qui fut terminée par la main d'un ange.

Au moment de sa mort, Nicodème raconta ce miracle à un de ses parents et lui donna son crucifix qui resta en Judée jusqu'au huitième siècle.

Alors un évêque de Lucques en fit l'acquisition et porta le saint crucifix dans un navire qui sans être conduit par aucun matelot, arriva heureusement en Italie au port de la ville de Lune.

Les habitants qui se promenaient sur le rivage, entrèrent dans le vaisseau et voulurent emporter le crucifix de Nicodème. Mais il se fit si pesant que tous leurs efforts furent inutiles.

Comme les Lucquois et les habitants de Lune contestaient à qui l'aurait, les évêques des deux villes convinrent qu'on le mettrait sur un chariot

---

365 - Misson, *Voyage d'Italie*, tome III, page 44.
366 - Même ouvrage, tome II, page 34.

attelé de deux jeunes taureaux, et que le crucifix demeurerait à l'église où il se laisserait conduire.

Le crucifix, comme de juste, se rendit à Lucques et fut reçu dans une église qui était bâtie hors de la ville sous l'invocation de saint Frédien. Mais apparemment qu'il s'ennuya dans cette église, car un jour il prit sa volée et se transporta miraculeusement dans celle de Saint-Martin, où il se tint suspendu en l'air, jusqu'à qu'on lui eut bâti un autel sur lequel il se reposa.

Quelque temps après, un pèlerin qui visitait Jérusalem, apprit de deux religieux qui gardaient le tombeau de Notre-Seigneur, que si on ouvrait le crucifix de Lucques, on y trouverait des reliques. Le pèlerin ne manqua pas à son retour de rapporter cette révélation. L'évêque de Lucques regarda dans le miraculeux crucifix; il y trouva une partie de la couronne d'épines de Notre-Seigneur, une fiole de son sang que Nicodème avait ramassé, un clou de la croix, et quelques autres objets sacrés.

Mais il fut obligé d'y laisser quelques reliques que l'on ne connaît pas, parce que le crucifix se referma miraculeusement, avec un grand éclat de lumière.

Autrefois, le crucifix de Lucques faisait tous les jours des miracles. Nous en citerons un petit. Un jeune homme qui était venu adorer ce crucifix, voyant que plusieurs personnes lui faisaient des présents considérables, et qu'il n'avait rien à donner, s'avisa de jouer d'un instrument qu'il avait, dont la mélodie charma tellement la sainte image, que quand il voulut s'approcher pour le baiser, le crucifix lui tendit ses pieds qui étaient alors chaussés de souliers d'argent. Ce miracle attira beaucoup de dévotions pécuniaires.

Le crucifix de Lucques était fait de bois de cèdre, vêtu d'une robe très riche, coiffé d'une couronne de pierres précieuses. On lui mettait des pantoufles de velours cramoisi, les jours ordinaires, des pantoufles de drap d'argent les dimanches, et des pantoufles de drap d'or aux grandes fêtes.

Les critiques prétendent que ce crucifix était fait comme celui de Boksley. On le vénérait tellement à Lucques qu'on le mettait sur la monnaie avec les armes de la république. Nous ne pourrions dire si ce crucifix est toujours chez les Lucquois mais il y en a encore une copie que l'on dit très exacte, à Rome dans l'église de la Sainte-Croix[367].

CRUCIFIX DE CITEAUX.

Une religieuse étant restée un peu tard dans la chapelle, on l'y enferma, et elle fut obligée d'y passer la nuit. Mais il sortit incontinent du bras d'un crucifix au pied duquel elle priait, une lumière merveilleuse, grosse comme une étoile et beaucoup plus brillante, à la lueur de laquelle elle put lire les psaumes toute la nuit. On conservait ce crucifix miraculeux dans un monastère de l'ordre de Citeaux[368].

CRUCIFIX DE SAINTE ERMENGARDE.

Sainte Ermengarde étant allée en pèlerinage à Rome, se mit en prières aux pieds d'un crucifix qui est dans l'église de Saint-Paul, au chemin d'Ostie. Le crucifix, content de sa piété, ouvrit la bouche et lui dit « *Ermengarde, ma fille bien-aimée, je te prie, sitôt que tu seras de retour à Cologne, d'aller saluer de ma part un crucifix qui me ressemble, et qui est dans l'église de Saint-Pierre, au grand autel.* »
La comtesse mit bas son chapeau de pèlerine, remercia le crucifix de l'honneur qu'il lui faisait; et promit de s'acquitter de sa commission. A l'instant, le crucifix détacha son bras cloué à la croix, et lui donna sa bénédiction !
Ermengarde, de retour à Cologne, se rendit à l'église de Saint-Pierre, s'agenouilla devant l'autre crucifix, et lui dit « *Monseigneur, il y a dans l'église de Saint-Paul à Rome un crucifix qui vous ressemble, et qui m'a chargé bien expressément de vous saluer de sa part.* » Le crucifix de Cologne, baissant et inclinant la tête lui répondit « *Je te remercie, Ermengarde ma fille bien-aimée*[369]. »

CRUCIFIX DE SAINT FRANÇOIS D'ASSISE.

367 - Dupaty, lettre XXXIII sur l'Italie. Misson, tome II, p. 322, *Voyage de France et d'Italie*, etc. pages 193 et 630. Bruzen de la Martinière article *Lucques*.
368 - *Cæsarii* (il écrivait au treizième siècle) *miracul.* Lib. VIII, cap. 22.
369 - *Vie de sainte Ermengarde*, citée dans le *dictionnaire infernal* au mot *Miracles*.

Dans une chapelle de l'église de Sainte-Claire d'Assise, on conserve le crucifix qui parla à saint François, pendant qu'il priait dans l'église de Saint-Damien, et lui dit par trois fois « *François, répare ma maison qui va tomber en ruine* ».

Ce crucifix est une peinture ancienne d'environ quatre pieds de hauteur. La face est, dit-on, fort belle. Mais on a un peu de peine à en bien juger, parce qu'il est dans une armoire un peu éloignée, derrière un vitrage, et que les religieuses, qui le respectent beaucoup ne le montrent qu'avec un flambeau allumé[370].

François d'Assise avait la tête un peu matérielle, car divers crucifix furent obligés de lui parler plusieurs fois pour s'en faire entendre, et après que le crucifix de Saint-Damien lui eut dit trois fois de relever sa maison, au lieu de prendre le sens spirituel de ces paroles, il rétablit trois églises de pierre, parmi lesquelles on remarque Notre-Dame de la Portioncule[371], qui est une boutique d'indulgences.

CRUCIFIX DE SAINT FRANÇOIS-XAVIER.

« *Le plus plaisant des miracles de Xavier est qu'ayant laissé tomber son crucifix dans la mer, près de l'île de Baranura, que je croirais plutôt l'île de Barataria, un cancre vint le lui rapporter entre ses pates, au bout de vingt-quatre heures*[372]. » On conservait ce crucifix dans une maison de jésuites, que je ne saurais nommer précisément.

CRUCIFIX DE GAUTIER DE BIRBACH.

Il y avait à Birbach, dans l'électorat de Cologne, Un chevalier qui se nommait Gautier et qui était très pieux. La Sainte-Vierge apparût à un prêtre qui disait la messe; lui donna un beau crucifix d'or et lui dit « *Porte cela de ma part à mon ami le chevalier Gautier de Birbach.* »

Le prêtre fit sa commission, et Gautier fut si content qu'il prit l'habit monacal, et donna sa croix à un couvent de l'ordre de Cîteaux.

---

370 - Bruzen de la Martinière, au mot *Assise*.

371 - *Mémoires historiques de Camusat*, publiés sous le nom de *Mézerai*. Tome II, page 82.

372 - Voltaire, *Dictionnaire philosophique*, article *François-Xavier*.

Or, le crucifix de Gautier fit tant de bruit, que la comtesse de Hollande en fit l'acquisition et le conserva précieusement dans le trésor de sa chapelle.[373] On ne sait ce qu'il est devenu.

CRUCIFIX DE SAINT-GEORGES DE COLOGNE.

« *On voit à Cologne, dans l'église de Saint-Georges, un crucifix de métal qui fait un grand nombre de miracles et guérit lès dévots malades. C'est pourquoi il est toujours entouré de lampes; d'ex-voto et de cierges. On sait d'ailleurs qu'il y a dans ce crucifix un morceau de la vraie croix.*
Le sonneur de l'église de Saint-Georges avait peu de révérence pour ce saint crucifix, et tous les soirs, en s'allant coucher il lui volait un cierge pour son usage.
Une certaine nuit, pendant qu'il se mettait au lit, éclairé par un de ces cierges, le crucifix vint le trouver, l'accabla de reproches, et l'étrilla si rudement qu'il en eut un vomissement de sang qui dura plusieurs jours.
Je me souviens très bien de ce miracle. On en parla tant dans la ville, que, depuis lors, le doux crucifix est plus honoré que jamais[374]. »

CRUCIFIX DE SAINT-GOAR.

Le puissant seigneur Garnier de Boulant assiégeant le monastère de Saint-Goar aux environs de Trèves, les moines mirent sur la muraille un crucifix de bois, espérant que l'ennemi respecterait une barrière si vénérable. Mais un soldat peu scrupuleux lança une flèche, qui fit une profonde blessure dans le bras de bois du crucifix. Incontinent le sang coula du bras blessé....; Garnier fit le signe de la croix et interrompit le siège; mais il n'arriva mal à personne. On garda avec beaucoup de révérence la flèche sacrilège et le miraculeux crucifix de bois, qui saigna au douzième siècle[375] et qui saigne peut-être encore.

CRUCIFIX DE SAINT GRÉGOIRE DE TOURS.

Saint Grégoire de Tours avait un petit crucifix d'or, dans lequel il avait enfermé des reliques de la Sainte-Vierge, des apôtres et de saint Martin;

---

373 - *Cæsarii miracula.* Lib. 7, cap. 39.
374 - *Cæsarii miracula.* Liber. 8, cap. 25.
375 - *Cæsarii miracula.* Liber. 10, cap. 19.

il portait toujours ce crucifix avec lui. Un jour il aperçut la chaumière d'un pauvre homme en proie à un violent incendie qui allait tout consumer. Il accourut, tira sa croix, l'opposa aux flammes, qui s'éteignirent aussitôt et répara par le même moyen les dégâts que le feu avait déjà faits[376].

Un pareil talisman serait bien précieux entre les mains d'un homme sensible.

DEUX CRUCIFIX FRAPPÉS PAR DES JUIFS.

Un juif de Constantinople, se voyant seul dans l'église de Sainte-Sophie, tira son épée et frappa un crucifix à la gorge. Le sang jaillit aussitôt avec tant de violence, que la figure du sacrilège en fut toute inondée.

Le juif épouvanté prit le crucifix, le jeta dans un puits et se sauva. Mais ayant été rencontré plein de sang, on lui demanda s'il avait tué quelqu'un. Il était si troublé qu'il avoua ce qu'il venait de faire; on tira du puits la sainte image, dont la plaie se voit encore aujourd'hui[377], et le juif se fit chrétien pour ne pas être brûlé.

Dans la ville de Bérith, en Syrie, un chrétien avait placé auprès de son lit un crucifix aux pieds duquel il faisait habituellement ses prières. Ayant été obligé de louer sa maison à un juif, il oublia d'emporter son crucifix.

Un soir que ce juif soupait avec un de ses amis, ils observèrent la sainte image, qu'ils n'avaient pas encore remarquée. Ils amenèrent le lendemain plusieurs de leurs parents; le crucifix fut foulé aux pieds; ils lui percèrent le flanc dont il sortit une si grande quantité de sang et d'eau qu'ils en emplirent un vase.

On porta ce sang à la synagogue; et les juifs malades s'en étant frottés furent guéris ce qui causa la conversion de tous les juifs de Berith. L'évêque fit mettre le précieux sang dans des flacons; on en conserve un à Rome et un autre à Venise.

Il fit venir le chrétien à qui appartenait la maison, et lui demanda de qui il tenait son crucifix miraculeux. Ce chrétien répondit « *Mon crucifix fut fait par Nicodème, qui le donna en mourant à Gamaliel; Gamaliel le légua à Zachée, Zachée à Jacques, Jacques à Simon. Après la ruine de*

---

376 - *Mathœi Tympii prœmia virtutum*, page 437-
377 - Legenda aurea Jacobi de Voragine. Leg. 130.

Jérusalem, mes ancêtres en firent l'acquisition, et il est resté jusqu'ici dans ma famille[378].»

On doit trouver étrange que ce pieux chrétien, qui faisait tous les soirs la prière devant ce crucifix si précieux, l'eût ainsi oublié dans la maison qu'il quittait. Le miracle eût lieu eu l'an 750; le crucifix miraculeux n'est sans doute pas perdu.

CRUCIFIX DE SAINTE BRIGIDE DE SUÈDE.

Sainte Brigide, ayant entendu prêcher la passion, demanda à un crucifix : « *Seigneur, qui vous a ainsi blessé ?* ». Le crucifix répondit « *Ceux qui me méprisent et qui ne tiennent compte de mon amour.* »

On montre à Rome, dans l'église de Saint-Paul, au chemin d'Ostie, le crucifix qui parla à sainte Brigide. Il est enfermé dans une grande armoire que l'on n'ouvre que le premier dimanche de chaque mois. Ce n'est point un ouvrage de sculpture; c'est un crucifix peint sur une bannière[379]. Il est assez curieux de voir parler un morceau de toile.

CRUCIFIX DE BURGOS.

Dans une chapelle du couvent des augustins de Burgos, on voit un crucifix miraculeux auquel les Espagnols ont une dévotion fervente. Il est de grandeur naturelle, et placé sur un riche autel. Les uns prétendent qu'un ange l'apporta du ciel; d'autres, que c'est un ouvrage de Nicodème. On lui attribue des miracles qui lui attirent un si grand concours de fidèles et tant de richesses, qu'il n'y a peut-être pas, dans le monde une église si riche et si magnifique que la chapelle où il est placé. Comme elle est fort sombre, elle est éclairée de deux ou trois cents lampes, dont la plupart sont d'argent quelques-unes; d'or pur; et toutes si grosses qu'elles couvrent la voûte de la chapelle. On voit aux deux côtés de l'autel soixante chandeliers d'argent, si pesants et si hauts qu'un homme ne saurait les remuer. L'autel est chargé de chandeliers et de croix d'or, et l'on admire au-dessus plusieurs couronnes fort riches, ornées de diamants et de grosses perles.

---

378 - Legenda cadem 130.
379 - *Voyage de France et d'Italie par un gentilhomme français*, pages 300 et 449 - Le même crucifix qui parla à sainte Brigide se voit à Gênes dans l'église de Saint-Jérôme.

La chapelle est entourée de tableaux et d'images qui représentent les miracles que le crucifix a faits, et tellement remplie d'*ex-voto* et de raretés qu'on est contraint de mettre les nouveaux présents dans le trésor. On ne fait voir ce crucifix qu'à des gens de distinction, et après bien des cérémonies, dont l'une est d'entendre deux messes. On sonne plusieurs cloches tandis qu'on le montre, et tout le monde est prosterné à genoux. Ce crucifix est-il donc plus précieux que la sainte hostie qu'on montre plus simplement et qui est pourtant, selon les catholiques, Jésus-Christ même en chair et en sang.

Le crucifix de Burgos est toujours couvert de trois rideaux de satin de diverses couleurs, brodés de perles et de pierreries. On les tire l'un après l'autre et l'on voit l'image miraculeuse qui paraît assez bien sculptée, et d'une carnation si naturelle, qu'il ne lui manque que la parole pour persuader qu'elle est animée[380].

Cette persuasion est d'autant plus facile que, par le plus grand miracle[381] ce crucifix de bois semble vivre ou végéter, puisqu'on lui coupe tous les mois la barbe et les ongles.... - Les choses du moins étaient ainsi. Mais dans les guerres d'Espagne, les Français ont fait voir que le crucifix de Burgos poussait ongles et barbe aussi merveilleusement que marchait le crucifix de Boksley. On a si peu respecté aussi les richesses saintes de sa chapelle qu'il y a maintenant de la place pour les nouveaux *ex-voto* des fidèles.

CRUCIFIX DE CAMPEN.

Il y avait au douzième siècle, à l'abbaye de Campen, dans le diocèse de Cologne, un moine qui avait coutume de dormir à l'église, et qui fut châtié bien sévèrement.

Une nuit, pendant qu'il dormait dans le chœur, selon son habitude, les autres moines qui psalmodiaient virent un crucifix de bois descendre de l'autel, éveiller durement le dormeur et lui donner un si grand coup de poing dans la mâchoire, que le bon frère en mourut au bout de trois jours[382]. Ce crucifix fut très révéré par la suite.

CRUCIFIX DES CARMES DE FLORENCE.

---

380 Bruzen de la Martinière, art. Burgos après Vairac, État de l'Espagne.
381 Voyez Dulaurens, les Abus dans les cérémonies et dans les mœurs, page 100, etc.
382 Cæsarii cisterciensis Miracul. Lib. IV, cap. 38.

On montre dans l'église des carmes de Florence[383] le crucifix qui parla au bienheureux carme André, évêque de Fiésole. Mais il y a tant de crucifix qui ont parlé que ce n'est pas un objet bien rare.

CRUCIFIX DE SAINTE CATHERINE DE SIENNE.

Sainte Catherine étant plongée dans les ardeurs de l'oraison aux pieds d'un crucifix, le crucifix la bénit et lui imprima, comme autrefois à saint François d'Assise, les sacrés stigmates, c'est-à-dire, les marques des cinq plaies de la passion. Ce crucifix est honoré dans l'église de Saint-Dominique de Sienne; et la vérité de cette belle histoire est confirmée par une inscription qu'un pape a fait mettre au-dessous[384].

CRUCIFIX DE LAAR

Il y avait à Laar, dans le royaume de Tunis, au milieu du cimetière des chrétiens, un calvaire qui représentait Jésus-Christ crucifié entre les deux voleurs. Une vieille tour qui se trouvait tout près s'étant écroulée dans un incendie, en 1599, les deux larrons et leurs croix furent entièrement brisés; mais le saint crucifix demeura intact. Ce miracle attira beaucoup de fidèles à la croix invulnérable, que l'on invoqua depuis contre l'incendie[385].

CRUCIFIX DE SAINT LAURENT.

On vénère dans l'église de Saint-Laurent, hors de Rome, deux crucifix miraculeux, trouvés auprès d'une pierre teinte du sang de saint Laurent. Une inscription avertit les dévots que ceux qui adorent ces deux crucifix avec un cœur contrit et mortifié, obtiennent la pleine rémission de toutes leurs fautes passées[386].

CRUCIFIX MAQUEREAU.

---

383 - Misson, tome II, page 341

384 - *Voyage de France et d'Italie par un gentilhomme français*, page 239.

385 - *Mathœi Tympii prœmia virtut.*, page 438, etc.

386 - *Voyage de France et d'Italie par un gentilhomme français*, page 405.

« La nuit du jeudi dix mars 1580, de l'ordonnance de l'évêque de Paris assisté du consentement de la cour de parlement, fut ôté et enlevé du lieu où il était, le crucifix surnommé Maquereau, et porté à l'évêché, à cause du scandaleux surnom que le peuple lui avait donné C'était un crucifix de bois plein de la grandeur de ceux que l'on voit ordinairement aux paroisses, lequel était plaqué et attaché contre la muraille d'une maison, sise au bout de la Vieille-Rue-du-Temple proche les égouts en laquelle maison se tenait un bordel; ce qui fit donner à ce crucifix le surnom de Maquereau, parce qu'il servait de marque et enseigne à ceux qui allaient chercher les bordeliers repaires[387]. »*

Ce crucifix était aussi saint que les plus miraculeux. Mais dans l'esprit du vulgaire, les choses sacrées comme les choses profanes, sont jugées selon l'éclat qu'elles font dans ce monde.

CRUCIFIX DE SAINT-DENIS.

On montrait à Saint-Denis un crucifix qui parla autrefois, disait-on, pour rendre témoignage que l'église était dédiée à l'agrément de Dieu et des saints. - Il faut observer que quand on veut dédier les églises on en retire les crucifix et toutes les images....[388]

CRUCIFIX DE WILLISSAW.

Voici ce qui arriva en l'année 1553, à Willissaw, dans le canton de Lucerne. Un joueur de profession nommé Ulrich Schroter, se voyant malheureux au jeu proférait des blasphèmes abominables. Malgré les représentations des assistants il jura que s'il ne gagnait pas dans la chance qui allait tourner, il percerait de sa dague un crucifix qui était sur la cheminée. Il perdit de nouveau, se leva furieux, s'avança et frappa le crucifix; la dague s'évanouit dans sa main; et aussitôt une troupe de diables tombant sur lui, l'enleva avec un bruit si épouvantable, que toute la ville en fut ébranlée[389].

Quoique ce miracle soit un conte de la dernière absurdité, on honorait encore, il y a peu de temps le crucifix de Willissaw.

---

387 - *L'Estoile*, journal de Henri III.
388 - Calvin. *Traité des Reliques.*
389 - *Le diable peint par lui-même*, chap. XIII, après la démonomanie de Bodin.

CRUCIFIX DE TRENTE.

On trouve à Trente le saint crucifix qui présida au fameux concile de cette ville, et qui baissa la tête pour témoigner l'approbation qu'il donnait aux décrets de l'assemblée. On disait autrefois qu'il était d'une matière inconnue et qu'il n'avait pas été fait de main d'hommes. Il opérait beaucoup de miracles[390].

CRUCIFIX DE SAN-SALVADOR.

Il y avait à San-Salvador en Espagne un crucifix a qui on faisait de temps en temps la barbe qui croissait continuellement[391] comme au crucifix de Burgos dont nous avons parlé.

CRUCIFIX DE SAINT THOMAS D'AQUIN.

On voit à Naples, dans l'église de Saint-Dominique, le crucifix qui dit un jour à saint Thomas d'Aquin « *Tu as bien écrit sur mon compte, Thomas quelle récompense veux-tu ? - Point d'autre que vous-même, Seigneur, répondit Thomas.* » La légende ajoute que ce saint homme était alors en extase, et que la ferveur de son zèle le soutenait en l'air à trois pieds de terre[392].

CRUCIFIX DE WURTSBOURG.

Un soldat voyant un crucifix revêtu d'une belle robe qui était à sa convenance, voulut en faire son profit et essaya de la lui enlever avec sa pique. Mais dans tous les endroits où le fer toucha le corps de la sainte image, le sang coula si abondamment que le soldat s'enfuit épouvanté. On garda longtemps ce crucifix à Wurtsbourg[393].

CRUCIFIX DE CORDOUE.

On montre à une colonne de la cathédrale de Cordoue un crucifix miraculeux sculpté en bois et enfermé dans un treillis. Le plus grand

---

390 - Misson, tome l, page 150.
391 - Calvin, *Traité des Reliques.*
392 - Misson, tome II, page 34.
393 - *Cæsarii miracul.* Lib. X, cap. 20.

miracle de ce crucifix est la manière dont il fut fait, puisqu'il fut sculpté, dit-on, par un chrétien prisonnier chez les Maures, et qui n'avait d'autres instruments que ses ongles[394].

CRUCIFIX DE SAINT-JEAN-DE-LATRAN.

On voit à Rome, sous le dais du grand autel de Saint-Jean-de-Latran, une peinture miraculeuse du crucifix, qui descendit du ciel, à ce qu'on dit, aussitôt après la dédicace de l'église et qui demeura toujours intacte, au milieu des deux incendies qui brûlèrent le temple où elle se vint placer[395].

CRUCIFIX DES NONNES.

Une jeune religieuse avait tant de plaisir à fréquenter les hommes et les fréquenta si bien, qu'elle devint enceinte. Elle vivait dans un monastère du diocèse de Cologne. Lorsqu'elle vit son ventre grossir de manière à découvrir bientôt sa faute et à perdre son honneur, elle se lamenta; elle fit pénitence. Cependant sa grossesse allait croissant. Elle s'avisa d'aller se jeter aux pieds d'un crucifix, qu'elle supplia avec larmes de venir à son secours. Elle lui promit que s'il voulait la délivrer de l'opprobre que lui préparaient ses couches elle serait désormais sage jusqu'à la mort. Le crucifix eut pitié d'elle; et quand elle se releva, elle sentit son ventre désenflé; il s'était déchargé de son poids criminel; l'enfant déjà formé s'évanouit et la nonne pleine de joie et de reconnaissance se comporta par la suite avec plus de circonspection[396].

CRUCIFIX DE QUIMPER-CORENTIN.

« Un marchand, en quittant Quimper, confie à son voisin une somme considérable, en le priant de la garder jusqu'à son retour..... Il arrive; on nie le dépôt; il porte plainte devant les juges. On demande un serment; le dépositaire infidèle, prêt à lever la main, remet la canne remplie d'or à l'homme qui réclamait son argent, et jure alors qu'il le lui a rendu.

394 - Bruzen de la Martinière, au mot *Cordoue*, etc.
395 - *Voyage de France et d'Italie*, page 294. *Merveilles de Rome*, etc. page 2.
396 - *Matthæi Tympii præmia virtut.*, etc. page 406. *Ex histor. sancti Annonis*.

Un crucifix, selon l'usage, présidait à ce tribunal. Indigné de cette affreuse infidélité, son bras se détache, son sang coule; la canne se rompt et la fourberie se découvre. J'ai vu le sang exposé tant de siècles à la vénération des fidèles ! - La révolution, ennemie des miracles, a détruit ce grand monument de la piété de nos pères[397]. »

M. Cambry ajoute ensuite :

« *Quand Cervantès a placé ce fait dans l'île de Barataria, au tribunal de notre ami Sancho, il ignorait le vrai lieu de la scène.* » - Mais ce n'est pas sur le conte de Quimper que Cervantès a bâti la sage sentence de l'écuyer de don Quichotte. Il en avait puisé l'idée dans une légende écrite par un Espagnol du douzième siècle, comme on le verra à l'article de saint Nicolas.

CRUCIFIX DU SAINT-SÉPULCRE.

Un soldat tua un vieillard. Le fils du mort voulut venger son père; et il avait attiré le meurtrier dans un piège où il allait lui ôter la vie, quand ce malheureux demanda grâce au nom de la croix de Jésus-Christ. Le fils du vieillard remit son épée et renonça a sa vengeance par respect pour la croix; et quelque temps après, étant allé en pèlerinage, lorsqu'il entra dans l'église du Saint-Sépulcre, un grand crucifix le salua par une profonde inclination de tète pour le remercier du respect qu'il portait à la croix[398]. – On voit combien dans tout cela les hommes font la divinité petite !

CRUCIFIX DE SAINTE MARIE TRANSPONTINE.

On voit à Rome, dans l'église de Sainte-Marie Transpontine, un très ancien crucifix qui conversa avec saint Pierre et saint Paul, pendant qu'on les flagellait, attachés à une colonne qui se montre dans la même église[399]. Un voyageur[400] dit que ce crucifix n'était pas planté là, mais qu'il apparut aux deux saints apôtres pour les encourager. Comment a-t-on pu conserver une apparition ?

---

397 - M. Cambry, *Voyage dans le Finistère en 1794*, t. III, page 17.
398 - *Cæsarii. Miracul.* Lib. 8, cap. 21.
399 - Misson, tome II, page 145, tome III, page 268.
400 - *Voyage de France et d'Italie*, etc., page 462.

CRUCIFIX EN PERRUQUE.

Dans l'église des Macchabées de Cologne, on remarquait un crucifix qui portait une perruque; ce qui est assez singulier. Mais le plus merveilleux c'est que quand les pèlerins de Hongrie venaient à Cologne, chacun d'eux coupait un flocon des cheveux de cette perruque qui cependant ne diminuait jamais[401].

Il y a aussi à Milan et dans d'autres villes quelques crucifix coiffés en perruque, comme on a pu voir des Notre-Dames en vertugadin.

CRUCIFIX DES CRÉANCIERS.

Un Vénitien prêta une somme d'argent. Quand il fallut la rendre, le débiteur nia. Le créancier réclama le témoignage d'un crucifix sculpté en relief sur un mur, devant lequel il avait prêté son argent. Le crucifix baissa la tête lorsque le prêteur l'interrogea devant témoins et le débiteur fut obligé de payer. Ce miracle eut lieu il y a bien cinq cents ans et depuis ce temps le crucifix n'a pas relevé sa tête qui est toujours baissée. On le voit auprès de Venise dans l'île del Christo di povillo[402].

DE QUELQUES AUTRES CRUCIFIX.

Dans l'ancienne cathédrale de Naples, on conserve un crucifix miraculeux qui a été fait par un aveugle; et à Saint-Laurent des franciscains de la même ville, dans la chapelle de l'Ecce Homo, on voit un autre crucifix qui, ayant été frappé d'un coup de poignard, saigna et porta la main droite sur sa plaie[403].

La ville de la Conception de la Vega, à Saint-Domingue, fut presque toute renversée en 1564 par un tremblement de terre. Mais personne ne périt, et même les religieux de saint François s'étant réfugiés dans leur église qui s'écroula, en sortirent sains et saufs. - On attribua ce miracle à un grand crucifix qui avait été transporté, d'une montagne voisine, dans l'église de la Conception[404].

---

401 - Misson, tome I, page 49.
402 - *Voyage de France et d'Italie par un gentilhomme français*, page 854.
403 - Misson, tome II, page 33.
404 - Bruzen de la Martinière, article *Conception de la Vega*.

On habilla plusieurs crucifix; et il était naturel que nos pères les vêtissent à leur mode, puisqu'ils faisaient Dieu à leur ressemblance. « *Chez ceux qui portaient la barbe rase il fallait que les crucifix eussent la patience de la porter rase pareillement quand ils étaient dans un pays où l'on portait la barbe jusqu'à la ceinture, il fallait qu'ils s'accoutumassent à cette mode, encore qu'elle ne leur fût plaisante; car chacun voulait que son crucifix trouvât beau ce qu'il trouvait beau et voilà d'où vient qu'il y a tant de sortes de crucifix*[405]. » On voyait à Soleure un crucifix qui était vêtu à la suisse, avec le pourpoint, les aiguillettes, et les braguettes larges, etc.

Le nombre des crucifix qui ont saigné, parlé, baissé la tête, est si grand qu'on ne finirait pas de les compter. Il y a peu de pays qui n'aient eu des crucifix à miracles. Dans la dernière révolution où l'on abattit tant d'images saintes on voit peu de prodiges bien saillants. Cependant il y eut des crucifix qui pâlirent, d'autres qui frémirent, d'autres qui pleurèrent.

A Mery-sur-Seine, en 1793, un soldat planta une échelle contre une grande croix et y monta pour détacher le crucifix. L'échelle se dérangea et le soldat fit une chute. On s'écria aussitôt que le crucifix lui avait donné un soufflet. Dans un autre temps c'eût été un crucifix miraculeux. A Châlons-sur-Marne, dans la même année, un crucifix de bois peint resta quelque temps à la pluie. Le rouge qui bordait les yeux, se détrempa et coula par gouttes sur le visage. Une bonne femme cria avec épouvante que le crucifix versait des larmes de sang. C'eût été autrefois un miracle terrible. Mais de nos jours on cherche quelquefois à expliquer les prodiges, avant d'admirer et de frémir comme nos sots ancêtres.

CUCUPHAT, CUCUFIN, COUQUENFAT ou **COUGAT.** - Plus connu encore sous le nom de *saint Cucufin*, martyr très célèbre qui mourut en Espagne vers le quatrième siècle, ou vers le troisième, ou vers le deuxième; car son histoire est presque aussi incertaine que celle du saint géant Christophe, dont on ne connut le nom que quatre cents ans après sa mort. On prétend qu'un des plus grands miracles de saint Cucufin fut de manger un jaune d'œuf cru avec une fourchette[406]. Ce

---

405 - Henri Étienne, *Apologie pour Hérodote*, ch. 28.
406 - Anciennes légendes. *Voyage de M. Maison-Terne au Mont Valérien. Anecdotes du 19ème siècle*, tome I.

saint a laissé deux corps, l'un à Saint-Denis, l'autre à Compostelle en Galice. L'abbaye de Saint-Denis ne savait pas d'où lui venait le sien.

CUNÉGONDE. - Impératrice veuve et vierge allemande. Quand cette sainte se fit religieuse, elle coupa ses cheveux que l'on conserva et qui depuis ont servi de reliques[407]. Elle mourut en 1040. Son premier corps est à Bamberg; la moitié du second à Vienne, l'autre moitié au monastère d'Andeck en Bavière; le troisième corps est mi-partie à Lisbonne et mi-partie à Cologne. Un moine du seizième siècle à qui les huguenots opposaient ces trois corps, répondit ingénieusement que Dieu pouvait les avoir multipliés ainsi, parce que sainte Cunégonde avait été impératrice, veuve et vierge.

CUVES DE SASSENAGE. - Appelées aussi cuves prophétiques. « *Ce sont deux pierres creusées dans une grotte auprès du village de Sassenage, à une lieue de Grenoble. Elles avaient autrefois la vertu de s'emplir tous les ans au jour des rois et d'annoncer l'abondance. ou la stérilité de l'année, suivant la quantité d'eau qu'elles renfermaient*[408]. »
On racontait dans le pays que ce miracle était dû à ceux qui portèrent à Cologne les têtes des trois Rois Mages. D'autres disaient même que les trois rois avaient passé par Grenoble et qu'ils s'étaient désaltérés aux cuves prophétiques. Mais le plus grand nombre attribuait le prodige de ces cuves à Mélusine qui s'y était baignée quelquefois[409].
On a reconnu depuis que c'était une adresse des habitants de Sassenage, qui faisaient venir l'eau dans les cuves par des conduits cachés. Le miracle a cessé, depuis qu'on n'y fait plus de pèlerinages.

CYPRIEN. - Évêque de Carthage et martyr, l'un des pères de l'église au troisième siècle. Il avait quatre corps; le premier à Lyon, le second à Compiègne, le troisième à l'abbaye de Moissac en Quercy, le quatrième à Ronse ou Rosnay en Flandre, et une cinquième main droite à Venise.

CYPRIEN LE MAGICIEN. - Ce saint qu'il ne faut pas confondre avec l'évêque de Carthage, fut d'abord un détestable sujet. Il était magicien,

---

407 - Ribadéneira, 3 mars.
408 - M. Salgues, *des Erreurs et des Préjugés*, tome II, p. 377.
409 - Note communiquée par un habitant de l'Isère.

sorcier, et qui pis est, païen. Il devint amoureux de la jeune vierge, qui demeurait comme lui à Antioche et il employa les plus noirs maléfices pour l'obliger à pécher avec lui. Mais n'ayant pu y réussir, il se fit chrétien[410]. Dès lors sainte Justine ne le repoussa plus. Ils vécurent ensemble comme un frère avec une sœur, s'édifiant et se soutenant mutuellement.

Ils souffrirent le martyre au quatrième siècle, et furent enterrés dans le même tombeau. Leurs corps, qui vont toujours ensemble, se sont doublés. 1°. Ils étaient à Toulouse, dans l'église de Saint-Cyprien et de Sainte-Justine; 2°. ils étaient et sont toujours à Rome dans l'église de Saint-Jean-de-Latran.

CYR et JEAN. - Ces deux saints vivaient en Égypte au quatrième siècle. Cyr était médecin et Jean soldat; comme ils voulaient tous deux expier les meurtres qu'ils avaient pu faire, ils confessèrent la foi dans un temps de persécution, et eurent la joie d'être décapités, après avoir été brûlés à petit feu. Leurs reliques chassent les démons, les fantômes, les spectres. On honorait leurs corps à Alexandrie; mais ils étaient aussi à Rome et occupaient une troisième châsse à Munich, dans l'église de Saint-Michel. On ne parle pas des pièces détachées du corps de saint Cyr, qui se trouvaient à Ville-Juif, près de Paris, à Sorrento, et ailleurs.

CYRIAQUE ET COMPAGNIE. - Saint Cyriaque souffrit le martyre à Rome, au commencement du quatrième siècle, avec saint Large, saint Fécond, saint Émeraude ou Smaragdus, sainte Donnée ou Donata, etc. Le corps de saint Cyriaque ou Quiriace était à Rome dans l'église de Sainte-Marie *in via latâ*. Mais il en a un second à Ancône, un troisième en Westphalie; il en avait un quatrième au prieuré de Notre-Dame près de Sens, la moitié d'un cinquième à Worms dans le Palatinat du Rhin, et de plus une tête détachée à Cologne, une autre tête détachée à Orléans, diverses reliques en Brabant, en Flandre, en Allemagne, en Italie, en France et en Espagne. Du reste on ne sait absolument rien de l'histoire de saint Cyriaque.

---

410 - On peut voir dans *le Diable peint par lui-même*, ch. 23, la longue et prodigieuse histoire de Justine et de Cyprien; le diable y joue un bon rôle.

D

DAGOBERT.   TOMBEAU DE DAGOBERT Ier.

On sait que Dagobert II est mis au rang des saints, et que son corps est honoré en Lorraine. Dagobert Ier avait fait trop de bien aux moines pour ne pas recevoir aussi les honneurs du culte. Mais sa canonisation eut si peu de succès qu'on y renonça, quoique son nom se trouve marqué avec le titre de saint dans plusieurs calendriers et martyrologes, aux 19, 20 et 29 janvier. Saint Dagobert II se fête le 23 décembre.

Le tombeau de Dagobert Ier est un monument qui avait pour nos pères quelque chose de sacré et de terrible. Un saint ermite nommé Jean, qui s'était retiré sur les côtes de Sicile, eut une vision dans laquelle il vit l'âme du roi Dagobert enchaînée dans une barque en pleine mer, et gardée par des diables qui rouaient de coups l'âme royale, en la conduisant vers la Sicile où ils allaient la précipiter dans l'antre de Vulcain. L'âme poussait des cris lamentables, appelant à son secours saint Denis, saint Maurice et saint Martin.

Tout à coup le ciel tonna, les trois saints descendirent en habits lumineux, assis sur un nuage brillant. Ils se jetèrent sur les malins esprits; leur enlevèrent l'âme du roi, et l'ayant placée sur un drap triangulaire, qu'ils tenaient par les coins, ils l'emportèrent dans le ciel en chantant des psaumes.

L'ermite Jean fit part de sa vision à un Français qui, de retour dans son pays, la raconta à tout le monde. On la mit dans les légendes; et lorsque, vers le temps de saint Louis, on voulut élever un tombeau à Dagobert, on en profita.

La face principale de ce tombeau offre trois bandes de reliefs. La première représente d'un côté Dagobert mourant, et de l'autre, l'âme du roi emmenée dans une barque, sous la conduite de sept diables dont l'un a sur la tète un capuchon de moine; deux autres ont des oreilles d'âne.

Dans la bande du milieu, saint Denis, saint Maurice et saint Martin viennent au secours de l'âme de Dagobert. Ils sont accompagnés de deux anges qui portent de l'eau bénite et un goupillon. Il y a un grand combat entre les diables et les saints, à qui l'âme reste.

On voit sur la troisième bande l'âme de Dagobert portée sur un drap par les trois saints; un des quatre anges qui ornent cette scène semble tirer une sonnette; le ciel s'est ouvert, et l'on remarque dans un nuage une grande main qui vient prendre l'âme de Dagobert par la tête.

Ce monument, le plus curieux peut-être que nous ayons dans nos antiquités, était à Saint-Denis. La révolution le respecta, et il demeura quelque temps au musée des Petits-Augustins. On vient de le remettre dans la basilique de Saint-Denis; et l'architecte qu'on en avait chargé l'a fait scier en deux, pour donner aux amateurs le plaisir de voir à la fois le devant et le derrière. Ce derrière est consacré à la reine Nantilde[411].

DANIEL. - Prophète juif, honoré par les chrétiens le 21 juillet. On ne sait pas où il est mort; cependant son corps était à Alexandrie en Égypte, à Venise et à Constantinople. Il avait une septième jambe à Verceil en Piémont, beaucoup d'ossements à Moscou, et diverses pièces dans plusieurs églises.

DOIGT DE DANIEL.

« Le frère Benoît d'Arezzo fut fort dévot envers Daniel, dont le sépulcre est à Babylone, gardé par des dragons. Il désira le visiter mais comme il ne pouvait entreprendre ce voyage, à cause de la longueur du chemin, un grand dragon lui apparut, et le mettant sur sa queue le porta droit au sépulcre de Daniel. Le frère ouvrant le sépulcre, prit par dévotion un doigt du corps du prophète et fut reporté dans son pays par le même dragon. On pense que c'était un ange de Dieu[412]. »

Beaucoup de légendaires disent en effet que Daniel fut enterré à Babylone, et lui donnent ainsi un quatrième corps. Quant au doigt

---

411 - Aimoin. M. Dulaure, *Environs de Paris*. M.Garinet, *Histoire de la Magie en France*. *Le Diable peint par lui-même*, chap. 13. On a rectifié, sur le monument même, quelques erreurs des livres cités.

412 - Henri Étienne, *Apologie pour Hérodote*, chap. 34, après *le livre des Conformités de saint François avec Jésus-Christ*.

rapporté si miraculeusement par Benoît d'Arezzo, de la compagnie de saint François, il est bien fâcheux qu'on ne sache pas ce qu'il est devenu. On montre à Padoue le corps d'un saint Daniel, martyr; et à côté de ce corps, la pierre sur laquelle le saint fut martyrisé.

DAVID. - Roi des juifs. C'est pour avoir peint ce roi prophète avec quelques traits de vérité, que Bayle essuya tant de persécutions. Ses barbaries, ses crimes, ce qu'on appelle sa pénitence, ses psaumes, ne sont pas du ressort de cet ouvrage. Il fut enterré à Jérusalem, et on mit dans son tombeau des sommes d'or considérables, que l'on vola au peuple juif. On prétend que neuf cents ans après la mort de David, Jean Hircan ayant ouvert son tombeau, en tira trois mille talens. Hérode y trouva aussi de grosses sommes et beaucoup de vases magnifiques qu'il employa plus utilement. Ce prince espérant faire de nouvelles découvertes commanda qu'on ouvrît devant lui le cercueil même de David. Aussitôt Dieu fit sortir du cercueil une flamme qui consuma deux des gardes d'Hérode.

On admire sans doute comme Dieu est juste chez nos saints légendaires; c'est Hérode qui est audacieux et coupable, et ce sont ses gardes qui sont brûlés.

Hérode fit refermer le sépulcre où les chrétiens allaient prier du temps de saint Jérôme. Il est maintenant au pouvoir des Turcs qui honorent et qui sont dignes d'admirer le saint roi David[413].

Je ne pourrais dire si quelques églises possèdent le corps de David; mais Voltaire prétend[414] que la fronde avec laquelle il tua le géant Goliath, est conservée avec révérence, dans certains couvents latins et grecs.

DÉMÉTRIUS. - Martyr de Thessalonique au quatrième siècle. Son corps fit tant de miracles, qu'on le mit dans une belle église toute neuve. On essaya plusieurs fois d'emporter quelques parties de ses reliques; mais le saint ne voulut pas dit-on, se laisser démembrer; et le préfet Léonce qui avait bâti la belle église neuve, fut obligé de se contenter de la robe de saint Démétrius, teinte du sang qu'il avait répandu pour la foi. Cette robe lui servit quelquefois d'étendard et fit fuir ses ennemis de

---

413 - Voyez Adrien Baillet, *Vies des Saints de l'ancien testament après Joseph et saint Jérôme.*
414 - Notes au *deuxième chant de la Pucelle.*

même qu'à Thessalonique, le corps du saint obligea trois ou quatre fois les armées étrangères à décamper lorsqu'elles venaient assiéger la ville. Il y a des peuples qui auraient besoin de telles reliques. Il est bien fâcheux qu'on ne les ait pas un peu multipliées.

DENIS. - Apôtre des Gaules patron de la France, etc. Voici le précis de son histoire, selon les légendes.

« *Saint Denis, surnommé l'Aréopagite, naquit à Athènes de parents riches et libéraux. Il s'adonna à l'étude, profita bien; et étant passé en Égypte à l'âge de vingt-cinq ans pour étudier l'astrologie, comme il était en la ville d'Héliopolis, il remarqua cette fameuse éclipse de soleil qui dura trois heures dans la pleine lune, au moment de la mort de Jésus-Christ, et il s'écria en grec : Ou Dieu pâtit ou la machine du monde se dissout. Il était encore païen. Mais il annonçait comme on le voit, de bonnes dispositions.*

A son retour dans sa famille, il se maria avec une grande dame nommée Damaris, et devint, à cause de sa sagesse, juge de l'aréopage.

Vers le même temps saint Paul vint à Athènes, où il annonça l'Évangile et démontra aux Athéniens qu'ils étaient chrétiens sans le savoir, parce qu'il y avait dans un de leurs temples un autel consacré au dieu inconnu. Il leur prouva que ce dieu inconnu était le dieu des chrétiens. Des gens qui n'étaient pas de l'avis de saint Paul le conduisirent devant l'aréopage, que Denis présidait. Il plaida sa cause en prêchant Jésus-Christ et en annonçant la résurrection future. Denis n'eut pas plutôt appris que l'éclipse qu'il avait vue en Égypte avait été causée par la mort de Jésus, qu'il se convertit, avec sa femme Damaris. Beaucoup d'Athéniens suivirent son exemple et saint Paul le sacra évêque d'Athènes.

Quelque temps après Denis, alla à Jérusalem rendre une visite à la sainte Vierge, et il la trouva si majestueuse et si belle, qu'il fut tenté de l'adorer.

Un peu plus tard, il alla à Éphèse conférer avec saint Jean l'évangéliste, ensuite à Rome avec le pape saint Clément. De là il vint prêcher la foi en France « où saint Pierre avait déjà envoyé quelques disciples et sachant que Paris était une ville riche, peuplée abondante, et comme la capitale des autres, il y vint planter une divine citadelle pour battre le diable en ruine[415]. »

Il était accompagné de saint Rustique et de saint Éleuthère. Mais on ne dit pas ce qu'il fit de sa femme, ni s'il la perdit en chemin comme le pieux Enée.

Après qu'il eut quelque temps prêché dans Paris, les païens parisiens le firent arrêter comme un séditieux, et le mirent sur un gril. Comme il ne rôtissait pas, on l'exposa aux bêtes féroces; il fit sur elles le signe de la croix et les bêtes se prosternèrent à ses pieds. On le jeta dans un four chaud; il en sortit frais et bien portant. On le crucifia; quand il fut crucifié il se mit à prêcher du haut de sa potence.

Voyant qu'il ne voulait pas mourir, les païens le remirent en prison avec ses compagnons Rustique et Éleuthère. Il y dit la messe; saint Rustique servit de diacre et saint Éleuthère de sous-diacre. Enfin on les mena tous trois à Montmartre, et on leur trancha la tête.

Alors il se fit un grand miracle. Le corps de saint Denis se leva debout, prit sa tête entre ses mains et l'emporta. Les anges du ciel l'accompagnaient en chantant : Gloria tibi domine alleluia! *il porta sa tête entre ses mains près d'une lieue jusqu'à ce qu'ayant rencontré une bonne femme nommée Catule, le corps de saint Denis lui remit sa tête en son giron[416].*

Les corps des saints Rustique et Éleuthère demeurèrent sur la place mais ils furent sauvés par la pieuse Catule qui fit boire les gardiens, pendant que des chrétiens dérobaient et cachaient les corps des saints martyrs.

Saint Denis mourut à quatre-vingt-onze ans selon les uns, et à cent dix selon d'autres. « C'est sur quoi nous ne prenons point de parti[417]. » »

Depuis qu'on a osé mettre un peu de critique dans les légendes, on a reconnu que saint Denis l'aréopagite n'était jamais venu dans les Gaules, et qu'il n'y avait pas encore de chrétiens à Paris au milieu du troisième

---

415 - Ribadéneira aurait pu savoir que Paris était alors un pauvre village.

416 - Ce n'est que fort tard que l'on s'avisa de dire que saint Denis avait porté sa tête, et qu'il la baisait en chemin, lui disant adieu. On érigea des croix dans tous les endroits où il s'était arrêté. Le cardinal de Polignac contant cette histoire à madame Dudeffant, et ajoutant, que saint Denis n'avait eu de peine à porter sa tête que jusqu'à la première station, cette dame répondit : « *Je le crois bien, il n'y a dans de telles affaires que le premier pas qui coûte.* » [VOLTAIRE, notes du *chant 1er de la Pucelle.]*

417 - Voltaire. Tiré de Baronius, Ribadéneira, Surius et du *Dictionnaire philosophique* de Voltaire, article *Denis*.

siècle. Alors il vint de Rome un saint Denis qui fut martyrisé, dit-on, à Paris avec ses compagnons Rustique et Éleuthère. On prétend qu'il bâtit une église dans la Cité, mais on n'en connaît aucune trace.

Quoi qu'il en soit, l'abbaye de Saint-Denis (qui fut fondée par Dagobert) tenait beaucoup à ce que son patron fût l'aréopagite, et non le Denis venu de Rome en 252. Elle se vantait d'avoir toujours possédé le corps de saint Denis l'aréopagite qui était en même temps à Rome et à Ratisbonne en Bavière.

Le pape Innocent III, convaincu par des titres solides que le saint corps de Rome était le vrai Denis de l'aréopage, en fit présent à l'abbaye de Saint-Denis, afin que désormais, dit-il dans sa bulle, elle possédât en effet un saint corps qu'elle se vantait faussement d'avoir. Ainsi les moines de Saint-Denis se trouvèrent avec deux corps du même saint sur les bras.

Ils reçurent assez tristement celui qu'on leur envoyait de Rome, et tenant à leur infaillibilité aussi bien que le pape, ils mirent le nouveau corps dans une châsse gothique, sous le nom de saint Denis de Corinthe. On voyait encore avant la révolution ces deux corps de saint Denis, à l'abbaye qui porte son nom.

Cependant, les moines de saint Emmeran de Ratisbonne soutenaient qu'ils avaient le vrai corps de saint Denis l'aréopagite; ils avouaient qu'il avait été volé par un Allemand à l'abbaye de Saint-Denis en France; mais enfin, volé ou légitimement acquis, ils prétendaient l'avoir.

Il s'éleva pour cela un procès devant la cour de Rome. Le saint pape Léon IX visita le corps de Ratisbonne; et soit, comme dit Calvin, que les Allemands aient donné plus d'argent que les Français, soit que leurs titres aient paru meilleurs, Léon IX déclara que le vrai corps de l'aréopagite était à Ratisbonne, et qu'il était inutile de le chercher ailleurs : de manière que les moines de Saint-Denis se voyaient chargés de deux corps qui étaient déclarés faux.

Mais ils n'en convinrent pas; ils écrivirent pour prouver leurs droits, et on continua d'honorer en France le corps du saint aréopagite. « *Quiconque aurait dit à Saint-Denis qu'il n'y était pas, aurait été lapidé*[418]. » Baillet place saint Denis l'aréopagite au 3 d'octobre, et saint Denis de Paris au 9 du même mois.

---

418 - Calvin, *Traité des Reliques*.

La tête de saint Denis l'aréopagite était à l'abbaye de Saint-Denis (nous ne parlons pas de celle de Ratisbonne); son crâne à Notre-Dame de Paris, et un autre crâne, avec la mâchoire inférieure, à Muys sur le Rhin. La tête que l'on montrait à Saint-Denis était dans un reliquaire d'or et de pierres précieuses.

Charles-le-Simple avait donné à l'empereur Henri un bras de l'aréopagite; le pape Etienne II avait mis l'autre bras dans une église de Rome[419]; cependant le corps qu'on honorait en France avait ses bras.

On montrait à l'abbaye de Saint-Denis une main de vermeil, dans laquelle était enchâssé un petit ossement du saint, que notre roi Louis IX portait dans ses voyages[420]. On montrait aussi l'anneau et le bâton épiscopal de saint Denis, le calice et les burettes de cristal dont il se servait pour dire la messe, et quelques autres petites reliques. Il n'est pas besoin de dire que les corps de saint Denis et de ses deux compagnons étaient dans des reliquaires magnifiques.

PRISON DE SAINT DENIS.

L'église de Saint-Denis de la Chartre[421] avait pris son nom de la cave qui était au-dessous, et dans laquelle on dit que les Parisiens enfermèrent saint Denis, saint Rustique, et saint Éleuthère. On fonda dans la suite sur cette cave la susdite église qui ne subsiste plus. On lisait sur la porte du souterrain, que c'était là que saint Denis avait été emprisonné; que Notre-Seigneur Jésus-Christ, était venu le faire communier dans cette prison; et qu'il y avait de grandes indulgences pour ceux qui venaient visiter ce saint lieu, les lundi et vendredi, et les jours de saint Denis et de saint Mathias.

On remarquait dans cette cave une grosse pierre percée par le milieu; on dit qu'on la mettait au cou du saint en manière de carcan[422]. Cette sainte pierre a été brisée dans la révolution. Elle avait guéri quelques malades.

On regardait aussi comme une partie du culte saint Denis, les sept stations où l'on avait planté des croix dans les lieux où il s'était arrêté en portant sa tête. Ces croix étaient encore debout en 1792.

---

419 - Baillet, 9 octobre.
420 - Pignaniol de la Force. *Description des environs de Paris*.
421 - *Ecclesia sancti Dionysii de carcere*.
422 - Pignaniol, *Description de Paris, quartier de la Cité*.

On prétend que Montmartre doit son nom à saint Denis et à ses compagnons; mais si quelques-uns pensent que Montmartre signifie Mont-des- Martyrs, d'autres en font le Mont-de-Mars, parce qu'on croit qu'avant saint Denis, Mars avait un temple sur cette montagne.

FONTAINE DE SAINT-DENIS.

Saint Denis ayant eu la tête tranchée au Mont-de-Mars, comme nous l'avons dit, on raconte que, lorsqu'il se vit décapité, il s'en alla à la fontaine de Montmartre qui porta depuis le nom de *fontaine de Saint-Denis*, y lava sa tête qui était couverte de sang et la porta ensuite (en la baisant[423]) jusqu'à l'abbaye de Saint-Denis, non sans se reposer plusieurs fois en chemin (il avait cent dix ans), aux lieux où étaient toutes ces croix qu'on a pu voir[424].

Nous ajouterons en finissant que saint Denis, l'apôtre des Gaules, était aussi le patron de la France. Il gardait l'oriflamme; et les rois, avant de marcher à la guerre ou d'entreprendre un voyage, ne manquaient pas d'aller invoquer saint Denis en grande pompe.

Il a souvent guéri des princes, des papes, des prélats; et sa chapelle était tapissée d'*ex-voto*. Ses deux corps furent dissipés dans la révolution, avec les corps de saint Rustique et de saint Éleuthère. Cependant, depuis la restauration du culte des saints, on a su retrouver les corps des trois martyrs, et sa majesté le roi de France a donné trois châsses, que l'on dit fort belles, pour les reliques de saint Denis, de saint Éleuthère et de saint Rustique qui ont été replacés solennellement dans la basilique de l'ancienne abbaye.

DENT. - Henri Estienne raconte qu'un moine de son temps se vantait d'avoir rapporté de Jérusalem une des dents de la sainte croix, une côte du *verbum-caro*, et quelque chose des vêtements de la sainte foi catholique[425].

On a vu que sainte Apolline, qui guérit les mâchoires malades, a laissé plusieurs centaines de dents.

---

423 - Comment pouvait-il baiser sa tête, puisqu'il ne l'avait plus sur les épaules !
424 - Sauval, *Antiquités de Paris*, tome III, page 54.
425 - *Apologie pour Hérodote*, chap. 39.

DICACE ou **DIÉGO**. - Religieux de l'ordre de Saint-François, mort au couvent d'Alcala de Hénarès en Espagne, le 12 novembre 1463. - J'ai lu quelque part que le prince Don Carlos étant malade, Philippe II, son père, lui fit boire un petit os de saint Diégo pulvérisé dans un verre de tisane; ce qui procura au prince une guérison prompte et miraculeuse, quoique Diégo ou Dicace ne fût pas encore canonisé. Philippe II reconnaissant, fit les démarches et les dépenses nécessaires auprès du saint siège et Diégo fut mis au rang des saints par le pape Sixte V.

DIDIER ou **DIZIER**. - Évêque de Langres et martyr au quatrième siècle. Il eut la tête tranchée par les païens, et il se fit à sa mort un miracle très authentique, quoique personne n'en ait parlé, pas même Baronius.

« *C'est qu'après que le bourreau eut décollé saint Didier de Langres, il ramassa sa tête de ses propres mains, tout plein de vie; et la tenant ainsi, marcha jusqu'aux portes de la cité, où se reposant quelque peu, il mit sa tête auprès de lui puis il la reprit et la porta jusqu'au lieu où il fut enterré, Dieu voulant qu'en cette merveille il imitât saint Denis, comme il l'avait imité en son martyre*[426]. »

On dit à Paris que saint Denis lava sa tète à la fontaine de Montmartre; on dit à Langres que saint Dizier prit une prise de tabac; ce qui n'est pas moins prodigieux.

Son corps était au prieuré de Sainte-Madeleine, près de Langres; mais à Langres même on avait dans l'église de Saint-Mammès, deux mâchoires et un bras de ce saint, avec une de ses côtes. Gènes, Bologne, Milan, Avignon, Arles, Cologne, Liège et beaucoup d'autres villes se vantaient de posséder aussi de ses reliques.

DIDIER. - Évêque de Vienne, tué en 608, par ordre de Brunehaut, dont il gourmandait avec trop d'âpreté les déportements. Son corps était à Vienne et à Lyon et l'abbaye de Notre-Dame de l'Hermitage, dans le canton de Schwitz, avait de lui une troisième tête.

DIMAS ou **DYSMA**. - C'est le nom qu'on donne au bon larron, qui fut crucifié avec Jésus-Christ, et qui est le premier des hommes qui soit entré en paradis. On a vu que sa croix est exposée à la vénération des

---

426 - Le père Lebon, chanoine de Saint-Victor, *Vie de saint Didier de Langres*.

fidèles; et sans doute son corps se trouve quelque part; mais nous ne l'avons pas découvert.

MAISONS DU BON LARRON.

« Sur le chemin de Rama à Jérusalem, il y avait une belle église bâtie en l'honneur du bon larron, au lieu même où était précédemment la maison de cet honnête brigand. Ce n'est pas qu'il ait toujours demeuré dans cette maison; mais, comme voleur de grands chemins, tantôt il était ici, tantôt il était en Égypte. On prétend même qu'il était né au Caire, et qu'il avait une autre maison dans les environs de cette ville.

Lorsque la sainte famille fuyait en Égypte pour éviter les fureurs d'Hérode, elle fut rencontrée par une bande de voleurs et se réfugia sous un grand arbre que les Égyptiens adoraient, à cause de son antiquité. Quelques-uns ajoutent que le gros arbre s'ouvrit pour cacher Jésus, Marie et Joseph, et se ferma sur eux jusqu'à ce que les voleurs fussent éloignés.

Mais d'autres historiens, qui paraissent mieux informés, disent que le vieux arbre ne fut pas si complaisant, et que les brigands entourèrent la sainte famille dans le dessein de la piller. Cette bande avait pour chef le farouche Dysma, qui devint par la suite le bon larron. Il n'eut pas plus tôt remarqué la douceur de Jésus et la modestie de sa mère, qu'il pria Marie et Joseph de conduire ce bel enfant dans sa maison du Caire, qui était près de là. Il les obligea à s'y rafraîchir et à y prendre du repos.

La sainte Vierge profita de cet asile, pour laver les langes de Notre-Seigneur dans une petite fontaine; la femme du larron alla un instant après y tremper un de ses enfants, qui était lépreux et qui en sortit parfaitement guéri[427]. » On sait peu de choses sur le reste de la vie du bon larron; mais les deux maisons se voient encore ou du moins on en montre la place.

DIX MILLE MARTYRS. - *« Ce qui m'apprit à mépriser les reliques c'est que je vis, quinze ou seize corps à saint Pierre, dix-huit à saint Paul, sept ou huit corps à chaque saint, dix mille martyrs enterrés en la grandeur d'un coffre.......*[428] »

---

427 - Le père Goujon, *Voyage en Terre-Sainte*, p. 108 et 294.
428 - D'Aubigné, *Confession catholique du sieur de Sancy*, chap. 7.

Ces martyrs sont dix mille soldats qui, ayant refusé de se sacrifier aux idoles, furent tous crucifiés sur le mont Ararat à cinq cents stades d'Alexandrie[429]. On abattit sans doute une forêt pour élever ces dix mille croix. Les légendaires mettent cette grande exécution sur le compte de l'empereur Adrien.

Il paraît qu'après qu'ils furent en croix, on hâta leur mort; car on montre à Rome, dans l'église de *Scala cœli* le couteau dont furent égorgés les dix mille martyrs[430].

On peut voir, mais non toucher, sous un autel de la même église, beaucoup de reliques de ces dix mille saints et on montre à Rome une pierre de quelques pieds chargés d'une croix, qui est dit-on, le lieu où sont enterrés les dix mille corps de ces dix mille chrétiens[431].

DOIGT. - Henri Estienne dit qu'un moine se vantait d'avoir vu à Jérusalem le bout d'un doigt du Saint-Esprit[432]. On ne sait pas quelle en était là forme; on sait seulement que jusqu'ici le Saint-Esprit ne s'est fait connaître que sous la figure d'un pigeon.

DOMINIQUE D'OSMA. - Fondateur de l'Inquisition, instituteur des frères prêcheurs, appelés en France *jacobins*, et *dominicains* ailleurs. Il naquit au douzième siècle, dans un village dit *diocèse d'Osma* en Castille. Ce fut lui qui prêcha l'affreuse croisade des Albigeois, qui apprit à honorer le Dieu de bonté par les flots de sang, les bûchers et le carnage et qui fit massacrer ses frères le crucifix à la main. Les papes l'ont mis au rang des saints; mais Voltaire, plus infaillible lui a donné place dans les enfers[433].

Saint Dominique fit pourtant plus de miracles que Jésus-Christ même. On ne saurait compter les personnes qu'il a ressuscitées;[434] un maçon qui s'était laissé écraser par la chute d'une voûte d'église; le jeune Napoléon, neveu d'un cardinal de ses amis, le fils d'une veuve qui se noya en

429 - *Legenda aurea Jacobi de Vorag.* Leg. 151.
430 - Leducbat, notes sur le cbap. 7 de la *Confess. De Sancy.*
431 - *Merveilles de Rome*, pages 70 et 71.
432 - *Apologie pour Hérodote*, chap. 39.
433 - *Chant cinquième de la Pucelle.*
434 - D'un autre côté il a fait massacrer de son vivant plus de cent mille hérétiques, pour le bien de la foi.

pêchant une friture à la ligne; il ressuscita ces trois personnes en moins de rien, comme un homme accoutumé à faire des miracles.

On n'avait qu'à l'aller prier humblement, pour retrouver sa jambe lorsqu'on était boîteux, son œil lorsqu'on était borgne, son bras lorsqu'on était manchot. Il rendait la vie aux morts mais on ne voit pas qu'il ait jamais rendu l'esprit à ceux qui le perdirent de son temps.

Le peuple le suivait avec plus de vénération que si c'eût été un ange. On s'estimait heureux de le toucher. On coupa tant de pièces de son capuchon et de sa robe pour avoir des reliques de lui de son vivant, que ses jambes étaient découvertes jusqu'aux cuisses et que plusieurs fois il eût été exposé à montrer ses nudités, si quelques dévotes ne lui eussent donné de nouvelles tuniques[435].

Un homme qui avait opéré de pareilles merveilles durant sa vie, ne pouvait manquer de faire les plus grands miracles après sa mort. Il fut bientôt canonisé. Sa première tête est à Bologne dans un reliquaire magnifique et il a deux corps complets, un au grand couvent de Bologne et un autre qui se tient sur ses pieds à Assise, comme s'il était encore vivant[436].

On montre malgré cela une multitude de pièces détachées du corps de saint Dominique, en Espagne, en Italie, en Sicile, en France et il est probable que si l'on rassemblait tous ces ossements, grands et petits, on en formerait plusieurs corps.

On fait voir aussi, à Saint-Sixte et à Sainte-Sabine de Rome, diverses parties de la garde-robe de saint Dominique que l'on présente comme des reliques très efficaces.

PIERRE DE SAINT DOMINIQUE.

On montre dans le jardin de Sainte-Sabine un oranger planté par saint Dominique; et dans une chapelle de l'église, la pierre noire que le diable lui jeta à la tête, pour le tuer pendant qu'il priait. Malgré le bruit que fit ce caillou en se brisant, et quoiqu'il eût froissé le capuchon du saint, il continua sa prière, sans daigner même se retourner. On a réuni les morceaux de ce gros caillou noir, et on l'a exposé enchaîné sur un petit

---

435 - *Histoire de l'Église* de Racine, 13ème siècle, article 7, paragraphe IV.
436 - Misson, *Voyage d'Italie*, tome II, page 330.

pilier, à la vénération des fidèles qui honorent saint Dominique, et qui redoutent le diable[437].

AUTRE PIERRE DU MÊME SAINT.

Une jeune Sicilienne avait la pierre et allait en mourir. Sa mère la recommanda à saint Dominique; et la nuit suivante pendant que la jeune fille dormait, saint Dominique lui apparut, ôta la pierre qui lui obstruait la vessie et la lui mit dans la main. La pucelle s'éveilla dans une joie inexprimable; sa mère porta la pierre à un couvent de dominicains. On la suspendit devant une image de saint Dominique, où elle opéra les guérisons les plus surprenantes[438].
On montrait encore à Bologne le chapelet que la sainte Vierge donna à saint Dominique, pour l'engager à instituer le rosaire[439]. Il n'est pas certain que cette relique soit toujours à Bologne. « *Saint Dominique était de moyenne taille, fort bel homme, le nez long et aquilin, la barbe et les cheveux roux...., le visage blanc, la tète fort garnie de poil. Il avait la voix claire, était de faible complexion..... Il semblait quelquefois qu'on lui voyait sortir des yeux des étincelles....[440].* » Je crois qu'il y a là quelque chose qui pouvait convenir à Saint-Just de la convention....

DOMITILLE. - Vierge et martyre à Rome vers la fin du premier siècle. On prétend qu'elle était parente de l'empereur Titus. Trajan la fit brûler dans une maison où l'on mit le feu. Cependant son corps s'est retrouvé. On le montre à Rome dans l'église de Saint-Adrien, à Elwangen en Suabe, à Ariano au diocèse de Naples. Elle a une quatrième tête à Osma en Espagne, une cinquième à Bologne. On fait voir enfin de grandes parties de ses reliques à Douai, à Limoges, à St.-Bertin en Artois, etc. J'oubliais de dire que la tête qui est à Rome a été séparée du corps et transportée dans l'église de Sainte-Marie *in vallicella.*

DOMNOLE. – Nommé aussi Dôme, Tannoley, Tonnolé, Anolet, évêque du Mans au sixième siècle. Il a laissé deux corps, tous deux appuyés de

---

437 - *Merveilles de Rome*, page 69; *Voyage de France et d'Italie*, page 367.
438 - *Legenda aurea,* etc. Leg. 107.
439 - Voyez l'article *Rosaire.*
440 - Le père Ribadénéira, 4 août.

titres et de miracles, l'un au Mans, l'autre à Chaumes-en-Brie, à neuf ou dix lieues de Paris.

DONAT. - Évêque d'Arezzo et martyr au quatrième siècle. Il a laissé quatre corps le premier à Venise dans l'église de son nom, le second à Imola, le troisième à Arezzo, et le quatrième à Avignon.

CALICE DE SAINT DONAT.

Un jour que saint Donat célébrait la messe, le diacre laissa tomber le calice, qui était de verre et qui se brisa. Donat fit une prière et rétablit le calice en son entier. Mais le diable qui se trouvait là se jeta entre le diacre et l'évêque, et emporta un des morceaux du vase brisé, de sorte que malgré le miracle le calice resta percé et imparfait[441]. On le montrait à Arezzo.

DONATIEN et **ROGATIEN.** – Frères qui souffrirent le martyre à Nantes au troisième siècle. On éleva bientôt une église sur leur tombeau, et on ne se repentit point des honneurs qu'on leur rendit. « *Saint Grégoire de Tours raconte que la ville de Nantes étant assiégée par l'armée du roi Clodovech, fut délivrée ainsi. Sur le minuit, apparurent aux peuples certaines personnes vêtues de blanc, avec des cierges allumés, venant de l'église des saints Donatien et Rogatien. Il sortit pareille compagnie de l'église de Saint-Similien, jadis évêque de Nantes; ces deux bandes se saluèrent fort gracieusement, et se mirent en oraison; après quoi elles s'en retournèrent, et incontinent l'armée ennemie, saisie d'une grande frayeur, leva le siège et se retira si hâtivement qu'à l'aube du jour on ne vit plus personne[442].* »
Les corps de saint Donatien et de saint Rogatien étaient encore à Nantes avant la révolution.

DORMANS (LES SEPT). - L'histoire des sept Dormans est célèbre dans les mythologies modernes. Les légendaires chrétiens racontent que sous l'empereur Décius, sept jeunes gens, Maximien, Malchus, Martian, Denis, Jean, Serapion et Constantin, fuyant la persécution, s'endormirent

---

441 - Saint Grégoire, *Dial.* Liv. I, chap. 7; *le Diable peint par lui-même*, chap. 8, après la 110ème légende de *la Lég. dorée*.
442 - Le père Artus du Montier, récollet, *Vie des saints Donatien et Rogatien*.

dans une caverne et y restèrent plongés dans un sommeil profond pendant près de deux siècles. Ils ne se réveillèrent que quand il n'y eut plus de persécuteurs, sous le règne de Théodose le jeune. Ils avaient un chien qui dormit et se réveilla avec eux[443].

Les musulmans ont arrangé cette histoire à leur manière les Persans l'ont adoptée, et il y a peu de religions où l'on ne l'admette avec des ornements divers.

On montre auprès d'Ephèse la grotte des sept dormans; on prétendait y posséder leurs corps, qui étaient aussi à l'abbaye de Marmoutier, près de Tours[444]. Il y avait quatre de ces corps à Marseille[445] et ils s'étaient encore multipliés en d'autres lieux.

LES SEPT DORMANS D'ALLEMAGNE.

Paul Diacre, cité par Leloyer, raconte[446] qu'aux confins de l'Allemagne, auprès de l'Océan, on voyait dans une caverne sept hommes endormis depuis si longtemps, que personne ne pouvait dire quand ni comment ils étaient venus là. Leurs habits, qui étaient en bon état, comme leurs corps, faisaient supposer qu'ils étaient Romains. Un barbare du pays ayant essayé de dépouiller un de ces corps, perdit à l'instant l'usage du bras ce qui effraya les téméraires. - On ne sait pas ce que ces corps sont devenus; mais il est clair que ce ne sont pas les sept dormans d'Éphèse.

DOROTHÉE. - Vierge de Césarée en Cappadoce, au commencement du quatrième siècle. Lorsqu'on la conduisait au supplice, un jeune avocat, nommé Théophile, pensant la railler sur ce qu'elle disait qu'elle allait voir son divin époux, la pria de vouloir bien lui envoyer des fleurs et des fruits du jardin de cet époux, lorsqu'elle serait avec lui. Dorothée le lui promit et, au moment où l'on allait lui trancher la tête, un ange se présenta devant elle en forme de nain, portant dans un petit panier trois pommes fort belles et trois roses d'une fraîcheur admirable. Dorothée dit à l'ange : « *Portez cela de ma part à Théophile* ». Après quoi elle tendit

---

443 - Voyez l'histoire de ce chien à l'article *Animaux* dans ce dictionnaire.
444 - Dussaulx, *Voyage à Barrège*, chap. Ier.
445 - *Voyage de France et d'Italie*, 1667 page 108.
446 - Paul Diac. *De gestis Longob*. Lib. 1, cap. 4. Cité dans Leloyer, *Histoire des Spectres*, liv. IV, ch. 25.

le cou au bourreau. C'était le 6 de février. Théophile se troubla en recevant les trois pommes et les trois roses. De persécuteur il devint chrétien, et partagea le martyre de la sainte.

C'est en mémoire de ce miracle, que tous les ans à Rome, dans l'église de Sainte-Dorothée, au delà du Tibre, on bénit, le 6 de février, des pommes et des roses. Le pape, qui s'enrichit à recevoir sans s'épuiser à donner, envoie une de ces roses aux rois qui lui font quelque largesse. Au reste, le corps de sainte Dorothée est à Rome. Il est aussi à Bologne, où l'on bénit pareillement des roses et des pommes le jour de sa fête; il est en troisième lieu à Arles dans l'église de Saint-Honorat. Aucune de ces villes ne sait d'où lui vient le corps de sainte Dorothée, qui est encore à Lisbonne, à Prague, à Sirck auprès de Trèves.

Outre ces six corps, qui ne sont appuyés d'aucun titre, on montrait des reliques de sainte Dorothée de Cappadoce, dans dix ou douze églises de Cologne, dans plusieurs villes d'Italie, en France, en Espagne, et partout : « *Après cela*, comme dit Daubigné, *lorsqu'une sainte qui n'est pas connue a sept ou huit corps dont la source est toute obscure, mettez-vous à genoux devant ses reliques, et peut-être que vous adorerez la carcasse d'une fille de joie ou d'un voleur.* »

DRAUSIN. - Évêque de Soissons au septième siècle. Son corps était à Soissons, et son tombeau faisait des miracles fameux. On assure que dans les duels judiciaires, où deux hommes se battaient devant le jugement de Pieu pour décider par le sort des armes une querelle embrouillée, les champions étaient assurés de la victoire, selon le degré de foi et de dévotion qu'ils avaient pour saint Drausin[447]. Aussi les duellistes, dont il est le patron, allaient continuellement visiter son tombeau qui est malheureusement devenu sans pouvoir depuis qu'on s'est perverti.

DREUX, DROGON ou **DRUON.** - Qu'on respecte les saints, mais surtout qu'on les craigne, et qu'on leur donne de l'argent. Saint Drogon, reclus en Hainaut, était né au village d'Épinay, chez les Flamands. Il passa dans une cellule, au milieu des mortifications et des prières, une vie inutile à l'humanité; c'est pourquoi on le canonisa après sa mort.

---

447 Michel Germain, *Histoire de Notre-Dame de Soissons*, liv. III, chap. 1er.

Son tombeau, qui était à Sebourg auprès de Valenciennes, opérait de grandes merveilles; et la dévotion des peuples amassa autour de son corps des trésors considérables. Lorsqu'on voulut le faire canoniser en 1214, vingt-huit ans après sa mort, Ferdinand, comte de Flandres et de Hainaut, enleva les richesses accumulées autour de ses reliques, en disant qu'il les envoyait à Rome, afin qu'on se pressât davantage de mettre Drogon au rang des saints. On trouva que rien n'était plus juste ni mieux avisé.

Mais le téméraire Ferdinand employa ces trésors sacrés aux frais d'une guerre profane. Ce sacrilège indigna saint Drogon; et Ferdinand, en punition de son impiété, fut fait prisonnier à la bataille de Bouvines[448].

Le corps de saint Drogon était à Sebourg. Mais on en avait de bonnes pièces par duplicata à Épinay, à Cambray, à Liessies, à Anderlac, à Gouy dans le diocèse de Liège, etc. On avait aussi bâti à Épinay une petite église sur le vénérable lieu où était né Dreux, Drogon ou Druon.

DUNSTAN. - Archevêque de Cantorbéry au dixième siècle. C'est ce grand prélat qui prit le diable par le nez avec ses tenailles, parce que le malin était venu le tenter pendant qu'il s'amusait à forger du fer. On assure que l'esprit infernal avait pris la figure d'une femme charmante; mais les saints ne sont pas sensibles à la beauté, et Dunstan tenaillait le plus beau nez du monde comme il aurait baisé la plus laide tête d'un crasseux anachorète.

Le corps de saint Dunstan était double, ce qui est bien modeste pour un si grand saint. On ne vénérait ses reliques complètes qu'à Glassembury et à Cantorbéry. L'hérésie, en pénétrant chez les Anglais, dissipa ces deux corps précieux, qui ne se lassaient pas de faire des miracles, toutes les fois que c'était la volonté des moines; et c'était leur volonté toutes les fois qu'on leur apportait de l'argent.

DYMPNE ou **DYPNE.** - Vierge et martyre à Ghèle en Brabant vers le septième ou le huitième siècle. C'est l'histoire de Peau d'Ane, comme on l'a déjà remarqué.

Le père de sainte Dympne étant veuf devint éperdument amoureux de sa fille, et il lui donnait les plus belles choses du monde pour l'engager à se marier avec lui; ce que Dympne ne voulait pas, attendu qu'elle était

---

448 - Baillet, 16 avril.

chrétienne. Son père était païen et prince d'un petit coin de l'Angleterre. Il était très violent dans ses désirs, et pressait de toutes ses forces son mariage avec sa fille. Elle consulta un saint prêtre nommé Gerbern, qui était son confesseur. Gerbern lui conseilla de demander à son père des choses très rares pour présent de noces afin de gagner du temps. Dympne suivit ce conseil; mais l'amour le plus mal placé vient à bout de tout; et on était sur le point de faire les fiançailles, lorsque Dympne prit la fuite avec le bon prêtre Gerbern. Elle se refugia dans un village du Brabant.

Il y avait quelque temps que Gerbern et Dympne y vivaient cachés lorsque le père arriva. A force de chercher sa fille, il avait découvert sa retraite, et d'abord il tua de sa main le prêtre Gerbern en l'accusant de mille horreurs. Il renouvela ensuite à sa fille les propositions de mariage et la voyant inflexible, il lui coupa la tête, après quoi il s'alla peindre comme un Anglais qu'il était.

Gerbern ne pouvait pas manquer de devenir saint. Ses reliques firent des miracles, et bientôt il eut deux corps, l'un dans le village de Santen, et l'autre dans le village de Sonsbeck sur le Rhin. Quant à sainte Dympne, les anges enterrèrent son corps, à ce que dit le père Ribadéneira et lui élevèrent un tombeau de marbre blanc. De plus, on lui fit trois corps, un à Cambrai, l'autre à Saintes, et le troisième à Ghèle. Les deux premiers sont perdus depuis quelques siècles. Mais on a pris soin du troisième qui est le meilleur, et qui fait peut-être encore de l'argent.

E

ÉDITH. - Femme de Loth. Tout le monde sait, qu'au moment où Dieu voulut brûler Sodome, il en fit sortir Loth, avec sa femme et ses filles après leur avoir défendu de se retourner dans leur fuite. La femme de Loth ne put résister à sa curiosité; elle regarda derrière elle et aussitôt elle fut changée en statue de sel.

Flavien Joseph dit qu'il a vu cette statue; saint Justin, saint Irénée, Prudence, Tertullien, en parlent comme d'un prodige qui subsistait encore de leur temps. Benjamin de Tudèle se vante de l'avoir vue au douzième siècle et il remarque que si quelque étranger en enlève un morceau, la statue se reforme aussitôt, comme si rien n'eût été dégradé.

Plusieurs voyageurs ont observé aussi que les bêtes aimaient à lécher cette statue de sel et qu'elles en avalaient passablement sans en diminuer la taille.

Prudence dit que la statue d'Édith avait conservé sa beauté et toutes ses formes et saint Irénée prétend que de son temps elle avait ses mois. On trouve la même chose plus énergiquement exprimée dans le poème de Sodome attribué à Tertullien :

> Dicitur, et vivens alio sub corpore, sexus
> Munificos solito dispungere sanguine menses.

« C'est ce qu'un poète du temps de Henri II traduit ainsi dans son style gaulois :

> *« La femme à Loth quoique sel devenue*
> *Est femme encor, car elle a sa menstrue. »*

« Les pays des aromates furent aussi le pays des fables. C'est vers les cantons de l'Arabie pétrée, c'est dans ces déserts que les anciens mythologistes prétendent que Myrrha, petite-fille d'une statue s'enfuit, après avoir couché avec son père comme les filles de Loth avec le leur, et qu'elle fut métamorphosée en l'arbre qui porte la myrrhe[449]. »

Le Loyer, qui observe aussi que la statue d'Édith suait et souffrait ses fleurs et menstrues, dit que cette statue est à deux lieues de la mer Morte[450], qui occupe la place où fut Sodome. Ainsi la femme à Loth combattit deux lieues sa curiosité.

Pour avoir ses mois il fallait bien qu'Édith eût conservé certaines formes; et il paraît qu'elle les avait dans les premiers siècles de l'ère vulgaire. Mais Benjamin de Tudèle qui la vit plus tard, n'en parle que comme d'un monceau de sel informe.

La métamorphose de la femme de Loth n'est pas la seule de ce genre. Aventin[451] raconte qu'en 1348 cinquante paysans furent changés en statues de sel avec tous leurs troupeaux. Kircher dans le huitième livre de son *Monde souterrain*, parle même d'un village entier de l'Afrique qui fut pétrifié avec tous ses habitants, hommes et bêtes.

Depuis qu'on exige dans les voyageurs un peu de bonne foi, nous n'en connaissons point qui aient vu la statue de sel de la femme de Loth. Autrefois tout le monde l'avait touchée. « *Nous ne manquons point de nos Français qui se piquent d'avoir tout vu*, dit un bon franciscain[452]. *Il y en a même qui disent avoir vu la statue de sel en laquelle fut transformée la femme de Loth. Je veux croire qu'elle y est encore : mais l'impossibilité qui se trouve d'aller en ces endroits, à cause des Arabes, me fait conclure qu'ils ne disent pas la vérité. Car si les pèlerins pouvaient y aller, il n'y en a point qui le feraient avec plus de facilité que nos religieux, qui sont pour ainsi dire citoyens du pays.* »

Il se peut que, pour gagner de l'argent, les Arabes aient offert à quelques voyageurs de leur faire voir la statue de la femme de Loth, et qu'ils leur aient montré un monceau de sel, mais sans aucune forme fixe. Le père Goujon qui visita exactement toute la Terre-Sainte, dit qu'il n'a vu ni cette statue ni même l'endroit où elle a pu être[453].

---

449 - Voltaire, *Dictionnaire philosophique*, au mot *Asphalte*.

450 - Leloyer, *Histoire des Spectres,* etc., liv. 4, ch. 19.

451 - Cité par M. Salgues, *des Erreurs et des Préjugés*, t. I page 269.

452 - *Relation fidèle du Voyage de la Terre-Sainte, par un religieux de saint François observantin, qui a fait le voyage trois fois.* Paris 1760, première partie, chap. 49.

453 - *Histoire et voyage de la Terre-Sainte*, par le père Jacques Goujon, in-4°. Lyon 1672, page 230.

ÉDITHE. – Fille d'Edgard, roi d'Angleterre, née en 961, vierge et religieuse. Cette sainte ne cessait, dit-on, de faire le signe de la croix sur son estomac et sur son front, avec le pouce de sa main droite. Un jour que saint Dunstan la voyait se signer continuellement ainsi, il lui dit : « *Dieu ne permettra pas que ce doigt-là pourisse.* »
Treize ans après sa mort, sainte Édithe apparut à saint Dunstan, et le pria de faire lever son corps de terre. Elle s'ennuyait sans doute de n'être pas plus vite sainte. Elle avertit le saint prélat qu'il la trouverait sans corruption, excepté dans les parties dont elle avait fait mauvais usage. On trouva en effet les yeux, les pieds et les mains entièrement pourris; le pouce avec lequel elle avait coutume de faire le signe de la croix était intact. On examina le corps, les mamelles, la bouche, les parties sexuelles qui se trouvèrent parfaitement conservées; d'où l'on conclut qu'elle avait pratiqué la chasteté, la sobriété et les autres vertus qui font les saints[454].
Les méchants trouvaient qu'Édithe ne devait pas être sainte « *étant fille d'un roi charnel et tyran; on ouvrit la chasse devant ces méchants, et la sainte leva la moitié de son corps, avec, un maintien qui les fit trembler et les épouvanta tellement qu'ils honorèrent depuis sainte Édithe*[455].»

EDMOND. - Roi d'Angleterre au neuvième siècle. On prétend qu'il garda la continence et mourut vierge, parce que longtemps après sa mort son corps se trouva sans corruption. Ce corps était double : on montrait le premier à Berdrich-Worth en Angleterre, et le second à Toulouse qu'il délivra de la peste vers l'an 1630.

EDMOND ou **EDME.** - Archevêque de Cantorbéry au douzième siècle. « *Il ne fit que trois miracles le jour de son enterrement.* » Comme on lui en demandait la raison, il répondit qu'il était un peu trop serré dans son cercueil pour pouvoir agir.
On lui trouva au doigt un anneau merveilleux qu'un ange lui avait donné, et sur lequel était gravée la salutation angélique. C'était avec cet anneau que dans sa jeunesse il avait épousé la sainte Vierge. On ne put le lui ôter qu'après lui en avoir demandé la permission comme une grâce ; et cet anneau fit beaucoup de miracles.

---

454 - Baillet, *Vies des Saints,* 16 septembre.
455 - Ribadéneira. *Fleurs des Vies des Saints*, 16 septembre,

Les bêtes mêmes étaient guéries de leurs maladies en touchant les reliques de saint Edmond l'archevêque[456]. Son corps, que les Anglais se vantaient de posséder était aussi à Pontigny en Champagne, avec son anneau et son calice.

ÉGLISES. - Les chanoines de Chartres prétendent que leur église, qui est dédiée à Notre-Dame, fut bâtie et consacrée à la sainte Vierge bien avant que la sainte Vierge fût née.

Plusieurs églises ont les mêmes prétentions. Mais il paraît que la première église dédiée à sainte Marie fut celle d'Éphèse, bâtie vers le temps du grand Constantin. Dans les commencements du christianisme, on élevait peu d'églises; on célébrait les saints mystères dans des maisons particulières et sous les persécuteurs dans des cavernes.

Beaucoup d'églises ont une origine miraculeuse. Voici comment fut bâtie celle de Notre-Dame des Neiges, appelée aussi Sainte-Marie-Majeure, que l'on dit la plus ancienne église de Rome. Sous le pape Libère, au milieu du quatrième siècle, le patrice Jean et sa femme se voyant sans enfants, voulurent dépenser leur fortune en l'honneur de la sainte Vierge et lui élever un temple. Mais ils ne savaient où le placer. La sainte Vierge leur apparut et leur commanda de chercher sur le mont Esquilinus une place qu'ils trouveraient couverte de neige. Elle leur fit entendre que c'était là qu'il fallait bâtir l'église et le pape eut la même révélation. C'était le 5 d'auguste, pendant une nuit extrêmement chaude.

Le pape, le patrice et sa femme, allèrent de grand matin au mont Esquilinus où ils trouvèrent effectivement une place couverte de neige fraîche, et ils y bâtirent l'église de Notre-Dame des Neiges, qui est, à cause de ce miracle très bien munie d'indulgences[457]. On sait que l'église de l'abbaye de Saint-Denis, près Paris, fut dédiée par Jésus- Christ en personne.

On citerait beaucoup d'autres églises qui sont pareillement vénérées, parce qu'elles ont été bâties à la suite d'une révélation.

ÉGLISE DE LA RIVIÈRE DE TIFFIN.

---

456 - Ribadéneira, 16 novembre.
457 - *Merveilles de la ville de Rome*, page 20. *Voyage de France et d'Italie*, page 281. Baillet, 15 août.

« *Dans la province de Novogorod, près de la rivière de Tiffin, qui se jette dans le lac Ladoga, on va voir un monastère dédié à la vierge Marie, que les Russes appellent* la mère de Dieu. *Ils rapportent un grand miracle touchant ce monastère. L'église qui est à présent dans l'enclos du couvent, avait été bâtie disent-ils, de l'autre coté de la rivière; l'endroit où elle est maintenant était une fondrière dangereuse. La mère de Dieu étant venue par les airs de Constantinople en vingt-quatre heures, transporta de nuit cette église, par-dessus la rivière, dans la fondrière même qui devint aussitôt un terrain ferme.*

Je ne voudrais pas jurer, ajoute Perry, *que ce terrain n'a pas été autrefois marécageux; mais il est certain que j'ai trouvé les bords de cette rivière fermes, graveleux, unis et durs des deux côtés à une distance de plusieurs milles. Ils disent encore que la sainte Vierge apparut à un vieillard qui était en prières dans l'église pendant qu'elle la transportait à l'autre rive, et qu'elle lui déclara qu'elle changeait l'église de place, afin que le peuple y pût venir plus aisément de la ville voisine, observant qu'elle leur montrait par ce miracle que leurs prières seraient exaucées toutes les fois qu'ils auraient recours à elle dans l'église de son monastère*[458]..... »
Voyez les articles des *Notre-Dames*, etc.

ÉLEUTHÈRE. - Il y a plusieurs saints de ce nom. Saint-Éleuthère, pape au deuxième siècle, a laissé deux corps, l'un à Rome, au Vatican, l'autre à Troja dans le royaume de Naples.
Saint-Éleuthère, évêque de Tournai, faisait merveilles avec ses deux têtes qu'on honorait à Tournai même, l'une dans la cathédrale, l'autre dans l'abbaye de Saint-Martin de la même ville. Le corps était avec la première tête. Saint Éleuthère, abbé de Saint-Marc, près de Spolette, avait aussi deux corps, puisqu'on en montrait un à Spolette, et un à Gènes dans l'église de Saint-Mathieu.
Le corps de saint Éleuthère, compagnon de saint Denis, était comme on sait avec ceux de saint Denis et de saint Rustique[459].

---

458 - Jean Perry, *État présent de la grande Russie,* p. 211.
459 - Il y a encore un saint Éleuthère de Rome, qui alla prêcher la foi aux Esclavons et souffrit le martyre sous l'empereur Adrien. Ce martyre fut très prodigieux. « *On fit coucher le saint sur un lit de cuivre ardent; le feu lui servit de rafraîchissement. On l'étendit sur un gril, afin de le faire rôtir; le feu s'éteignit sans l'offenser. On le mit dans une grande poêle pleine de graisse pour le fricasser il fut impossible d'en venir à bout.*

ÉLIE. - Prophète juif, patron des carmes, qui le donnent pour le fondateur de leur ordre.

Il est bien heureux qu'Élie ait été enlevé vivant dans le ciel, car plusieurs couvents nous auraient montré son corps en chair et en os. Mais à défaut de son corps, on a su retrouver quelques autres reliques de ce grand saint, et plusieurs monastères grecs se vantent de posséder son manteau. Ce manteau qu'il laissa au prophète Élisée, était aussi dans un couvent de carmes allemands.

LIT D'ÉLIE.

On montre à peu de distance de Bethléem le lit d'Élie. C'est une longue pierre plate sur laquelle on voit figurée la forme d'un homme de grande taille. On dit qu'Élie passant par là et se trouvant fatigué, se coucha sur cette pierre où il laissa la marque de son corps et de ses habits; mais cette figure ne ressemble plus à rien, parce que les pèlerins en ont enlevé par dévotion plusieurs fragments. - Il y a tout auprès un couvent de moines grecs, qui ont beaucoup de vénération pour cette pierre[460].

GROTTE D'ÉLIE.

On voit sur le mont Carmel une espèce de puits profond qu'on appelle la grotte d'Élie. C'est là, dit-on que se cachait le saint prophète, pour éviter les persécutions de Jésabel. Comme l'entrée en est fort étroite, il la fermait avec une pierre et y demeurait bien clos[461]. Un corbeau lui apportait tous les matins de quoi vivre, comme au torrent de Cédron.

MELONS D'ÉLIE.

A deux lieues de cette grotte, les pèlerins vont honorer un lieu qu'on nomme le jardin d'Élie. En voici l'histoire. Le prophète passant dans cet endroit, accablé de fatigue et de chaleur, vit un jardinier qui se reposait

---

On le jeta dans un four tout rouge; le feu perdit aussitôt son ardeur. On essaya de le faire mourir de faim; une colombe se dépêcha de lui apporter assidûment à manger. On l'exposa aux bêtes féroces; les bêtes ne lui firent que des caresses. Enfin on lui coupa la tête; et sa tête se laissa couper .... » (Ribadéneira, 18 avril.)
460 - *Voyage du père Goujon*, etc., page 263.
461 - *Relation fidèle du voyage d'un religieux observantin en Terre-Sainte*, page 12.

dans son jardin où il remarqua beaucoup de melons. Il en demanda un pour se rafraîchir. Le jardinier lui répondit : « *Eh ! pauvre homme ne vois-tu pas que ce sont des pierres ? - Eh bien, répondit Elie, si ce sont des pierres qu'elles soient pierres.* » Aussitôt tous ces melons se pétrifièrent sans perdre leur forme; « *et l'on trouve encore aujourd'hui dans ce lieu-là des pierres qu'on prendrait pour des melons.* »[462]

ÉLISABETH. - Mère de saint Jean-Baptiste. Il est très-singulier que malgré sa sainteté éminente, sa qualité de mère du précurseur de Jésus-Christ, et les grands éloges qu'elle a reçus dans l'Évangile et dans les écrits des saints pères, sainte Élisabeth ait été négligée des légendaires (même du père Ribadéneira). Ce fut le cardinal Baronius qui le premier répara un oubli si injurieux à la sainte et la plaça dans le martyrologe romain.

Ainsi nous ne pouvons dire si quelques églises chrétiennes conservent le corps de sainte Élisabeth. Nous observerons seulement qu'on montre la place où fut sa maison dans le village hideux d'Aain-Charin, en Judée, à une lieue du désert de saint Jean. Les pèlerins qui visitent les débris de l'église qu'on a bâtie là, vont prier dans la grotte où la sainte Vierge composa et chanta le *Magnificat*.

ÉLISABETH DE HONGRIE. - Landgrave de Thuringe et de Hesse. Elle fut veuve à vingt ans et elle dit à Dieu : « *Vous savez, Seigneur, combien j'aimais le duc, parce que vous me l'aviez donné pour mari. Maintenant que vous l'avez appelé à vous, quand je pourrais le ressusciter d'un seul de mes cheveux, vous savez bien que je ne le ferais pas*[463]. » Cette sainte mourut à vingt-quatre ans en l'année 1231.

Si elle ne ressuscita pas son mari, elle ressuscita seize autres morts[464] et fit bien d'autres miracles. Il sortait continuellement de son corps, qui était à Mayence, une sorte d'huile qui guérissait tous les malades, lorsqu'ils s'en frottaient avec dévotion. On montrait des fioles de cette huile dans plusieurs couvents de la basse Allemagne.

On conseille aux noyés d'invoquer sainte Élisabeth de Hongrie, car elle en a ressuscité plusieurs. Elle a même fait ce double miracle : un habile

---

462 - Même voyage, pages 12 et 13.
463 - Ribadéneira, 19 novembre.
464 - Ribadéneira, au 19 novembre.

nageur nommé Frédéric se moquait de la sainte; aussitôt il se noya, et on le retira mort après quelques jours. Un de ses parents, plus circonspect et plus pieux, porta le corps devant les reliques d'Élisabeth avec un riche *ex-voto*, et la sainte ranima celui qu'elle avait noyé; ce qui fit éclater sa puissance[465].

Un pendu se réclama de la protection de sainte Élisabeth de Hongrie; incontinent sa corde casse et il s'échappe en bonne santé[466].

Une pucelle du diocèse de Mayence, qui se nommait Béatrix, et qui ne trouvait point de mari parce qu'elle était bossue par devant et par derrière, alla visiter avec foi les reliques de la sainte, qui la redressa parfaitement la nuit suivante[467].

Il y a sept ou huit cents miracles de cette force sur le compte d'Élisabeth, princesse de Hongrie.

ÉLISABETH, REINE de PORTUGAL. - Elle mourut au quatorzième siècle. Il paraîtrait, par sa bulle de canonisation, que son corps est à Lisbonne. Cependant ce corps est aussi à Coïmbre.

Sainte Élisabeth de Portugal a fait beaucoup de miracles; et l'on assure que « *les malades qui se frottent de l'huile de la lampe qui est sur son tombeau à Coïmbre, s'en retournent entièrement guéris*[468]. »

ÉLISÉE. - Prophète juif, second patron des carmes, qui l'honorèrent longtemps avant de se décider à honorer Élie, parce qu'Élie est encore vivant.

Les os d'Élisée furent brûlés par les païens, sous Julien l'apostat. On dit même qu'on mêla ces saintes reliques dans le même bûcher avec des ossements de bêtes, pour mettre en défaut le zèle des chrétiens qui auraient recueilli ses cendres.

Néanmoins saint Jérôme raconte que vingt-quatre ans après, en 386, sainte Paule alla visiter à Sébaste le tombeau et le corps du prophète Élisée, et qu'elle fut toute consternée des miracles qui s'y faisaient; car elle vit des possédés qui aboyaient comme des chiens, qui rugissaient comme des lions, qui sifflaient comme des serpents, qui imitaient le cri

---

465 - *Legenda aurea,* leg. 165.
466 - Même légende.
467 - Même légende d'or.
468 - Ribadéneira, 4 juillet.

des diverses espèces d'animaux, tandis que d'autres marchaient sur la tête, les pieds en l'air. Ces miracles, en effet, devaient produire de singulières sensations.

Il est donc évident que, vingt-quatre ans après avoir été brûlé, le corps du prophète Élisée avait reparu; aussi on le montra longtemps dans l'église de Saint-Apollinaire de Ravenne; et aujourd'hui cette ville possède encore la tète du disciple d'Élie. - On avait également à Melun beaucoup de reliques d'Élisée, quoique les païens eussent jeté ses cendres au vent; mais rien n'est impossible aux pieux.

FONTAINE D'ÉLISÉE.

A quelque distance de Jéricho, on voit la fontaine d'Élisée qui porte le nom de ce prophète parce que, de son vivant, il en adoucit les eaux qui étaient amères, en y jetant un peu de sel, en faveur des habitants de Jéricho, tristement dépourvus d'eau douce[469].

ÉLOI. - Eligius, patron des orfèvres et des forgerons, évêque de Noyon, orfèvre-bijoutier, et ministre du bon roi Dagobert : il mourut en 659, âgé de soixante-dix ans.

Sainte Bathilde voulut transporter son corps à Paris; mais à peine eut-on ouvert son tombeau, qu'il se mit à saigner du nez. La reine fit recueillir ce sang dans des mouchoirs, et laissa le corps du saint à Noyon, où il resta jusqu'en 1792, et peut-être jusqu'à présent.

Néanmoins, saint Éloi avait une seconde tête à Chelles, et une troisième aux Barnabites de Paris. Il avait un second corps à Bruges, beaucoup de reliques à Tournay, plusieurs membres détachés à Douay, un bras dépareillé à l'abbaye de Basse-Fontaine en Champagne un autre aux Barnabites de Paris, divers ossements à Pont-aux-Dames, dans le diocèse de Meaux.

On montrait aussi, dans quelques-unes des églises que nous venons de nommer, des flacons pleins de l'huile sainte qui découla du tombeau de saint Éloi. Cette huile guérissait les malades et brisait les chaines des prisonniers qui avaient la précaution de s'en frotter[470].

---

469 - *Voyage du père Goujon en Terre Sainte*, page 229.
470 - On voit, à la bibliothèque royale de la rue de Richelieu, le fauteuil de Dagobert fait par saint Éloi.

Enfin on faisait voir à l'abbaye de Chelles, le calice de Saint-Éloi, qui était d'or pur et contenait plus d'une pinte de vin[471]. C'était avec ce calice que saint Éloi disait la messe. On l'a probablement monnayé dans le cours des impiétés révolutionnaires.

ÉLOPH ou **ALOPH** ou **ÉLIPHE**. - Martyr en Lorraine, au quatrième siècle. Son corps est à Cologne, à Toul, et dans une église voisine de Gand. Il a une quatrième tête à Utrecht, et une cinquième à Saint-Martin de Cologne. Cette cinquième tête a été volée à Tours disaient les moines, par l'archevêque Warin, qui la rapporta dans son diocèse.

ÉPIMAQUE. - Martyr à Rome au troisième siècle. Il n'est pas très connu; cependant il nous a laissé quatre corps miraculeux; le premier à Rome, dans l'église de Saint-Gordien; le second à Constantinople, le troisième à l'abbaye de Kempten, au diocèse d'Augsbourg; le quatrième à Venise.

ÉPIPHANE. - Évêque de Salamine et docteur de l'église, mort en 403. Son corps, qui était en Chypre, fut longtemps tout-à-fait perdu. Mais on le retrouva un jour à Bénévent; et s'étant doublé comme tant d'autres, le corps de saint Épiphane est à la fois à Bénévent et à Prague.

ÉPIPODE et **ALEXANDRE**. - Saints martyrs de Lyon, au deuxième siècle. Leurs corps, qui étaient à Lyon, ayant été dissipés par les Normands, les chanoines de Saint-Just prétendirent qu'ils avaient retrouvé et qu'ils possédaient ces saintes reliques.
Mais on les retrouva aussi en 1410 dans l'église de Saint-Irénée; de sorte qu'à Lyon même saint Épipode et saint Alexandre eurent deux corps.
Les chanoines de Saint-Just qui voulaient avoir les véritables reliques firent un procès aux prêtres de l'église de Saint-Irénée qu'ils accusaient d'exposer à la vénération des fidèles de fausses carcasses de saints.
L'affaire fut portée en 1413 devant le sénéchal du Lyonnais; et les reliques de l'église de Saint-Irénée s'étant aussitôt distinguées par deux ou trois miracles, le sénéchal déclara qu'elles étaient les bonnes et que

---

471 - Baillet, Ribadéneira, Giry, premier décembre. Piganiol, *Description de Chelles*. M. Dulaure, *Environs de Paris*, etc.

s'il y avait des carcasses, elles étaient dans l'église des chanoines de Saint-Just, qu'il condamna[472].

Grégoire de Tours dit que de son temps, on guérissait beaucoup de malades en leur faisant avaler de la poussière prise sur le tombeau des saints Alexandre et Épipode.

Il n'est pas jusqu'au soulier de saint Épipode, qui, ayant été ramassé sur le lieu de son supplice et conservé précieusement par la bonne femme Lucie, hôtesse des deux saints, opéra des miracles sans nombre et guérit une multitude de pestiférés. On le gardait à Lyon avec beaucoup de respect. C'est effectivement un objet respectable, qu'un vieux soulier qui guérit de la peste !

ÉQUICE. - Abbé de moines italiens, au sixième siècle. Son corps est à Aquila, en Italie, et à Bizzolo, près d'Aquila.

ÉRASME ou **ELME.** - Martyr en Italie, au quatrième siècle. Son premier corps est à Gaete, au royaume de Naples. Il en a un second à Rome, un troisième à Bologne, un quatrième à Eugubbio, un cinquième à Vérone, un sixième à Naples, un septième à Évora, un huitième à Lisbonne, un neuvième à Cologne, un dixième à Prague, un onzième à Mayence. Il faudrait peu de recherches pour avoir la douzaine, avec le treizième d'usage.

On a donné le nom de feux de Saint-Elme à de légères exhalaisons enflammées qui paraissent quelquefois au haut des navires. Les matelots de la Méditerranée invoquent saint Érasme ou Ermo ou Elme contre les tempêtes et les dangers du naufrage[473].

ERMITAGES. - Il y a un assez bon nombre d'ermitages qui peuvent être considérés comme des reliques des saints par qui ils ont été bâtis, et qui jouissent d'une grande considération dans l'esprit des gens pieux. Quelques-uns guérissent de diverses maladies ceux qui les visitent; d'autres sont une source de prospérités pour le pays; d'autres enfin sont honorés pour les miracles qu'ils rappellent. Nous nous contenterons de rapporter la touchante histoire d'un ermite du Finistère.

---

472 - Chifflet, *continuatio ad Bolland. Jun.* tome I, p. 678. Tillemont, *Mémoires ecclésiastiques*, tome III, page 600, etc.
473 - Papebrock, *continuat. ad Bolland. Junii*, tome I, p. 218.

L'ERMITAGE DE FLUMINIO.

Le rocher de Fluminio, près de Douarnenez, fut jadis habité par un ermite dont l'histoire est célèbre. On en a fait un cantique breton.

« La mère d'un jeune gentilhomme, ne pouvant le souffrir, le chasse après lui avoir donné trente écus. Elle lui avait défendu de dire son nom et de ne jamais reparaître dans la maison paternelle. L'enfant, le cœur serré, la larme à l'œil, entre dans une église; il voit sur un autel l'image de la Vierge et celle de saint Corentin. Hélas! je suis orphelin, leur dit-il, ayez pitié de moi. Servez-moi de père et de mère.

Au sortir de l'église, il rencontre une femme affligée; elle implore sa charité. Son mari venait de mourir, et le curé lui refusait la sépulture, parce qu'elle n'avait pas de quoi en payer les frais. Faites enterrer votre époux, pauvre malheureuse, lui dit l'aimable enfant; tenez, voilà mes trente écus.

Il la quitta, sans penser à l'affreux état dans lequel il allait se trouver, manquant d'argent et mourant de faim; il s'enfonce dans la forêt résolu d'y passer la nuit.

Une dame vêtue de blanc se présente, accompagnée d'un prélat en habits pontificaux, qui le console et lui dit : - « Rends-toi dans le manoir voisin; on t'y donnera du service. - Mais je suis gentilhomme. - Qu'importe !... » Et tout disparaît.

Au point du jour faible, glacé, l'infortuné jeune homme se présente au manoir; on le retient. Il montre à lire à la demoiselle de la maison. Il en est aimé. Le père qui est un très bon homme consent à lui donner sa fille. Il l'épouse.

Un vieil oncle orgueilleux n'approuve point ce mariage, qu'il croit déshonorant pour sa maison mais il dissimule. Le jeune homme bénit la Sainte Vierge et monsieur Corentin; et bientôt son bonheur augmente; sa femme met au monde un beau petit enfant.

Un jour l'oncle vindicatif invite le jeune homme à la chasse du lièvre. Les chiens les mènent entre Ris et Tremalaouen; la mer était courroucée, furieuse; les deux chasseurs la contemplaient du haut d'un rocher l'oncle inhumain précipite au fond des abîmes notre aimable gentilhomme, qui invoque aussitôt la sainte Vierge et le bon père Corentin.

L'eau se condense, lui forme un lit fort doux, et le porte sans le mouiller près de Douarnenez sur l'île de Fluminio. Là, nourri par saint Corentin, il fit pendant cinq ans des prières à la Vierge et à ce bon saint; il leur bâtit une chapelle, pria pour les infortunés, songeant toujours à sa femme et à son joli petit enfant.

On ignore pourquoi le bon Corentin laissa cinq ans le jeune homme dans l'ermitage de Fluminio; mais dans la conduite des saints il faut toujours du merveilleux qu'on ne doit pas tenter de pénétrer.

Quoi qu'il en soit, un jour, au coucher du soleil le jeune homme était assis devant sa chapelle lorsqu'il vit avancer un vieillard à cheveux blancs, à barbe vénérable, qui lui proposa de le passer au continent, moyennant une récompense. - « Je vous donnerai tout mon bien, dit le jeune homme. - C'est trop. J'en accepte la moitié. »

Le jeune gentilhomme y consent et part. La chronique, ne dit pas si la mer s'ouvrit devant eux, s'ils voyagèrent à pied sec, ou en bateau, ou dans une auge de pierre. Ces manières de voyager étaient très communes du temps de nos pieux ancêtres.

Ils arrivent enfin, et le vieillard disparait. C'était l'ombre du malheureux qu'on avait enterré pour les trente écus.

L'oncle était mort, dévoré par les rats; il expiait ses crimes aux enfers. Le beau-père, la femme et l'enfant du jeune homme étaient vivants et le pleuraient; il fut reçu avec tous les transports de l'amour et de la joie la plus vive.

Au bout d'un an le vieillard qui l'avait ramené, arrive. On l'embrasse, on l'accueille. Après quelques mots vagues, il annonce qu'il vient réclamer le paiement qu'on est convenu de lui donner.

En un moment l'or, les bijoux, tout ce qu'on possède est partagé sans chagrin, sans murmure. « Vous oubliez, dit le vieillard, de me donner la moitié de ce fils qui fait partie de votre bien.... - De mon enfant ? - De votre enfant. Obéissez, Dieu le commande. Quelque cher qu'il en coûte on doit tenir ses engagements mais les contracter avec prudence. »

« Jamais la Sainte Vierge et saint Corentin n'arrivèrent plus à propos. La Vierge dit au bon gentilhomme : ta générosité, ta piété ton dévouement méritent une récompense; tu vas la recevoir. Le gentilhomme meurt aussitôt; son fils meurt avec lui. Le vieillard rentre dans sa tombe; la jeune mère, la tendre épouse qui voit son époux et son fils s'élever au ciel dans le voile de Marie soutenu par saint Corentin se

retire dans un couvent, en attendant le même sort, et donne ses biens à l'église[474] ». »

On montre encore, avec admiration, auprès de Douarnenez la porte et une partie des murs de l'ermitage où notre jeune gentilhomme se sanctifia pendant cinq années.

ESCURIAL. - Monastère royal d'Espagne, dans la nouvelle Castille. Philippe II le fit bâtir en 1557, en mémoire de la bataille de Saint-Quentin, que son armée venait de gagner sur les français, le jour de Saint-Laurent.

On dit que Philippe II eut une si grande peur, en voyant cette bataille, qu'il fit deux vœux : l'un de n'aller jamais à la guerre; l'autre d'élever à Saint-Laurent le plus beau monument de l'Europe, s'il remportait la victoire. Saint Laurent fut séduit, à ce qu'il paraît; et Philippe II tint ses promesses. Il fit élever en l'honneur de saint Laurent le monastère de l'Escurial, qui lui coûta plus de deux cents millions de la monnaie actuelle.

Au devant du chœur de la magnifique église des moines qui habitent l'Escurial, on voit sur deux tableaux la liste des reliques qui s'y trouvent : 7 corps saints entiers; 5 107 têtes entières; I77 bras ou jambes; 346 veines, 1400 autres petites pièces, comme doigts, cheveux, etc.; et 1500 autres pièces encore plus petites, (quoiqu'il ne paraisse pas possible, à nous autres profanes, de conserver une relique plus petite qu'un cheveu.)

Toutes ces reliques sont placées dans quatre armoires que l'on a disposées dans quatre chapelles et *« l'on prétend qu'une seule de ces armoires surpasse le trésor de saint Marc de Venise[475].* » Les dernières guerres d'Espagne ont un peu changé toutes ces choses.

ÉTERNUEMENT DU SAINT-ESPRIT. - D'Aubigné assure dans le baron de Fœneste et dans le chapitre VII de la *confession catholique du sieur de Sancy*, qu'à l'église de Saint-Front, en Périgueux on montrait un éternuement du Saint-Esprit, dans une petite fiole que les huguenots brisèrent pendant les guerres de la ligue.

---

474 - *Voyage de M. Cambry dans le Finistère*, tome II, p. 277.
475 - Bruzen de la Martiniére au mot *Escurial*.

ÉTIENNE. - Premier diacre et premier martyr de Jésus-Christ. - Vers l'an 415, on ne savait pas encore ce qu'était devenu le corps de saint Étienne, lorsque le prêtre Lucien, curé du bourg de Capharmagale, à quelque distance de Jérusalem, s'étant couché dans son presbytère le vendredi 3 décembre, vit venir à lui un vénérable vieillard vêtu d'habits sacerdotaux ayant une longue barbe blanche, une étole chamarrée de pierres précieuses taillées en croix, et une baguette d'or à la main.

Le vieillard toucha de sa baguette le curé endormi, l'appela trois fois par son nom, et lui dit en grec qu'il s'ennuyait avec ses compagnons d'être enterré sans honneur; qu'ils voulaient être mis dans un lieu plus décent, et que si on rendait un culte à leurs reliques, Dieu se laisserait fléchir à ne pas perdre le monde qui était en danger, à cause des grands péchés qui se commettaient tous les jours.

Lucien demanda au vieillard qui il était et quels étaient ses compagnons. Je suis répondit-il, le docteur Gamaliel. C'est moi qui ai instruit saint Paul. Mes compagnons sont saint Etienne le premier martyr, que j'ai fait enterrer dans mon jardin; saint Nicodème l'un des disciples, que j'ai mis à côté de saint Étienne; saint Abibas, mon fils, que j'ai fait ensevelir auprès de Nicodème; et j'ai demandé par mon testament à partager le tombeau de ces trois saints.

Gamaliel indiqua en même temps l'endroit de la paroisse ou l'on trouverait les quatre saints corps. Malgré tant de motifs, Lucien ne se rendit pas d'abord. Il demanda que la vision fut répétée trois fois; car il craignait d'être trompé par le diable. Il n'était pourtant pas très pénible de faire fouiller au lieu désigné par le vieillard, puisqu'on pouvait par-là empêcher Dieu de perdre le monde. Mais les prêtres ne sont pas charitables.

Le bon Gamaliel se présenta une seconde, puis une troisième fois; et comme il gourmanda un peu aigrement son curé, en lui disant que s'il ne voulait pas déterrer les corps, il allait s'adresser à de meilleurs chrétiens que lui, Lucien se hâta d'aller à Jérusalem et se concerta avec l'évêque Jean qui lui conseilla de faire fouiller au plus vite, parce que Gamaliel avait dit qu'on porterait le corps de saint Etienne à Jérusalem, ce qui allait être une source de dévotions et de miracles.

On fouilla donc. Mais quoique Gamaliel eût expliqué trois fois ses intentions, il paraît que Lucien dormait trop, ou qu'il avait mal compris; car il fit bêcher dans un champ à côté d'un monceau de pierres où l'on ne trouva rien. Il fallut que le docteur juif apparût de nouveau à un moine simple et innocent, qui vint indiquer un endroit plus exact. On découvrit les tombeaux où étaient gravés ces mots hébreux : Cheliel, qui signifie *serviteur, couronne* ou *Étienne*, et Apaudardon, c'est-à-dire, *Nicodème* et *Gamaliel*[476].

Lorsqu'on ouvrit le cercueil de saint Étienne, la terre trembla; il se répandit une odeur excellente qui guérit plusieurs malades; et il se fit des miracles étonnants. Le corps du saint martyr était réduit en cendres, à l'exception des os que l'on porta à Jérusalem. La cérémonie se fit le 26 décembre; et tandis qu'il y avait eu jusque-là une grande sécheresse qui causa beaucoup de maux, Dieu envoya sur-le-champ une pluie abondante, pour montrer qu'il se réconciliait avec la terre[477].

Une femme aveugle fit toucher des fleurs aux reliques de saint Étienne, les approcha ensuite de ses yeux et fut aussitôt guérie. Un peu de poussière de son tombeau rendit la santé à un paralytique. On assure même que plusieurs morts furent ressuscités.

Un grand nombre d'églises eurent bientôt quelques parties des reliques de saint Étienne et en moins de deux cents ans, ces saintes reliques opérèrent plus de trente mille miracles, comme on peut le voir dans Orose, dans saint Évode, dans saint Avitus, et dans saint Augustin.

La reconnaissance des peuples fut si grande, que saint Augustin reproche aux fidèles de son temps, qu'ils adoraient saint Étienne comme un dieu, et non plus comme un saint[478]. Il ne faut donc pas s'étonner que ce saint ait laissé tant de reliques. Nous n'indiquerons que les plus célèbres et les plus fécondes en merveilles.

CORPS DE SAINT ÉTIENNE.

Messire Durand, docteur en théologie, dit dans ses *caractères des saints*, que quand on découvrit le corps de saint Étienne, ses yeux lancèrent des regards perçants, son cœur jeta des flammes, du sang sortit de ses veines, et sa langue parla.

Nous avons vu dans la relation de Lucien, qui écrivit comme témoin oculaire, que tout était réduit en poudre, et qu'il n'y avait ni langue, ni yeux, ni cœur, ni veines, mais les doctes font quelquefois des figures de rhétorique. D'ailleurs, messire, Durand pouvait n'avoir lu, ni la relation

---

476 - Ribadéneira, 3 août
477 - Baillet, 3 août. *Vies des Saints*.
478 - Tillemont, tome II des *Mémoires ecclés.*, page 21.

de Lucien, ni la cité de Dieu de saint Augustin, ni le recueil de miracles compilé par Évode; et il voyait partout des corps entiers de saint Étienne. Le corps le plus ancien, qui fut trouvé réduit en cendres, est à Jérusalem; on en avait un second mieux conservé à Constantinople. On en montre à Rome, dans l'église de Saint-Laurent, un troisième qui est en fort bon état. Il y est venu sous un prince chimérique, que les légendaires ont su nommer, mais que les historiens ne connaissent pas.

Venise montre un quatrième corps du saint martyr, dans l'église du monastère de saint Georges. Il fut volé, dit-on, et apporté par une pieuse femme nommée Julienne.

Outre ces quatre corps complets, on montre dans plus de mille églises des parties considérables de saint Étienne; une cinquième tête à Rome, dans l'église de Saint-Paul en la voie d'Ostie, une sixième tête à Soissons : on l'a reçue, dit-on, de Constantinople; mais les moines de Constantinople n'en convenaient pas, et ils montraient à qui voulait le voir qu'ils avaient leur tête (maintenant perdue sans doute avec le corps); une septième tête à Arles, une huitième à Saint-Étienne de Lyon; un neuvième bras à Saint-Yves de Rome, un dixième bras à Sainte-Cécile de Rome, un onzième à Saint-Louis de Rome, un douzième à Metz, un treizième à Besançon.

Il sortit, dit-on, de ce dernier bras une chopine de sang vermeil, quoique ce bras fut très sec, lorsque Chélidoine, évêque de Besançon, le cassa, ayant eu l'imprudence ou la malice de le laisser tomber à terre, devant une grande multitude de fidèles.

On conserve précieusement ce sang saint qui fit beaucoup de miracles. On montre aussi à Besançon une fiole pleine du sang que versa saint Étienne lorsqu'on le lapida.

On a des bouteilles pleines du même sang dans beaucoup d'églises, et principalement à Naples dans l'église de Saint-Gaudiose. Gaudiose l'apporta lui-même d'Afrique, ne sachant pas plus que les autres où il l'avait pris; et ce sang, qui est congelé toute l'année, se liquéfie et devient frais pendant la messe que l'on célèbre le jour de l'invention du corps de saint Étienne.

Mais ce miracle n'est pas rare à Naples, où le sang de saint Janvier fait mieux encore.

On voit aussi à Besançon la tunique que portait saint Etienne le jour qu'il fut lapidé; elle est déchirée et sanglante. Il est malheureux que cette même tunique soit à Rome dans le saint des saints de Saint-Jean-de-

Latran; elle est pareillement rompue par les cailloux et tigrée de taches de sang.

PIERRES DE SAINT ÉTIENNE.

On ne s'est pas contenté de faire adorer des corps incertains on a fait adorer des pierres même, dit Henri Étienne[479] et on sent combien il est facile de multiplier de telles reliques.

Le corps de saint Étienne fut perdu quatre cents ans; on le retrouva en poussière; et cependant on osa faire reparaître sa robe. Quel fripier l'avait gardée ? Ceux de Besançon disent que leur tunique est un présent de sainte Hélène. Mais quand sainte Hélène mourut on ne songeait pas encore aux reliques du premier martyr.

Cependant, sans dire sur quels indices on les a reconnues, ni dans quel lieu on les a prises, on montre des pierres qui servirent à lapider saint Étienne à Arles, à Florence, à Ancône, à Saint-Yves de Rome, à l'église de Saint-Laurent dans la même ville. On voit un de ces cailloux à Toulouse, et on lui attribue des guérisons miraculeuses. Il y en a un autre dans la cathédrale de Ravenne devant lequel on se met à genoux avec la plus grande vénération. Il est même muni d'indulgences; et c'est bien honorable pour un caillou.

On montre aussi près de Jérusalem, à quelques pas de la porte dite de Saint-Étienne, la pierre sur laquelle le saint tomba quand on le lapidait et qu'il vit les cieux ouverts. Cette pierre conserve, dit-on, l'empreinte du corps du saint[480].

On le demande à tous les hommes qui ont conservé quelque lueur de raison au milieu des influences superstitieuses; les instruments du supplice d'un saint ne sont-ils pas des objets exécrables, loin d'être des objets sacrés ? S'il faut honorer les pierres qui ont tué saint Étienne ne faut-il pas honorer aussi les potences, les rivières, les bûchers, qui ont servi à la mort des martyrs ? Alors on adorera toute la nature. Cependant on se vante dans cette religion catholique de n'adorer qu'un seul Dieu.

ÉTIENNE. - Premier pape de ce nom, saint et martyr, à ce qu'on croit, au troisième siècle. Il laissa trois corps. Malheureusement on ne sait pas

---

479 - *Apologie pour Hérodote*, chap. 39.
480 - *Voyage d'un franciscain en Terre-Sainte*, p. 64.

où ils furent trouvés. Le premier est à Trani dans la Pouille; le second à Pise; le troisième à Rome dans le monastère de Saint-Sylvestre; la tête de ce dernier corps est dans la même ville à Saint-Sébastien, en la voie Appienne.

ÉTIENNE. - Patriarche d'Antioche et martyr au cinquième siècle. Nous regrettons que ce grand saint n'ait laissé qu'un corps qui est à Venise; car nous aurions remarqué qu'il fut tué à coups de plumes, genre de mort assez rare pour un prélat du temps passé. Il était en opposition avec les Eutychiens, qui aiguisèrent leurs plumes, l'en frappèrent à coups redoublés, dans un temps où l'on n'écrivait guère avec des plumes, et le tuèrent roide; après quoi ils jetèrent à la rivière son saint corps, qui fut emporté à la mer et qui vint se rendre directement à Venise, où il est très honoré avec une des plumes qui servirent à le tuer.

ÉTIENNE. - dit ÉTIENNE DE GRANDMONT, instituteur de l'ordre des bons-hommes au onzième siècle. Sa table à manger était à Fontereuse en Poitou, où elle faisait des miracles, aussi-bien que sa tunique de diacre. Lorsqu'on le déterra, ou lui trouva sur la tète un papier où il avait écrit sa profession de foi et son engagement au service de Dieu[481]. Ce saint papier s'est conservé longtemps à Limoges et ailleurs. Il est bien mortifiant de savoir que le papier n'était pas en usage dans l'Europe du temps de saint Étienne de Grandmont. Ce qu'il y a d'admirable, c'est qu'il se faisait tant de miracles à son tombeau, que les moines lassés le prièrent de n'en plus faire; et il n'en fit plus[482].

ÉTIENNE. - Roi de Hongrie mort au onzième siècle. Nous le plaçons comme de juste après les prélats et les moines. Son corps fit beaucoup de merveilles. Il guérit la comtesse Mathilde d'un mal qui lui rongeait le bas-ventre depuis trois ans, et redressa un enfant de sept ans qui marchait à quatre pattes.

Dans une première ouverture de son tombeau, on trouva son corps nageant dans de l'huile rousse; à une ouverture postérieure, le corps était réduit en poudre, excepté un bras qui s'est conservé intact chez les Hongrois.

---

481 - *Almanach ou calendrier véritable*, par M. Legall. Fastes du 9 février.
482 - Durand, *Caractères des Saints*, page 39.

ÉTOILE DES ROIS MAGES. - « *Une étoile miraculeuse avertit trois rois de l'Orient de la naissance de Jésus-Christ et les amena à la sainte étable.* » Mais quelle était cette étoile ? car la plus voisine de nous est trop éloignée et trop grosse pour indiquer la porte d'une étable puisque la plus petite étoile a plus d'étendue que la terre.

C'était donc, comme disent saint Thomas et quelques doctes, un ange qui avait pris la figure d'une étoile. Le père Goujon dit aussi dans son *Voyage de la Terre-Sainte* qu'on adore, à trois pas de la crèche de Bethléem, le lieu où l'étoile qui guidait les mages s'abaissa pour rendre hommage à Jésus naissant. Il observe que cette sainte étoile disparut ensuite par trois petits trous qu'on voit au rocher, et qui sont grands à y fourrer le doigt. Il fallait que l'ange habillé en étoile fût bien peu de chose pour s'écouler par trois trous si petits.

Quoi qu'il en soit, on montrait autrefois quelques rayons de l'étoile des mages à Jérusalem[483], à Rome dans l'église de Saint-Jean-de-Latran[484], et sans doute dans d'autres saints lieux.

Nous ajouterons que cette étoile a reçu souvent une espèce de culte. On la portait dans la procession d'Aix; et le 6 de janvier on promenait encore, il y a peu de temps, dans les rues d'Amsterdam, une grande lanterne façonnée en étoile et pendue au haut d'une perche : on l'appelait *l'étoile des rois*.

ÉTOILE DE ST NICOLAS DE TOLENTINO. – L'étoile des mages n'est pas la seule qui mérite des honneurs. Entre les autres en assez grand nombre qui ont joué quelque rôle dans la vie des Saints, nous narrerons seulement que Dieu voulant montrer la sainteté de saint Nicolas de Tolentino, envoya une étoile qui descendit dans l'église et s'arrêta sur l'autel où Nicolas disait la messe, pour faire voir que le saint était la lumière des chrétiens. On garda cette étoile sous l'autel de Tolentino, et on la montrait tous les ans le 10 septembre jour de la fête de Nicolas[485]. Mais il y a longtemps déjà que cette étoile s'est évaporée, à cause de l'impiété des peuples.

---

483 - Henri Estienne, *Apologie pour Hérodote*, chap. 39,
484 - Misson, tome II, page 148.
485 - Ribadéneira, 10 septembre.

EUGÈNE. - Premier pape de ce nom, mort au septième siècle. Il a laissé deux corps; l'un est à Rome, l'autre chez les Portugais.

EUGÈNE. - Évêque de Carthage, martyr au cinquième siècle. On ne sait comment son corps a pu venir d'Afrique en nos pays. Mais ce corps était : 1° à Albi, 2° dans l'île de Corse, 3° à Venise; et par fragments en beaucoup d'autres églises de France et d'Italie.

EUGÈNE. - Compagnon de saint Denis, à ce que dit l'histoire. Il alla prêcher en Espagne, fut le premier archevêque de Tolède, et vint recevoir le martyre auprès de Paris. Il est vrai que les Espagnols ne savaient rien de tout cela jusqu'au douzième siècle. Mais Alphonse VII ayant appris que ce saint Eugène avait été archevêque de Tolède, fit demander son corps qui était à Saint-Denis en France, sans savoir que ce saint en avait deux, et que les moines de Brogne, au diocèse de Namur, se vantaient de posséder le véritable.

Louis-le-Jeune, roi de France, pour obliger le roi de Castille son ami, demanda à l'abbé de Saint-Denis le corps de saint Eugène. Les moines ne voulurent donner qu'un bras, et Louis-le-Jeune l'envoya à Tolède, en disant que c'était là tout ce qu'il avait pu obtenir.

Philippe II, en 1565, demanda de nouveau le corps de saint Eugène; et Charles IX fut plus heureux que Louis-le-Jeune auprès des moines de Saint-Denis; car il envoya le corps entier à Tolède, où il fut reçu avec une pompe extraordinaire, porté sur les épaules du roi ainsi que cela se pratiquait en ces bons temps.

EULALIE. - Vierge et martyre de Mérida en Espagne au quatrième siècle. Grégoire de Tours assure que de son temps on voyait, devant l'autel sous lequel reposait à Mérida le corps de cette sainte, trois arbres miraculeux qui produisaient le jour de sainte Eulalie (10 décembre) des fleurs d'une excellente odeur, lesquelles guérissaient toutes sortes de maladies. Le peuple voyait dans l'abondance de ces fleurs le présage des biens qu'il pouvait attendre dans l'année.

Nous sommes privés de tous ces avantages; et pourtant valons-nous moins que tes brigands du quatrième siècle ? On voit partout des chrétiens et nulle part des persécuteurs. - Sainte Eulalie avait deux corps, un à Mérida, un autre dans une église des Asturies. Le corps de Barcelone appartenait, dit-on, à une autre sainte du même nom.

EUPHÉMIE. - Vierge et martyre de Calcédoine au quatrième siècle. Le fameux concile assemblé à Calcédoine en 451 se tint dans l'église de Sainte-Euphémie. On sait qu'on voulait abattre l'hérésie d'Eutychés, qui prétendait qu'il n'y avait pas deux natures en Jésus-Christ. Ce concile ne put se faire sans beaucoup de tumulte, et les évêques catholiques proposèrent, pour accorder tout de faire décider la querelle par sainte Euphémie, dont le corps reposait en cette église.

Les catholiques écrivirent leurs dogmes sur une pancarte, et les hérétiques mirent leur profession de foi sur une autre. On ouvrit la châsse, et on plaça les deux pancartes dans le sein de la vierge Euphémie. On mit ensuite les scellés sur la châsse; et après trois jours de prières, la pancarte des hérétiques se trouva sous les pieds de la sainte, tandis qu'elle tenait à la main la profession de foi des catholiques qu'elle remit gracieusement au patriarche[486].

On pense bien que d'aussi grands miracles durent donner à sainte Euphémie une réputation étonnante. Son tombeau se mit à suer continuellement des gouttes de sang incorruptible, et d'une odeur si agréable que toute l'église en était embaumée.

L'empereur Maurice, qui doutait que ce sang fût naturel, voulut le voir de près et se mit en mesure pour n'être pas trompé. Il soupçonnait donc qu'il pouvait l'être. On ajoute qu'il avoua que ce sang était un grand miracle. Mais les critiques prétendent qu'il vit mal, ou qu'il ne prit que des précautions insuffisantes : car s'il est évident qu'on a trompé neuf fois dans ces sortes de choses, il est clair qu'on peut encore tromper une dixième fois.

Quand le très impie Constantin Copronyme se fut méchamment résolu à abolir le culte des reliques et des images, il témoigna le dessein de faire anéantir le corps de sainte Euphémie, que les fidèles adoraient avec plus de zèle qu'ils n'en montraient pour Dieu même. On lui objecta le saint sang qui sortait du tombeau; et comme il n'en tenait compte, le corps de la sainte jeta incontinent une huile de parfum, qui guérissait les malades et chassait les démons. Copronyme n'en eut pas moins la sacrilège

---

486 - Ce miracle rapporté dans Métaphraste et dans Ribadéneira n'était pas connu des écrivains contemporains; ainsi, on n'est pas tout-à-fait damné pour ne pas y croire.

audace de faire jeter le corps d'Euphémie dans la mer. Mais Dieu permit que ces saintes reliques se retrouvassent depuis; et sans compter que le corps de sainte Euphémie est à Rome, il est aussi à Tarbes et à Saint-Malo. Il n'en sort plus d'huile, ni de sang, quoique les trois saints corps fassent toujours des miracles ce qui véritablement n'est pas si rare qu'on le croit[487].

EUPHROSYNE. - Vierge d'Alexandrie, qui vécut trente-huit ans habillée en homme dans une espèce de couvent de carmes, au cinquième siècle. Les légendaires un peu décents se tirent d'embarras avec cette sainte en disant qu'elle n'a jamais existé. Comment se fait-il donc qu'elle ait laissé trois corps? car on en voyait un dans le diocèse de Trêves, un autre à Bologne, un troisième à l'abbaye de Réaulieu près de Compiègne. L'église fête sainte Euphrosyne le premier jour de janvier. Les carmes honorent sa mémoire le 11 de février.

EUSTACHE. - Le docteur Launoi recherchait les titres des saints, comme d'autres recherchaient les titres des nobles. Il découvrit tant de saints de contrebande, qu'on l'appelait le dénicheur de Saints. Le curé de Saint-Eustache de Paris disait: « *Toutes les fois que je rencontre le docteur Launoi je le salue jusqu'à terre, et je ne lui parle que le chapeau à la main, tant j'ai peur qu'il ne m'ôte mon saint Eustache qui ne tient presque à rien.* » On ne sait effectivement rien sur saint Eustache le martyr, que l'on honore à Paris dans le quartier de la Halle. Cependant, l'audacieux et révérend père Ribadéneira assure que saint Eustache fut d'abord un païen, qui était connétable de la gendarmerie sous Titus. C'était, ajoute-t-il, un homme bien conditionné, car il avait femme et enfants.
Un jour qu'il chassait au cerf, le cerf se retourna et l'engagea à se faire chrétien. Eustache se fit donc baptiser, et incontinent Jésus-Christ l'éprouva en envoyant dans sa maison une épidémie qui tua tous ses domestiques, toutes les bêtes de ses étables, et il devint pauvre comme Job. Un capitaine de vaisseau lui enleva sa femme, un loup lui ravit son fils, et un lion emporta sa fille. Après cela il alla à la guerre, remporta une victoire pour l'empereur Trajan retrouva son fils qui n'avait pas été

---

487 - Dusaussai, *Mart. Gall. Niceph.* lib. 15. Tillemont t. V; Ribadéneira, Baillet, 16 septembre, etc.

étranglé, sa fille qui n'avait pas été mangée, sa femme qui n'avait pas été violée, et qui vivait obscurément dans un village voisin du camp, où elle était cuisinière.

Adrien étant devenu empereur, et sachant qu'Eustache était chrétien, le fit exposer aux lions qui lui léchèrent les pieds; de quoi l'empereur courroucé fit faire un grand taureau d'airain sous lequel on alluma un bûcher. On jeta ensuite dans le ventre du taureau Eustache, sa femme et ses enfants. Après les avoir chauffés pendant trois jours, on les trouva morts; mais leurs corps étaient frais, vermeils, et pas un poil de grillé[488].

Quoique ce martyre soit reconnu pour une fable, dans les bréviaires même, on porte tous les ans à la procession de la Fête-Dieu de Saint-Eustache de Paris, un tabernacle qui représente le saint dans son taureau. On avait, dans ce tabernacle, diverses reliques du patron, dont le corps fut apporté de Rome au douzième siècle à Saint-Denis en France.

Il a néanmoins un second corps à Rome dans l'église de Saint-Maur, une troisième tête à Venise, et une quatrième mâchoire à Saint-Louis de Rome, dans le quartier de Saint-Eustache.

Enfin, dans cette même ville de Rome, sous l'autel de l'église qui porte le nom de notre saint, on montre des charbons qui ont servi à chauffer le taureau dans lequel il fut brûlé......

EUTROPE. - Premier évêque de Saintes et martyr. On l'invoque contre l'hydropisie. Il mourut au troisième siècle. Ses reliques furent dissipées au seizième par les huguenots. Néanmoins on reproduisit sa tête à Saintes, et on lui retrouva deux corps, qui firent qu'on ne regretta plus celui qui était perdu. Ces deux corps faisaient des miracles à Vendôme et à l'église de Heule près de Courtrai. Nous ne parlons pas des pièces détachées qui étaient en grand nombre.

ÈVE. - On prétend qu'Ève fut enterrée à Hébron dans la tribu de Juda, et on montre encore le lieu de sa sépulture. - Voyez aussi l'article d'Adam.

Misson raconte un petit trait qui a quelque rapport avec les saintes images. On a sculpté sur les portes de la cathédrale d'Augsbourg divers passages de l'histoire sainte pour l'édification des fidèles. La création y occupe une place honorable, et l'on remarque que c'est la sainte Vierge

---

488 - Ribédéneira, 20 septembre.

qui tire Ève de la côte d'Adam. Apparemment que le sculpteur a trouvé plus décent de faire la femme par une femme.

EX-VOTO. - Offrandes promises par un vœu. Le sacrifice de la fille de Jephté était un *ex-voto*.

Les anciens avaient comme nous leurs offrandes votives, parce que dans toutes les religions on a fait les dieux et les saints sensibles comme les hommes aux petits présents.

Un pauvre homme qui se nommait Christophe, se voyant en danger de périr sur mer, promit à son patron, s'il le sauvait, un cierge aussi gros que le saint Christophe de Notre-Dame de Paris. Quelqu'un lui observa qu'il ne pourrait jamais remplir cette promesse. Je sais bien ce que je fais, répondit-il tout bas; si une fois je touche la terre, je ne lui donnerai pas seulement une bougie grosse comme le doigt.

Mais tous les dévots ne sont pas si perfides, et les saints à miracles ont toujours été entourés d'*ex-voto* considérables. On a vu qu'il y en avait plus de dix mille autour de la châsse de saint Charles-Borromée. Le corps de chaque saint un peu habile ne manque pas d'être décoré de béquilles, de membres d'argent de tableaux, de lampes et de cierges, offerts par les pieux qui ont éprouvé le bienfait de quelque miracle.

L'Escurial est un *ex-voto*, puisque Philippe II le bâtit pour s'acquitter d'un vœu qu'il avait fait à saint Laurent. La statue de saint Christophe à Notre-Dame était un *ex-voto* d'un valet tranchant de Charles VI, que le grand saint tira de prison.

En 1512, l'empereur Maximilien fit présent à saint Willibrord, dont la châsse était à Epternach près de Trèves, d'une bougie qui pesait trois cents cinquante-trois livres. Elle se voyait encore en 1794.

Pendant la prison du roi Jean, le prévôt des marchands et les échevins de Paris présentèrent à Notre-Dame une bougie (apparemment roulée) aussi longue que l'enceinte de Paris avait alors de tour. La captivité du roi ayant cessé, on continua tous les ans d'offrir cet *ex-voto*, qui fut interrompu au temps de la ligue et remplacé en 1605 par une grande lampe d'argent qui brûle jour et nuit devant l'autel de la Vierge[489].

Il faudrait bien des volumes pour énumérer les *ex-voto* remarquables offerts à des images ou à des reliques. Cette coutume s'est étendue jusque sur les enfants. Des parents qui désiraient ne pas mourir stériles, vouaient

---

489 - *Saint-Foix*, tome I, article de *l'Hôtel-de-ville*.

à la Vierge ou à quelque saint l'enfant qu'ils demandaient d'avoir; et si l'enfant naissait, ou par l'entremise des moines ou autrement, c'était ordinairement un malheureux destiné à la vie monastique. On a vu, il y a peu de temps, promener dans Paris un enfant vêtu de blanc et voué à la Vierge. Sait-on si cet enfant qu'on donne voudra se donner lui-même ?

Les païens qui vénéraient les reliques de leurs grands hommes,[490] faisaient aussi des ex-voto. Baruch reproche aux Babyloniens leurs ex-voto et leurs cierges; et saint Grégoire de Néocésarée regarde cette coutume de pendre des yeux, des bras, des jambes devant les images des dieux (ou des saints) comme une absurdité qui fait l'opprobre de la religion païenne. Que penser des chrétiens qui ont copié ces usages, comme tous les autres ?

A présent encore, en France, à Paris même, les saints dont on a conservé quelque relique sont entourés d'ex-voto. L'église de Nanterre, à trois lieues de Paris, en est remplie, parce qu'on croit avoir dans cette église quelques petits os, de sainte Geneviève. On a rapporté, dans les *Anecdotes du dix-neuvième siècle*[491], l'ex-voto qu'une dame offrit le 19 d'auguste 1815 dans l'église de Nanterre, pour le retour de Louis XVIII. Cet ex-voto est accompagné d'une grande pièce de prose très singulièrement rimée. Nous ne pouvons la transcrire ici.

Il y a des ex-voto à Saint-Denis, à Reims, dans toutes les églises qui honorent quelques saints fameux, et pourtant nous vivons au dix-neuvième siècle, la philosophie a répandu quelques lumières. Mais il nous reste tant d'aveugles

---

490 - Les os de Thésée, découverts par un aigle, recevaient encore un culte du temps de Plutarque.
491 - Tome II, page 124.

F

FABIEN. - Vingt-unième pape martyrisé en 250. On montre à Rome dans l'église de son nom, son corps qu'on trouva dans les catacombes, et une chaise de marbre sur laquelle, dit-on, il fut massacré[492]; ce que les légendaires ne rapportent pas. On a beaucoup de vénération pour ce siège qui est une ancienne chaise curule de quelque païen.

FARE. – Vierge, première abbesse de la fameuse abbaye féodale de Faremoutier en Brie, morte vers 655. Son corps était à Faremoutier et à Bruges; mais on en montrait des pièces considérables à l'abbaye de Pont-aux-Dames dans le diocèse de Meaux, et en beaucoup d'autres saints lieux.

En 1622, une religieuse, qui paraissait aveugle depuis quatre ans, fut guérie par l'attouchement des reliques de sainte Fare, qui a fait bien d'autres merveilles, et que l'on invoque efficacement contre le mal des yeux.

FAUSTE, JANVIER et **MARTIAL.** - Trois saints frères qui souffrirent le martyre à Cordoue au troisième ou au quatrième siècle. Leurs corps étaient depuis longtemps dans la ville de leur martyre. On les doubla au seizième siècle, et en 1583 l'archevêque Gaspard de Quiroga fit adorer à Tolède les trois corps saints qu'on adorait déjà à Cordoue.

FÉLICITÉ. - Martyre en Afrique au troisième siècle, avec sainte Perpétue. Son corps était quadruple. On le montrait à Rome, à Bologne, à Vierzon en Berry, et au monastère de Dèvre, dans la même province. On ne peut pas dire comment le corps de cette sainte est venu de Carthage en Europe.

Une autre sainte Félicité souffrit le martyre à Rome avec ses sept fils, au deuxième siècle.; les légendaires disent qu'elle ne mourut avec quelque douceur qu'après avoir vu massacrer tous ses enfants qu'elle craignait de

---

492 - *Voyage de France et d'Italie par un gentilhomme français*, page 410.

laisser dans le siècle. Son corps et ceux de ses fils furent longtemps perdus. On a su pourtant les retrouver, et on les honore à Rome dans l'église de Saint-Marcel.

FÉLIX. - Premier pape de ce nom au troisième siècle. Son premier corps est à Rome, dans l'église de Saint-Côme. Son second corps est à Rome dans l'église de Sainte-Pudentiane. Son troisième corps est à Bologne, partagé en trois, dans trois églises de cette ville.

FÉLIX. - Compagnon de saint Anastase, martyr en Espagne sous les Sarrasins. Son corps fut brûlé et ses cendres jetées dans la rivière. Cependant ce corps entier est au monastère de Saint-Zoïle, à deux lieues de Cordoue.

FÉLIX et **ADAUCTE.** - Martyrs à Rome au quatrième siècle. Leurs corps et leurs têtes étaient à l'abbaye de Ferrières en Gâtinais. Mais ils avaient chacun une seconde tête à Cologne, dans l'église des Apôtres, et divers membres doubles, ou triples à Rome, en Picardie, en Normandie, etc.

FÉLIX DE CANTALICE. - Capucin né en 1513, à Cantalice en Ombrie. Il fut saint tout jeune. Il gardait aux champs les troupeaux de son père, et « *c'est une merveille de dire qu'un enfant eût tant de soin de louer Dieu dans la campagne, et parmi les bêtes, car il se trouve que souvent il disait le pater et l'ave.* » Il quittait fréquemment son troupeau pour aller à la messe, et Dieu envoyait un ange pour garder son bétail en son absence.

Il devint capucin et disait « *Je veux faire mon devoir ou ne m'en pas mêler. Un âne doit mourir sous sa charge.* »

Il vit deux hommes qui allaient se battre en duel. Il leur cria : « *Deo gratias, mes frères; dites Deo gratias, et ne vous battez pas.* » Les deux adversaires se mirent à rire et le combat n'eut pas lieu, ce qu'on regarda comme un grand miracle.

Il avait de bonnes et industrieuses réparties. Une dame lui reprochant qu'il promettait des choses et ne les tenait pas, il répondit : « *Et tenons-nous tout ce que nous promettons à Dieu ?* »

Il aimait beaucoup saint Philippe de Néri; et toutes les fois qu'ils se rencontraient, ces deux grands saints se saluaient merveilleusement.

Saint Félix disait : « *Je souhaite de vous voir brûler. - Moi je voudrais vous voir sur la roue* », répondait saint Philippe. « - *Plaise à Dieu qu'on vous pende bientôt* », disait saint Félix. A quoi saint Philippe répliquait : « *Fasse notre Sauveur qu'on vous coupe bientôt là tête. - Puissiez-vous être fouetté et assommé* », disait saint Félix; et saint Philippe répondait : « *Puissiez-vous être tenaillé et noyé dans le Tibre* ». Ces discours n'étaient que des témoignages de leur mutuel amour, et de la joie qu'ils auraient eue à recevoir le martyr.

Au carnaval, il se promenait dans les rues de Rome, avec une tête de mort sur sa tête de capucin, et un sac sur son froc, traînant le frère Alphonse Leloup avec une corde, et hurlant d'une manière affreuse pour faire rentrer les débauchés en eux-mêmes[493].

Quand saint Félix passait, on criait : *Voici le saint*. Les jeunes filles couraient aux portes, les femmes se mettaient aux fenêtres; les enfants et le menu peuple allaient après lui pour le voir.

Si on lui demandait des nouvelles de sa santé, il répondait : « *Comment voulez-vous que je me porte ? je me porterai comme on voudra.* »

Quand il fut mort, son corps fit plus de mille miracles bien avérés, sans ceux qui sont inconnus. Ce bienheureux corps est à présent dans l'église de l'Immaculée-Conception des capucins de Rome. Il coule continuellement de son tombeau une liqueur merveilleuse qui guérit tous les malades et même l'huile de la lampe qui brûle devant ses reliques a la propriété de faire des miracles.

Un enfant de quatre ans, qui était aveugle, ayant été oint de l'huile de cette lampe, recouvra aussitôt la vue et un moine, qui languissait au lit depuis quatre mois, d'un ulcère qu'il avait auprès des reins, fut guéri pour avoir mis sur sa plaie quelques gouttes de la même huile. Il y a indulgence plénière pour ceux qui visitent les reliques de saint Félix de Cantalice[494], de sorte qu'il peut à la fois guérir l'âme des souillures de l'impudicité, et délivrer le corps des maladies qui en proviennent quelquefois.

FÉLIX DE GIRONE. - Ainsi nommé parce qu'il souffrit le martyre dans cette ville. Il était de Mauritanie, et quelques-uns le font diacre. Il devait connaître ce passage de l'Évangile qui prescrit aux chrétiens de

---

493 - C'est ce que le frère Alphonse Leloup appelait *faire un bon carnaval*.
494 - Le R. P. Ribadéneira., *Fleurs des vies des Saints*, 18 mai.

fuir la persécution. Cependant saint Euloge de Cordoue avance dans ses mémoires que Félix ne vint en Catalogne qu'avec l'espoir d'y recevoir le martyre, qu'il désirait extrêmement. Il mourut au quatrième siècle et laissa deux corps qui sont encore l'un, à Girone, et l'autre à Narbonne.

MIRACLE.

Saint Grégoire de Tours raconte[495] qu'un voleur étant entré à Girone, dans l'église de Saint-Félix, déroba plusieurs ornements de soie chargés d'or et de pierres précieuses, et s'en alla avec son butin. Il rencontra à quelques pas un homme vêtu en pèlerin, qui lui demanda où il allait. Le voleur lui montra son vol. J'ai une maison fort secrète et beaucoup d'amis, dit le pèlerin. Si tu veux porter cela chez moi, tu pourras le vendre plus à l'aise. Le voleur y consentit et suivit l'inconnu qui le conduisit sans qu'il s'en aperçût dans l'église, où il avait fait son coup. Voici ma maison, dit le pèlerin, tu peux y laisser ce que tu as volé. Il disparut à l'instant; le voleur vit qu'il avait eu affaire avec saint Félix en personne; il se repentit, remit son vol et devint bon chrétien.
Il y a bien d'autres saints qui se laissent voler leurs belles robes, sans courir, comme saint Félix, après le voleur, qu'il n'attrapa que par une pieuse fraude.

FÉLIX DE NOLE. – Prêtre, mort au troisième siècle, et grand saint à miracles. Les contemporains ne disent pas qu'il ait souffert le martyre. Mais Ribadéneira dit, après quelques autres légendaires qu'il fut persécuté très cruellement. Il s'alla cacher ajoute-t-il, pour éviter les bourreaux, dans un lieu secret qu'il pensait être bien sûr; et il ne trouva qu'une vieille muraille qui était en ruine. Comme les tyrans couraient après lui, Dieu couvrit soudain l'endroit où il se cachait de toile d'araignées si épaisses, qu'il ne fut point aperçu.
Quand les persécuteurs, furent partis, saint Félix se mit à chanter qu'il n'avait pas peur.
Il demeura six mois dans ses toiles d'araignées; et une femme dévote, qui demeurait tout près, lui apportait tous les jours, sans savoir ce qu'elle faisait, des vivres qu'elle croyait porter à sa famille, parce qu'elle prenait ces toiles d'araignées pour sa maison.

---

495 - *De gloria martyrum*, cap. 92.

Saint Félix avait aussi de quoi boire, attendu que Dieu lui envoyait toutes les nuits un peu d'eau de pluie dans une auge rompue. Mais quoique les anges le visitassent dans sa retraite, il s'y ennuya. Une chambre tapissée de toiles d'araignées peut plaire six mois à un saint; à la fin on s'en lasse. Il revint donc à Nole, et y vécut assez paisiblement jusqu'à sa mort, qui eut lieu le 14 janvier de l'an 266.

Après sa mort, son tombeau jeta de la lumière, et il en sortit une huile qui guérissait comme de juste tous les malades. Il y a plusieurs siècles que cette huile ne coule plus.

Mais en récompense, le corps du saint s'est triplé; car il est à Nole, à Rome dans l'église de Saint-Félix *in pincis*, et à Bénévent. Celui de Nôle est nécessairement le meilleur. Il a surtout la réputation de faire découvrir la vérité!

Un prêtre d'Hippone fût accusé de sodomie par un moine qui voulait avoir sa cure. Le prêtre niait. Saint Augustin envoya les deux parties au tombeau de saint Félix à Nole; le moine devint miraculeusement muet, et le prêtre s'en retourna justifié.

Plusieurs fois quand la ville de Nole fut assiégée, le grand saint Félix s'est montré, et a combattu avec une croix pour la défense de sa ville et de son église. - Il est probable aussi qu'on a gardé dans quelques églises des parcelles de ses toiles d'araignées.

FÉLIX. - Évêque de Trèves, mort à fin du quatrième siècle. Il a laissé deux corps, un à Trèves, un autre à Bologne.

FERRÉOL ou **FORGET**. - Martyr de Vienne en Dauphiné, au quatrième siècle. Nous avons déjà remarqué que c'était autrefois l'usage d'enterrer quelques reliques avec les corps des défunts que l'on présumait saints. Ferréol conservait avec beaucoup de vénération la tête de saint Julien de Brioude. On mit cette tête dans son cercueil à côté de la sienne; ce qui aurait pu embarrasser dans la suite ceux qui voulurent distinguer la tête de saint Ferréol d'avec celle de saint Julien, car Ferréol fut levé de terre pour être mis dans une châsse. Mais en saint poli, il fut trouvé tenant entre ses mains la tête de saint Julien. Il avait laissé un peu de côté sa propre tête. C'est pourquoi on ne se trompa point, et son corps est toujours honoré à Vienne en Dauphiné. Il s'était doublé autrefois en faveur d'une église de Brioude; mais il y a déjà longtemps qu'on ne sait pas ce qu'est devenue cette doublure.

FIACRE. - On croit que saint Fiacre mourut en 670; et pendant plus de cinq cents ans il ne fut connu dans l'église que sous le nom de saint Fèfre. Son histoire est totalement ignorée. Mais le père Giry assure que c'était le fils aîné d'un roi d'Écosse, qu'il vint en France pour faire son salut, et qu'il se logea dans un petit ermitage à deux lieues de Meaux. Il s'occupait du jardinage; c'est en partie pour cela qu'il est devenu, comme Priape, le patron des jardiniers.

Sa piété attira beaucoup de pénitents à son ermitage, qui se trouva peu à peu converti en une sorte de monastère; et comme il n'avait pas de quoi nourrir tous ceux qui venaient se mettre sous sa conduite, il demanda à saint Faron, évêque de Meaux, un terrain où il pût planter des légumes. Le prélat lui accorda autour de son ermitage, qui était bâti dans une forêt, et qui est maintenant un bourg du nom de Saint-Fiacre, autant de terrain qu'il en pourrait circonscrire en un jour dans l'enceinte d'un petit fossé. Dieu permit que l'évêque lui prescrivit cette condition pour faire éclater la sainteté du bon ermite. Fiacre prit sa bêche, et après avoir prié, il se mit au travail. Mais, par un prodige qui le surprit agréablement, la terre s'ouvrait d'elle-même, le fossé se faisait tout seul, les arbres tombaient de côté et d'autre devant le saint, si bien que son jardin prit une très grande étendue.

Pendant ces merveilles, il survint une femme qui, ayant vu la terre s'entr'ouvrir devant l'homme de Dieu courut promptement à l'évêque et lui dit que cet homme qu'il considérait tant, était un magicien par qui elle venait de voir opérer des sacrilèges inouïs, dans le bois sacré de la cathédrale de Meaux. Elle retourna après cela vers le saint, l'accabla d'injures, et lui dit que l'évêque allait venir le chasser. Il paraît que cette méchante commère était une connaissance de saint Faron; car, sur son rapport, saint Faron se rendit de suite à la forêt.

Cependant saint Fiacre s'était arrêté avec consternation et comme il voulut s'asseoir en attendant le prélat, les prodiges se succédant les uns aux autres, la pierre qu'il prit pour siège s'amollit sous ses fesses, et en garda la forme et l'empreinte, afin que le saint fût plus à son aise. On doit voir encore à Meaux cette pierre miraculeuse, qui subsistait en 1792, et qui pouvait donner la mesure des fesses de saint Fiacre.

Or donc, saint Faron arriva; il n'eut pas plus tôt vu ces merveilles, qu'il cessa de douter de la vertu d'un si grand saint. Fiacre acheva son fossé qui fut toujours vénéré par les fidèles : mais il garda rancune aux femmes, à cause de la calomnie d'une commère, et il défendit au beau sexe de mettre jamais le pied dans son monastère, demandant à Dieu de punir toutes celles qui auraient la témérité d'y vouloir pénétrer. Dieu lui accorda ce nouveau miracle qui se renouvelait encore, dit-on, dans le dernier siècle, mais qui cessa à la révolution. On raconte que sous Louis XIII une dame qui voulut entrer dans le monastère de saint Fiacre, n'y passa qu'une jambe, qu'elle retira grosse comme un muid. Une autre femme ayant passe la porte de cette maison, fut soudain assaillie de vapeurs hystériques, et se montra si furieuse, qu'on n'eut que le temps de la faire sortir.

La cathédrale de Meaux possédait le corps de saint Fiacre dans une châsse d'argent doré, donnée par Louis XI. On la promenait dans la ville pour demander la pluie et le beau temps. Une foule d'églises de France et quelques églises d'Italie avaient tant de reliques de ce saint, qu'on en aurait fait aisément un deuxième et un troisième corps.

J'oubliais de dire que pendant que saint Fiacre était dans son ermitage, les sujets du roi son père s'étant trouvés sans maître, ce qui est assez rare, vinrent lui offrir la couronne. Fiacre, qui ne se souciait pas de prendre la peine de régner, et qui se trouvait plus heureux à planter des choux qu'à commander une armée, pria Dieu de le rendre assez laid pour dégoûter de lui les Écossais. Incontinent il devint lépreux, puant, et il n'eut pas plus tôt refusé le trône, que les députés de son peuple, fort contents de son refus se retirèrent sans insister. C'est à cause de cela que saint Fiacre guérit la lèpre et la gale, et il n'aime guère à être raillé sur cette prérogative.

Sept pèlerins revenaient de Saint-Denis; et passant près du monastère de saint Fiacre quelques-uns, proposèrent d'aller adorer ses reliques. Mais, il y en eut trois qui dirent: « *Nous n'avons pas besoin de saint Fiacre; c'est le médecin des lépreux, galeux, rogneux, teigneux et vérolés. Si vous êtes, galeux vous autres allez-y.* » Leur impiété fut punie, sur-le-champ ils devinrent aveugles et ils ne furent guéris que par la bonté du saint, dont ils allèrent baiser la châsse[496]. On sait que dans beaucoup de campagnes la statue de saint Fiacre préside aux jardins et les garde, comme autrefois Priape.

---

496 - Le R. P. Giry, 30 août. Le R. P. Ribadéneira, 28 août. Baillet, 30 août. *Confession de Sancy* avec les remarques de Leduchat, chap. 7.

FIRMIN. – Premier évêque d'Amiens, au troisième siècle; il souffrit, dit-on, le martyre comme tous les premiers évêques. Il a laissé deux corps fameux, un à la cathédrale d'Amiens, un autre à Saint-Denis.

On prétend que lorsqu'on fit, le 13 de janvier 615, la translation du saint corps d'Amiens, « *l'hiver se changea tout à coup en un printemps agréable accompagné de ses fleurs et de sa verdure qui dura tout le temps de la cérémonie*[497]. »

C'est en mémoire de ce miracle que tous les ans à Amiens on célèbre, le 13 de janvier, une fête solennelle, où l'on s'efforce de rappeler autant qu'il est possible les charmes du printemps par les décorations de l'église, les ornements des autels, et les habits du clergé, qui laisse ce jour-là ses costumes d'hiver.

FIRMIN. - Dit le *Confès* ou le confesseur, autre évêque d'Amiens, mort au quatrième ou au sixième siècle. Son corps était dans la cathédrale d'Amiens, à côté de celui de saint Firmin le martyr, dans une énorme châsse. Mais en 1697, comme cette châsse ne faisait que de petits miracles, on l'ouvrit; il se trouva qu'elle était vide et qu'elle n'avait un grand poids que parce qu'elle contenait quelques vieilles barres de fer.

Il n'y avait là que des chanoines et des dévots; on se hâta de refermer la châsse; on fut discret, et le peuple continua de venir adorer le corps de saint Firmin le confès.

Cependant chacun songeant à soi dans ce monde, les chanoines de Saint-Acheul apprirent ce qui s'était passé; et deux mois après, ayant fait fouiller dans leur cave, ils y trouvèrent le corps de saint Firmin. On publia que le saint avait deux corps dans Amiens; ce qui sembla singulier.

Les chanoines de la cathédrale soutinrent impudemment qu'ils avaient le bon. On voulut le voir; on trouva la châsse vide : les dévots ne virent là dedans rien de plaisant : c'était un miracle du saint corps qui s'ennuyait là, et qui allait ailleurs. Le peuple, à qui il faut des hochets, ne pensa point, ne s'éclaira point; il adora le nouveau corps à l'abbaye de Saint-Acheul.

FLORENTIN et **HILAIRE.** - Martyrs en Bourgogne au cinquième siècle. On ignora pendant plus de deux cents ans le lieu de leur sépulture.

---

497 - Baillet, *Vies des Saints*, 5 septembre.

Il fallut bien enfin les découvrir. - Nous ne connaissons à saint Florentin que trois corps et quatre têtes. Le premier corps était à Lyon dans le monastère d'Aisnay; le second à Lagny, le troisième à Bonn sur le Rhin; la quatrième tête à Bremur sur Seine. Saint Hilaire n'a que deux corps et trois têtes, le premier corps à Lyon, le second à Lagny, la troisième tête à Bremur. - Du moins nous n'en savons pas davantage.

FOI. - « *La foi consiste à croire ce que la raison ne comprend pas.* » La foi est une vertu théologale, dont on trouvé de plus pieuses définitions dans les catéchismes. Mais Voltaire, que nous venons de citer, n'était pas docteur de Sorbonne.

Un moine qui cherchait des reliques à Jérusalem, y vit une cote du *verbum caro* et la robe de la sainte foi catholique[498]..... On ne dit ni la couleur ni la forme de cette robe.

FONTAINES. - Les prêtres des païens mettaient une nymphe où un petit dieu champêtre au-dessus de toute fontaine qui avait quelque vertu. Les prêtres catholiques n'eurent pas la maladresse de négliger cette branche d'industrie.

Du moment où l'eau d'une source fut reconnue propre à guérir quelque maladie, on en fit bien vite la fontaine d'un saint. Saint Clair présida à toutes les sources qui eurent des vertus adoucissantes pour les maux des yeux; saint Roch fut placé devant quelques sources propres à calmer les dartres et les maladies cutanées. On voit à Avenay, près d'Epernay en Champagne, la fontaine de sainte Berthe dont l'eau a certaines propriétés contre la folie. On conte que dans un moment de démence la sainte vint y boire. On montrait même une pierre qui portait l'empreinte de ses genoux; elle s'était, disait-on, agenouillée sur cette pierre, pour puiser l'eau avec sa main. Cette sainte Berthe était une femme pieuse qui courait les pèlerinages.

On visite dans la Terre-Sainte, à deux mille de Béthanie, la fontaine des Apôtres. On dit que Jésus et ses disciples s'y reposaient souvent et s'y désaltéraient mais elle fait peu de miracles, et il y a lieu d'en être surpris.

---

498 Henri Estienne, chap. 39 de l'*Apo!ogie pour Hérodote*.

La fontaine de Siloé est plus célèbre. On sait que c'est là que Notre-Seigneur envoyait les malades qu'il voulait guérir[499]. Mais on n'y guérit plus personne.

On montre aussi, auprès du village de Cana, la fontaine où l'on alla remplir les cruches dont Jésus-Christ changea l'eau en vin. Sainte Hélène avait fait bâtir une église au lieu où se fit le festin; mais l'église est ruinée, et l'eau de la fontaine n'est que de l'eau commune[500].

On honore, avec beaucoup de vénération à Rome, dans l'église de Sainte-Marie, de l'autre côté du Tibre, un trou d'où il sortit, dit-on, par un grand miracle, le jour de la naissance de Jésus-Christ, une fontaine d'huile si abondante, qu'elle coula une journée entière comme un grand ruisseau jusque dans le Tibre. En considération de ce miracle le pape Calixte Ier y fit bâtir une église qu'il enrichit de grandes indulgences[501].

On vénère à Chelles, près de Paris, une fontaine sacrée qui porte le nom de sainte Bathilde, parce que le monastère manquant d'eau, la sainte fit jaillir cette fontaine, comme autrefois Moïse, au moyen d'un simple bâton que l'on gardait précieusement dans le trésor de Chelles[502].

« La fontaine de Bodilis, à trois quarts de lieue de Landivisiau, a la propriété d'indiquer aux amants si leurs maîtresses ont conservé leur innocence : il faut lui dérober l'épingle qui ferme sa collerette la plus voisine de son cœur; on la pose sur la surface de l'eau : tout est perdu si l'épingle s'enfonce. Surnage-t-elle, la bien-aimée est encore pucelle. On observera que les femmes de ce pays se servent d'épines pour attacher leurs vêtements[503]. »

« Dans des fontaines consacrées par le souvenir de quelque saint, les Bretons jettent des liards et des épingles pour se bien porter. On y trempe sa chemise pour se guérir de certaines maladies, sa ceinture pour accoucher sans peine, son enfant pour le rendre inaccessible à la douleur. Si la chemise des enfants enfonce dans l'eau de certaines fontaines de la Bretagne, l'enfant meurt dans l'année. Il vit longtemps si ce vêtement surnage.

---

499 - Le père Goujon, *Voyage en Terre-Sainte*, pages 226 et 232.
500 - *Voyage d'un franciscain en Terre Sainte*, page 23.
501 - *Merveilles de Rome*, page 30, édit. de Rouen, 1730.
502 - M.Dulaure, *Description des environs de Paris*, tome I.
503 - M. Cambry, *Voyage dans le Finistère en 1794*, t. II, page 170.

Puisque la fontaine de Krignac, où j'ai bu trois fois de l'eau à l'heure de minuit, ne m'a pas guéri de la fièvre tierce, je cesse tout remède et je me décide à la mort, disait un paysan du district de Quimperlé[504]. »

Dans tous les pays chrétiens, on voit pareillement des fontaines entourées d'idées superstitieuses. Chez les Musulmans, chez les Idolâtres, ce sont les mêmes absurdités sous d'autres noms.

Nous avons généralement indiqué aux articles des saints, les fontaines qu'ils ont illustrées de leur nom. Mais nous allions oublier une autre fontaine fameuse, qui se voyait auprès de Nazareth. On raconte que Notre-Seigneur dînant sur une petite colline avec ses disciples, envoya saint Pierre puiser de l'eau dans un lieu voisin qu'il lui indiqua. Saint Pierre y alla, quoiqu'il sût bien, qu'il n'y avait pas de fontaine; mais il vit bientôt jaillir une source miraculeuse que l'on appelait *la fontaine nouvelle*, et qui est desséchée depuis près de deux cents ans.

Beaucoup de fontaines ont reçu des noms religieux, par quelque sentiment de reconnaissance, et sans avoir de vertu merveilleuse comme celle de sainte Bathilde, d'Abraham etc. Mais cette reconnaissance n'est malheureusement fondée que sur des contes populaires.

FORTUNAT. - « *En 1668 le cardinal Ginetti avait envoyé de Rome à Paris, une caisse pleine de reliques. L'évêque de Soissons fut prié d'en faire la vérification chez Laprata, notaire, qui demeurait alors dans le cloître de Saint-Marcel. La première et la plus considérable de ces reliques était une prétendue tête de saint Fortunat, martyr. Le chirurgien qui avait été appelé s'aperçut d'abord que les dents n'étaient pas proportionnées à la tête. Il leva l'os pétreux, et il reconnut que c'était un os de carton. Il trempa dans l'eau bouillante la relique, qui perdit aussitôt la forme d'une tête et devint comme du linge mouillé. L'assemblée en resta là, et ne procéda point à l'examen des autres reliques*[505]. »

FRAMBOURG. – Frambald, Frambold, ou Frambaud, solitaire au pays Manceau, né en Auvergne sur la fin du cinquième siècle, de parents riches comme c'est l'usage.

---

504 - M. Cambry, *Voyage dans le Finistère en 1794*, t. I, page 170.
505 - *Saint-Foix*, tome I, article *Saint-Marcel*.

Son corps est à Senlis. Mais le village d'Ivry, près de Paris possédait de lui quelques reliques doubles qui attiraient, le Ier de mai, un grand concours de dévots.

Ces reliques étaient dans une chapelle isolée, au bout du village, à l'endroit où le saint se retira d'abord en quittant la cour; (tous les saints d'autrefois étaient courtisans); car Frambourg n'eut pas le courage d'aller tout de suite chez les Manceaux.

Derrière l'autel de la chapelle d'Ivry, on voyait par une ouverture carrée, les pierres sur lesquelles le saint se reposait lorsqu'il était fatigué. Quelques-unes avaient conservé légèrement l'empreinte de ses fesses. Les fidèles se mettaient à genoux, passaient la tète par cette ouverture, baisaient et touchaient de leurs mains une statue du saint, et allaient ensuite boire de l'eau de la citerne où le saint s'était désaltéré de son vivant. - On assure qu'après avoir observé toutes ces choses, les fidèles étaient guéris de quelque maladie qu'ils pussent avoir pourvu qu'ils eussent une foi vive[506].

FRANÇOIS D'ASSISE. - dit *le Séraphique*, patriarche des frères mineurs, né en 1182 dans la ville d'Assise en Ombrie. On prétend qu'à sa naissance il avait sur l'épaule la marque d'une croix. On a voulu, dans son histoire, soutenir la conformité qu'un moine lui donna avec Jésus-Christ, dans un livre tout prodigieux. Pique, sa mère, ne pouvant accoucher de lui, un pèlerin conseilla de la conduire dans une étable ou elle enfanta aussitôt. La sainte Vierge avait elle-même prié Dieu le père d'envoyer saint François au monde, pour sauver les pauvres humains qui s'allaient damner.

François devint d'abord un débauché, en quoi la conformité cesse. Mais ensuite il fut très charitable, et la conformité reprend. Il était fils d'un marchand assez riche. On conte qu'un jour il donna ses habits à un pauvre, se revêtit des haillons d'icelui « *et demeura joyeusement toute la journée parmi les gueux*[507]. »

Dès lors ce fut un grand saint; plusieurs crucifix lui parlèrent; Jésus-Christ et les anges lui apparurent. Il vola son père pour faire bâtir une église, donna l'argent à un prêtre et se cacha dans une cave, pendant que

---

506 - M. Dulaure, *Environs de Paris*, tome I; Pignaniol, *Environs de Paris*; Baillet, 16 août; *Calendrier véritable du Legall.* 1er mai.
507 - Ribadéneira, 4 octobre.

son père furieux prenait toutes les peines du monde pour rattrapper son argent. Mais bientôt « *honteux de sa couardise, il sortit de sa cachette, reparut dans Assise; et le peuple, qui le vit déguenillé, pâle, se mit à lui jeter de la boue, en le couvrant de huées*[508]. »

Son père le reconduisit à la maison, le corrigea sévèrement et l'enferma dans une petite chambre. Il s'en échappa et alla trouver l'évêque. L'ancienne loi disait: « *Honore ton père et tu vivras.*» La nouvelle dit au contraire : « *Abandonne ton père et prends le froc.* » François déclara devant sa mère et devant l'évêque qu'il reniait ses parents, qu'il ne voulait rien d'eux. En même temps il se dépouilla nu comme un ver. L'évêque admirant sa piété, et pleurant à chaudes larmes, lui fit donner un habit de paysan; et le saint s'en alla en chantant dans un bois où des voleurs lui crièrent : « *Qui vive?* » Il répondit : « *le héraut du grand Roi* ». Ces voleurs le jetèrent dans un tas de neige, d'où il partit le lendemain pour aller demander l'aumône.

Il s'enhardit à ce métier, et vint mendier dans Assise même, où il se fit ensuite maçon et répara trois églises. Après cela il se mit à prêcher, suivi de douze disciples, comme Jésus-Christ, qu'il voulait quelquefois imiter. Il alla à Rome, fit connaissance avec saint Dominique, et ce ci-devant gueux devint chef d'un ordre, qui prit une extension considérable.

Un jour qu'il était absent, il apparut ses frères, déjà rassemblés dans un couvent. Il était porté dans un chariot de feu, qui fit trois fois le tour du monastère; ce qui apprit à vénérer le grand saint François, et lui amena cinq mille disciples.

On l'avait vu dans un char de feu comme Élie. Il monta comme Moïse sur une montagne, où il jeûna quarante jours avec deux de ses frères, écrivant la règle de son ordre, que le Saint-Esprit lui dictait. Un vicaire à qui il donna cette règle merveilleuse, en fit si peu de cas, qu'il la laissa égarer; et le saint fut obligé de remonter à la montagne toujours comme Moïse pour récrire sa règle que le Saint-Esprit voulut bien dicter une seconde fois.

Un moine vit en songe; au milieu du ciel, un magnifique fauteuil d'or garni de pierreries. Il demanda à qui on destinait ce beau fauteuil : à saint François, lui répondit aussitôt un petit ange.

Cependant l'humble saint menait toujours la vie de mendiant; il y trouvait tant de charmes, qu'on l'affligeait en lui donnant l'aumône sans

---

508 - Le même légendaire, même jour.

qu'il la demandât. Quand il ne trouvait personne qui pût lui faire l'aumône, il la demandait à ses frères les mendiants.

Un jour de Noël, voulant produire de l'effet, il fit mettre du foin sur l'autel, amena un bœuf et un âne, chanta la messe et prêcha sur la naissance de Jésus-Christ, qu'il appelait l'enfant de Bethléem. Le peuple fut si frappé de cette cérémonie, qu'on emporta comme une relique le foin sur lequel il avait dit la messe. Ce saint foin guérissait les maladies des bestiaux et des fidèles[509]. Saint François aimait beaucoup les animaux. Nous avons vu ailleurs qu'il avait une brebis qui se mettait à genoux à l'élévation de l'hostie et un agneau qui allait exactement à la messe. Il disait : « *Ma sœur la brebis, mes frères les oiseaux, ma sœur la cigale, mes sœurs les hirondelles, mes frères les lapins, mon frère le loup*; » il parlait et prêchait à ses frères, animaux, oiseaux et poissons, qui l'entendaient et lui faisaient aussi bonne compagnie que ses frères à face humaine.

Il y a peu de choses prodigieuses dans l'histoire de Jésus-Christ et des principaux personnages de l'ancienne loi, qui ne se trouvent conformément dans la légende de saint François d'Assise. Mais le plus grand de tous ses miracles est celui des stigmates que Jésus-Christ lui imprima lui-même.

Deux ans avant sa mort, le saint s'était retiré sur le mont Alverne, en Toscane. Le 14 de septembre, jour de l'Exaltation de la Sainte Croix, comme il était en prière, le cœur embrasé de l'amour divin, il vit descendre du ciel un séraphin brillant de lumière et voltigeant très légèrement avec ses six ailes. Entre ses ailes apparut Jésus crucifié, qui imprima aux mains, aux pieds et au côté du père séraphique les cinq plaies de la passion. Il resta dans les trous des mains et des pieds des clous de chair dure, dont les têtes étaient rondes et noires. On les voyait dans les paumes de ses mains et sur le haut du pied. Les pointes étaient longues et recourbées, comme si on les eût rivées avec un marteau. La plaie du côté était une cicatrice, dont il sortait tant de sang, que les habits du saint en étaient trempés.

---

509 - On adorait à Gênes, dans quelques églises de Lorraine et ailleurs, certaines petites bottes du saint foin qui était dans la crèche où naquit Notre-Seigneur. (Henri Estienne, *Apologie pour Hérodote*, chap. 38.)

Tous les religieux virent ces sacrés stigmates; sainte Claire et ses religieuses les baisèrent avec une ardente dévotion[510]. On ajoute que la stigmatisation l'affaiblit beaucoup; et sainte Claire raconte, dans le *Compère Mathieu*, qu'il en revint « *crotté jusqu'à l'échine, avec son capuchon de travers, se soutenant à peine sur sa béquille, marchant de travers comme les crabes, ayant les pieds et les mains enveloppés de chiffons et un emplâtre sur l'œil gauche*[511]. » Ce grand et admirable saint mourut à quarante-cinq ans le 4 d'octobre 1226. Nous nous hâtons enfin de passer à ses reliques précieuses.

CORPS DE SAINT FRANÇOIS D'ASSISE.

La nuit qui suivit la mort du séraphique père François, on laissa voir au peuple ses sacro-saints stigmates, qui parurent plus évidemment que jamais, parce que c'était la nuit.

Le lendemain de grand matin, on le porta dans la ville d'Assise, et on l'enterra dans l'église de Saint-Georges. Deux ans après, on le mit au rang des saints; on lui bâtit une église magnifique, auprès d'Assise, où l'on transporta son corps qui se trouva sans corruption.

Ce corps est toujours dans un caveau, derrière le grand autel de la cathédrale d'Assise, « *debout, entier, les yeux élevés au ciel, avec les mêmes plaies que le Sauveur y imprima, et dont le sang ruisselle encore. Il est vrai que depuis un certain temps le ciel a mis un obstacle invincible à l'ouverture du caveau où ce trésor est conservé: mais il a été vu, tel qu'on vient de le décrire, par le pape Nicolas V, accompagné d'un évêque et de plusieurs autres personnes*[512] *par Sixte IV, accompagné de trois cardinaux, du duc de Milan, et d'un autre personnage d'Assise; il a encore été vu par un gentilhomme en 1509. Pie V eut aussi la même curiosité; pour cet effet il manda au ministre général de l'ordre de faire ouvrir ce caveau; mais en vain le temps était venu où les efforts de tous les maçons de l'univers n'étaient plus capables d'enlever le moindre*

---

510 - Ribadéneira, après saint Bonaventure, et *le livre des Conformités de Barthélemi de Pise*.

511 - Dulaurens. *Le Compère Mathieu, relation de Diego*, tome II chap. IV, édition de 1796.

512 - Cependant un voyageur dit qu'on n'entre plus dans ce caveau « *depuis que Nicolas V est mort pour avoir eu la curiosité de voir le corps de notre saint.* » *Voyage de France et d'Italie par un gentilhomme français*, page 724.

morceau de plâtre de la muraille, qui ferme l'ouverture de l'endroit qui contient ce dépôt sacré. »[513]

On raconte qu'au commencement du dix-septième siècle, un certain évêque de Corse, se croyant plus privilégié qu'un autre, s'opiniâtra à voir le corps de saint François. Mais il fut aussitôt frappé de mort subite; et on ne le ressuscita qu'à force de prières auprès du bon saint,[514] qui, plus doux de son vivant, ne tuait pas même ses sœurs les puces, ni ses frères les poux. Nous ajouterons que l'église de Sainte-Marie de la Portioncule, à cinq lieues d'Assise, a un double du corps de saint François[515]. Mais ce second corps est trop voisin de l'autre pour l'égaler en merveilles.

GARDE-ROBE, USTENSILES, etc. DE SAINT FRANÇOIS.

On montre, dans la cathédrale d'Assise, une paire de souliers, que saint François porta après qu'il eut reçu les stigmates, car auparavant il allait nu-pieds.

On garde aussi son cilice, sa ceinture de corde, le linge avec lequel il s'essuyait les yeux, qu'il fallait continuellement essuyer, un cornet à bouquin qui lui fut donné par le soudan de Babylone; c'est avec ce cornet qu'il appelait le peuple au sermon, et il imposait silence en tambourinant avec deux baguettes de bois, que lui avait données ledit soudan.

A côté du maître autel, on voit une pierre sur laquelle un ange habillé en pèlerin s'agenouilla pour prendre le petit François entre ses bras, lorsqu'il naquit dans une étable. Cette pierre a conservé l'empreinte des genoux de l'ange.

On visite à l'évêché la salle basse, dans laquelle le jeune saint se dépouilla nu pour rendre ses habits à son père. On vénère beaucoup d'autres lieux illustrés par les actions du saint. On a bâti au mont Alverno une église et un monastère à l'endroit où il reçut les stigmates.

On honore à Padoue et dans beaucoup d'autres villes des fioles pleines du sang qui sortit des plaies de saint François après la stigmatisation.

On garde à Rome, dans l'église de tous les saints, le capuchon qu'il portait pendant cette cérémonie prodigieuse. Ce même capuchon est dans la même ville de Rome, à Saint-Marcel des Servites. Il est sans doute encore ailleurs. Auprès de Sienne on voit un vieux chêne encore vert, qui

513 - Dulaurens, *le Compère Mathieu*, au chapitre cité plut haut.
514 - Misson, tome I, page 33, 4ème édition.
515 - Misson, tome I, page 33, 4ème édition.

est sorti d'un bâton sec que saint François planta en terre[516] et qui poussa comme la perche de saint Christophe.

Le froc de saint François était à Assise, où il rendit la vue à trois aveugles. Ses braguettes ou culottes engrossaient les femmes stériles[517].

« *Ses reliques chassaient les diables, guérissaient les malades et les estropiés, ressuscitaient les morts, élargissaient les prisonniers, préservaient les marins des tempêtes, délivraient les femmes en couche, et faisaient faire des enfants à celles qui en désiraient.*

Le pain qu'il avait béni, les pièces de son habit rapetassé, la corde qui lui avait servi de ceinture, l'eau où il lavait ses pieds et ses mains, tout ce qu'il touchait enfin faisait des miracles.

Un médecin avait fait bâtir à grands frais une maison, qui se fendit du haut en bas, quoiqu'elle fût toute neuve. Il demanda quelque chose que le saint eût manié. Après qu'il eut bien importuné les frères, ils lui donnèrent des cheveux de saint François, qu'il alla mettre sur-le-champ dans les fentes, et le lendemain matin, il trouva les murailles si bien rejointes et reprises, qu'il n'y paraissait plus.

Un bon religieux possédait une corde qui avait servi de ceinture à notre saint. Voyant les pays voisins de son monastère en proie à des maladies fâcheuses, il allait par les maisons des malades, leur donnait à boire un peu d'eau dans laquelle cette corde avait trempé, et ils étaient aussitôt guéris[518]. »

On assure du reste que plus de mille morts furent ressuscités par ce grand saint ou par ses disciples; et même pour montrer qu'il était supérieur à Jésus dans ses miracles, Barthélemi de Pise assure, au livre des conformités de saint François avec Jésus-Christ, qu'étant un jour à Nocera, dans le duché de Spolette, François tua le fils d'un médecin, pour avoir ensuite le plaisir de le ressusciter, ce qu'il fit très honnêtement. - Il est vrai qu'il opérait un prodige, comme un autre moine aurait bu un verre de vin.

FAMILLE DE NEIGE DE SAINT FRANÇOIS.

Un jour que saint François d'Assise était en oraison, le diable qui le visitait souvent, vint le tourmenter de tentations charnelles. François

---

516 - Misson, tome III, page 213.
517 - Henri Estienne, chap. 39.
518 - Ribadéneira, 4 octobre.

sentit bien où voulait en venir l'ennemi; il se déshabilla tout nu, et se donna le fouet avec une bonne grosse discipline. Après quoi, il s'alla rouler dans la neige, en fit sept petites figures, et les prenant dans ses bras, il se mit à dire : « *La plus grande de ces figures est ma femme, les deux suivantes sont mes fils; la quatrième et la cinquième sont mes filles; la sixième est mon domestique, et la septième ma servante*..... » En même temps il se roulait de nouveau sur la terre glacée, et caressait les figures de neige. Le diable tout confus se retira très refroidi, et François retourna à ses prières[519]. Nous ne saurions, dire si l'on a conservé dans quelqu'église cette famille du bon saint. Ce serait une relique bien curieuse.

DES VOYAGES DE SAINT FRANÇOIS AU PURGATOIRE.

C'était une opinion que les moines de saint François s'efforçaient de répandre, que leur patron descendait tous les ans, le jour de sa fête, au purgatoire, pour en tirer les âmes des religieux de son ordre et des chrétiens qui faisaient du bien aux frères mendiants.

Lorsque Voltaire eut reçu de Rome ses patentes de capucin, il offrit au maréchal de Richelieu de tirer du purgatoire celle de ses maîtresses à laquelle il s'intéressait le plus[520].

On dit que saint François accroche à son cordon toutes les âmes qu'il veut délivrer, et qu'il remonte avec elles en triomphe dans le paradis.

On voit dans un livre italien imprimé au seizième siècle[521] que dans une ville de Sicile, un cordelier prêcha si bien là-dessus, et persuada si habilement à ses auditeurs que saint François délivrait chaque année du purgatoire tous les amis de son ordre, que l'on apportait de toutes parts de l'argent et des offrandes à ces bons moines.

Les jacobins, que l'on appelait aussi les frères de la Vierge-Marie, voyant qu'on les négligeait pour enrichir les franciscains, se mirent à prêcher à leur tour que la sainte Vierge, ayant plus de charité et plus de pouvoir que saint François, ne laissait pas ses dévots toute une année en purgatoire, comme ce saint mais que ceux qui faisaient du bien à ses frères les jacobins n'y restaient jamais plus de sept jours. Car ajoutaient-ils, chaque samedi, qui est le jour consacré à la Vierge, elle descend dans

519 - *Legenda aurea Jacobi de Voragine*, leg. 144.
520 - Correspondance générale, 9 février 1770.
521 - Cité par Henri Estienne, chap. 36.

le purgatoire pour en tirer les âmes que nous lui recommandons. - Ce petit expédient fit grand tort aux franciscains et les jacobins se trouvèrent mieux achalandés que jamais.

PORTRAIT, PAR LE R. P. RIBADÉNEIRA.

« Saint François d'Assise était de moyenne taille, plutôt petit que grand, la face longuette, le front plein, les yeux noirs et paisibles, guère gros, le poil noir, le nez droit et pointu, les oreilles petites, la face joyeuse et bénigne, plus brun que blanc, la langue vive, la voix claire, perçante et harmonieuse. Il était fort décharné, de petite complexion, mais d'un grand esprit en ce qu'il entreprenait....»

FRANÇOIS DE PAULE. - Instituteur de l'ordre des Minimes ou Bons-Hommes, né à Paule dans la Calabre, en 1416. Son ordre fut approuvé par Alexandre VI et protégé par Louis XI, chose assez singulière aux yeux des impies.

Le bon roi Louis XI, étant abandonné des médecins fit venir François le saint homme pour le guérir par quelque miracle. Mais François ne le sauva point.

Le R. P. Giry, qui était bon-homme, fait le plus grand éloge de ce saint, parce que c'était le fondateur de son ordre.

Quand il mourut, on mit en pièces ses habits et tout ce qui avait été à son usage pour en faire des reliques à miracles. Il était mort au couvent du Plessis-lez-Tours, où l'on conserva son corps jusqu'en 1562. Alors les huguenots le tirèrent de son tombeau où il était encore frais, quoique trépassé depuis cinquante-cinq ans; ils l'entraînèrent la corde au cou, et le brûlèrent avec le bois du grand crucifix de l'église du couvent.

Néanmoins, quoiqu'il soit constant que le corps de saint François de Paule a été réduit en cendres, il se trouve que ce saint a eu depuis au moins six corps miraculeux; car on avait des corps à peu près entiers, 1°- au couvent du Plessis-du-Parc, 2°- à Tours dans l'église de Notre-Dame la Riche, 3°- aux couvents de Chaillot et de la place Royale à Paris, 4°- à Aix-en-Provence, 5°- à Paule en Calabre, 6°- à Naples, 7°- à Gênes, 8°- à Bologne, 9°- à Madrid, 10°- à Malaga, 11°- à Barcelone, 12°- à Rome et dans beaucoup d'autres lieux.

On conserve encore à Paule une dent que le saint s'était fait arracher, et qu'il avait donnée à sa sœur en venant en France. Apparemment qu'il se doutait qu'il deviendrait saint à reliques.

Les minimes ajoutent qu'à Duplessis-lez-Tours le tombeau du saint fit plus de miracles que jamais, depuis que le corps fut brûlé, Dieu voulant donner aux Bons-Hommes une compensation de la perte qu'ils avaient faite[522].

FRANÇOIS DE SALES. - Évêque de Genève, né en 1567. *« Entre plusieurs miracles qui se firent à son tombeau, nous citerons celui-ci. « Une dame était depuis huit ans dans un état pitoyable, ayant des chancres et ulcères aux cuisses, outre que sa matrice était fort endommagée; elle avait employé les médecins et les apothicaires; mais néant : ils n'avaient rien fait. Enfin, elle fit une neuvaine à saint François de Sales, et recouvra la santé ». De pareils miracles se renouvellent tous les jours au tombeau du glorieux saint[523]. »*

Le corps de saint François de Sales était à Annecy, son cœur chez les visitandines de Lyon; il fut enchâssé magnifiquement par Louis XIII, qui avait recouvré la santé pour s'être fait appliquer cette relique sur la poitrine, pendant une maladie considérable.

La mitre avec laquelle le saint fut enterré, et qui demeura dix ans sur sa tête, se gardait précieusement dans un reliquaire de vermeil au couvent des minimes de la place Royale de Paris.

On fait toujours honorer un de ses doigts, avec divers ornements pontificaux, au couvent de la Trinité du Mont, à Rome. On montrait à Paris, dans l'église de Saint-Jean-en-Grève, une autre de ses mitres, un de ses pieds, une partie de son foie, etc. Il avait beaucoup d'autres reliques doubles ou triples, comme des épaules, des mâchoires, des bras, des mains, des pieds, dans diverses églises de France et de Savoie.

On voyait au bourg de Franconville, à quatre lieues de Paris, son dernier chapeau, qui était d'une étoffe noire bordée d'un ruban vert.

FRANÇOIS-XAVIER. - Surnommé l'apôtre des Indes, l'un des premiers disciples de saint Ignace de Loyola, né en 1506, au château de Xavier, à huit lieues de Pampelune.

---

522 - Baillet, 11 avril.
523 - Les PP. Ribadéneira et Giry, supp. et 11 avril.

« *J'ai vu au collège des jésuites de la rue Saint-Jacques*, dit Voltaire, *un tableau de douze pieds de long sur douze de hauteur, qui représentait Ignace et Xavier montant au ciel, chacun dans un char magnifique, attelé de quatre chevaux blancs; le père éternel en haut, décoré d'une belle barbe blanche, qui pendait jusqu'à la ceinture; Jésus-Christ et la vierge Marie à ses côtés; le Saint-Esprit au-dessous d'eux en forme de pigeon; et des anges joignant les mains et baissant la tête, pour recevoir père Ignace et père Xavier.*

Si quelqu'un se fût moqué publiquement de ce tableau, le révérend père la Chaise, confesseur du roi n'aurait pas manqué de faire donner une lettre de cachet au ricaneur sacrilège.

Si on mettait bout à bout, dit le jésuite Bouhours, *toutes les courses de Xavier, il y aurait de quoi faire plusieurs fois le tour de la terre. Observez qu'il était parti pour ses voyages en 1542, et qu'il mourut en 1552. S'il eut le temps d'apprendre toutes les langues des pays qu'il parcourut, c'est un beau miracle; s'il avait le don des langues c'est un plus grand miracle encore. Le jésuite Bouhours ne fait aucun doute que saint François-Xavier n'eût le don des langues; mais il avoue qu'il ne l'avait pas toujours.*

Nous comptons dans la foule de ses miracles huit enfants ressuscités. Mais le plus brillant de tous, et après lequel il ne faut jamais parler d'aucun autre, c'est que dans une tempête qui dura trois jours, il fut constamment à la fois dans deux vaisseaux, à cent cinquante lieues l'un de l'autre, et servit à l'un des deux de pilote; et ce miracle fut avéré par tous les passagers qui ne pouvaient être ni trompés, ni trompeurs.

C'est là pourtant ce qu'on a écrit sérieusement et avec succès, dans le siècle de Louis XIV, dans le siècle des Lettres Provinciales, des tragédies de Racine, du Dictionnaire de Bayle, et de tant d'autres savants ouvrages[524]. »

François-Xavier mourut à Malacca, et fût enterré dans de la chaux vive, afin que les chairs étant plus tôt consumées, on pût emporter les os. On le déterra dans cette vue, deux mois après; mais il fut trouvé sans corruption et presque aussi frais au milieu de sa chaux qu'un homme qui n'aurait été qu'endormi. Ses habits n'étaient point gâtés; et son corps jetait une odeur plus douce que celle des parfums les plus agréables. Ce

---

524 - Voltaire, *Dictionnaire philosophique* au mot *François-Xavier*.

saint corps fut reçu en grande pompe dans Malacca, où il chassa la peste qui y faisait des ravages depuis quelques semaines.

Il est singulier que malgré ces miracles, ce missionnaire apostolique, ce grand saint qui avait été exhumé pour être placé dans une châsse, ait été remis en terre hors de l'église, dans un lieu destiné aux morts de la populace sans soin et sans honneur. Il paraîtrait que la ville de Malacca l'avait reçu avec pompe parce qu'elle était pestiférée, et qu'elle le dédaigna lorsqu'elle n'eut plus besoin de lui.

Six mois après trois jésuites, indignés de voir ce saint dépôt dans un tel abandon, le firent déterrer pendant la nuit; ils le trouvèrent encore frais et entier. On ne lui avait mis qu'un linge sur la face et un oreiller sous la tête. Le père Jean Beite, de la compagnie de Jésus, observant que ce linge et cet oreiller étaient teints d'un sang vermeil, en fit deux précieuses reliques. Ensuite, avec ses deux compagnons, il fit mettre le corps dans un cercueil de bois précieux, garni de brocart d'or. On le transporta à Goa, où pour le coup il reçut des honneurs dignes du grand François-Xavier. Toutes les rues de la ville étaient décorées; le vice-roi, la noblesse, le clergé, les magistrats, les corps des marchands accompagnaient la procession, en habit de cérémonie; et tout du long du chemin, le saint corps faisait des miracles.

On le canonisa bientôt; on le fêta de toutes parts. « *On dit même que vers le cap de Comorin, il y eut des mahométans qui lui dressèrent une mosquée et que le roi de Travancor, aussi mahométan, lui fit bâtir un temple superbe. Les payens parlèrent aussi de lui dresser des autels comme à un de leurs dieux; et l'on en a vu entreprendre de longs voyages à Goa, pour voir son corps exempt de corruption, sur le bruit des prodiges qu'il avait faits*[525]. »

Ce corps est à Goa. Mais on apporta à Rome un de ses bras qui s'y conserve avec vénération. Le père Maimbourg assure que le saint fut sensible à la perte de son bras, qui s'est tout desséché; et même depuis qu'on l'a ainsi estropié, le corps n'est plus aussi frais qu'au seizième siècle : chose que l'on croira sans difficulté.

Saint François-Xavier est le patron des marins qui voyagent sur la mer du sud. On va honorer en Navarre la chambre où il est né, que l'on a convertie en chapelle. Beaucoup d'églises ont quelques pièces de ses

---

525 Baillet, 3 décembre.

habits; et on montre dans la Calabre une de ses manches de soutane qui guérit du mal d'Amérique.

- Le corps de saint François de Borgia, troisième général de la compagnie de Jésus ou d'Ignace, mort en 1572, est à Madrid dans l'église de la maison professe des jésuites, et à Rome, dans l'église du grand Jésus.

- « *Depuis la belle histoire de saint François-Xavier par le jésuite Bouhours, nous avons eu l'histoire de saint François Régis, par le jésuite d'Aubenton, confesseur de Philippe V, roi d'Espagne; mais c'est de la piquette après de l'eau-de-vie : il n'y a pas seulement un mort ressuscité dans l'histoire du bienheureux Régis*[526]. »

FRANÇOISE. - Veuve romaine, institutrice des Collatines, morte en 1440. Nous ne voyons pas qu'elle ait laissé plusieurs corps; et nous ne citerons que celui qui fut trouvé à Rome, sous Urbain VIII, deux cents ans après sa mort. On ne le déterra qu'après une fouille de quinze jours; et le peuple montra tant de dévotion pour cette sainte, dont il voulait se partager les os, qu'on en fit la translation presque en secret, « *parce qu'on appréhendait le tumulte et les violences du peuple romain, dont la dévotion était pleine d'un zèle dangereux*[527] ».

FRÉDIEN. - C'est un saint du sixième siècle qu'on honore à Lucques, où il a fait de grands miracles. On assure qu'il changea le cours d'une rivière en faveur des Lucquois; il ordonna à la rivière de le suivre où il la conduirait; et il se fit obéir. Cette rivière qui inondait souvent la ville est le Cerchio, qui est encore là pour témoigner du miracle utile de saint Frédien.

Le corps de ce saint est à Lucques, où l'on montre aussi une table de marbre longue de dix- sept pieds, qu'il prit dans ses bras, quoiqu'elle eût six pieds de large, qu'il chargea sur ses épaules, et qu'il mit sur un chariot, après l'avoir descendue de la montagne, voulant donner un peu d'aide aux maçons qui construisaient l'église dont il est maintenant le patron. - Cette histoire est narrée dans une belle inscription latine[528].

---

526 - Voltaire, *Dictionnaire philosophique*, au lieu cité.
527 - Baillet, 9 mars.
528 - Citée par Misson, tome II, page 323.

FRIARD. - Ce saint est du petit nombre de ceux qui travaillèrent; les laboureurs l'ont pris pour leur patron, parce qu'il laboura, mais dans sa jeunesse seulement; car étant devenu vieux, il vécut dans une cellule. Il était né à Besnai en Bretagne, où il à laissé un corps. On en montre un second à Nantes. - Il mourut en 583.

DEUX BEAUX MIRACLES.

Le vent ayant brisé un petit arbre que cultivait saint Friard, il le coupa et en fit un bâton. Longtemps après ce bâton étant bien sec, il s'avisa de le planter en terre et de l'arroser tous les matins; si bien qu'il prit racine, porta du fruit, et devint en deux ou trois années un grand et bel arbre. Mais comme trop de curieux venaient voir cette merveille, Friard, n'aimant pas à être interrompu dans sa solitude, coupa son arbre par le pied.

Une autre fois, un gros arbre chargé de fleurs étant tombé par un coup de vent; comme il ne pouvait le relever à cause de son poids, il en coupa d'abord toutes les branches, l'aiguisa ensuite comme un pieu, le remit en terre, relia après cela toutes les branches à leur place. « *Voilà un bel arbre. Qui dirait que cet arbre reprit sa verdure, que les fleurs recouvrèrent leur beauté, et qu'il se chargea de fruits ?*[529] » Cet arbre merveilleux subsista longtemps. On l'a employé vers le huitième siècle à la construction d'un autel dédié à saint Friard. Cet autel doit être encore à Nantes.

FRUCTUEUX. – Évêque de Tarragone et martyr au troisième siècle. Après qu'il fut mort, les fidèles de Tarragone se jetèrent sur son corps et se le partagèrent à coups de poings. Un corps à miracle est assez précieux pour qu'on s'en dispute la possession. Mais saint Fructueux qui ne se souciait pas d'être dépiécé, apparut aux fidèles et leur dit que, puisque tout devait être commun entre les chrétiens, il les priait de restituer tous ce qu'ils avaient volé, afin que son corps fût honoré entier dans quelque église.

Les fidèles obéirent aux volontés du fantôme. Son corps était à la fois, 1°- à. Tarragone; 2°- à Manrèse, en Catalogne; 3°- dans un faubourg de Barcelone; 4°- en Italie, sur la côte de Gênes : ce qui prouve que les

---

[529] Ribadéneira, 2 août.

fidèles voleurs des reliques de saint Fructueux avaient restitué le quadruple de ce qu'ils avaient pris, selon la loi du doux Moïse.

- Il y a un autre saint Fructueux, qui fut évêque de Brague au septième siècle. Son corps est à Brague et à Compostelle.

FULCRAN. - Évêque de Lodève en Languedoc, mort au onzième siècle. Lorsqu'on releva ses reliques de terre, le peuple dévot mit en pièces et se partagea son cercueil et son drap mortuaire; il ne ménagea le corps que par une frayeur respectueuse. En 1572, ce corps était entier, frais, sans corruption, lorsque les hérétiques huguenots s'emparèrent de la ville de Lodève. Ils tirèrent le saint corps de sa châsse et voulurent le brûler dans un feu de bois vert. Mais le bois ne s'enflamma point, et par un miracle qui confond les impies, le sacré corps, résistant aux flammes, devint plus frais que jamais. Une si grande merveille ne toucha pas les hérétiques qui traînèrent par les rues le corps de saint Fulcran, le mirent en pièces et le jetèrent à la voirie.

Ce nonobstant, le corps de saint Fulcran est toujours à Lodève; on ne sait trop comment il y est revenu entier, sans corruption, couvert de sa peau. (Si toutefois la révolution l'a respecté), chacun peut le voir de ses yeux. « *Mais ne serait-ce pas un corps étranger à qui on aurait donné le nom du saint ?*[530] »

FULGENCE. - Évêque de Ruspe en Afrique, au sixième siècle; père de l'église. Son corps fut, dit-on, apporté en France, mais on ne sait par qui, sous le règne de Dagobert III on l'honorait à Bourges, et à l'abbaye de Montier-Moyen, en Berry.

FURSY. - Abbé de Lagny, patron de Péronne, mort en 650. Après qu'on se fut longtemps disputé son corps, on le porta en grande cérémonie à Péronne, où il fit de grands miracles, guérissant des dévots qui se trouvaient malades tout exprès.

Quelques moines anglais avaient gardé, sans qu'il le sût, une de ses ceintures; on l'appliquait sur les reins de ceux qui se sentaient affligés de l'esprit, de fornication ce qui amortissait en eux toute concupiscence[531].

---

530 - Baillet, 13 février.
531 - Ribadéneira, 16 janvier.

FUSCIEN. - Martyr d'Amiens avec saint Victoric et saint Gentien, au quatrième siècle. Le corps de saint Fuscien est à Baugenci sur la Loire, et à Amiens; celui de saint Victoric est doublé également, à Baugenci et à l'abbaye de Corbie; celui de saint Gentien a eu le même avantage, étant à Baugenci, et à Saint-Quentin, en Vermandois. - Tel était du moins l'état de ces doubles corps avant que la révolution vînt déranger leurs saintes reliques.

G.

GABRIEL. - On honorait dans quelques monastères une plume de l'ange Gabriel laquelle plume était restée dit-on, dans la chambre de la Sainte-Vierge, lorsqu'il vint lui annoncer qu'elle allait concevoir notre Seigneur[532]. On vénère aussi, à Notre-Dame de Lorette, la fenêtre par laquelle l'ange Gabriel passa, pour remplir son ministère.

GAËTAN, ou **CAJETAN.** - Instituteur des Théatins, mort en 1547. « *Dieu a fait des milliers de miracles par l'invocation de son nom; et les merveilles qu'opère saint Gaëtan sont en si grand nombre, qu'il semble que Dieu les verse comme de la pluie*[533]. » Une dévote ayant imploré son assistance, il lui apparut et lui dit : « *Vous réciterez en neuf jours quatre-vingt-un* « *Pater* » *autant d'*« *Ave Maria* », *autant de* « *Gloria Patri* », *devant mes reliques ou devant une de mes images; et vous obtiendrez alors ce que vous demandez* ». La dévote obéit, fut exaucée et cette neuvaine à toujours été employée très sûrement depuis.
Le corps de saint Gaëtan est à Naples, dans l'église de Saint-Paul. On conseille aux voyageurs d'éprouver sa vertu infaillible.

GALMIER, ou **GAUMIER.** - Serrurier, puis dévot, puis mendiant, puis sous-diacre à Lyon, mort vers 650. Son corps, qui était à Saint-Just de Lyon, fut anéanti par les huguenots, si visiblement qu'on n'osa retrouver ensuite qu'un de ses bras.
On montre, dans le Forest, la fontaine de Saint-Galmier, qui a la vertu de rendre la force aux garçons serruriers, lorsqu'ils sont épuisés. On dit que

---

532 - Henri Étienne, *Apologie pour Hérodote*, chap. 39. Daubigné, *Confession de Sancy*, chap. 7.
533 - Le P. Giry, *Vies des Saints*, du 7 août.

l'eau de cette fontaine a le goût du vin; « *je m'en rapporte à ce qui en est, dit ingénieusement un gentilhomme voyageur; mais si c'était vrai on en tarirait bien vite la source*[534]. »

GATIEN. - Premier évêque de Tours, mort à la fin du troisième siècle. Il avait deux corps, un à Tours dans l'église de son nom; un autre à l'abbaye de Saint-Vaast d'Arras. Celui de Tours fut brûlé par les huguenots. Mais, depuis, on en a retrouvé tant de pièces qu'il y a peu à regretter.

GAUDENCE. - Prélat du quatrième siècle, très vénéré à Ivrée en Piémont, où l'on honorait son corps. Mais il a laissé pour relique plus précieuse un miracle perpétuel; c'est que la ville d'Ivrée étant infestée de scorpions qui s'y trouvent partout, jusque dans les lits, saint Gaudence leur défendit d'être dangereux; et ils ne le sont pas, tandis qu'ils effraient ailleurs : c'est aux naturalistes à expliquer le fait, s'il est généralement vrai.

GAUTIER. - Premier abbé de Saint-Martin de Pontoise. Son corps resta dans son abbaye, où il était mort en 1099.
Les religieux de cette abbaye bénissent une eau, dans laquelle ils font tremper un os du saint, et qu'ils appellent *eau de saint Gautier*; elle guérit de la fièvre. « *Un nommé Hilduin se moquait de ceux qui disaient avoir été guéris par saint Gautier; incontinent le fils de cet impie tomba tellement malade, que les médecins n'y purent rien faire, et il ne fut guéri que par les reliques de notre saint, que Hilduin honora beaucoup depuis*[535]. »

GÉANTS. - C'est l'opinion des théologiens et de la Sorbonne, qu'il y avait autrefois des géants. On trouva en Sicile[536] des os d'hommes de vingt pieds. Un anatomiste de Lucerne montrait un os, qui doit être encore à la bibliothèque de cette ville, et qui supposait un géant de dix-neuf pieds : un autre anatomiste a cru y reconnaître un os d'éléphant. On regarda ces os de géants avec terreur. On en fit ensuite des espèces de reliques redoutables.

---

534 Voyage de France et d'Italie par un gentilhomme français, page 30.
535 - André Duval, *la Vie de saint Gautier, abbé*.
536 - A ce que dit Barclai dans *le roman d'Argénis*.

On voyait au couvent des jacobins de Valence, en Dauphiné, dans le trésor des saintes reliques, les ossements prodigieux d'un géant d'une taille extraordinaire, qui dévastait autrefois la contrée, et qui fut tué par les habitants[537].

Quoique les géants n'aient pas été des saints, à l'exception de saint Christophe, à qui l'on donne la taille honnête de vingt-huit pieds, nous avons cru devoir en dire deux mots, parce que dans plusieurs pays on a gardé des reliques de géants.

GENEVIÈVE. – Vierge, patronne de Paris, née à Nanterre[538] vers 442, morte en 512. On en a fait une bergère, une demoiselle noble, une religieuse, une prophétesse, une recluse. Elle avait six ans, lorsque saint Germain et saint Loup, passant par Nanterre, lui firent promettre de consacrer sa virginité à Jésus-Christ. Aussitôt, un ange apporta du ciel une médaille marquée d'une croix, que les deux évêques lui pendirent au cou. Cette médaille miraculeuse se conservait à Paris, dans l'abbaye du nom de la sainte.

Quoiqu'elle n'eût que six ans, Geneviève sentant qu'elle était épouse de Jésus-Christ, se mit à parler peu, à marcher gravement et à fréquenter les églises avec assiduité. Son occupation principale consistait, selon quelques-uns, à garder les moutons de son père; et ce travail lui plaisait beaucoup, parce qu'il lui laissait le temps de méditer et de prier.

Sa mère lui commanda, un jour de grande fête, de garder la maison pendant la messe. La petite Geneviève répondit qu'étant épouse de Jésus-Christ, elle devait plus que toute autre assister aux saints offices. Cette réplique fut punie d'un soufflet; mais l'irrévérence de cette mère qui ne respectait pas sa fille eut aussitôt son châtiment. La mère de Geneviève devint aveugle, et ne recouvra la vue qu'au bout de deux ans, qu'ayant reconnu sa faute, elle pria sa fille, avec toutes sortes d'égards, de bénir un peu d'eau et de lui en laver les yeux.

Geneviève alla puiser de l'eau à une fontaine, que l'on vénère encore à l'entrée de Nanterre, bénit cette eau, en lava les paupières de sa mère, qui rouvrit aussitôt les yeux, et n'empêcha plus la jeune sainte d'aller à l'église tant qu'elle voudrait.

---

537 Voyage de France et d'Italie par un gentilhomme français, 1667, page 58.
538 - Village à trois lieues de Paris.

Elle prit le voile vers sa quatorzième année; et ayant perdu ses parents, elle alla à Paris demeurer chez sa marraine, où elle eut la joie de faire une grosse maladie, pendant laquelle un ange vint lui apprendre à deviner l'avenir et à connaître les choses cachées; ce qu'elle prouva bien, en découvrant à une jeune religieuse de Bourges le lieu, le jour et l'heure où elle avait péché contre la virginité, croyant le faire bien secrètement. Il n'est pas nécessaire d'ajouter que la religieuse ne manqua pas de faire pénitence.

Dès l'âge de quinze ans, Geneviève se donnait la discipline et se traitait fort durement. Elle ne mangeait que deux fois par semaine, et ne prenait qu'un peu de pain d'orge avec quelques fèves qu'elle faisait toujours cuire quinze jours d'avance. Ce ne fut qu'à cinquante ans qu'elle se décida à prendre un peu de lait.

Elle avait eu, entre autres maladies, une lèpre si hideuse, que tout le monde l'avait abandonnée. Mais en ayant été miraculeusement guérie, elle devint si dévote envers saint Denis et ses compagnons, qu'elle leur fit bâtir une église. Comme on y travaillait, le vin manqua aux ouvriers : la sainte y suppléa en remplissant un tonneau d'eau commune qu'elle changea en vin, et qui demeura plein jusqu'à la fin de l'année.

Cette église était auprès de Paris; c'était cependant pour la sainte un assez long voyage surtout voulant y aller toutes les nuits chanter matines. Cet inconvénient ne la rebuta point et un jour le diable ayant soufflé sa lanterne, la sainte la ralluma merveilleusement avec le bout de son doigt, sans qu'il fut possible depuis à l'ennemi de l'éteindre. On gardait le cierge de cette lanterne à l'abbaye de Sainte-Geneviève. C'était une précieuse relique, qui guérissait les malades et délivrait les possédés.

On conserva aussi jusqu'au seizième siècle, dans quelques couvents, des bouteilles du vin que la sainte avait fait pour ses maçons. Mais il a été bu par les huguenots.

Sainte Geneviève avait ressuscité un enfant noyé; ses autres miracles lui donnaient la réputation de sainte; car alors il fallait des miracles. Cependant une bonne femme un peu curieuse, et facile à mal penser des gens extraordinaires, voulut voir ce que la sainte faisait seule dans sa chambre, et l'épia par le trou du clichet. Elle fut punie de sa témérité et resta quarante jours aveugle. La sainte ayant enfin pitié d'elle la guérit par un signe de croix.

Le diable qui n'aimait pas Geneviève, publia que c'était une hypocrite, qui faisait la sainte pour avoir de la considération; que ses miracles étaient des fourberies; qu'elle se vantait de jeûner, mais qu'elle mangeait secrètement de bons morceaux; enfin qu'elle s'abandonnait aux plaisirs de la chair. Le diable qui est adroit sema ces bruits avec tant d'artifice, que tous les gens de bien méprisèrent sainte Geneviève, Heureusement saint Germain d'Auxerre arriva; il prouva que sa chère Geneviève était une sainte et le diable fut écorné de ce côté là.

Il dressa donc d'autres batteries. Attila, roi des Huns, surnommé le fléau de Dieu, entra en France. Les Parisiens voulurent s'enfuir avec la bravoure qui les caractérisait alors. Geneviève qui savait l'avenir, leur prédit que Paris ne serait point détruit s'ils faisaient pénitence. Les plus prudents la crurent. Mais les méchants s'écrièrent que c'était une sorcière, et qu'il fallait la tuer. Ils allaient le faire, quand l'archidiacre d'Auxerre vint l'arracher de leurs mains. Peu après, Attila s'étant retiré, sans saccager Paris, les Parisiens eurent tant de respect pour la prophétesse, qu'ils ne voulurent plus rien faire sans son avis. Elle fit beaucoup d'aumônes, obtint la grâce de plusieurs criminels; son grand plaisir était de lâcher les prisonniers.

Après avoir vécu plus de quatre-vingts ans, elle mourut avec douceur, et fut enterrée solennellement dans l'église de Saint-Pierre et de Saint-Paul, qui a porté depuis le nom de Sainte-Geneviève. Paris implore son aide dans les pestes, les guerres, les sécheresses et les inondations.

Le tombeau de sainte Geneviève fut honoré, immédiatement après qu'on y eut mis son corps, qui ne cessait de faire des miracles. On l'entoura de lampes et de présents; et cent dix-huit ans après sa mort, saint Éloi, qui était orfèvre, offrit de lui faire une châsse magnifique. Cette sainte châsse faite par un saint, fut si souvent remuée et s'ébranla tellement, qu'il fallut sous saint Louis en faire une autre. On employa douze ans à ramasser l'or, l'argent, et les pierreries; la châsse fut terminée en 1242; et les moines, qui y placèrent secrètement les reliques de Geneviève, parce qu'ils ne voulaient pas que le peuple les vît tirer de l'ancienne châsse, mirent une nuit entière à les arranger dans leur nouveau palais.

Cette châsse, que l'on voyait encore avant la révolution, était soutenue au fond de l'église par quatre statues de vierges plus grandes que le naturel, qui tenaient des candélabres à la main. Deux de ces vierges étaient debout sur deux grandes colonnes de marbre; les deux autres sur deux colonnes de jaspe, d'ordre ionique comme les premières. On avait employé à la châsse huit marcs d'or et cent quatre-vingt-douze marcs d'argent. Aussi, indépendamment des ornements et des reliques, elle pesait cent livres. Les libéralités de nos rois l'avaient tellement enrichie de pierreries, qu'elle en était couverte. Elle était surmontée d'une superbe couronne de diamants, qui était un présent de la reine Marie de Médicis. Dans toutes les calamités publiques, on promenait la châsse de sainte Geneviève avec celle de saint Marcel par les rues de Paris. L'abbé de sainte Geneviève avait alors le pas sur l'archevêque. On l'avait promenée du temps des Normands ce qui n'avait pas empêché les Normands de ravager la France.

En 1129, du temps de Louis-le-Gros, il s'éleva dans Paris une maladie étrange, qu'on appela le *mal des ardents* ou le *feu sacré*, parce qu'elle prenait les personnes aux parties honteuses dont elles avaient abusé. Les médecins n'y trouvaient aucun remède; beaucoup de Parisiens en mouraient et le nombre des malades était immense. On descendit la châsse de sainte Geneviève; les malades qui emplissaient l'église de Notre-Dame allèrent au-devant des augustes reliques, et furent tous subitement guéris, à l'exception de trois incrédules. C'est en mémoire de ce miracle que l'on éleva, sur le lieu même où il s'était opéré, la petite église de Sainte-Geneviève des Ardents.

Le corps de sainte Geneviève était donc dans son église de Paris, entouré d'*ex-voto* innombrables. Il est vrai que ces saintes reliques faisaient si aisément des miracles qu'elles guérissaient même les impies; elles délivrèrent de la fièvre *Érasme de Rotterdam qui était un libertin* comme dit André Duval. On avait à Nanterre son voile et quelques-uns de ses vêtements. On y conserve encore trois ou quatre de ses petits os.

La lampe qui était à Paris devant le tombeau de Geneviève, était pleine d'une huile qui brûlait sans cesse et ne tarissait point. Son lit, que l'on conservait à Paris, faisait aussi des miracles. On conte même que dans une grande inondation qui survint, ce lit ne fut point mouillé; merveille très croyable s'il était dans un endroit sec. Tous ces miracles ont cessé.

Dans la révolution on a porté à l'hôtel des monnaies la châsse de sainte Geneviève. Tous les os ont été soigneusement recueillis et brûlés devant une multitude immense de curieux, sur la place de Grève. Cependant, après la restauration du culte catholique, un prêtre de l'église de Saint-Étienne-du-Mont retrouva dans la terre, qu'il fit remuer autour de son église, des ossements auxquelles il donna le nom de Sainte-Geneviève. On les mit dans une belle châsse qui brille sur quatre colonnes, au fond de Saint-Etienne-du-Mont, exposée à la vénération des fidèles. Ces os ont-ils pu échapper aux flammes de la place de Grève ou renaître de leurs cendres ? Comment sont-ils venus se trouver autour de l'église où l'on a fait une fouille tout exprès? Sur quels indices a-t-on reconnu que c'étaient des os de sainte Geneviève ?

Ces os, brûlés en 1793 et retrouvés au dix- neuvième siècle ont déjà fait des miracles, guéri des malades, et gagné des *ex-voto*.

On vénère aussi à Paris la pierre tumulaire de sainte Geneviève; et on a remplacé par une croix, auprès de Nanterre, une petite chapelle bâtie sur le lieu où la sainte gardait ses moutons. L'église de ce village est construite, dit-on, à l'endroit où fut jadis la maison de ses parents; et l'on montre à peu de distance le puits dont nous avons parlé. Il est surmonté d'une petite statue de Geneviève. L'eau, qui guérissait tant de maux au dernier siècle même, a perdu sa vertu[539].

L'église de Nanterre est remplie d'*ex-voto*, peints pour la plupart par des peintres en bâtiments, et qui tiennent beaucoup de la caricature. On y voit le tableau d'une femme de Versailles, qui tomba d'un premier étage dans la rue sans se blesser, par l'intercession de sainte Geneviève. Le père ou le mari de cette femme porte à son chapeau une cocarde tricolore. Le miracle a eu lieu en 1796. On y voit l'*ex-voto* d'un marchand de vin de Nanterre, qui tomba ivre devant ses chevaux en 1812, et qui dut à l'aide de sainte Geneviève de n'être point écrasé.

Plus loin, c'est Marie Françoise Thomazet dans son lit. Sainte-Geneviève lui apparaît tenant d'une main un bâton ou un cierge, et de l'autre un livre de plain-chant. Elle a sur l'estomac une pièce piquée tricolore. Cette malade fut guérie par la sainte en 1749.

A côté c'est un voltigeur de Louis XV, qui revient de l'armée avec sa tête, par la protection de Geneviève : il a le fusil sur l'épaule.

Nous finirons par ce passage du père Martial-du-Mans, qui a perdu la moitié de sa grâce depuis qu'on a fondu la châsse de Sainte-Geneviève : « *En admirant cette belle église et cette riche châsse ne vous prend-il point envie de vous écrier : oh! qu'il fait bon servir Dieu* »[540]

GENGOUL. - Gengon, Gengolff, ou Jean-Goul, martyr de la chasteté conjugale, tué en 760. C'était un gentilhomme bourguignon, disent les

---

539 - Ce long article est tiré d'André Duval, *Vie de sainte Geneviève*; Baillet 3 janvier; M. Dulaure, *Description de Paris*, tome I; *Environs de Paris*, tome II. Saint-Albin, *Voyage de Béranger dans Paris*, tome II. Piganiol, *sur Paris*, tome 1; etc.
540 - *Les Pratiques de l'année sainte*, 3 janvier.

légendaires. Il était doux, modeste, peu lubrique; il épousa une demoiselle noble qui avait des inclinations toutes contraires. Elle en donna des preuves évidentes, s'abandonnant à des cavaliers, pendant une absence de son mari que sa naissance avait obligé de prendre du service à l'armée : et non-seulement elle partagea son lit avec des étrangers, elle ajouta encore la raillerie à l'outrage, faisant mille mauvaises plaisanteries sur la douceur et l'humeur pacifique de Gengoul son époux.

Gengoul n'opposa d'abord qu'une grande bonté à de pareils excès. Mais voyant sa femme devenir de plus en plus audacieuse dans le péché, il se sépara d'elle. Comme ce divorce mettait des bornes aux dépenses de sa femme, et que Gengoul n'ayant point fait d'enfants, lui retirait une grande partie de son bien, elle le fit assassiner par l'un des complices de ses désordres. Gengoul devint ainsi le patron des époux malheureux : car l'église l'a mis au rang des saints martyrs.

Après qu'il fut mort, son corps fit des miracles. On vint, dire à sa femme que le corps de Gengoul opérait des prodiges. - « *Oui,* dit-elle, *il fait des miracles comme mon cul pète.* » A l'instant, le ciel voulant nous montrer qu'il ne faut pas nous moquer des saints, la veuve Gengoul péta et ne fit que péter le reste de sa vie. La ville de Cambrai fait tous les ans une procession en mémoire, de cette merveille[541].

Le corps de saint Gengoul fut porté à Varennes, dans le diocèse de Langres. Il avait à Florennes, dans le pays de. Liège, un second corps qui fut brûlé par les huguenots. Son troisième corps est à Villa-Viciosa en Portugal. Son quatrième corps est dispersé dans diverses églises du diocèse de Cologne. On en compte un. cinquième dans la ville de Trèves; des parties du sixième à Prague en Bohème, à Remerangles en Beauvaisis, à Harlem, etc. Mais, un si grand saint doit avoir laissé plus de corps que nous n'en indiquons ici.

FONTAINE DE SAINT GENGOUL.

Un jour que saint Gengoul passait par la Champagne pour retourner à Varennes, où il demeurait, il s'arrêta auprès d'une belle et claire fontaine, qui le charma tellement qu'il demanda à l'acheter, et la paya cent pièces d'argent. Le maître de la fontaine les reçut, se riant dans sa barbe du bon

---

541 - Le P. Arthur du Montier, *Vie de saint Gengoul.* Dulaurens. *Les abus dans les cérémonies et dans les mœurs. Mémoires d'un vilain du quatorzième siècle,* tome II. Appendice.

saint, qu'il regardait comme un sot; car, disait-il, il ne pourra transporter ma fontaine ailleurs.

Le saint cependant rentra chez lui et annonça à sa femme l'emplette qu'il venait de faire. Elle se mit aussitôt à l'appeler hébété, homme sans esprit, et prodigue de son bien. Gengoul ne répliqua rien, sortit dehors et ficha son bâton en terre. Le lendemain matin il envoya un de ses serviteurs au lieu où il avait planté son bâton. Le serviteur ayant tiré le bâton comme on le lui avait commandé, il en sortit une belle fontaine; c'était celle qu'il avait achetée quelques jours auparavant, et qui s'était tarie aussitôt dans la terre du vendeur.

Cette fontaine qu'on honore à Varennes, a toujours donné depuis des eaux abondantes qui rendent la santé aux malades et ont des vertus très salutaires, par les mérites du bon saint Gengoul[542].

On peut voir, à quelques lieues de Sézanne en Brie, des marais qui portent le nom de saint Gengoul, parce que ce saint les côtoyant un jour, et se trouvant importuné par les cris des grenouilles, jeta une petite pierre dans le marais en ordonnant aux habitantes de ne parler désormais que l'une après l'autre. C'est pour cela qu'on n'entend jamais crier qu'une grenouille à la fois dans ces marécages. C'est du moins l'opinion des villages voisins.

GEORGES. - Martyr du troisième ou du quatrième siècle, patron de l'Angleterre. On ne sait rien de son pays ni de son histoire. Le père Ribadéneira dit que, comme on a fait des contes sur ce saint, le bréviaire romain ne fait pas mention de sa vie « *parce que l'église de Rome fuit comme la peste tout ce qui peut sentir le mensonge de mille lieues loin.* » Il ajoute que pour lui il a grand soin de ne rien dire des saints qui ne soit bien avéré. Il nous apprend ensuite que St-Georges était un noble chrétien de Cappadoce, fort adroit à la guerre où il était mestre-de-camp sous l'empereur Dioclétien.

Lorsque ce prince voulut persécuter les chrétiens, saint Georges, qui était membre du conseil impérial prit leur défense. L'empereur saisi de rage et de furie fit emprisonner Georges dans un cachot, où on l'enchaîna sous une grosse pierre. Le lendemain on lui fit déchirer le corps avec des pointes de fer. Le surlendemain il fit parler le diable devant Dioclétien;

---

542 - Le P. Arthur du Montier, cité plus haut.

et après cela on lui coupa la tête. Mais on ne sait trop dans quelle ville[543]; et le saint pape Gélase regardait Georges comme un saint imaginaire. D'autres disent que Georges de Cappadoce était un arien, un scélérat, et un ennemi de saint Athanase[544].

Quoi qu'il en soit, ce saint a laissé plus de trente corps, dans les innombrables reliques que l'on montre de lui en Espagne, en Angleterre, en Italie, en France, en Allemagne, et dans les Pays-Bas. Il a une tête à Venise, une autre à San-Salvador, une autre à Prague, une autre à Cologne, une autre dans une église du Mans, une autre dans l'Auvergne, une autre à Trèves, une autre chez les Anglais, une autre à Constantinople, une autre à Lydda, une autre à Rome, avec son étendard, le fer de sa lance, etc., dans l'église qui porte son nom. - On le représente toujours à cheval.

Voyez, dans l'article des *Animaux sacrés*, le *Dragon de saint Georges*.

GERMAIN. - Évêque d'Auxerre, l'un des plus célèbres prélats de l'église Gallicane, mort vers 450. Il courut beaucoup, prêcha la foi en Angleterre, en Italie, en France; il alla même, dit-on, à Jérusalem, et fit partout des miracles.

Un jour qu'il passait par le bourg de Sainte-Reine en Bourgogne, une sainte femme, nommée Nectariole, le reçut chez elle et lui fit un lit avec une botte de paille. Lorsque le saint fut parti, elle recueillit sa paille avec le plus grand soin et s'en servit depuis pour guérir les malades. Cette paillasse était très révérée. On délivra même un possédé en le liant avec un lien fait de la paille sur laquelle notre saint avait dormi[545].

Germain mourut à Ravenne en grande réputation de sainteté. Des princesses et des évêques se disputèrent sa tunique, sa ceinture, sa soutane et le reste de sa garde-robe. On porta son corps à Auxerre, comme il l'avait demandé; et chemin faisant ce corps ne cessa de faire des miracles et de répandre une excellente odeur, attendu qu'on l'avait embaumé avec le plus grand soin.

---

543 - « *Saint Georges fut martyrisé*, dit-on, en Perse, *dans une ville nommée Diospole. Mais comme les Persans n'avaient point de ville de ce nom, on a placé depuis son martyre en Arménie à Mitylène. Il n'y a pas plus de Mitylène en Arménie que de Diospole en Perse. Mais ce qui est constant, c'est que Georges était colonel de cavalerie puisqu'il a encore son cheval en paradis.* » [Voltaire. *Notes au chant IV de la Pucelle*.]
544 - Jurieu. *Apologie de la morale des réformés*, Tome I.
545 - Baillet, 31 juillet.

Le saint corps fut placé à Auxerre dans une châsse magnifique. Les huguenots le brûlèrent au seizième siècle et s'enrichirent des bijoux qui l'entouraient. Mais un catholique zélé sut retrouver les principaux membres, qui sont sans doute encore à Auxerre. On a de lui un troisième bras dans l'abbaye de Cusa, au diocèse de Perpignan, un autre à Ravennes, et une multitude de pièces détachées, dans deux ou trois cents églises de France.

BAINS DE SAINT GERMAIN D'AUXERRE

On donne ce nom à une fontaine voisine du lac d'Agnano. Les eaux en sont si chaudes, que la vapeur qui s'en exhale met en sueur le voyageur qui s'en approche, et fait paraître des éruptions sur la peau. Il y a des personnes à qui cette fumée est dangereuse; mais elle guérit aussi diverses maladies ce qui est une ressource à miracles.

On dit que Germain étant allé se baigner à cette fontaine, délivra par ses prières un moine qui était condamné à y faire son purgatoire dans la fumée, pour n'avoir pas été bon catholique. bien soumis au saint siège[546].

GERMAIN. - Évêque de Paris, mort en 576. Son corps était à Paris dans l'église de Saint-Germain-des-Prés. On le brûla sur la place de Grève pendant la révolution; et sa châsse, à laquelle on avait employé vingt-sept marcs d'or et deux cent cinquante marcs d'argent, fut convertie en monnaie. Cette châsse avait la forme d'une église gothique.

On avait aussi un bras détaché du saint, dans l'église de Saint-Germain-le-vieux, (maintenant détruite) en la cité.

Dans la fouille qu'on fit à Notre-Dame, en 1699, pour l'exécution du vœu de Louis XIII, d'élever un nouvel autel à la Sainte Vierge, on trouva plusieurs saintes reliques, notamment la châsse de saint Germain, où était sans doute un second corps. Mais on ne le produisit pas pour ne point éveiller l'attention des dévots qui allaient adorer le corps de l'abbaye. On se contenta de montrer la soutane du saint; cette soutane était de couleur de musc, bordée de blanc, et d'une forme que l'on pourrait croire postérieure au sixième siècle. Il y manquait une manche et

---

546 - *Voyage de France et d'Italie par un gentilhomme français*, page 608.

l'on avait écrit en gothique ces mots : « *C'est la robe saint Germain* »[547]. Cette relique a fait quelques guérisons de paralytiques et de fiévreux.

GERMAIN. - Patriarche de Constantinople, mort au huitième siècle. Il a laissé deux corps; un au monastère de Choras en Asie, un autre à Borti entre le Limousin et l'Auvergne.

GERMER. - Premier abbé de Flay en Beauvaisis, mort vers l'an 658. Il a également laissé deux corps complets; l'un à Beauvais, l'autre à l'abbaye de saint Cyprien de Poitiers; sans compter qu'on montrait quelque chose de ses reliques à Paris, dans l'église du Val-de-Grâce et ailleurs.

GERTRUDE. – Vierge, première abbesse de Nivelle-en-Brabant, morte en 659. Elle était si belle qu'un jeune seigneur de la cour de Dagobert voulut l'épouser. Mais elle fit réponse qu'elle avait consacré sa virginité et son cœur à Jésus-Christ. Elle avait alors six ans.
Dix ans après sa mort, le feu ayant pris au monastère de Nivelle, Gertrude apparut au-dessus du réfectoire et éteignit l'incendie, en y jetant un voile miraculeux, que l'on a conservé comme une relique des plus précieuses.
Le lit de cette sainte, que l'on gardait aussi dans l'église de son monastère, ressuscita un enfant qui s'était noyé dans un puits[548].
Son corps est au moins double, puisqu'il était à Nivelle-en-Brabant, et à Bologne, outre plusieurs reliques détachées que l'on se vantait de posséder dans quatre ou cinq églises de Cologne, et dans beaucoup d'autres lieux.

GERVAIS et **PROTAIS.** - Martyrs de Milan, au premier siècle. Ces deux saints étaient frères. Il y avait longtemps que leur nom, leur martyre et leurs reliques étaient dans l'oubli, lorsqu'en l'an 386, ils apparurent à saint Ambroise, archevêque de Milan, et le prièrent de déterrer et de faire honorer leurs corps. Ambroise qui ne connaissait pas les deux saints, parce qu'ils ne voulaient pas se nommer, fit fouiller cependant. On trouva deux corps, dont la longueur fit juger que les deux saints avaient été

---

547 - Piganiol. *Description de Paris*, tome I.
548 - Ribadéneira, 7 mars.

d'une taille extraordinaire. Baillet dit que tout était pourri, excepté les ossements principaux. Mais Ribadéneira assure que les deux corps étaient aussi frais que s'ils ne fussent morts que de la veille. Nous ne déciderons pas entre ces doctes.

On trouva sous la tête des deux saints un papier qui commençait ainsi. « *Je soussigné, Philippe, ai dérobé les corps de ces deux saints et les ai ensevelis dans ma maison. Leur père se nommait Vidal ils naquirent d'une même ventrée, et furent nommés Gervais et Protais*[549]. »

Avant de lever ces deux corps saints, on les éprouva par divers miracles, dont ils se tirèrent assez bien. Les peuples dès lors accoururent en foule; et saint Ambroise, qui avait besoin de reliques pour la grande église de Milan qu'il se disposait à dédier, y fit transporter les corps de Gervais et de Protais avec une pompe extraordinaire, qui fut suivie de réjouissances publiques dans toute la ville.

Ces corps continuèrent d'opérer des guérisons merveilleuses et de délivrer des possédés, par la bouche de qui les démons avouaient que Gervais et Protais étaient de vrais martyrs, sans oublier certains petits compliments pour saint Ambroise.

Depuis lors, on a toujours célébré la fête de cette translation, dans la ville de Milan qui possède ces saints corps. On les montre néanmoins à Brissac en Alsace; et en troisième lieu dans l'église de Saint-Pierre de Besançon. Gervais et Protais, qui sont probablement des saints imaginaires, avaient encore chacun un quatrième corps à Soissons. On montrait d'eux de grands ossements à Paris, et partout, comme dit Calvin[550].

On conte qu'un dévot offrit à saint Séverin de Bavière, une pièce importante des reliques découvertes par saint Ambroise; mais que Séverin ne la reçut qu'après s'être fait révéler par Dieu même que c'était une vraie relique. Car disait-il, il peut arriver quelquefois que le diable nous fasse honorer comme saints des os de scélérat[551]. Tous les adorateurs de reliques n'ont pas pris les mêmes précautions; il est vrai que tous n'ont pas le talent d'avoir des révélations à volonté.

« *Mais comment oseriez-vous nier*, dit-on aux philosophes, *que saint Gervais et saint Protais aient apparu en songe à saint Ambroise; qu'ils*

---

549 - Ribadéneira, 19 juin.
550 - *Traité des Reliques*.
551 - Bollandus, 8 janvier; Baillet, 19 juin.

lui aient enseigné l'endroit où étaient leurs reliques, que saint Ambroise les ait déterrées, et qu'elles aient guéri un aveugle ? saint Augustin était alors à Milan; c'est lui qui rapporte ce miracle : « immenso populo teste », dit-il dans la cité de Dieu, livre XXII. Voilà un miracle des mieux constatés. Les philosophes disent qu'ils n'en croient rien; que Gervais et Protais n'apparaissent à personne; qu'il importe fort peu au genre humain qu'on sache où sont les restes de leurs carcasses; qu'ils n'ont pas plus de foi à cet aveugle qu'à celui de Vespasien[552]; que c'est un miracle inutile; que Dieu ne fait rien d'inutile; et ils se tiennent fermes dans leurs principes. Mon respect pour saint Gervais et saint Protais ne me permet pas d'être de l'avis de ces philosophes; je rends compte seulement de leur incrédulité[553]. »

GEZELIN, ou **SCOCELIN**. - Saint du douzième siècle, qui vivait comme un ours et fuyait les hommes comme la peste. Baillet avoue[554] qu'on ne sait presque rien de la vie de cet admirable solitaire. Il passait ses jours dans les forêts du diocèse de Trêves. Son corps est au duché de Berg. Mais on en montrait un second à Luxembourg dans l'église de Notre-Dame.

GILDAS, ou **GUÉDAS**. - Abbé de Ruis en Bretagne, au sixième siècle. Avant de mourir il ordonna expressément à ses religieux de mettre son corps, lorsqu'il ne serait plus, dans une petite nacelle, et de l'exposer sur la mer au gré des flots. Les religieux exécutèrent ponctuellement cette dernière volonté. Mais après que le corps fut en pleine mer, quelques autres disciples de saint Gildas voulurent le conduire chez eux.
Incontinent, Dieu permit que ce corps saint allât au fond de l'eau, sans qu'on pût jamais le trouver[555].
Dieu n'approuverait-il donc pas le culte des corps morts ? Et comment accorder cet accident du corps de saint Gildas avec les miracles que le ciel fit visiblement pour découvrir d'autres reliques ?

---

552 - Les païens, qui avaient aussi leurs miracles, disaient qu'un jour l'empereur Vespasien rendit dans Alexandrie l'usage de ses membres à un paralytique, et la vue à un aveugle. Ces deux miracles étaient attestés par des monuments.
553 - Voltaire, *Dictionnaire philosophique*, à l'article *Miracles*.
554 - *Vies des Saints* du 6 août.
555 - Baillet, 29 janvier.

Quoiqu'il en soit, on retrouva malgré le ciel le corps de Gildas, et on l'honora bientôt dans son monastère de Ruis. Les Normands le brûlèrent au dixième siècle. Mais on le reproduisit encore après qu'il avait passé par le feu, comme on avait su le tirer du fond des mers; et on le vénérait au dernier siècle à l'abbaye de Saint-Gildas de Bourg-Dieu dans le Berry.

GILLES. – Egidius, abbé en Languedoc au sixième siècle. Les légendaires content qu'il était d'Athènes, d'une famille très illustre comme c'est l'usage, car au bon temps on ne pouvait guère être saint sans être noble. Il vint dans les Gaules pour y vivre solitaire, et se logea dans une caverne qu'il trouva à sa convenance, au fond d'une forêt du Languedoc. Une biche qui demeurait avec lui et lui faisait société, le nourrissait de son lait et ils allaient ensemble brouter l'herbe.
Or un jour que le roi Childebert chassait dans cette forêt, la biche de Gilles poursuivie par les chiens fit découvrir sa retraite. Le roi eut toutes sortes de respects pour le saint et lui fit bâtir près de sa grotte un monastère dont il le constitua abbé. Il y mourut vers [550]; et le bruit des miracles qui se firent à son tombeau attira tant de fidèles, qu'il s'y éleva insensiblement une ville qui porte le nom du saint. - Le corps de saint Gilles était dans son monastère et dans l'église de Saint-Saturnin de Toulouse.

GOHAR, ou COHARD. - Évêque de Nantes, tué par les Normands dans son église, pendant qu'il officiait. On avait martyrisé avec lui plusieurs autres fidèles et on allait mettre le feu à l'église où étaient accumulés tous ces saints massacrés. Incontinent le corps de saint Gohar, qui craignait le feu, se leva sur ses pieds, prit sa tête entre ses mains, et sortit avec gravité, à la grande surprise des Normands, qui le suivirent pour voir l'issue de cette affaire. Étant arrivé au bord de la Loire, où se trouvait un bateau miraculeux, ayant de chaque côté un cierge allumé, mais sans rameurs et sans guide, le corps de saint Gohar y entra, et le bateau le conduisit à Angers; où l'on vint en procession le recevoir[556]. Le corps et la tête du saint étaient encore dans cette ville au dernier siècle.

GOMBERT et **BERTHE.** - Époux du septième siècle, qui vécurent dans la continence et fondèrent entre autres monastères l'abbaye de saint

---

556 - Le père Albert, *Vies des Saints de Bretagne*, 25 juin.

Pierre d'Avensi, près d'Épernay en Champagne. Leurs corps étaient à Avensi, ou ils guérissaient les insensés et rendaient la raison aux pèlerins. Aussi les pèlerinages étaient très nombreux; et l'on cite du dernier siècle même plusieurs miracles avérés, sur des fous qui recouvrèrent leur bon sens pour avoir honoré les reliques et bu quelques verres d'eau de la fontaine de sainte Berthe, qui est près de là[557]. Les deux corps saints sont maintenant dissipés; la fontaine qui ne fait plus de miracles appartient à un avoué qui l'emploie à tous les usages profanes de son jardin. Mais on convient dans le pays que l'eau de sainte Berthe a naturellement quelques vertus calmantes, qui peuvent soulager les fous.

GON, GODON, ou GAN. - Patron des gantiers ou marchands de gants à cause de son nom, religieux, mort en odeur de sainteté à la fin du septième siècle. Son corps fut dissipé au neuvième par les Normands; mais cinq cents ans après (en 1344), on en reproduisit un second au prieuré de Saint-Gan, près de Sézanne; et on montrait assez de membres détachés pour en faire un troisième, dans l'abbaye de Fontenelles au pays de Caux et dans divers couvents de la Champagne.

GORDIEN. - Martyr à Rome au quatrième siècle sous l'empereur Julien. Son corps est à Rome, dans l'église qui porte son nom[558]; mais il en a un second dans l'abbaye de Kempten au diocèse d'Augsbourg, un troisième à Prague, et une quatrième tête à Trèves. Du reste on ne sait rien de l'histoire de saint Gordien aux quatre têtes.

GORGONE. - Martyr à Nicomédie ou à Rome vers le quatrième siècle. Il était eunuque et domestique à la cour, disent les légendaires. On le martyrisa avec plusieurs compagnons, et on jeta leurs corps à la rivière. On ne voit pas que personne se soit empressé de les en retirer, et il paraît qu'ils y restèrent. Il paraît aussi que saint Gorgone avait au moins six corps : 1°- celui qu'il laissa noyer et qu'on ne retira point; 2°- celui qu'on honorait deux cents ans après sa mort à Nicomédie; 3°- celui qui est à Saint-Pierre de Rome; 4°- celui qu'on vénérait à l'abbaye de

---

557 - Nous avons déjà remarqué, au mot *Fontaines*, qu'on voit auprès de la fontaine de sainte Berthe une pierre qui a conservé l'empreinte de ses genoux.
558 - Saint Gordien a une seconde tête à Rome même, dans la sacristie de Saint-Jean-de-Latran; mais nous ne l'avons pas comptée parce que ce serait vraiment trop que cinq têtes à un saint qui n'en a peut-être jamais eu.

Gorze au diocèse de Metz; 5°- celui qu'on gardait à Minden en Saxe; 6°-celui qu'on visitait à Marmoutier en Touraine.

Ce qu'il y a en cela de plus miraculeux, et qui ne permet pas de douter de l'authenticité de ces six saints corps de Gorgone, c'est que tous les six faisaient des miracles.

GOULVEN. - Évêque de Saint-Paul-de-Léon, dans les temps incertains de la Bretagne. Son corps, qui faisait beaucoup de guérisons prodigieuses, attirait un grand concours de pèlerins. Comme il n'était pas riche, il eut le talent si regrettable de convertir une motte de terre en or fin, dont il se fit faire un calice que l'on a précieusement conservé. On vénère surtout une fontaine, qu'il fit jaillir en plantant son bâton en terre. Cette fontaine a de grandes vertus contre toutes sortes de maladies[559].

GRAT ou **GRATUS.** - Évêque de Châlons-sur-Saône, au septième siècle. Son corps était à l'abbaye de Paray-le-Monial en Bourgogne, et dans la cathédrale d'Aoste.

GRÉGOIRE-LE-GRAND. - Premier pape du nom de Grégoire, docteur de l'église, mort en 604. Il alla prêcher la religion chez les Anglais, parce qu'il disait que c'était dommage de laisser à Satan un peuple qui avait la peau si blanche. Ce qui prouverait que Grégoire avait les idées un peu corporelles.

Il était moins libéral de reliques que ses successeurs, et se contentait de donner des linges qui avaient touché les corps saints. Certains ambassadeurs, qui étaient venus lui demander quelques reliques, reçurent de lui une boîte qu'ils ouvrirent en chemin, et dans laquelle ils ne trouvèrent qu'un linge. Ils retournèrent à Rome, et représentèrent au pape qu'un chiffon blanc n'était pas une relique. Grégoire prit aussitôt un couteau, en frappa le linge qu'ils méprisaient; il en sortit du sang; et les ambassadeurs s'en retournèrent fort contents de leur linge. Malheureusement les légendaires ne disent pas quels étaient ces ambassadeurs ni dans quel pays le saint linge fut porté. Ce serait cependant un point important dans l'histoire.

On représente saint Grégoire avec un pigeon sur l'épaule, parce qu'on dit que le Saint-Esprit lui parlait à l'oreille.

---

559 - Le père Albert, *Vies des Saints de Bretagne*, 1er juillet.

Il eut pour successeur sur le siège de Rome Sabinien, qui ne faisait pas si volontiers l'aumône aux mendiants, et qui voulait réprimer la fainéantise; de quoi saint Grégoire étant mécontent, il apparut à Sabinien et lui donna un si grand coup de poing sur la tête, que le pauvre Sabinien en mourut[560].

Le corps de saint Grégoire était entier à Rome dans l'église de Saint-Pierre. Il était également entier à Saint-Médard-de-Soissons. Ce second corps fut brûlé en 1564 par les huguenots qui jetèrent les cendres au vent. Mais un miracle sans doute fit retrouver une bonne partie de ces reliques anéanties; et l'on vénérait encore en 1792, dans Saint-Médard-de-Soissons, la châsse de saint Grégoire-le-Grand.

Ce saint avait une troisième tête à Sens, une quatrième à Constance sur le Rhin, une cinquième à Cologne, et une sixième chez les jésuites de Lisbonne en Portugal.

GRÉGOIRE-LE-THAUMATURGE. - Ou le faiseur de miracles, évêque de Néocésarée, au troisième siècle. Son nom indique assez de quoi il était capable : il ne pouvait faire un pas sans opérer des prodiges. Dès son enfance il était accompagné d'un ange; et dans le temps de ses études il faisait déjà des choses surnaturelles, quoiqu'il fût à peine chrétien.

Comme il était modeste, quelques-uns de ses compagnons voulurent faire croire qu'il n'était pas si chaste qu'il en faisait semblant. « *Ils attirèrent une fille de mauvaise vie[561], à laquelle ils promirent une grosse récompense pour aller attaquer Grégoire, lorsqu'elle le verrait en compagnie de gens d'honneur, et lui demander tout haut le prix d'avoir couché avec elle. Cette fille y vint pendant qu'il discutait avec certains philosophes. Grégoire sans se troubler, commanda à son domestique de lui donner ce qu'elle demandait. Mais aussitôt qu'elle eut reçu l'argent, le diable commença à la posséder et à la tourmenter étrangement, jusqu'à ce que le saint l'eut délivrée par ses prières[562].* » Après quoi Grégoire reprit sa conférence et continua ses études.

Peu de temps après, quoique fort jeune, il se laissa faire évêque de Néocésarée. Cette dignité l'obligeait à combattre l'idolâtrie. Un jour, il

560 - Ribadéneira, 12 mars.
561 - Le traducteur de Ribadéneira dit *une garce*.
562 - Ribadéneira, 17 novembre.

entra dans un temple d'Apollon, fit des prières et des signes de croix et força les faux dieux à déloger. Le prêtre de ce temple étant venu le lendemain matin, et voyant que ses dieux ne lui répondaient plus, alla trouver Grégoire et lui reprocha de lui avoir ôté son gagne pain. - Vos dieux ne sont que des idoles, répondit Grégoire; et moi je sers un puissant seigneur, au nom duquel je fais des démons tout ce que je veux. - Faites-les donc venir à mon temple, dit le prêtre. Grégoire déchira un feuillet d'un livre qu'il tenait à la main, écrivit cette lettre : « *Grégoire à Satan. - Rentre.* » Le prêtre porta le billet sur l'autel de son temple, et les diables revinrent. L'honnête païen émerveillé vint dire à Grégoire : - *Faites-moi encore un miracle, et je me convertirai à votre Dieu; - Je le veux bien,* répondit Grégoire; *choisissez quel miracle vous voulez que je fasse. - Eh bien !* dit le prêtre, *je veux que vous commandiez à cette montagne de passer de l'autre côté du grand chemin.* Saint Grégoire parla à la montagne qui sauta aussitôt de l'autre côté du grand chemin; et le prêtre païen embrassa le christianisme.

Grégoire le Thaumaturge fit quelques volumes de miracles de cette force. Tous les lieux où ils s'opérèrent se montraient comme des monuments vénérables; et les pèlerins qui allaient à Néocésarée ne manquaient pas de prier sur les diverses montagnes que le saint a déplacées.

On honorait aussi, sur le bord d'un fleuve de son diocèse, un vieux arbre produit par un bâton sec que Grégoire avait planté là, pour arrêter une inondation.

Il est fâcheux qu'un si grand saint n'ait laissé que deux corps, l'un à Lisbonne, l'autre à Néocésarée. On parle d'un troisième qui est en Allemagne, mais dont nous sommes peu certains.

GRÉGOIRE DE NAZIANZE. - Évêque de Constantinople, docteur de l'église, surnommé le Théologien, mort à la fin du quatrième siècle. Il fit une multitude de miracles surnaturels et on l'eût peut-être nommé aussi Thaumaturge, si le nom n'avait pas été pris.

Il a laissé trois corps; le premier était à Constantinople; le second est à Saint-Pierre de Rome, et le troisième à Venise, dans l'église de Saint-Zacharie. Ces trois corps sont entiers, ce qui n'empêche pas qu'on montrait de ce saint une quatrième tête à Cozensa, dans le royaume de Naples, et une septième main à Tomar, en Portugal.

Les reliques et les images de saint Grégoire de Nazianze ont fait beaucoup de miracles. Cedrenus raconte que, pendant que Léon l'Arménien abattait de toutes parts les saintes images dont il voulait abolir le culte, son fils Constance qui, depuis quelques jours, était devenu muet, alla faire sa prière devant une image de Grégoire de Nazianze et que cette image miraculeuse lui rendit aussitôt la parole, dont il se servit comme avant son accident pour engager son père à être meilleur catholique. Mais l'incrédulité gâte tout. Léon l'Arménien s'imagina que son fils avait fait le muet pour donner lieu à un miracle.

GRÉGOIRE D'UTRECHT. - Ainsi nommé parce qu'il fut quelque temps administrateur de l'évêché de cette ville, mort saintement en 776. Il a laissé deux corps, l'un au monastère de Saint-Sauveur d'Utrecht dont il fut abbé, l'autre à Susteren en Westphalie.

GROTTES. - Il n'y a rien sur la terre qui ne soit digne de quelque vénération, puisque sans doute toute la terre a été foulée par des pieds de saints. Mais les chrétiens honorent surtout les lieux précis que certaines circonstances de la vie des saints personnages ont rendus vénérables. Les pèlerins ne manquent pas d'aller visiter les cavernes ou grottes dans lesquelles des bienheureux se sont retirés. On montre sur le penchant du calvaire, la grotte où les apôtres étaient cachés lorsqu'ils composèrent le symbole[563]. Un peu plus haut est la grotte dans laquelle sainte Pélagie fit pénitence. D'un autre côté on voit la grotte où Notre-Seigneur sua sang et eau avant la passion. Auprès de Bethléem on visite une autre caverne où les pasteurs passaient la nuit lorsque des anges vinrent leur annoncer la naissance de Jésus. Nous avons parlé des autres grottes un peu remarquables, aux articles des saints qui les ont illustrées.

LA GROTTE DES FÉES, DANS LE CHABLAIS.

« *Cette grotte est située dans des rochers affreux, au milieu d'une forêt d'épines, à deux petites lieues de Ripailles, dans la paroisse de Leterne. Ce sont trois grottes en voûtes l'une sur l'autre, taillées à pic par la nature dans un roc inabordable. On n'y peut monter que par une échelle et il faut s'élancer ensuite dans ces cavités en se tenant à des branches*

---

563 - *Voyage d'un franciscain en Terre-Sainte*, première partie, chap. 25.

d'arbres. Cet endroit est appelé par les gens du lieu la « grotte des fées ». Chacune a dans son fond un bassin dont l'eau passe pour avoir la même vertu que celle de sainte Reine[564]*. L'eau qui distille de la supérieure à travers le rocher, y a formé dans la voûte la figure d'une poule qui couve des poussins. Auprès de cette poule est une autre concrétion qui ressemble parfaitement à un morceau de lard avec sa couenne de la longueur de près de trois pieds.*

Dans le bassin de cette même grotte, où l'on se baigne, on trouve des figures de pralines, telles qu'on les vend chez les confiseurs; et à côté la forme d'un rouet, ou tour à filer, avec la quenouille. Les femmes des environs prétendent avoir vu dans l'enfoncement une femme pétrifiée au-dessus du rouet; mais les observateurs n'ont point vu en dernier lieu cette femme. Peut-être les concrétions stalactiques avaient dessiné autrefois une figure informe de femme et c'est ce qui fit nommer cette caverne la « grotte des fées. »

Il fut un temps qu'on n'osait en approcher; mais depuis que la figure de la femme a disparu, on est devenu moins timide.

Maintenant, qu'un philosophe à système raisonne sur ce jeu de la nature, ne pourrait-il pas dire voilà des pétrifications véritables; cette grotte était habitée sans doute autrefois par une femme; elle filait au rouet, son lard était pendu au plancher, elle avait auprès d'elle sa poule avec ses poussins, elle mangeait des pralines, lorsqu'elle fut changée en rocher, elle et ses poulets, et son lard, et son rouet, et sa quenouille et ses pralines comme Edith, femme de Loth, fut changée en statue de sel. L'antiquité fourmille de ces exemples[565]*. »*

GUDULE. - Vierge du Brabant, qui était, dit-on, princesse du sang de Charlemagne, morte en 670. On l'appelle aussi Goule. Elle était fille de sainte Amalberge, sœur de sainte Renilde et de sainte Pharaïlde, cousine de sainte Gertrude, parente de sainte Valdetrude et de sainte Aldegonde, etc. Charlemagne eut beaucoup de vénération pour elle de son vivant, et beaucoup de respect pour ses reliques après sa mort. Lorsqu'on fit son convoi, un arbre poussa des feuilles et des fleurs, quoiqu'on ne fût qu'aux premiers jours de janvier; et quand on eut porté le corps de la sainte dans

---

564 - L'eau de sainte Reine guérit la gale, la teigne et les maladies déshonnêtes gagnées par l'incontinence (le P. Giry, 7 septembre.)

565 - Voltaire, *des Singularités de la nature*, chap. 15.

l'église de Morzelle, cet arbre s'arracha de lui-même, et vint se planter devant la porte du lieu saint où il fut longtemps vénéré.

Dans la suite, on transporta à Bruxelles le corps de la vierge sainte, que l'on disait toujours frais et vermeil. Le prince Charles, frère de Lothaire, roi de France, eut envie de voir ce beau corps. Aussitôt qu'on eut ouvert la châsse, il en sortit une fumée si épaisse qu'on fut obligé de la refermer sans avoir rien vu; mais le miracle de la fumée ne laissait aucun doute de la puissance de Gudule.

On se vante à Augsbourg de posséder les cuisses et les parties sexuelles de sainte Gudule; mais son corps est en entier à Bruxelles dans l'église qui porte son nom.

GUÉNAUT. - Second abbé de Landevenec en Bretagne, disciple de saint Guénolé ou Guignolet, au sixième siècle. Il a laissé deux corps, l'un à Corbeil, et l'autre à Vannes.

GUIGNOLET. - ou Guenolé ou Guingalois ou Vignevalay, en latin Winwaloëus, premier abbé de Landevenec, à trois lieues de Brest, né vers l'an 445, du sang des princes du pays de Galles. C'est avec saint Corentin l'un des principaux saints de Bretagne : il était aussi en grande vénération chez les Anglais.

Il fit des miracles de très bonne heure. Une oie avait avalé l'œil de la sœur de Guignolet; il ouvrit l'estomac de l'oie, reprit cet œil, et le remit à sa place sans qu'il perdit rien de son éclat, et sans qu'il restât de traces de l'accident[566].

Ce saint mena une vie fort pénitente et fort sévère; ce qui n'empêche pas que ses reliques et ses images ne fassent faire des enfants aux femmes, et qu'on ne lui ait rendu, dans plusieurs églises, le culte le plus indécent.

Il a laissé trois corps. Le premier qui était à Landevenec fut dissipé par les Normands; et nous ne dirions pas s'il se retrouva; mais on en montre un second à l'abbaye de Blandinberg près de Gand, et il y en avait un troisième à Montreuil en basse Picardie. Toutes ces reliques étaient visitées par les femmes stériles. Elles se frottaient à Landevenec sur le clou de saint Guignolet. On assure que la mère du duc de Coigny naquit

---

566 - M. Cambry, *Voyage dans le Finistère*, tome 1, p. 173.

par cette opération après que ses parents avaient été vingt ans stériles dans le mariage[567].

IMAGE DE SAINT GUIGNOLET.

« *Je ne veux pas sortir de Brest sans faire part encore d'une anecdote assez singulière. Il s'agit d'un saint. Mon intention n'est pas de scandaliser les uns, ni de fournir aux autres des réflexions impies. Il fallait donc vous taire, me dira-t-on peut-être; pourquoi parler d'un saint qui est l'objet d'un culte ?*

Eh bien, j'aurai le courage de le dire : le culte de ce saint est un outrage à l'honnêteté publique, à la décence, à la pureté évangélique; il n'est donc pas de la religion c'est une superstition monstrueuse.

Quel est donc ce saint ? ce n'est ni dans Fréret, ni dans Voltaire que j'en ai lu le nom et les attributs; je l'ai vu de mes yeux, je l'ai touché de mes mains, ainsi que cinq ou six personnes présentes avec moi.

Au fond du port de Brest, au delà des fortifications, en remontant la rivière, il existait une chapelle, auprès d'une fontaine et d'un petit bois qui couvre la colline, et dans cette chapelle était une statue en pierre honorée du nom de saint.

Si la décence permettait de décrire Priape, avec ses indécents attributs, je peindrais cette statue.

Lorsque je l'ai vue, la chapelle était à moitié démolie et découverte, la statue en dehors étendue par terre et sans être brisée; de sorte qu'elle existait en entier, et même avec des réparations modernes qui me la firent paraître encore plus scandaleuse.

Les femmes stériles, ou qui craignaient de l'être, allaient à cette statue; et après avoir gratté ou raclé ce que je n'ose nommer et bu cette poudre infusée dans un verre d'eau de la fontaine, ces femmes s'en retournaient avec l'espoir d'être fertiles[568]. »

Jusqu'au moment où la révolution brisa ces images indécentes, il y avait en France une multitude de pèlerinages très fréquentés à de pareils saints. A Montreuil, la statue de saint Guignolet faisait les mêmes fonctions qu'à Brest. On voit, dans la *Description des principaux lieux de France*, de M. Dulaure, les détails d'une image de ce saint. Cette image

---

567 - Même voyage, tome II, page 229.
568 - Harmand de la Meuse, *Anecdotes relatives à la révolution*, page 118.

ou statue était de pierre, couchée sur le dos dans une chapelle absolument nue, ayant un membre viril très considérable. Cette pièce était faite comme un bâton de pierre postiche. On le poussait par derrière, à mesure que la dévotion des femmes qui venaient s'y frotter et le racler en diminuaient la taille; de sorte qu'il paraissait toujours le même.

On le répète, il y avait en France beaucoup de pèlerinages comme ceux-là. Autrefois à l'abbaye de Royaumont, on faisait tenir la corde d'une cloche aux femmes stériles. Je ne sais ce qu'on ajoutait pour les rendre fécondes, parce que la chose se passait dans le secret.

Nous dirons aussi quelques mots de saint Guerlichon ou Guerlichou ou Guerlicon. Ce saint n'est connu que par le culte qu'on lui rendait. On l'honorait dans beaucoup de saints lieux; mais principalement à l'abbaye de Bourg-Dieu en Berry. « *Il guérissait de la stérilité et engrossait autant de femmes qu'il en venait, pourvu que pendant le temps de leur neuvaine, elles ne manquassent pas de s'étendre tous les jours bien dévotement sur son image, qui était couchée à plat et non debout comme les autres.*

Outre cela il fallait que chaque jour elles bussent un certain breuvage, mêlé de la poudre qu'on avait raclée à l'endroit le plus déshonnête de la statue. Ceux qui ont vu saint Guerlichon disent qu'il avait cette partie-là bien usée, à force de la racler.

Il y avait aussi, dans le Cotentin en Normandie, un saint Gilles qui faisait des enfants aux femmes, quoiqu'il fût bien vieux et bien caduc.

Dans l'Anjou, saint René se mêlait du même métier, et montrait ce que l'honnêteté commande de cacher. Mais j'aurais honte de décrire, et le lecteur aurait honte de lire la manière dont les femmes se conduisaient avec ce saint[569]. »

« *Saint Renaud, avait pareillement chez les Bourguignons la vertu de rendre les femmes fécondes. A Saint-Aubin, dans le Bourbonnais, la statue de saint Arnault portait un tablier qui lui cachait les parties génitales. Les femmes stériles levaient le tablier de cette statue, dans l'opinion que la vue des parties sexuelles du saint devait les rendre fécondes*[570]. »

---

569 - Henri Estienne, *Apologie pour Hérodote*, chap. 38. - Et pour l'article de saint Guerlichon, on a consulté aussi l'abbé Dulaurens, *les Abus des cérémonies.* etc.
570 - Leduchat, note à ce même chap. 38.

GUILLAUME dit le GRAND. - Ermite de Maleval en Toscane, instituteur des guillelmites au douzième siècle. Il avait un premier corps à l'abbaye de Saint-Guillaume du désert en Languedoc; un second à l'Escurial en Espagne; un troisième dans l'église de Maleval, (ce dernier fut dit-on, transporté dans la petite ville de Grosseto en Toscane); un quatrième à Cologne; la moitié d'un cinquième à Paris dans la maison de son ordre; l'autre moitié à Cambrai; un sixième à Béthune en Artois, un septième à Madrid; une tête détachée à Anvers, une autre tête à Duren dans le duché de Juliers, et d'autres pièces en d'autres lieux. - On honore à Poitiers saint Guillaume Tempier, évêque, que l'on invoque contre la dyssenterie.

GUISLEIN. - Abbé de moines en Hainaut, au septième siècle. C'était un saint peu communicatif, qui vivait pourtant assez familièrement avec un ours et un aigle. Lorsqu'il voulut bâtir le monastère qui porta son nom, entre Mons et Condé, ses deux amis lui indiquèrent le lieu le plus propre à construire. On a toujours regardé cela comme un miracle, et dans la suite on a constamment nourri, à l'abbaye de Saint-Guislein un ours et un aigle, en mémoire des services que ces deux animaux avaient rendus au patron.

Le corps de ce saint fut d'abord perdu. Il se retrouva ensuite et fit des miracles. Puis il fut dissipé par les Normands. Après quoi il reparut de nouveau, mais moins puissant que d'abord.

Les religieuses de Maubeuge le firent dérober secrètement pour en enrichir leur monastère. On s'aperçut du vol; on les força à restituer sous peine d'excommunication; et les saintes reliques furent rapportées en triomphe au monastère de la Celle sur Haisne. Ces reliques furent gardées par des chanoines, que l'on chassa bientôt parce qu'ils menaient une vie trop licencieuse. Au onzième siècle enfin le corps de ce pauvre saint eut une demeure fixe à Cambrai; mais il était aussi dans l'abbaye de Saint-Guislein.

GUITIERNE. - CHAINES DE SAINT GUITIERNE.

« Les légendes de la Bretagne disent qu'un solitaire nommé Guitierne, célèbre par sa piété, habita Quimperlé, dans le temps du roi Gralon, (vers le sixième siècle).

La plus vieille partie de l'église des bénédictins de Quimperlé formait une chapelle souterraine, dans laquelle on avait enterré saint Guitierne et saint Gurlois. L'obscurité, l'antiquité du lieu, la vénération qui avait de tout temps existé pour saint Guitierne, attiraient une multitude de pèlerins et d'offrandes. On y déposait du beurre, du miel, et surtout du froment, des grains de toute espèce. A de petits piliers d'un goût sauvage pendaient de grosses chaînes de fer, mangées de rouille; on passait autour de ces anneaux une tresse de ses cheveux qu'on arrachait avec violence. J'ai vu jadis les traces du sang qu'on versait par cette opération.

Ainsi Thésée sacrifia ses cheveux dans le temple d'Apollon à Délos, Achille sur la tombe de Patrocle; les femmes de la Virginie les déposaient sur les tombeaux de leurs maris; les jeunes gens, à Rome, les consacraient aux dieux, les suspendaient à l'arbre « capillaris ». Le cheveu fut de tout temps l'emblème de la propriété. On en faisait le sacrifice aux dieux qu'on respectait, à ses amis, à son époux; ici le sens de cette action s'étant perdu, elle n'était plus pour le catholicisme, que le moyen d'obtenir un miracle de se guérir d'un mal de tête[571]. »

GUMMAR ou GOMER. - Patron des moissonneurs, saint du Brabant au huitième siècle. Un jour que des moissonneurs mouraient de soif, il planta son bâton en terre, et il en sortit une source très fraîche. Cette fontaine est encore vénérée à une lieue de Lire en Brabant. C'est dans cette ville que l'on garde le principal corps de saint Gomer; car il doit en avoir plus d'un.

On l'invoque aussi quand on est marié comme il le fut avec une méchante femme. Il quitta la sienne pour se faire ermite.

---

571 - M. Cambry, *Voyage dans le Finistère*, t. III, p. 109.

H.

HÉDWIGE ou **AVOYE.** - Duchesse de Pologne, ensuite religieuse morte en odeur de sainteté en 1243. Comme les miracles qu'elle avait faits de son vivant continuaient à son tombeau après sa mort; on s'occupa de la canoniser[572].

Le pape Clément IV avait une fille qui était aveugle. Il demanda à Hédwige, si elle était sainte, de rendre la vue à sa fille; et aussitôt la fille du saint père ouvrit les yeux. Il n'y avait plus à douter. Vingt-cinq ans après sa mort, Hédwige fut déclarée sainte. On déterra son corps qui répandit une excellente odeur, quoique déjà tout pourri, à l'exception de trois doigts de la main gauche, qui tenaient une petite image de la sainte Vierge, qu'elle avait toujours portée avec elle comme une amulette. Sa tête distillait de l'huile d'olive, qui fit beaucoup de miracles. Mais il paraît que son corps s'est aussi doublé; car il était au monastère de Trebnitz en Silésie et à Cracovie en Pologne.

HÉLÈNE. - Mère du grand Constantin, morte en 327. C'était la fille d'un cabaretier, que Constance Chlore prit pour sa concubine. Selon toutes les apparences, elle était de Bithynie. Ribadéneira en fait une princesse anglaise, parce qu'avec lui il faut être princesse pour être sainte. On sait qu'Hélène embrassa le christianisme et le fit embrasser à son fils; qu'elle bâtit à Jérusalem la grande église du Saint-Sépulcre; qu'elle découvrit la vraie croix de Jésus-Christ et qu'elle fit beaucoup de bien aux chrétiens. On ne pouvait pas se dispenser de la canoniser.

Cette sainte a laissé quatre corps entiers. Le premier était à Constantinople dans l'église des douze apôtres, le second est à Rome, dans un tombeau de porphyre qui orne l'église d'*Ara-cœli*; le troisième

---

572 - Au moment où elle mourut, on se douta qu'elle serait sainte. Pendant trois jours il y eut un grand concours de dévots qui vinrent toucher son corps, et tâcher d'avoir de ses reliques, les uns lui coupant les ongles des pieds, d'autres les ongles des mains, d'autres les cheveux, etc. (Ribadéneira, 17 octobre.)

est à Venise, dans l'île de Sainte-Hélène; le quatrième était à Hautvillé près d'Épernay en Champagne.

Ce dernier fut apporté par un prêtre de Reims, qui se vanta de l'avoir volé à Rome, et de l'avoir amené subtilement à Hautvillé. On douta d'abord que ce fut le véritable corps de sainte Hélène; et Charles-le-Chauve ordonna que le prêtre prouverait, par le jugement de Dieu, qu'il était un honnête voleur; c'est-à-dire qu'il avait véritablement dérobé le corps de la sainte en question, et qu'il n'apportait pas de fausses reliques. Le prêtre se soumit à l'épreuve de l'eau chaude, et en sortit à son honneur. Mais les Romains n'en soutiennent pas moins que le vrai corps de sainte Hélène n'a jamais été enlevé de Rome.

Cette sainte a une cinquième tête à Cologne, et beaucoup de reliques en d'autres lieux.

HILAIRE. - Évêque de Poitiers, docteur de l'église, au quatrième siècle. « *Un jour qu'il revenait par mer, de Rome à Poitiers, il aborda dans une île appelée Gallinaria, inhabitable à cause d'une multitude de serpents venimeux, qui s'enfuirent à l'arrivée du saint, comme pressentant qu'il venait les chasser au nom de Jésus-Christ. Le saint ayant planté son bâton dans un certain endroit de l'île, le donna pour limite aux courses des serpents, et leur défendit de passer plus avant; à quoi les serpents obéirent*[573]. » Mais par malheur nous ne savons pas où est l'île Gallinaria. Au reste, où a compilé dans de gros volumes les miracles de saint Hilaire; car il en fit un nombre infini de son vivant; et quand il fut mort, il continua d'opérer, en faveur de ceux qui allaient visiter son tombeau. Cependant, cent cinquante ans après sa mort, on n'avait pas encore levé son corps de terre; et saint Hilaire n'avait pas de châsse, lorsqu'il se signala de manière à en obtenir une. Le roi Clovis, ou Chlodovech, ou Hlotwhith, comme disent nos pédants, allait combattre les hérétiques ariens dans les plaines du Poitou. La veille de la bataille, un globe de feu parut sur l'église où reposait le corps d'Hilaire. On regarda ce prodige comme un signe certain de la victoire; et Clovis effectivement vainqueur, attribua ses succès à saint Hilaire, dont il voulut étendre le culte.

Pour épargner des recherches qui auraient pu être longues, saint Hilaire apparut à saint Fridolin, abbé de son monastère de Poitiers, et lui indiqua le lieu précis où il pourrait découvrir son corps perdu sous des ruines.

---

573 - Ribadéneira, 13 janvier.

Saint Fridolin le fit lever de terre en 508; et Clovis paya les dépenses de cette cérémonie qui fut précédée, accompagnée et suivie d'un bon nombre de miracles. Le corps fut mis dans une église neuve : il se multiplia passablement par la suite.

Calvin dit que de son temps saint Hilaire avait deux corps à Poitiers même[574]. Les huguenots n'en brûlèrent qu'un en 1562. Il y en avait un troisième à Saint-Denis, que l'on disait apporté de Poitiers sous Dagobert. Mais les Poitevins n'en convenaient pas ce qui n'empêcha point d'enchâsser très précieusement les reliques que l'on montrait à Saint-Denis. La tête de ce troisième corps était dans un reliquaire séparé, chargé de perles et de pierreries, et orné d'une agate antique qui représentait l'empereur Auguste.

Le quatrième corps de saint Hilaire était au Puy-en-Velay, dans l'église de Saint-Georges. On honorait un cinquième corps de l'évêque de Poitiers à Bénévent; un sixième à Wallers en Hainaut, la moitié d'un septième à Reims, l'autre moitié à Seckingen à sept lieues de Bâle; la moitié d'un huitième à Parme, l'autre moitié à Tolède, etc.

On vénérait aussi à Poitiers le tombeau de saint Hilaire, qui était rompu en deux ou trois endroits, et qui avait la propriété de consumer en vingt-quatre heures les corps que l'on y renfermait; ce qui agrandissait le miracle de la conservation du corps du saint, que l'on en avait retiré entier, après qu'il y était demeuré cent cinquante ans. Il est vrai que, depuis que le corps de saint Hilaire n'y était plus, on avait garni le fond de son tombeau d'un lit de chaux, que l'on faisait passer pour une vieille pierre blanche calcinée. C'eût été un sacrilège de vouloir vérifier cette circonstance.

Dans la même église où était le tombeau, on gardait le berceau de saint Hilaire. C'était la moitié d'une souche de chêne, longue d'environ six pieds, sur deux et demi de largeur;[575] et creusée en forme d'auge. On y attachait les fous et les insensés qui n'en sortaient pas toujours guéris.

HILDEVERT. - Évêque de Meaux, patron de Gournai en Normandie; il vécut au septième siècle. Son corps était à Meaux, où il faisait tant de

---

574 - *Traité des Reliques.*
575 - Il faut que ç'ait été de bonne heure un grand garçon, pour avoir un berceau long de six pieds.

miracles et attirait tant de pèlerins, que tout le monde l'enviait comme un trésor d'un bon revenu.

Des moines le volèrent avec beaucoup d'adresse au douzième siècle, le cachèrent d'abord dans les diocèses de Paris et de Beauvais, et promenèrent ensuite sa châsse en Normandie, s'enrichissant des offrandes que leur amenait la dévotion du peuple.

Lorsqu'ils arrivèrent à Gournai, le comte Hugues, seigneur du pays les combla de tant de présents, que se trouvant assez riches, ils lui donnèrent le corps de saint Hildevert, qui continua de guérir les épileptiques, les fous, les frénétiques et la migraine.

Le corps de Gournai fut volé à son tour au quatorzième siècle; mais comme on ne sut trop où les voleurs l'avaient emporté, on le montra toujours dans l'église qu'on lui avait bâtie. On gardait à Meaux les gants de saint Hildevert. Un jour qu'il disait la messe au retour d'un voyage, ces saints gants s'enlevèrent comme par enchantement jusqu'à la voûte de l'église et revinrent ensuite se poser sur la main du bon évêque. Ces gants calmaient l'agitation des nerfs.

HIPPOLYTE. - Il y a plusieurs saints de ce nom. Nous ne parlerons que des deux plus célèbres.

Saint Hippolyte, prêtre de Rome, dont l'histoire n'est aucunement appuyée, souffrit le martyre vers l'an 258. Il semble que son nom ait donné l'idée de son genre de mort. On l'attacha par les pieds à une corde, que l'on lia à la queue de deux chevaux indomptés; et depuis Ostie jusqu'à Porto, les chevaux le traînèrent entre les rochers, excités par les cris de la populace, et déchirèrent dans les cailloux et les épines le corps du saint martyr. Les fidèles suivirent la trace de son sang, qu'ils recueillirent avec des éponges; ils ramassèrent ses membres déchirés et les enterrèrent à Rome où ils sont encore dans l'église de Saint-Laurent. - On va honorer le corps de ce saint Hippolyte qui guérit les plaies des dévots.

Un autre Hippolyte, que l'on noya à Rome vers le même temps, a laissé plusieurs corps : 1°- Un corps à Rome, dans l'église des quatre saints couronnés. La tète de ce corps est dans l'église de la Sainte-Croix de Jérusalem; 2°- Un corps du même saint se montrait à Saint-Denis en France; 3°- Il y en avait un troisième dans l'abbaye de Sainte-Julie de Brescia en Lombardie.

Ce saint avait une quatrième tête à Lucques, une cinquième à Cologne, et une sixième à Toulouse. Chacune de ces six têtes était la bonne.

HONÊT, ou **HONNÊTE**. - Honestus, martyr en Espagne. On ignore le temps, le lieu, les circonstances de sa mort; et on ne sait rien de sa vie. Cet honnête saint n'a sans doute pas voulu faire grand bruit dans le monde. Il n'a laissé que deux têtes, l'une à Paris dans l'église de Saint-Denis de la Chartre, l'autre à Toulouse dans l'église de Saint Saturnin. Le corps de saint Honnête était dans l'église de l'abbaye d'Hières à quatre lieues de Paris.

HONORÉE. - « *Dans l'église supprimée de Languengar, aux environs de Lesneven dans le Finistère, on révérait sainte Honorée*[576]. *Ses reliques trempées dans l'eau d'une fontaine voisine, faisaient opérer des merveilles. Les femmes en buvaient pour augmenter leur lait. Un jeune indiscret en prit par dérision; aussitôt ses seins se gonflent il eût pu servir de nourrice. Sa conversion, son repentir et ses offrandes dissipèrent pourtant cette incommode protubérance*[577]. »

HOSTIES MIRACULEUSES. - Nous avons peut-être trop peu respecté les reliques des saints qui, à la vérité, sont presque toutes évidemment fausses. Nous avons aussi montré une révérence très médiocre pour les miracles, qui sont presque toujours des contes absurdes et pour les saintes images qui ne doivent généralement leur réputation qu'à une crédulité idiote et à l'imposture. Mais nous touchons ici un point plus important du catholicisme puisque le mystère de l'Eucharistie est un des premiers dogmes fondamentaux de l'église romaine.
Quoiqu'il soit démontré que Jésus-Christ n'a pas institué la communion telle que les catholiques la célèbrent, mais telle que les réformés la pratiquent; comme nous ne prétendons offenser personne, nous nous contenterons de rapporter ici des faits; et si nous employons quelques critiques, elles seront prises des écrivains qui ont traité cette matière. Notre intention n'est pas de nous faire excommunier aussi par le saint

---

576 - Quelques légendaires font de sainte Honorée une vierge qui souffrit le martyre à Pavie. On ne sait pas son histoire. D'ailleurs il s'agit peut-être ici d'une sainte de Bretagne que nous n'avons pas découverte.
577 - M. Cambry, *Voyage dans le Finistère*, tome II, p. 13.

siège. Nous ne cherchons ici qu'à éclairer les pieux dans leurs dévotions; et même nous ne parlerons que de quelques-unes des hosties les plus célèbres, pour ne pas effrayer par un trop grand nombre de miracles extraordinaires.

LA SAINTE HOSTIE DE DIJON.

« Les païens croyaient bien que leurs dieux faisaient leur demeure habituelle dans le ciel; mais ils s'imaginaient aussi qu'ils venaient souvent sur la terre, qu'ils s'y mêlaient avec les hommes, et même qu'ils pouvaient être blessés, comme on le voit dans Homère, qui raconte que Vénus fut blessée à la main par Diomède et qu'il en sortit du sang, tel que peut être celui des dieux immortels. Mars eut aussi une fâcheuse aventure, ayant été blessé au ventre, de quoi il fit de grandes plaintes à Jupiter, lui montrant le sang qui coulait de sa plaie. - On croit de même dans l'église romaine que Jésus-Christ est assis à la droite de Dieu; mais on croit aussi qu'il vient tous les jours sur la terre, par la consécration de l'Eucharistie; qu'il peut y être blessé et qu'il sort du sang de son corps immortel, témoin la célèbre hostie dont le pape Eugène fit présent à Philippe-le-Bon, duc de Bourgogne, où l'on remarque nous disent les historiens, les coups de couteau dont un juif la perça, comme aussi les gouttes de sang qui sortirent de ses plaies.

On la conservait à Dijon avec beaucoup de dévotion et de zèle, et l'on y venait de fort loin en pèlerinage. On dit que le roi Louis XII attribua la guérison d'une longue maladie au vœu qu'il avait fait de visiter cette hostie miraculeuse, et qu'il s'acquitta de son vœu après sa convalescence.

Les anciens docteurs de l'église reprochaient aux païens qu'ils adoraient des ouvrages faits de main d'homme. - « Tu fais de tes mains un Dieu que tu adores disait saint Jérôme. » Il se moque aussi de l'opinion extravagante des païens, qui croyaient que leurs dieux venaient se joindre aux images qui les représentaient. « Les prêtres sont plus puissants que leurs dieux, dit Arnobe puisque par quelques paroles ils les forcent d'entrer dans des images et de s'unir avec elles. » Je laisse au lecteur le soin d'appliquer cela à l'Eucharistie que l'église romaine adore.

Ces mêmes docteurs se moquaient aussi d'une coutume des païens, qui était de tenir les dieux sous la clef, de peur des voleurs. « Pourquoi les tenez-vous renfermés leur disait Arnobe ? est-ce de peur que le larron ne les emporte de nuit ? Si vous êtes assurés qu'ils sont dieux laissez-leur le soin de se garder eux-mêmes et que leurs temples soient toujours ouverts. » Ne pourrait-on pas faire les mêmes objections à ceux de l'église romaine, qui par ordonnance expresse du pape Innocent III serrent sous la clef le Saint-Sacrement, qu'ils reconnaissent pour Dieu. « *Nous ordonnons, dit ce pape, qu'en toutes les églises l'Eucharistie soit tenue sous la clef, afin que nul n'y puisse mettre la main témérairement.* » De telles précautions sont-elles donc nécessaires si Dieu est personnellement dans l'hostie[578]. »

On gardait à Dijon dans l'église de Saint-Jean une petite fiole du sang qui était sorti de l'hostie miraculeuse[579].

IDÉE ALLEMANDE SUR L'HOSTIE.

« *On voit à Worms, dans l'église de Saint-Martin, un tableau fort curieux qui a environ cinq pieds en carré. Dieu le père est au haut dans un coin, d'où il semble parler à la vierge Marie, qui est à genoux au milieu du tableau. Elle tient par les pieds le petit enfant Jésus, et le met la tète la première dans la trémie d'un moulin. Les douze apôtres font tourner le moulin à force de bras, avec une manivelle; ils sont aidés par les quatre animaux d'Ezéchiel qui travaillent d'un autre côté. Le pape est à genoux, et il reçoit des hosties qui tombent toutes faites dans une coupe d'or. Il en présente une à un cardinal, le cardinal la donne à un évêque, l'évêque à un prêtre, le prêtre au peuple[580].* »

L'HOSTIE DE SAINT-JEAN EN GRÈVE.

« *Dans le treizième siècle, une pauvre femme du Marais (à Paris) avait mis en gage ses habits des dimanches chez un usurier juif nommé Jonathas. Les fêtes de Pâques arrivèrent, sans qu'elle pût rendre les trente sous que le juif lui avait avancés; elle le supplia donc de vouloir bien lui prêter ses habits, seulement pour le jour de sa communion; mais l'inflexible juif ne les lui rendit qu'à condition qu'elle lui apporterait*

---

578 - *Histoire des Religions et des Mœurs de tous les peuples du monde*, avec les fig. de B. Picard tome VI, 1819.
579 - Calvin, *Traité des Reliques*.
580 - Misson, *Voyage d'Italie*, 4° édition, tome I, page 71

l'hostie qu'elle devait recevoir à la sainte table, auquel cas il la tenait quitte des trente sous. La bonne femme le promit et elle tint sa promesse. Elle s'en alla à l'église de St.-Merry, reçut la communion, mit son hostie dans un mouchoir, et la porta à Jonathas. Celui-ci la perça de plusieurs coups de canif; on dit même qu'il la frappa d'une lance : il en ruissela une grande abondance de sang. Il la jeta dans le feu; elle voltigea au-dessus des flammes. Il la mit dans une chaudière pleine d'eau bouillante; l'eau devint aussitôt rouge comme du sang l'hostie s'éleva au-dessus de la chaudière et prit la forme de Jésus crucifié. Chaque impiété était suivie de miracles effrayants. Ce qui est inconcevable, c'est que cet homme y fut insensible.

Son fils cependant, voyant les enfants de sa connaissance se rendre à l'église, leur conseilla de n'y plus aller parce que son père, disait-il, avait fait mourir leur Dieu. Une bonne femme entendant cela, court chez Jonathas, sous prétexte d'y aller chercher du feu. On persécutait alors les juifs : il est donc surprenant que Jonathas ait laissé entrer cette femme et qu'il ne l'ait pas empêchée d'approcher de la cheminée où il commettait son sacrilège.

La sainte hostie ayant vu cette femme, se remit à voltiger, et alla se poser dans le vase qu'elle tenait à la main. La bonne femme la porta aussitôt au curé de Saint-Jean en Grève, qui la mit dans son église, où elle se conserva jusqu'à la révolution; elle faisait même dit-on, des miracles, aussi-bien que le sang qui en était sorti, et que l'on gardait dans un vase précieux.

Le juif Jonathas fut brûlé vif. Sa femme et ses enfants furent obligés de recevoir le baptême, pour prouver qu'ils n'avaient point eu part à son crime; sa maison rasée fut remplacée par l'église des Carmes-Billettes, qui sert maintenant de temple aux luthériens. On lisait cette inscription sur la porte d'une chapelle souterraine que l'on croyait être le lieu du miracle : « C'est ici que le juif fit bouillir la sainte hostie. »

Mais comment a-t-on pu savoir toutes les particularités de ce sacrilège ? Le juif était seul. Se pourrait-il qu'on n'eût inventé cette horrible histoire que pour avoir un miracle et pour faire brûler un juif ? Si l'hostie pouvait saigner ne pouvait-elle pas s'enfuir ? Une autre particularité, c'est que dans le même temps, la même profanation fut commise à Bruxelles par un juif également nommé Jonathas......[581] »

HOSTIES DE BRUXELLES.

On allait visiter à Bruxelles, dans l'église de Sainte-Gudule, la fameuse chapelle du Saint-Sacrement des miracles. Un juif, nommé Jonathas, avait acheté d'un curé trois hosties consacrées qu'il destinait à un sacrilège. Ayant rassemblé quelques-uns de ses amis, il perça ces trois hosties de plusieurs coups de couteau, et aussitôt elles jetèrent du sang. Le miracle fut découvert, et les juifs brûlés sur la plus haute tour de la ville, de sorte qu'on voyait le feu de dix lieues. On mit les trois hosties miraculeuses dans un ciboire d'or, où elles conservèrent toujours les traces du sang qu'elles avaient répandu, et les marques des coups de couteau[582].

HOSTIE DE RIMINI.

« On me montra à Rimini un lieu célèbre par un grand miracle, qui doit confondre les hérétiques qui nient la réalité du corps de Jésus-Christ dans la sainte hostie. Un hérétique, par une impiété détestable, mit une hostie consacrée dans une botte de foin, que l'on présenta à un cheval affamé qui n'y toucha jamais; et quelques-uns ajoutent qu'il l'adora par une inclination[583]. »

Tous les chevaux n'ont pas tenu la même conduite. *« Pendant les guerres de la ligue, un gentilhomme huguenot ayant ouï sonner une clochette dans un village où il passait, demanda ce qu'elle signifiait; et ayant entendu qu'elle avertissait qu'on allait lever Dieu, il y alla, empoigna l'hostie et la présenta à son cheval, devant toute l'assistance des auditeurs de la messe, qui regardaient cet acte avec un merveilleux étonnement. Mais lorsqu'ils virent le cheval tendre les babines et*

---

581 - *Voyage de Bérenger dans Paris, après quarante-cinq ans d'absence*, 2° édit., tome II, page 15. - On y a joint quelques détails pris dans M. Dulaure, *Curiosités de Paris*, tome I, page 178; le P. Giry, 1er juillet. Piganiol, tome III, Calvin, etc.

582 - Misson, tome II, page 123; Bruzen de la Martinière au mot *Bruxelles*; le P. Giry, 15 juillet, etc.

583 - *Voyage de France et d'Italie, par un gentilhomme français*, p. 766.

prendre l'hostie, ils commencèrent à dire : Puisque ce cheval fait cela,
c'est bien signe qu'il a accoutumé de faire ses pâques[584]. »

HOSTIE DE BELLITZ.

Micrelius raconte, dans son *Histoire de la Poméranie*, livre 3, qu'en
1247, des juifs de Bellitz, dans la marche de Brandebourg, ayant engagé
une fille chrétienne à leur procurer une hostie consacrée, se firent un
plaisir de la frapper d'un couteau. Aussitôt, comme de juste, il en jaillit
des flots de sang. Une lumière miraculeuse qui sortit de la maison où se
commettait le crime le fit connaître. Les juifs furent brûlés et l'hostie fut
depuis l'objet d'un culte solennel.

Toutes ces histoires se ressemblent beaucoup, parce qu'alors toutes les
églises un peu habiles voulaient avoir quelques objets de dévotion, qui
attirassent les pèlerins.

HOSTIE DE LA SAINTE-CHAPELLE.

« *A Paris, en 1258, un prêtre disant la messe à la Sainte-Chapelle, au*
moment où il éleva l'hostie, un enfant d'une beauté indicible apparut
dans ses mains. Ceux qui virent cela allèrent en donner avis à saint
Louis, alors roi de France, qui répondit « Que ceux qui ne croient pas
que Dieu soit là l'aillent voir; pour moi, je le vois tous les jours avec la
foi[585] ». »

HOSTIE DES AUGUSTINS DE SEEFELD.

L'anecdote qui suit eu lieu dans le village de Seefeld, à quelque distance
d'Innsbrück. Un gentilhomme, nommé Milser qui demeurait au château
de Schlossberg, à un quart de lieue de ce village, et qui était fort redouté,
crut dans son orgueil qu'il ne devait pas communier comme les paysans,

584 - Henri Estienne, *Apologie pour Hérodote*, ch. 39. Voyez aussi dans ce dictionnaire
la sainte souris de Lodève, à l'article des *Animaux*. Henri Estienne conte que d'autres
hosties furent mangées par des souris à Sainte-Marie, et à Paris, dans l'église de Saint-
Merri; il ajoute que le chien de Maigret en mangea un jour quatre-vingts. (Même
chapitre.) Saint Cyprien conte d'un autre côté en son *livre des Relaps* que des hérétiques
donatistes ayant jeté des hosties aux chiens, les chiens se ruèrent sur eux et les mordirent
à cause de leur irrévérence.
585 - Ribadéneira, sur le saint Sacrement.

et eût la vanité de vouloir qu'on lui donnât la grande hostie, qui est à l'usage des ecclésiastiques.

On l'exhorta inutilement à ne point s'opiniâtrer dans cette fantaisie. Mais lorsqu'on lui eut mis l'hostie dans la bouche, cette hostie jeta, dit-on, un gros ruisseau de sang; et en même temps les jambes du communiant s'enfoncèrent dans le pavé, jusqu'au dessous des genoux. Il voulut s'appuyer sur l'autel; mais la pierre céda et s'amollit aussi sous sa main : le malheureux allait être englouti tout vif, s'il ne se fût relevé par un prompt repentir.

Les augustins de Seefeld montrent cette prétendue hostie, chiffonnée et ensanglantée, dans un reliquaire de verre. On voit aussi comme l'empreinte d'une main sur une des pierres de l'autel, et un creux dans le pavé de l'église comme de deux jambes qui se seraient enfoncées dans de la terre fort molle. On dit que cette hostie fait des miracles, et l'on ne s'en trouve pas mal au couvent[586].

DE QUELQUES AUTRES HOSTIES MIRACULEUSES.

Un prêtre de Bolséna, près d'Orviette, doutait, après la consécration, de la réalité de Jésus-Christ dans la sainte hostie. A l'instant même l'hostie versa du sang en si grande abondance, que le corporal, les nappes et l'autel en furent inondés. Le pape, informé de ce prodige, fit apporter la miraculeuse hostie à Orviette où elle est toujours honorée[587].

A Constantinople, le fils d'un juif, qui était verrier de profession, voyant que ses petits camarades d'école allaient à l'église pour y consommer les miettes des hosties consacrées, y alla aussi et participa avec eux aux saints mystères. Son père l'ayant su, entra en fureur et le jeta dans le four de sa verrerie, qui était tout enflammé. Cependant la mère, qui ne savait rien de ces circonstances, cherchait son fils depuis trois jours, lorsqu'il répondit du fond de la fournaise. Il en sortit sain et frais, et raconta qu'une dame vêtue de pourpre était venue éteindre les flammes autour de lui et lui apporter des aliments. La famille du juif embrassa le christianisme. Pour lui, comme il demeurait obstiné dans sa malice, il fut mis en croix par ordre de l'empereur Justinien[588].

---

586 - Misson, tome I, page 131.
587 - Ribadéneira, sur la fête du Saint-Sacrement.
588 - *Histoire d'Evagre*, livre 4, chap. 35.

On montre à Braine, au diocèse de Soissons, une hostie miraculeuse. Des juifs avaient promis à la comtesse de Dreux qu'ils se feraient chrétiens, si elle pouvait leur faire voir son Dieu à la messe. Un peu après la consécration il parut un bel enfant au-dessus de l'hostie; et les juifs se convertirent. On gardait à Braine non seulement cette hostie sainte, mais aussi le calice et la chasuble dont le prêtre s'était servi le jour du miracle, et les fers avec lesquels on avait moulé le pain de la consécration[589].

L'hostie de Dole, dont on parle beaucoup, est célèbre surtout parce qu'elle demeura entière et miraculeusement suspendue en l'air, au milieu d'un incendie qui consumait tout autour d'elle.

On vénère à Rome dans l'église de Sainte-Potentienne ou Pudentienne, une hostie qui tomba des mains d'un prêtre pendant qu'après la consécration il doutait si le corps de Jésus-Christ descendait réellement dans l'Eucharistie. Au moment où l'hostie consacrée s'échappa de ses mains qu'elle ensanglanta, il tomba aussi sur l'autel quelques gouttes de sang, que l'on montre toujours sous une petite grille [590].

On voit encore à Saint-Jean de Latran un autel percé par une hostie, qui s'échappa des mains d'un incrédule;[591] et on honore à Doraca, en Espagne, une autre hostie qui teignit de sang les linges du calice et la nappe de l'autel, pour convaincre un prêtre qui ne croyait pas à la transubstantiation[592].

Dans une église d'Amsterdam, on exposait au culte des fidèles une hostie qui, ayant été rejetée par un malade qui ne pouvait rien digérer, tomba dans le feu sans pouvoir se consumer. Elle a fait beaucoup de miracles[593].

On adorait dans l'abbaye de Faverney, au diocèse de Besançon, une hostie miraculeuse qui, en 1608, pendant un incendie, se tint deux jours entiers suspendue en l'air[594].

Une multitude d'hosties consacrées se sont distinguées par des merveilles semblables à celles qu'on vient de lire, et ont été conservées pour exciter la dévotion des fidèles. Il est bien douloureux pour les personnes qui n'aiment pas le scandale, que ceux qui examinèrent dans la révolution les

---

589 - Le père Giry, sur la fête du Sainl-Sacrement.
590 - *Voyage de France et d'Italie*, etc., pag. 394- *Merveilles de Rome*, page 59.
591 - Misson, tome II, page 159.
592 - Ribadéneira sur le Saint-Sacrement.
593 - Le P. Giry, au 16 mars.
594 - Piganiol, *Description de la France*, tome VI.

saintes hosties qu'on vénérait dans nos églises, aient reconnu que la plupart étaient entourées de supercheries. Par exemple, les hosties qui avaient été frappées, et qui pour cela avaient saigné, étaient pour la plupart des hosties de carton peint..... On dira peut-être que cette métamorphose était un nouveau miracle.

Mais comment les hosties réelles, si sensibles jadis aux impiétés, se sont-elles laissé profaner en 1793 ? Le temps des miracles est-il passé ? On en a fait pourtant dans ce siècle même.

On sait que la Fête-Dieu, où l'on promène la sainte hostie dans les rues, ne fut instituée qu'au treizième siècle; 1°- parce qu'au douzième la présence réelle de Jésus-Christ dans l'Eucharistie n'était pas encore bien établie dans l'église; 2°- parce que dans une vision la bienheureuse Julienne du Mont-Cornillon vit la pleine lune un peu échancrée, ce qui signifiait qu'il fallait instituer la fête du Saint-Sacrement; 3°- parce qu'on voulait montrer aux hérétiques que Jésus-Christ était en personne dans l'hostie, et qu'on pouvait ainsi le transporter partout.

HUBERT. - Dernier évêque de Maestricht, et premier évêque de Liège, mort vers l'an 727. On prétend qu'il était d'une famille royale, et qu'il vint au monde dans l'Aquitaine. Sa tante, sainte Ode, l'éleva dans la crainte de Dieu et l'envoya à Paris auprès du roi, afin qu'il apprît, comme dit l'histoire, les coutumes et civilités de la cour.

Lorsqu'Hubert fut en âge d'être marié, son cousin Pépin, prince d'Austrasie, lui fit épouser Floribane, fille du comte de Louvain, et lui donna le titre de grand maître d'hôtel d'Austrasie.

Un jour qu'il chassait au cerf, le cerf qu'il poursuivait, voyant Hubert seul, se retourna vers lui et un crucifix ayant apparu entre les ramures de la bête dit au chasseur : « *Hubert vous passez vos jours dans les plaisirs; ne savez-vous que vous êtes né pour servir Dieu ?* » Hubert descendit de cheval et se mit à genoux. Le crucifix lui ordonna d'aller trouver saint Lambert, évêque de Maestricht. En même temps la femme d'Hubert mourut de sorte qu'il put entrer dans le clergé.

Il alla en pèlerinage à Rome, pendant qu'on tuait saint Lambert; et le pape qui sut cela par révélation, sacra Hubert évêque à la place du défunt. Un ange apparut aussitôt et lui donna les vêtements de Lambert, avec une étole miraculeuse faite par la sainte Vierge, et douée de la vertu de guérir les démoniaques, les femmes acariâtres, et les personnes mordues des bêtes enragées. Un autre ange, car il y en a beaucoup dans la vie du grand saint Hubert, lui apporta quelques jours après une clef merveilleuse, qui lui était envoyée par saint Pierre. Cette clef, qui est « *d'un métal tirant sur le lustre de l'or,* » s'est soigneusement conservée, aussi-bien que l'étole et l'attouchement de ces précieux joyaux guérit de la rage.

Après la mort de saint Hubert, sa sainteté fut attestée par beaucoup de miracles. Son corps, qui était très frais, quoiqu'enterré depuis seize ans, fut d'abord placé honorablement dans la cathédrale de Liège. Mais au siècle suivant on donna ce saint dépôt aux moines d'Andain, dans les Ardennes; et depuis, leur couvent porta le nom de Saint-Hubert. C'est là que les malheureux menacés de la rage par quelque morsure vont en pèlerinage pour être préservés de ce mal terrible. La force de l'imagination a effectivement guéri quelques malades, qui se persuadaient qu'ils ne pouvaient avoir honoré les reliques de saint Hubert, sans être hors de tout danger.

Il est vrai qu'on fait observer un régime sévère aux pèlerins mordus; 1°- ils doivent se confesser et communier neuf jours de suite; 2°- ils doivent coucher dans des draps blancs ou bien tout habillés; 3°- ils doivent boire du vin mêlé d'eau avec une bouteille, de manière à ne rien voir de liquide; ils doivent éviter par conséquent de se pencher sur les fontaines, et aussi de se regarder dans un miroir; 4°- ils ne doivent pas se peigner pendant quarante jours. - On leur fait faire aussi des abstinences, etc. après quoi, ils touchent les reliques et s'en vont guéris.

Il est probable que le corps, la clef et l'étole de saint Hubert ne sont pas perdus, car on les honore encore à Saint-Hubert des Ardennes. L'étole et la clef ont fait des millions de miracles. L'auteur de la vie de saint Hubert avoue que depuis l'an 825, on a détaché de l'étole une infinité de parcelles qui, réunies, pourraient faire plus de cinquante mille étoles d'une dimension raisonnable; néanmoins la première qui fut brodée par la sainte Vierge, n'a rien perdu de son ampleur, et il ne paraîtrait pas qu'on y ait touché, si on n'en voyait des morceaux partout.

Si vous craignez de devenir enragé, allez à Saint-Hubert des Ardennes, on vous lèvera sur le front une petite portion de l'épiderme, on vous y greffera une fibrille de la sainte étole; et vous voilà en mesure contre les chiens malades.

Si vous avez été mordu, courez vite à Saint-Hubert, on chauffera la clef miraculeuse, on vous l'appliquera sur le front, après une neuvaine du régime dont nous avons parlé et vous voilà guéri.

Ce qu'il y a d'admirable, c'est que les personnes qui portent un fragment de l'étole dans le front ont la propriété de suspendre les accès de la rage; cela s'appelle *le répit*. Si quelqu'un de vos amis, quelqu'une de vos parentes, a été mordu d'un chien enragé, vous suspendez pour quarante jours les effets de la rage, mais à condition qu'elle fera le pèlerinage de Saint-Hubert.

Comme on ne peut pas faire ce pèlerinage dans tous les pays du monde, il y a d'autres moyens. Les chevaliers de Saint-Hubert, gens qui se prétendent issus de ce pieux évêque[595], ont le droit de guérir les enragés par la seule imposition des mains. En 1649, le chevalier Georges Hubert toucha tous les princes de France, qu'il préserva à jamais de la rage.

Le mauvais coté de ces prodiges, c'est qu'il est prouvé que l'histoire de saint Hubert est toute fabuleuse; que la miraculeuse étole est une fourberie et que ceux qui font le pèlerinage de St-Hubert ne sont guéris que de la rage imaginaire, lorsqu'ils ont été mordus par des bêtes non enragées. Thiers parle de plusieurs personnes qui moururent de la rage après avoir fait le pèlerinage de Saint-Hubert[596]. Des chanoines, des jésuites, des moines même s'élevèrent contre le charlatanisme des moines de Saint-Hubert, auxquels on ne croit plus.

Cependant, du temps d'Henri Etienne, un moine qui portait avec lui quelques reliques de saint Hubert vantait tellement la puissance de ce grand saint, qu'il assurait que si le Saint-Esprit était mordu d'un chien enragé il lui faudrait faire le pèlerinage de Saint-Hubert des Ardennes, pour être guéri de la rage[597].

HUILE DES RELIQUES. - On a vu dans beaucoup d'articles de saints que la plupart des reliques jetèrent de l'huile et des parfums lorsqu'on les découvrit. Des profanes diraient que ces parfums et ces huiles furent mis avec les corps lorsqu'on les embauma; mais les pieux trouvent plus de plaisir à croire que l'huile d'olive qui sort des os des saints est venue là par miracle, d'autant plus qu'elle guérit les malades et rend aux possédés la raison que le diable leur a ôtée.

---

595 - On sait que saint Hubert fut marié avant de porter la crosse. Il laissa un fils qui se nommait Floribert, et qui succéda à l'évêché de son père, etc.

596 - *Traité des Superstitions*, tome I, chap. 4.

597 - *Apologie pour Hérodote*, chap. 39. - Cet article est tiré de la *Vie du grand saint Hubert* de Ribadéneira t. II, page 449; de Baillet, 3 novembre ; de M. Salgues, *des Erreurs et des Préjugés répandus dans la société,* tome I, p. 183, etc.

On dit aussi que le jour de la naissance de Jésus-Christ, Rome, alors païenne mais destinée à être le siège de la religion catholique, vit jaillir une merveilleuse fontaine d'huile qui coula jusqu'au Tibre. On montre avec révérence la cavité d'où jaillit cette fontaine dans l'église de Sainte-Marie in Trastevere.

HUMBERT. - Abbé de Marolles, au diocèse de Cambrai, mort vers l'an 682. Son corps fut levé de terre cent cinquante ans après sa mort, et se trouva nécessairement frais et vermeil; et même les fleurs qu'on avait jetées sur son tombeau n'étaient pas encore fanées après un si grand laps de temps : chose bien merveilleuse.

En l'an 1020, les chanoines de Marolles ayant été chassés à cause de leurs débordements, enlevèrent le corps de saint Humbert, qui, par ses miracles, rapportait de bons revenus à l'abbaye; et s'étant fortifiés dans un bois, ils déclarèrent qu'ils ne rendraient le corps qu'à condition qu'on les rétablirait dans leur poste; ou bien qu'ils le vendraient pour se faire des rentes; ou enfin qu'ils le porteraient, pour gagner de quoi vivre, par les villes et les villages. On prit l'accommodement le moins scandaleux; on racheta le saint corps, qui était encore au dernier siècle religieusement conservé dans le monastère de Marolles.

HYACINTHE. - Religieux polonais, mort en 1257. Son corps était à Cracovie; mais il avait une seconde tête à Paris, dans l'église des Jacobins de la rue Saint-Honoré, et une troisième à Anvers. *« Un jour que ce saint, fuyant les Tartares qui n'aimaient pas à l'entendre prêcher, voulait passer le fleuve Garistène; comme il n'avait pas de bateau, il fit la bénédiction sur l'eau et marcha dessus à pied sec, sans que les semelles de ses souliers fussent mouillées. Ses compagnons, qui le suivaient, profitèrent du miracle; mais chose admirable et qui est rapportée dans l'acte de sa canonisation, les pas du saint demeurèrent marqués sur la rivière: on dit qu'ils s'y voient encore*[598]*. »*

---

598 - Ribadéneira, 16 août

I.

ICONOCLASTES. - Briseurs d'images. C'est le nom qu'on donna à des chrétiens que nous traitons d'hérétiques, parce qu'ils ont pensé qu'on ne devait pas rendre à des statues et à des images le culte qui n'est dû qu'à Dieu. - Voyez le discours préliminaire.
On appelle *Iconolâtres*, ceux qui adorent des images ou des dieux de pierre et d'argile, etc.

IGNACE. - Évêque d'Antioche, et martyr en l'an 107 de Jésus-Christ. Trajan le fit venir devant lui et lui dit : « *Es-tu cet Ignace qui se fait surnommer porte-Dieu (théophore), et qui est le chef de ceux qui se moquent des empereurs et ne veulent pas reconnaître les dieux que nous adorons*[599]*?* » - Ignace répondit qu'oui et prétendit qu'on ne devait adorer que Dieu sans rendre un culte absurde à de vaines statues….. Trajan le condamna aux bêtes, comme l'Inquisition, l'eût condamné au feu parce qu'il blâmait le culte des madones.
On le mena dans le cirque; et lorsqu'il vit venir les lions qui allaient le dévorer, il commença à crier : « *Je suis le froment de Dieu; je suis le grain qui serai moulu par les dents des bêtes, et réduit en farine, de laquelle sera fait le pain blanc que l'on présentera à monseigneur Jésus-Christ.*[600] » Là-dessus les lions le mangèrent, sans le rendre en farine.
Pendant son supplice, il ne cessait d'invoquer le nom de Jésus. On lui demanda pourquoi il répétait si souvent ce nom: c'est parce qu'il est gravé dans mon cœur, répondit-il. On lui ouvrit le cœur, que les lions n'avaient peut-être pas pu avaler, et on y trouva le nom de Jésus gravé en lettres d'or[601]. Il est probable qu'on aura conservé un cœur si merveilleux; mais on ne sait trop où le trouver aujourd'hui.

---

599 - Ribadéneira, 1er février.
600 - Le P. Martial, du Mans. *Pratiques de l'année sainte*, 1er février.
601 - Le même et le P. Ribadéneira.

Quoique les lions qui mangèrent saint Ignace n'en eussent laissé que les os les plus longs et les plus durs, en très petite quantité, ce saint avait un premier corps à Antioche, un second à Rome, un troisième à Clairvaux. Ce dernier fut donné à saint Bernard par le pape Innocent II; et saint Bernard l'emporta de Rome, sans qu'on cessât de le montrer dans la ville du pape en l'église de Saint-Clément.

Saint Ignace nous a laissé six têtes : 1°- celle qui fut mangée par les lions[602]; 2°- celle qui est à Rome dans l'église du Grand-Jésus; 3°- celle qui était à Clairvaux; 4°- celle qui était à Prague en Bohême; 5°- celle qui était à Cologne; 6°- celle qui était à Messine.

Il avait un septième bras à Chartres, une septième jambe à Saint-Jean-en-Grève, à Paris, et beaucoup de grands débris dans une multitude d'églises.

IGNACE. - Patriarche de Constantinople, mort en 877. Ce fut en partie la roideur de son zèle et le désir qu'il avait de dominer sur les empereurs, qui amena le fameux schisme des Grecs.

Il avait une dévotion particulière pour saint Jacques-le-Mineur, frère de Jésus-Christ; et il conservait précieusement une tunique de ce qu'on lui avait envoyée de Jérusalem. Il ordonna qu'on enterrât cette relique avec lui et on lui mit par dessus ses habits pontificaux la tunique de saint Jacques, qui se retrouva par la suite dans quelques églises.

Le peuple, qui regardait Ignace comme un grand saint, déchira en mille pièces le drap qui couvrait son cercueil, et en fit autant de reliques. Il est vrai que le défunt avait guéri deux possédés. Son corps était auprès de Constantinople dans l'église de Saint-Michel sur le Bosphore. Il y en a un second qui doit être à Naples ou en Sicile.

IGNACE DE LOYOLA. – Fondateur de la compagnie de Jésus, mort en 1556, canonisé en 1622. - Il naquit dans le Guipuscoa en Biscaye, sous le règne d'Isabelle et de Ferdinand-le-Catholique, restaurateur de l'Inquisition en Espagne. Sa mère le mit au monde dans une étable et comme on hésitait sur le nom qu'il fallait lui donner, l'enfant s'écria qu'il voulait s'appeler Ignace. C'était comme on voit, commencer les miracles de bonne heure.

---

602 - Baillet, 1er février.

Lorsqu'il fut grand, il prit le métier des armes, se distingua par sa valeur, eut beaucoup d'aventures galantes, et sembla jusqu'à vingt-neuf ans ne vivre que pour la gloire et pour l'amour. Mais alors ayant eu la jambe cassée d'un éclat de pierre au siège de Pampelune, saint Pierre, en l'honneur de qui il avait fait une chanson castillane, vint le voir pendant la nuit et guérit sa jambe dont les médecins désespéraient.

Pendant sa convalescence, il s'amusa à lire les légendes des saints. Il fit le projet de mener désormais la vie de saint errant, qu'il trouvait plus merveilleuse que celle des chevaliers. Il prit pour modèles saint Dominique d'Osma et saint François d'Assise, l'un comme le Roland et l'autre comme l'Amadis de la chevalerie spirituelle.

Il se consacra aussitôt au service de la vierge Marie et lui jura une fidélité inviolable. Le diable, furieux de perdre Ignace, cassa les vitres de la chambre où il faisait son vœu, et se montra pour l'effrayer sous la forme d'un grand bouc. Ignace le força d'un signe de croix, à s'enfuir par un trou de la muraille. On montre encore au château de Loyola ce trou qu'on n'a pu fermer, les débris des vitres que le diable cassa, et l'étable où naquit le saint. Ce sont de curieuses reliques.

Quand la jambe d'Ignace fut guérie, il résolut d'aller chercher des aventures et de se montrer digne chevalier de la Vierge qu'il appelait *la dame de ses pensées*. Il monta sur une mule comme Don Quichotte sur Rossinante, et se rendit à Mont-Serrat où l'on allait adorer une célèbre madone qui faisait beaucoup de miracles. Il rencontra chemin faisant un Maure mahométan, avec qui il lia conversation; il vanta beaucoup les perfections de Marie, et prétendit que ç'avait été la seule femme qui fût tout à la fois mère et vierge. Le Maure soutint qu'en mettant un fils au monde, il était impossible qu'elle eût conservé sa virginité. - *Elle l'a conservée,* s'écria Ignace, *et si tu ne confesses que c'est une mère vierge, tu vas expier ton blasphème. - Seigneur chevalier,* dit le Maure, *faites-moi comprendre comment on peut être mère sans cesser d'être vierge et alors je confesserai ce que vous voulez. - Et si je te le faisais comprendre,* reprit Ignace, *quel mérite aurais-tu de croire ? - Aucun mais en aurais-je davantage à croire une chose incroyable ?.....*

Le Maure ajouta quelques railleries; puis voyant qu'Ignace tirait sa rondache il piqua des deux. Ignace le galopa pour le tuer. Mais étant arrivé à un endroit où le chemin se divisait en deux, il eut un scrupule : devait-il poursuivre l'infidèle, ou continuer le voyage de Mont-Serrat qu'il avait fait vœu d'achever sans retard ? Il abandonna la décision de ce doute à sa mule qui heureusement pour le Maure, prit le chemin de Mont-Serrat.

Ignace se laissa conduire, persuadé que sa mule était inspirée, comme l'oie et la chèvre des croisés de Hongrie[603]. On a planté une croix où l'on fait des stations, dans l'endroit où Ignace consulta ainsi sa bête.

Arrivé à Mont-Serrat, il se souvint que pour être parfait chevalier il faut avoir fait la veille des armes. Il passa donc tout armé la nuit du 24 au 25 de mars de l'an 1522 devant l'image miraculeuse de Mont-Serrat, tantôt debout, tantôt à genoux, toujours les yeux tournés vers la madone et se dévouant à son service en qualité de son chevalier. On a gravé devant l'image une inscription qui rappelle cette circonstance. On conserve aussi l'épée et le poignard d'Ignace, qu'il suspendit en trophée à un pilier de la chapelle.

Il passa ensuite quelque temps parmi les gueux de l'hôpital de Manrèze, mendiant, déguenillé, et faisant une pénitence beaucoup plus rude que celle d'Amadis sur la roche pauvre. Il laissait croître ses cheveux sa barbe et ses ongles afin de moins séduire le sexe que véritablement il ne séduisait plus. On garde à Manrèze quelques-unes de ses guenilles et la paillasse où il couchait. Il s'y fait des miracles.

Il ne partit de Manrèze que pour aller vivre dans une caverne voisine, où l'on va maintenant en pèlerinage.

On montre sur les degrés de l'église des Dominicains de Manrèze l'endroit où il vit la représentation corporelle de la sainte trinité; et l'on a fait ériger une pyramide dans l'hôpital, au lieu même où il se donnait la discipline trois fois par jour.

On garde aussi à Manrèze le bâton noueux qu'il agitait pour faire fuir le diable, sur qui il avait beaucoup de puissance.

Ignace composa dans cette ville les *Exercices spirituels*. Alegambe, Sotwel et Louis Dupont, disent que Dieu, la sainte Vierge et l'ange Gabriel aidèrent Ignace dans la composition de cet ouvrage, qui n'est pourtant pas un chef-d'œuvre. L'ange Gabriel, tout seul, aurait pu faire mieux.

Il visita ensuite la Terre-Sainte. De là il revint à Barcelone. On sait qu'il commença d'étudier à trente-trois ans. On montre à Barcelone une

---

603 - En l'an 1096, deux cent mille croisés s'abandonnèrent à la conduite d'une oie et d'une chèvre, qu'ils croyaient divinement inspirées pour les conduire de Hongrie à Jérusalem.

chambre qui était tellement infestée de malins esprits, que personne n'osait y coucher. Ignace s'y logea et fut bientôt entouré de démons hideux, qu'il en chassa pour jamais.

Il vint ensuite en France, et fut fouetté au collége de Sainte-Barbe.

Il se lia avec François Xavier, Lainés, Salmeron, et autres saints personnages très révérés dans la société de Jésus. Rodrigués, un de ses compagnons voulut le quitter à Bassano; car ils couraient sans cesse : un géant formidable vint se poster devant lui l'épée nue; et Rodrigués épouvanté retourna avec Ignace.

On voit à une demi-lieue de Rome une vieille chapelle ruinée, où Jésus-Christ apparut à Ignace, et lui dit qu'il lui rendrait le pape favorable. Ignace alla donc offrir ses services au pape. Il donna à sa troupe le nom de compagnie de Jésus, et offrit à Paul III, s'il voulait approuver son ordre, d'ajouter aux trois vœux de pauvreté, de chasteté et d'obéissance, un vœu spécial d'aller partout où il plairait au pape et d'être entièrement soumis à toutes les volontés du Saint-Siège. De plus les jésuites s'engageaient à dire tous les ans trois milles messes pour le souverain pontife. Le pape approuva l'ordre qui devint bientôt formidable.

On vénère au Mont-Cassin le lieu où Ignace vit l'âme d'Hosez, son compagnon, monter au ciel couronnée de lumière. C'est le même endroit où saint Benoit vit l'âme de saint Germain de Capoue, emportée par les anges.

Mais il est temps d'en finir avec le grand saint Ignace. Lorsqu'il mourut, il eut la consolation de voir sa compagnie répandue jusqu'aux extrémités du monde. On lui trouva trois pierres dans le foie qui était fort dur. Son corps desséché est à Rome, magnifiquement enchâssé, dans l'église du Grand-Jésus, où il fait des miracles sans nombre. Il a dans une multitude d'autres églises assez de reliques pour former six autres corps; et le marquis d'Argens prétend qu'on rend dans quelques saints lieux un culte honorable à son croupion, qu'il appelle une relique odoriférante[604].

IMAGES. - « *Tu ne feras point d'images taillées pour les adorer et les servir.* » Cependant le concile de Trente ordonne d'honorer, de vénérer et de baiser les images de Jésus-Christ, de la Vierge et des saints aussi-bien

---

604 - *Histoire de l'admirable D. Inigo de Guipuscoa*, etc. Le P. Ribadéneira, 31 juillet. Baillet, même jour. Godescard, même jour. *Lettres cabalistiques du marquis d'Argens*, lettres 38°, etc.

que les reliques[605]. Cependant encore tous les anciens pères de l'église ont condamné le culte des images comme une abomination païenne. Mais les catholiques ont-ils rien de commun avec les chrétiens primitifs? Assurément celui qui est bon catholique n'est pas vrai chrétien. Pendant plus de deux cents ans, les premiers chrétiens ne souffrirent jamais d'images dans leurs assemblées. « *On voit qu'en 393, saint Épiphane arracha d'une église de Syrie une image devant laquelle le peuple priait. Il déclara que l'église chrétienne ne permettait pas ce culte; et sa sévérité ne causa point de schisme. Enfin les images s'introduisirent; et bientôt le peuple toujours grossier ne distingua point Dieu et les images. On en vint jusqu'à leur attribuer des miracles : chaque image guérissait une maladie[606].* »

Rien n'est changé chez les catholiques dans le culte des images. Elles ont toujours le don de guérir les maladies du peuple et de gouverner son esprit. Pendant la première campagne de Bonaparte en Italie, le bruit se répandit un jour tout à coup que l'armée française était en marche contre Rome. Le peuple s'assembla tumultueusement sur les places, menaçant de piller les maisons des grands, pour prévenir les Français et ne leur laisser rien à prendre. Le soulèvement était tout prêt, le gouvernement dans la plus grande inquiétude, lorsque la finesse de Pie VI apaisa la sédition : *Les images de Marie pleurent !* telle fut la proclamation qu'on publia dans les places. La tourbe féroce fut effrayée. On alla dans les églises pour se convaincre par ses propres yeux : les images de Marie pleuraient !!! Une voix du ciel n'aurait pas été plus efficace. De la rage les séditieux passèrent vite au repentir, et se soumirent en tremblant à des pénitences publiques. Ils chargèrent leurs corps demi-nus de chaînes pesantes qu'ils traînèrent dans les rues, formant de longues processions nocturnes se déchirant avec des disciplines et hurlant : *Grâce, sainte Marie, grâce !* Quand cette momerie fanatique eut duré quelques jours, on entendit retentir une seconde proclamation du pape : *Les images de Marie sont apaisées...* Et le peuple rentra chez soi[607].

D'UNE IMAGE DE LA TRINITÉ.

---

605 - Neuvième session, second décret.
606 - Voltaire, *Essai sur les Mœurs et l'Esprit des Nations*, chapitre 14.
607 - Le docteur Meyer, *Fragmens sur Paris*, traduits de l'allemand par le général Dumouriez.

Il est certain, dit Burnet dans son histoire de la réformation, que quelques images n'étaient propres qu'à causer du scandale comme par exemple celle de la sainte Trinité. La coutume était que le jour des Innocents, un enfant élu pour évêque par ses camarades faisait brûler de l'encens devant cette image : ce qui insinue que l'encensement se pratiquait en d'autres jours d'une manière plus sérieuse, et par l'évêque lui-même s'il était présent.

C'était d'ailleurs un abus grossier que de vouloir représenter le mystère tout-à-fait incompréhensible de la Trinité; et la manière dont on le représentait n'était pas moins condamnable, à en juger par les estampes qui nous en restent.

Dieu le père y paraissait sous la forme d'un vieillard, avec une tiare pontificale et des rayons autour de la tête. Le fils était de l'autre côté, sous la figure d'un jeune homme, ayant le visage environné de rayons et la tête chargée d'une simple couronne. La vierge Marie était assise entre eux deux, et le saint Esprit au-dessus d'elle, sous l'image d'une colombe.

Cette représentation subsiste encore dans un livre d'heures à l'usage de Salisbury, imprimé en 1526. Il semblait qu'en donnant place à la sainte Vierge entre les personnes de la sainte Trinité, on eût voulu renouveler son assomption à la nature divine, laquelle a été crue anciennement par des moines hérétiques qui faisaient de Marie une déesse.

Les catholiques, au reste, n'ont pas toujours montré beaucoup de scrupule sur leurs images. Il y a des Jupiter, des Hercule, des Apollon, dont on a fait des saints dans plusieurs églises; des statues d'Isis sont devenues des madones; des statues de Testa sont honorées sous le nom de Marie. On voyait à Bordeaux Jupiter sur son aigle, mis dans une église pour représenter l'ascension de Jésus-Christ. On adorait ailleurs Vénus et Cupidon, qu'on appelait Marie et Jésus.

« Sienne n'a rien de remarquable que le groupe des trois Grâces placées au milieu de la sacristie de la cathédrale, entre un Christ qui meurt et un Christ qui ressuscite. C'est à leurs pieds que le prêtre se prépare à la messe : elles sont toutes nues[608]*. »* Il est vrai qu'on les appelle à Sienne *les trois vertus théologales.*

ANECDOTES SUR QUELQUES IMAGES.

---

608 Dupaly, 44° Lettre sur l'Italie.

« *Un tailleur de Florence, qui avait depuis longtemps une grande dévotion pour une image de saint Jean-Baptiste, vint lui dire un matin après s'être agenouillé : Glorieux saint Jean, je vous prie de me faire deux grâces; la première de me dire ce que deviendra mon fils; la seconde de me révéler si ma femme m'a jamais été infidèle. Un jeune sacristain qui se trouvait par hasard derrière l'autel, contrefaisant la voix du saint, lui répondit : Mon bon ami, sache que ta femme a fait faute avec plus d'un, et que ton fils sera pendu. Le tailleur fâché se leva et s'en alla sans rien dire. Mais quand il fut au milieu de l'église, il se retourna; et sans faire aucune révérence, même sans ôter le bonnet, il répliqua à saint Jean-Baptiste, c'est-à-dire à son image : Que de Dieu tu sois maudit; tu as toujours eu une méchante langue qui a été cause qu'Hérode t'a fait couper la tête. Mais je ne viendrai plus t'adorer.* »

« *Un charcutier de la même ville de Florence avait coutume depuis vingt ans de faire ses dévotions et de donner des chandelles à l'image d'un petit Jésus fort jeune. Au bout de ce temps il arriva qu'une tuile tomba sur la tête de son fils et le tua. Le charcutier vint sur-le-champ trouver son petit Jésus, lui apportant un assez beau cierge et lui fit cette prière : Mon doux seigneur Jésus, je vous prie de rendre la vie à mon fils que j'aime tant. Vous savez que je ne vous ai jamais rien demandé depuis vingt ans que je vous suis fidèle. Après cette oraison il s'en retourna chez lui où il trouva son fils bien mort. C'est pourquoi il revint le lendemain à l'église, et dit à son petit Jésus sans lui apporter de cierge et sans le saluer. Je te renie; jamais tu ne me reverras. Il y a vingt ans que je te sers, et tu ne m'as pas accordé la seule grâce que je t'aie demandée. Si j'eusse fait ma prière à ce grand crucifix qui est auprès de toi, je suis sûr qu'il l'eût exaucée. Aussi je te promets bien que jamais je n'aurai affaire avec toi, ni avec aucun enfant de ton espèce.* »

« *On se rappelle à ce propos le mot d'un bonhomme, lequel priant une Notre-Dame qui tenait le petit Jésus entre ses bras, quelqu'un qui s'était mis derrière l'image fit une réponse fâcheuse d'une voix flûtée. Le dévot pensant que ce n'était pas la mère qui avait parlé, mais l'enfant Jésus, lui dit: Taisez-vous, petit friand; laissez parler votre mère qui est plus sage que vous.* »

« *Près du village de Chaseul en Bourgogne, un paysan passant par une église demanda à des sonneurs pour quel trépassé ils sonnaient. Ayant su le nom du mort, il se mit à dire quelque prière pour le repos de son âme devant un crucifix qui était là, lequel crucifix, au lieu de faire un signe de tête ou de lui dire une parole, tomba sur lui et le mit dans un état qui le retint longtemps malade au lit. Après qu'il fut revenu en santé, il retourna à l'église et voyant un jeune crucifix qui avait la face riante (car le vieux en tombant sur ce pauvre homme s'était rompu le cou, et on l'avait remplacé), il lui dit : Quelque belle mine que tu me fasses, je ne me fierai jamais en toi; car si tu vis âge d'homme, tu seras aussi méchant que ton père qui a failli me tuer. »*

« *Ceux de Villeneuve-Saint-Georges près Paris eurent encore une hardiesse plus grande. Ils ne se contentèrent pas de dire des injures à l'image de saint Georges, qui avait laissé geler leurs vignes le propre jour de sa fête, mais ils la jetèrent dans la rivière de Seine, où elle pensa être gelée aussi-bien que les vignes. C'était d'autant plus hardi qu'ils s'adressaient à celui qui est le Mars entre tous les saints*[609]. »

DES IMAGES CHEZ LES RUSSES.

Les Russes accordent aux images un culte d'idolâtrie, qui rend très raisonnable la sévérité des iconoclastes. Dans le dix-septième siècle surtout, ce culte avait presque, fait oublier celui qu'on doit à Dieu. Chacun se disputait une petite place sur les murailles des églises, pour y attacher une image qui lui appartint. C'était à qui ornerait la sienne à plus grands frais.

On rendait à ces images un culte superstitieux qui troublait le culte public. Elles étaient souvent attachées au mur opposé à l'autel; les dévots leur adressaient des prières pendant la célébration des saints mystères et tournaient le dos au prêtre.

Le maître d'une image ne souffrait pas qu'un autre lui adressât des vœux; s'il le prenait sur le fait, il l'outrageait, et le poursuivait jusqu'à ce qu'il en eût obtenu des dédommagements. « *Tu n'as qu'à te pourvoir d'un saint qui t'appartienne,* disait-il, *on ne se ruine pas à parer le sien d'or de perles, de pierreries, pour lui voir accorder des grâces à d'autres.* »

Le patriarche Nicon eut assez de puissance pour faire ôter ces images des églises; mais il s'attira par-là des ennemis qui ne contribuèrent pas peu à

---

609 - Henri Etienne, *Apologie pour Hérodote,* chap. 14 et 39.

sa perte[610]; et si les images particulières disparurent des temples, le culte qu'on leur rendait n'en continua pas moins dans les maisons.

On voit partout chez les Russes, vis-à-vis la porte, des images de saints devant lesquelles on s'incline en faisant le signe de la croix, et en disant, Seigneur, ayez pitié de moi, avant de saluer les personnes du logis. Les riches et les gens un peu instruits commencent à ne plus pratiquer ces usages, qui subsistent toujours chez le peuple. Il y a ordinairement, surtout les dimanches et les jours de fêtes, une chandelle allumée devant ces images, que l'on décore avec beaucoup de soin.

Ceux d'entre eux qui ont un peu de raison savent bien que ce qu'ils adorent ainsi n'est qu'une peinture de saint Nicolas ou de quelque autre saint. Mais ils prétendent que l'honneur qu'on leur rend est rendu à Dieu; et que le moyen le plus sûr d'obtenir quelque chose d'un prince est de s'adresser à son favori. Ils ajoutent que tant qu'on ne représente pas les saints en sculpture[611], il ne leur est pas défendu de se courber devant leurs images peintes.

Ils représentent Dieu sous la figure d'un vieillard avec une grande barbe blanche; mais ils font la vierge Marie jeune, belle et richement parée.

On ne peut pas marchander les saintes images, ce qui est très avantageux aux peintres; elles doivent être faites par un Russe. On les échange au marché ou dans les églises, pour une certaine somme; car ce serait un péché de dire que le peintre les vend ou qu'ils les ont achetées[612]. On les expose aussi à la vénération publique dans les rues, sur les portes des villes, aux portails des églises, dans les carrefours; elles sont ordinairement dans des caisses vitrées, indiquées par une bougie. Quelque pressé que l'on soit, il faut les saluer, non pas en courant, mais en s'arrêtant un instant pour leur faire une prière jaculatoire, la tête nue, avec une demi-douzaine de révérences et autant de signes de croix.

Lorsque ces images particulières ou publiques sont usées par le temps, on les enterre religieusement dans un jardin ou dans un cimetière[613].

On attribue à ces images beaucoup de puissance et de miracles; et quand les Russes se croient délivrés de quelque péril ou comblés de quelque

---

610 - *Histoire de Russie,* par Lévêque, revue par MM. Maltebrun et Deppin, tome IV, page 131.

611 - La loi de Moïse ne défend, disent-ils, que de faire des images taillées.

612 - J. Perry, *État présent de la Russie*, etc., page 168.

613 - *Histoire des Religions etc. de tous les peuples*, t. III, pages 64 et 65.

faveur par leur intercession, ils leur offrent en *ex-voto* des cierges plus ou moins grands, selon les richesses qu'ils possèdent et la grâce qu'ils ont obtenue. On cite deux de ces cierges qui pesaient chacun soixante livres.

DES IMAGES CHEZ LES CATHOLIQUES.

Nos pères ont eu plus que nous un respect pour les images bien au-dessus du respect qu'ils portaient à Dieu qu'ils ne voyaient pas. Tel homme qui jurait une chose fausse par le nom du Dieu tout-puissant n'aurait osé jurer par le nom de certain saint, peut-être imaginaire, mais dont la représentation faisait des miracles par le moyen des moines.

On avait le plus grand zèle pour le service de ces saintes idoles. En 1414, on coupa le poignet à un jeune Parisien qui avait eu l'impiété d'ôter à la statue de saint Eustache un baudrier de soie dont on l'avait ornée.

En 1548, on brûla vif, dans le parvis de Notre-Dame, un crieur de vieille ferraille qui avait abattu la tête d'une statue de la Vierge.

En 1550, un fou entra dans l'église Notre-Dame, l'épée à la main, et voulut abattre pareillement une image de Marie. Mais il en fut empêché par deux chanoines qui lui firent fendre la langue après quoi il fut brûlé devant l'église.

En 1503, un écolier de vingt-deux ans prétendit que la religion naturelle était la seule qu'on dût suivre; et un jour qu'il entendait la messe à la Sainte-Chapelle, il arracha une hostie des mains du prêtre qui venait de la consacrer. On l'arrêta aussitôt, on lui coupa le poignet, on le brûla à petit feu, et l'on emporta comme une relique au trésor de la Sainte-Chapelle la pierre du pavé où ce malheureux avait jeté l'hostie.

On ajoute qu'à la procession solennelle que fit le clergé en réparation de ce sacrilège deux bœufs que l'on conduisait à la boucherie de l'Hôtel-Dieu, et qui se trouvaient à la porte de la petite paroisse de Saint-Pierre, se mirent à genoux aussitôt qu'ils aperçurent le Saint-Sacrement, pour confondre deux calvinistes qui ne voulaient pas s'agenouiller devant l'hostie; et qu'en mémoire de ce miracle on sculpta au-dessus du portail de l'église de Saint-Pierre deux bœufs que l'on voyait encore il y a cinquante ans, et qui firent donner à la paroisse le nom de Saint-Pierre-aux-Bœufs.

Mais elle portait ce nom et ces bœufs avant le seizième siècle parce que c'était la paroisse des bouchers[614].

Dans d'autres pays, on servait bien les images, mais on exigeait d'elles quelque retour. A Quimper, jusqu'à la fin du dix-septième siècle, on fouettait, on jetait à la rivière les images des saints qui n'accordaient pas les demandes qu'on leur avait faites. On tenait la même conduite dans beaucoup d'autres pays[615].

Mais plus généralement on se contentait de vénérer les images sans leur donner le fouet, lorsqu'elles n'accordaient pas les grâces qu'on leur avait demandées, on pensait qu'elles ne trouvaient pas les offrandes assez riches, et ou leur en faisait de nouvelles. On avait bien soin surtout de les venger sévèrement quand quelqu'un les avait offensées.

Ce saint zèle n'est pas éteint. Au mois de février 1820, un postillon de Genève ayant été convaincu d'avoir enlevé quelque ornement que l'on avait mis à une image de la Vierge, dans une église d'Annecy, fut brûlé à Chambéry, après avoir eu le poing coupé[616]. – On sait les affreux supplices du chevalier Labarre, qui avait manqué de respect à un crucifix de bois dans le dix-huitième siècle.

Anciennement les images saignaient, parlaient, agissaient devant les hommes. On en a beaucoup détruit dans la révolution, sans qu'elles aient montré le moindre sentiment. Mais dans cinquante ans les dévots feront sans doute bien des contes sur cette matière, s'ils n'en font pas déjà.

J'ai dit qu'on adorait souvent dans nos églises des Vesta, des Hercules, des Cybèles, et d'autres statues de divinités anciennes affublées de divers noms de saints. Il ne faut pas oublier l'image de sainte Geneviève, qui était à Paris auprès d'une fontaine sur la place de Notre-Dame. C'était une vieille statue d'Esculape....

L'église de Sainte-Walburge d'Anvers fut autrefois, dit-on, un temple dédié à Priape. On avait laissé au-dessus d'une porte de cette église un Priape haut d'un pied que, les femmes du peuple venaient orner de fleurs et qu'elles invoquaient sans doute sous quelque nom car elles montraient une dévotion fort assidue pour cette image[617].

D'UNE IMAGE DE TORRIGIANO.

614 - *Dictionnaire féodal*, tome II, au mot *Peines*.
615 - Voyez *Nicolas, Pierre, Marie, Notre-Dame*, etc.
616 - Voyez les journaux de Paris, des premiers jours de mars 1820.
617 - Bruzen de la Martinière, au mot *Anvers*.

Le célèbre sculpteur florentin Torrigiano avait fait une belle statue de la Vierge. Un grand d'Espagne, incapable sans doute d'apprécier le génie, lui offrit trente ducats d'un morceau qui en valait plus de trois cents. L'artiste, indigné du prix que l'on mettait à son temps et à son talent, déchargea sa colère sur son propre ouvrage.

Mais parce que c'était une statue de la Vierge, l'Inquisition de Séville lui fit son procès et le condamna comme sacrilège à être brûlé vif....

Ainsi il faut que l'ouvrier tremble devant son ouvrage. Observez aussi que l'image n'était pas encore consacrée par les oremus du prêtre; que ce pouvait être une statue profane tout aussi bien qu'une madone; que l'on eût puni moins sévèrement celui qui eût outragé Dieu même; que l'on brûle ici un homme qui a été impie envers une pierre !....

Après de pareils traits, il faudrait être aveugle pour ne pas convenir que les vrais catholiques sont plus idolâtres que les païens. L'Inquisition de Séville qui avait l'impudence de se dire chrétienne, aurait brûlé à petit feu ce saint Épiphane qui arracha dans une église une image consacrée.

La sentence de mort de Torrigiano fut prononcée en 1522. Le grand artiste aima mieux mourir de faim que de monter sur le bûcher; et il expira effectivement d'inanition dans les cachots du saint office trois jours avant celui où il devait être brûlé.

On a conservé et l'on adore sans doute encore à Séville la tête et un des bras de la statue qui causa la mort du sculpteur[618]. - Voyez aux noms des divers saints ceux qui ont eu des images célèbres.

INDULGENCES. - On croit que les indulgences furent imaginées vers le neuvième siècle, pour encourager les chrétiens à combattre les hérétiques. Dans les siècles suivants, un chrétien qui tuait un infidèle avait indulgence ou rémission de ses péchés. Les femmes, qui ne sont pas faites pour tuer participaient au bénéfice des indulgences, moyennant argent.

On fit bientôt des indulgences une branche de commerce très productive. Léon X les vendait cinquante écus, et il en vendit beaucoup. Cent ans plus tard, on les donnait à deux sous pièce.

Le produit en devint alors si mince qu'on finit par les donner pour rien, à ceux qui visiteraient les lieux saints et les reliques.

---

618 - *Aménités littéraires*, tome II.

Les cordeliers, en s'établissant dans la Terre sainte, avaient demandé au pape des bulles d'indulgence. Eugène V leur répondit « *Ces lieux sont trop saints pour avoir besoin de nos bulles. Les chrétiens y trouveront, sans que je les leur donne toutes les indulgences et toutes les grâces.* » Mais les papes qui suivirent pensèrent autrement. Ils décidèrent qu'il y aurait indulgence plénière ou rémission de tous les péchés, pour ceux qui visiteraient avec dévotion le trou de la croix où Jésus fut crucifié, le saint sépulcre, la colonne de la flagellation (qui est aussi à Rome), le lieu où l'on découvrit la croix, la crèche de Bethléem, la maison de la sainte Vierge, etc.

Il y a indulgence de sept ans, ou exemption de sept ans de purgatoire, à ceux qui visiteront le lieu où Jésus fut couronné d'épines, le lieu où il apparut à la Madeleine, le lieu où l'on partagea ses vêtements, etc. Les Franciscains disent que ces indulgences ont été accordées à sainte Hélène par le pape saint Sylvestre, qui était mort lorsque Hélène songea à visiter la terre sainte. Mais c'est une bien petite difficulté, si l'on ne savait que les indulgences furent inventées beaucoup plus tard.

Ceux qui ne sont pas curieux de voir le purgatoire, et qui ne se soucient pas non plus d'aller visiter le triste pays de la Judée, peuvent encore gagner à Rome des indulgences suffisantes. Les pèlerins qui assistent aux saints offices de Saint-Jean-de-Latran, le jour de Saint-Jean l'évangéliste, gagnent vingt-huit mille ans d'indulgence..... Ceux qui vont se mettre à genoux lorsqu'on montre les têtes de saint Pierre et de saint Paul s'exemptent douze mille ans de purgatoire[619]. Il faut avoir fait bien des fredaines pour mériter de brûler cent mille ans; et il est aisé de gagner cent mille ans d'indulgences.

Il y a aussi des indulgences plénières aussi faciles à attraper, pour ceux qui ont mérité l'enfer.

Il est vrai qu'on est obligé de se confesser; mais pour une âme dévote ce n'est pas une peine.

La France a pareillement des indulgences dans tous les lieux ou elle a quelques reliques. Et dans l'affiche d'une fête de village, où l'on rappelle que ce village célébrera la commémoration de la translation des reliques de saint Vigor, ou de tel autre saint, on a soin d'annoncer aussi qu'il y a de bonnes indulgences. - Comment donc ose-t-on nous dire que nous serons tous damnés quand nous avons de si prompts moyens de salut

---

619 - Merveilles de Rome, pages 2 et 7.

INNOCENTS. - « *Quand on parle du massacre des innocents, on n'entend ni les vêpres siciliennes, ni les matines de Paris, connues sous le nom de Saint-Barthélemy, ni les habitants du nouveau monde égorgés parce qu'ils n'étaient pas chrétiens, ni les auto-da-fé d'Espagne et de Portugal, etc. etc. etc. On n'entend d'ordinaire que des petits enfants qui furent tués dans la banlieue de Bethléem, par ordre d'Hérode-le-Grand et qui furent ensuite transportés à Cologne où l'on en trouve encore.*
Toute l'église grecque a prétendu qu'ils étaient au nombre de quatorze mille....
On objecte que l'historien Josèphe, presque contemporain, et qui a raconté toutes les cruautés d'Hérode, n'a pourtant pas plus parlé du massacre des petits enfants que de l'étoile des trois rois; que ni Philon le juif, ni aucun autre juif, ni aucun Romain n'en ont rien dit; que même trois évangélistes ont gardé un profond silence sur ces objets importants.
On répond que saint Mathieu les a annoncés, et que le témoignage d'un homme inspiré est plus fort que le silence de toute la terre.....
Les censeurs ne se sont pas rendus; ils croient trouver une contradiction aussi grande entre le récit de saint Mathieu et celui de saint Luc, qu'entre les deux généalogies rapportées par eux.
Saint Mathieu dit que Joseph et Marie transportèrent Jésus en Égypte, de crainte qu'il ne fût enveloppé dans le massacre. Saint Luc au contraire, dit qu'après avoir accompli toutes les cérémonies de la loi, Joseph et Marie retournèrent à Nazareth, leur ville, et qu'ils allaient tous les ans à Jérusalem pour célébrer la Pâque.
Or, il fallait trente jours avant qu'une accouchée se purifiât et accomplît toutes les cérémonies de la loi. C'eût été exposer l'enfant à périr dans la proscription générale. Et si ses parents allèrent à Jérusalem accomplir les ordonnances de la loi, ils n'allèrent donc pas en Égypte[620].»
Quoi qu'il en soit, et bien que personne ne nous ait jamais appris si les innocents ont été enterrés et déterrés par la suite on possède beaucoup de leurs reliques, et on montre partout tant de corps de ces pauvres enfants, qu'on pourrait en faire une grande armée[621].
Mais le plus grand nombre est à Cologne, la ville la mieux fournie en reliques après Rome.

---

620 - Voltaire, *Dictionnaire philosophique*, au mot *Innocents*.
621 - Calvin, *Traité des Reliques*.

On sent quelles ressources il y a dans une multitude de martyrs comme les innocents, dont on ne sait pas le nombre, et que l'on peut se procurer partout. Aussi, il y en a par douzaines à Rome et dans les grandes villes. On en montre trois à Padoue; on en avait plusieurs en Provence. Marseille se vantait même de posséder les vêtements de quelques-uns de ces petits juifs[622].

On vénérait plusieurs corps d'innocents dans le Languedoc, dans le Limousin, dans la Champagne. Saint Charles Borromée fit présent d'un de ces petits corps à Philippe II, roi d'Espagne. On en gardait un autre, assez bien conservé dans une caisse d'argent doré, à Saint-Denis près de Paris. C'était, disait-on un présent de Charlemagne.

Dans l'église des Innocents à Paris, on montrait un de ces corps; il était garni de ses chairs et ressemblait à une petite momie. On l'avait enfermé dans un cristal orné d'argent. Cette châsse était une générosité du superstitieux Louis XI qui comme on sait, honorait beaucoup les saints innocents et ne voulait jamais parler d'affaires le jour de leur fête.

Toutes les villes, toutes les églises, tous les couvents un peu fournis, avaient quelque squelette d'enfant, qu'ils présentaient comme les reliques de l'une des victimes d'Hérode.

Les pèlerins vont visiter aussi auprès de Bethléem le lieu où ces petits innocents furent enterrés[623].

IRÈNE. - « *Un nommé Bertaud, modeste et de bonne façon, devint amoureux d'une jeune vierge de Tomar, en Portugal, qui se nommait Irène. Comme elle devait bientôt se consacrer au Seigneur dans un couvent, Bertaud tomba malade d'amour; et les médecins ne pouvant le guérir, Irène l'alla voir, et lui fit l'éloge de la chasteté; de manière à faire taire son amour.*

Bertaud consentit donc à ne pas rechercher la jeune Irène, à condition que si elle se décidait jamais à aimer un homme, elle lui donnerait la préférence. Irène le promit et retourna dans son monastère.

Sélio son oncle, qui était abbé d'un couvent du voisinage, lui donna pour directeur spirituel un moine nommé Rémi, qui devint amoureux de sa pénitente et la sollicita au péché. Irène le blâma de son impudicité; et Remi voulant se venger de ses refus, lui fit boire un breuvage qui lui

---

622 - *Voyage de France et d'Italie par un gentilhomme français*, page106.
623 - *Voyage du père Goujon*, page 264.

enfla le ventre, en sorte qu'on la crut enceinte. Le peuple ajoute aisément foi au mal; on publia qu'Irène était grosse et Bertaud son premier amoureux furieux de voir qu'elle eût péché avec un autre que lui, chargea un méchant soldat de la tuer.

Un matin que la jeune vierge était en oraison, au bord de la rivière de Naban, ce soldat qui l'épiait se précipita sur elle, la tua sans pitié, la dépouilla et jeta son corps dans la rivière.

Une révélation apprit à l'abbé Sélio ce qui s'était passé. Il en avertit tout le peuple, afin qu'on allât en procession à la recherche du précieux corps. La rivière de Naban l'avait emporté dans une autre rivière, et le courant de celle-ci le conduisit dans le Tage. La procession s'aperçut que le Tage s'était retiré de son lit, en un certain endroit dont on s'approcha. Le fleuve avait laissé à sec le corps de la pieuse vierge, victime de la calomnie et de la brutalité. On trouva que ce corps était posé dans un riche tombeau bâti par les anges.

On voulut en tirer le corps, mais on ne put le remuer; et comme on vit que c'était la volonté de Dieu qu'il demeurât là, on se contenta d'emporter une partie des cheveux et la chemise de la sainte comme de précieuses reliques. L'abbé Sélio les mit dans son monastère, où elles guérirent des aveugles et des paralytiques.

Après que la procession se fût éloignée, le Tage reprit son cours, et l'on ne vit plus le tombeau. La ville de Scalabis, voisine de là, prit le nom de notre sainte et on l'appelle par corruption Santaren. On dit qu'encore aujourd'hui, sur la rivière de Naban, à l'endroit où le soldat jeta le corps d'Irène, on trouve beaucoup de poissons miraculeux qui ont des gouttes de sang au menton[624]. » On ne sait pas quand vécut sainte Irène.

IRÉNÉE. - Évêque de Lyon, docteur de l'église et martyr au deuxième siècle. Les uns disent qu'il eut seize ou dix-sept compagnons de son martyre[625]; les autres qu'il en eut seize on dix-sept mille et même davantage[626]; ce qui est assez indifférent.

Le corps de saint Irénée avait été tellement depiécé, que la ville de Lyon en possédait à peine quelques parties, lorsque les huguenots brûlèrent ces saints restes en 1562, et jetèrent les cendres au vent. Dès lors au lieu de

---

624 - Les PP. Ribadéneira et Giry, 10 octobre.
625 - *Martyrologe de saint Jérôme*, 28 juin, etc.
626 - Grégoire de Tours, *Adon, Usuard*, etc.

trois ou quatre ossements que l'impiété anéantit, on reproduisit deux ans après, un corps tout entier; et les reliques qu'on avait dissipées par le feu se retrouvèrent améliorées pour avoir passé à l'eau, car on pêcha le nouveau corps dans la Saône.

Mais pour plus de merveilles, ce nouveau corps n'avait point de tête; il fallut en trouver une; et on ne savait où la chercher. Un chirurgien conta qu'il avait trouvé la tête du saint dans un égoût, et qu'il la gardait depuis deux ans chez lui où elle faisait des miracles. On alla en procession prendre cette tête on la rejoignit au corps, qui était encore à Lyon au dernier siècle.

Le cordelier Feu-Ardent[627] s'efforce de prouver que ce corps est le même avec lequel saint Irénée fut enterré. Mais les impies soutiennent que c'en est un autre; ils ajoutent qu'Irénée en avait un troisième à Catanzarc en Calabre, sans parler du septième bras qu'on vénérait à Paris dans l'église de Saint-Jean en Grève.

IS. - C'est à la pointe de la Chèvre dans le Finistère qu'était, suivant la tradition, la grande et belle ville d'Is. Je vais vous en donner l'histoire.

« La superbe ville d'Is, comme disent les légendes, les cantiques et les bardes de la Bretagne, était sous la puissance du roi Gralon. Toute espèce de luxe et de débauches régnait dans cette opulente cité. En vain les amis de Dieu, les plus saints personnages, y prêchaient les mœurs et la réforme; saint Guénolé lui-même y perdait son latin. La princesse Dahut, fille du roi, oubliant la pudeur et la modération naturelle à son sexe, y donnait l'exemple de tout genre de dépravation. L'heure de la vengeance arrivait; le calme qui précède les plus horribles tempêtes, les chants, la musique, l'amour, le vin, les spectacles et la débauche, enivraient, endormaient les habitants endurcis de la grande ville.

Le roi Gralon seul n'avait pas fermé son cœur à la voix du ciel; il assistait aux saints offices et fréquentait les serviteurs de Dieu.

Un jour saint Guénolé (ou Guignolet), saisi d'enthousiasme comme les prophètes, prononça d'une voix sombre ces mots devant le roi Gralon : « Prince le désordre est au comble, le bras de l'Éternel s'élève, la mer se gonfle, la cité d'Is va disparaître; partons. »

Gralon, docile à la voix du saint homme, est à cheval, s'éloigne à toute bride; sa fille Dahut le suit en croupe.... La main de l'Éternel s'abaisse;

---

627 - En la vie de saint Irénée, qu'il a mise en tête des œuvres de ce saint.

les plus hautes tours de la ville sont englouties; les flots pressent en grondant le coursier du saint roi qui ne peut s'en dégager; une voix terrible se fait entendre : « Prince, si tu veux te sauver, secoue le diable qui te suit en croupe. » Si le prince obéit, et s'il noya sa fille, si la princesse en se précipitant se sacrifia pour son père, si Lucifer saisit Dahut pour épargner au prince le désagrément de la noyer, je n'en sais rien. Les historiens du temps n'ont pas bien raconté le fait, et les commentateurs ont oublié de l'éclaircir.

La belle Dahut perdit la vie; elle se noya près du lieu qu'on nomme Poul-Dahut. La tempête cessa; l'air devint calme, le ciel serein; mais depuis ce moment, le vaste bassin sur lequel s'étendait une partie de la ville d'Is fut couvert d'eau c'est la baie de Douarnenez.

On m'a fait voir sur le rivage près de Ris un monument irréfutable de cet événement terrible. C'est le rocher de Garrec, sur lequel est empreint le pied du cheval de Gralon. Ainsi Jésus, en s'élevant au ciel laissa la trace de son pied sur le sommet du Mont Thabor. Ainsi sur la plus haute montagne de Ceylan, qui jadis supportait le paradis terrestre, est empreint le grand pied d'Adam. Que croirions-nous des temps passés, sans ces monuments d'après lesquels nous écrivons l'histoire[628]*?.... »*

ISAAC. - Fils d'Abraham. Il fut enterré dans la caverne d'Hébron, et il n'y a pas d'apparence qu'on ait jamais retrouvé ses os; cependant on en montre quelques-uns à Rome dans l'église de Sainte-Marie sur Minerve ou sans Minerve, et ailleurs.

- Le corps de saint Isaac solitaire de Spolette au sixième siècle, était à Spolette et à Bamberg. Il faisait des miracles dans ces deux villes.

ISABELLE. - Sœur de saint Louis, fondatrice du monastère de Longchamp, déclarée bienheureuse par Léon X. Son corps était à Longchamp où il guérissait la fièvre quarte, les ulcères, les morsures de bêtes, la brûlure et les maladies déshonorantes; il chassait aussi les démons[629]. Il ne parait pas qu'elle ait laissé deux corps, mais tous les

---

628 - M. Cambry, *Voyage dans le Finistère.* T. II, page 285. – « *Ces contes nous reportent aux époques les plus éloignées; car le roi Gralon n'est pour moi que le nom par lequel les Bretons renvoient à l'antiquité la plus reculée. Il n'exista pas plus que Saturne, Ogygès, Janus, Osiris, Numa, Japhet, etc.* » On montre pourtant la trace du pied de son cheval, comme on montre beaucoup d'autres reliques aussi authentiques.
629 - Ribadéneira, 31 août.

couvents de religieuses urbanistes avaient quelque chose de ses habits ou de sa chevelure. Agnès de Harcourt dit[630] qu'Isabelle avait une fort belle tête, et que, quand on la peignait ses demoiselles gardaient soigneusement les cheveux qui lui tombaient. Isabelle leur demanda un jour ce qu'elles en pensaient faire ? - Nous en ferons des reliques lorsque vous serez sainte répondirent-elles.

ISAÏE. - Le premier des quatre grands prophètes, scié en deux avec une scie de bois, six cent quatre-vingts ans avant Jésus-Christ, par ordre du roi Manassé, à qui il avait reproché ses mauvais déportements. Isaïe avait alors cent trente ans et se portait encore bien. On l'enterra sous un chêne auprès de Jérusalem.

Son corps était à la montagne de Sion, dans le septième siècle, quoiqu'on le possédât depuis deux cents ans à Constantinople.

Isaïe avait un troisième corps à l'abbaye de Saint-Denis en France, où l'on ne cessa de montrer ses os qu'à la révolution. Les moines de Saint-Denis ne savaient pas dire eux-mêmes où ils avaient pris le corps du grand prophète juif.

ISIDORE LE LABOUREUR. - Patron des gens de son métier; il vivait au douzième siècle dans un faubourg de Madrid. Son corps était à Madrid dans une châsse, qui coûta trois cent mille francs, en l'année 1620.

ISIDORE. - Martyr de Chio au troisième siècle. Il a laissé quatre corps : le premier dans l'ile de Chio, où il était encore en 1250; le second à Constantinople; le troisième à Venise; le quatrième à Martorel en Catalogne.

Le saint corps de Venise est le plus remarquable; c'était une relique libérale; car le doge Falieri ayant conspiré en 1354 contre la liberté des Vénitiens, la châsse de saint Isidore dévoila le complot par des signes de mauvais augure qui donnèrent l'éveil au peuple. La conspiration échoua, parce qu'elle fut découverte; et depuis ce temps on portait tous les ans la châsse du saint en procession par la ville, avec la plus grande pompe.

---

630 - *Vie de la bienheureuse Isabelle*, publiée par Ducange, avec les *Mémoires de Joinville*.

Cette procession qui rappelait de nobles souvenirs, ne se fait plus tandis qu'on promène encore tant d'ossements inconnus qui ne rappellent rien.

ISIDORE. – Évêque de Séville, mort on 636. Il a laissé trois corps; un à Séville dans l'église dont il est le patron; un à Léon, dans l'église de Saint-Jean-Baptiste; un à Bologne dans l'église de Saint-Étienne, sans compter sept ou huit têtes qu'on trouve sous son nom, dans diverses églises d'Espagne et d'Italie.

FIN DU PREMIER VOLUME.

AUTRES PUBLICATIONS DE L'AUTEUR

- DICTIONNAIRE DU GÉNIE CIVIL – Conseil International de la Langue Française (CILF) – Paris - 1997
- DICTIONARY OF CIVIL ENGINEERING – Kluwer Academic Publisher puis Springer – New-York – 2004
- LA BRETAGNE VIVANTE (Réédition) – Books On Demand (BOD) – 2012
- FÊTES ET COUTUMES POPULAIRES (Réédition) – Books On Demand (BOD) – 2012
- LES BRETONS - (Réédition) – Books On Demand (BOD) – 2012

Éditeur : Books on Demand GmbH, 12/14 rond point des Champs
Élysées, 75008 Paris, France
Impression : Books on Demand GmbH, Norderstedt, Allemagne
ISBN : 978-2-3220-3489-5
Dépôt légal : Octobre 2013